A RESISTÊNCIA NEGRA AO PROJETO DE EXCLUSÃO RACIAL

Este livro foi revisado segundo o Novo Acordo Ortográfico da Língua Portuguesa.

DIREÇÃO EDITORIAL
Lizandra Magon de Almeida

ASSISTÊNCIA EDITORIAL
Karen Nakaoka e Maria Ferreira

REVISÃO
Karen Nakaoka, Francisco Mieli e Maria Ferreira

CAPA E PROJETO GRÁFICO
Alberto Mateus

DIAGRAMAÇÃO
Crayon Editorial

Maria Helena Ferreira Xavier da Silva/ Bibliotecária – CRB-7/5688

R433 A resistência negra ao projeto de exclusão racial : Brasil, 200 anos (1822-2022) / Helio Santos. – São Paulo : Jandaíra, 2023.
440 p. 22,5 cm

ISBN 978-65-5094-021-8

1. Discriminação racial - Brasil. 2. Negros - Condições sociais - Brasil. 3. Exclusão social - Brasil. 4. Movimentos sociais - Brasil. 5. Negros - Relações com o governo - Brasil. 6. Resistência ao governo - Brasil. 7. Conflito social - Brasil. I. Título.

CDD 305.8098

jandaíra

Rua Vergueiro, 2087 cj. 306 • 04101-000 • São Paulo, SP
11 3062-7909 editorajandaira.com.br
Editora Jandaíra @editorajandaira

PARCERIA

instituto CARÊ

www.institutocare.org.br

A RESISTÊNCIA NEGRA AO PROJETO DE EXCLUSÃO RACIAL

BRASIL 200 ANOS (1822›2022)

1ª REIMPRESSÃO

ORG.:
HELIO SANTOS

SUELI CARNEIRO

jandaíra

Esta coletânea é uma homenagem
a Luiza Bairros e Marielle Franco

AGRADECIMENTOS

Este livro foi construído graças a diversas pessoas e instituições, sem as quais não teria sido possível fazer em tão pouco tempo algo tão grandioso. São 34 ensaístas — 18 mulheres e 16 homens — que, em tempo recorde, atenderam ao desafio de se unirem numa proposta que demarca o posicionamento de parte relevante da intelectualidade negra brasileira; o que de resto convalida o título deste projeto que evidencia nossa Resistência. Somos gratos a todas e todos que foram seduzidos por essa ideia.

Em particular agradecemos ao professor Celso Prudente, pela inspiração do projeto que nos arrebatou. Gratidão também à educadora Ana Inoue, que de pronto se apaixonou e apoiou a publicação desta obra.

Somos muito gratos ao Instituto Çarê pela parceria e por apoiar uma iniciativa que propõe um Brasil justo — à Bia Toth e Teté Martinho, gestoras do Instituto, agradecemos pela atenção e sugestões feitas.

Agradecemos ainda à Editora Jandaíra — Selo Sueli Carneiro por ter aceitado o desafio de, num tempo tão exíguo, atender ao extenso e intenso trabalho que uma coletânea desse porte traz. À Lizandra Magon de Almeida, editora desta coletânea, nosso especial agradecimento pelo profissionalismo aliado à paixão com que conduziu este projeto editorial.

Finalmente, preciso agradecer de forma especial à professora Eliane Barbosa da Conceição, sem a qual o caos seria o destino deste ambicioso projeto que apaixonou a tantas e tantos. Sua participação na gestação e gestão dessa iniciativa foi essencial para concretizar com sucesso o controle da qualidade e da produção de 33 ensaios com 34 pessoas envolvidas. Muito obrigado.

Apenas cumpri, mais uma vez, um antigo papel de agregador ao albergar pessoas comprometidas em torno de um projeto por equidade racial num país tardio como o Brasil. Muito obrigado a todas as demais pessoas que trabalharam pelo sucesso deste projeto de Resistência Negra.

NOTA DO ORGANIZADOR À 1ª REIMPRESSÃO

Nos dias 10 e 13 de outubro de 2022, houve o lançamento de nossa Coletânea em São Paulo e Rio de Janeiro, respectivamente. O impacto não foi pequeno. A relevância do conjunto produzido por um grupo tão valioso reverberou em múltiplos espaços. O sucesso que se pressupunha se efetivou mediante esta primeira reimpressão em menos de 6 meses após a estreia dessa vitoriosa produção da Editora Jandaíra – Selo Sueli Carneiro.

De lá para cá, o país sofreu mudanças importantes, o que reforçou a nossa esperança de que esta obra possa efetivamente incidir na melhoria das relações étnico-raciais em nosso país.

Reitero meus agradecimentos aos ensaístas – produtoras e produtores desse relevante projeto político –, à Editora Jandaíra e ao Instituto Çarê; parceiro estratégico dessa iniciativa.

Março, 2023.

SUMÁRIO

APRESENTAÇÃO

HELIO SANTOS

> O quilombo é um avanço, é produzir ou reproduzir um momento de paz. Quilombo é um guerreiro quando precisa ser um guerreiro. E também é o recuo se a luta não é necessária. É uma sapiência, uma sabedoria. A continuidade de vida, o ato de criar um momento feliz, mesmo quando o inimigo é poderoso, e mesmo quando ele quer matar você. A resistência. Uma possibilidade nos dias da destruição.
>
> BEATRIZ NASCIMENTO

Nós, mulheres negras e homens negros, em conjunto nesta Coletânea — ao todo 34 ativistas — entendemos que o déficit escandaloso de cidadania do Brasil se deve, precisamente, à reiterada incúria praticada por governos exercidos por homens brancos que, no trato da coisa pública, não deram à questão étnico-racial a centralidade que ela merece e necessita. Isso significaria implementar políticas que efetivamente lastreassem o País com igualdade de oportunidades, o que propiciaria uma sociedade com equidade racial e de gênero.

Assim, entendemos que as desigualdades no Brasil, que têm cor e gênero, não são obra do acaso, pois decorrem de decisões políticas tomadas ao longo de séculos, desde o momento em que se decidiu sequestrar pessoas de África, inaugurando uma saga que produziria dois recordes: a mais longa escravidão colonial e o maior número de pessoas traficadas — dez vezes mais do que os Estados Unidos. Os brasis colonial e imperial decidiram manter o escravismo por três séculos e meio, situação que de tão prolongada e reiterada foi se esboroando por si mesma.

A Independência resultou num imenso fracasso se tomarmos em conta nossa fábrica de produção contínua de desigualdades. Temos aqui uma vastidão de condomínios de luxo que contracenam com cerca de 6,5 mil favelas. Aqueles oásis urbanos têm Índice de Desenvolvimento Humano (IDH) que rivaliza com os da Noruega e Dinamarca — países com economias reconhecidamente avançadas. Todavia, temos em 2022 — ano do Bicentenário — cerca de 33 milhões de pessoas passando fome. Dentre cada dez famílias brasileiras, apenas quatro têm acesso total à alimentação, apesar de o Brasil ser um dos maiores produtores de alimentos do mundo, em números absolutos.[1] Ostentamos ainda a terceira maior população encarcerada — apenas China e EUA estão à nossa frente.

Essas duras marcas do nosso desarranjo social estão conectadas à questão racial e, por isso, a letargia do Estado brasileiro em prover os ajustes. Durante esses 200 anos, houve um grande boicote, que remonta a um tempo anterior à própria Abolição, como a Lei de Terras — Lei 601 de 1850 —, em que se optou pelo latifúndio, impedindo os ex-escravizados de obterem sua própria terra. Um verdadeiro golpe à Abolição, que só viria 38 anos depois. O Brasil independente foi preservado e ampliado nas mãos de famílias que, por herança, mantiveram privilégios que ainda hoje impactam nosso atraso fundiário. As políticas afirmativas para a população negra chegaram aqui tardiamente e, para que tenham mais eficácia, precisam de mais celeridade, maior abrangência e uma imple-

1 Marina Verenicz, Fome cresce no Brasil em 2022, in: *Carta Capital*, 08/06/2022.

mentação mais cuidadosa. Portanto, a independência do Brasil de Portugal em nada beneficiou a maioria da população que era refém da escravidão. A Lei 3.353/1888, que extinguiu aquele quase infindo período, tem apenas dois lacônicos artigos. Não menciona medida de reparação, nem projeto de integração que acolhesse o povo que havia, com trabalho, suor e muito sangue, edificado o país.

A forma como foi extinta a escravidão, apenas isso, já justificaria a nossa iniciativa em propor esta coletânea. Somos 34 afrodescendentes que reagem à comemoração do Bicentenário da Independência. É bom relembrarmos que em seus primeiros 66 anos a nação independente conviveu impávida e solidária com os escravocratas. O Brasil Imperial demarcou o caminho para que o Brasil República seguisse cumprindo o seu secular papel de algoz da população negra.

O COLETIVO NEGRO COMO LUGAR DE FALA

As autoras e autores desta coletânea mais do que marcam uma posição histórica; vão além de denunciar ao mundo o que somos como país. Cumprimos aqui nossa missão, seguindo a trilha de inúmeros personagens que nos antecederam nessa luta secular de resistência. A simples unidade evidenciada por este coletivo tão rico já se constitui num ato político relevante.

Somos ativistas do movimento social mais antigo do país, que se instalou aqui no distante século 16. O inusitado encontro de uma plêiade de militantes pertencentes a diferentes gerações, estilos, visões e áreas de conhecimento, que se unem a partir de uma singularidade maior — o ativismo antirracista —, é um fato político a ser lembrado pela posteridade. A unidade demonstrada pelas pessoas que conseguimos albergar neste conjunto de ensaios se reveste de um ato de humildade, sabedoria e generosidade para com o país-algoz, evidenciando ainda nossa base ancestral enraizada em nossos espíritos, o que acaba por consubstanciar nossa vontade definitiva de tornar o Brasil uma nação que ainda seremos. Portanto, nosso patriotismo nada tem dos gestos histriônicos e falsos que se veem ultimamente, mas se guarnece da vontade inabalável de curar este país gigante de uma doença que ao fim padecemos todos. Evidente que essa forma de compreender nossa patologia sociorracial não é ainda unanimidade — longe disso. Todavia, é — sim — do que se trata: somos um país profundamente enfermo, pelas carências advindas de um processo histórico de reiteradas injustiças. Não existe terapia possível sem um antídoto antirracista adequado. Trata-se disso: um caminho que nos leve à equidade racial. Esta coletânea, portanto, não é neutra. Temos lado e buscamos aliados que sonhem com um país mais justo.

A inteligência negra não pode se calar diante desse silêncio de chumbo em que não se faz uma justa referência à nossa história de meio milênio, na qual dentre cada dez anos, sete estiveram sob o signo do escravismo. Sem evidenciar nossa assimetria sociorracial e propor mudanças efetivas, a desigualdade endêmica entranhada em nossa alma nos manterá reféns de um país anacrônico, dependente, doente pela ausência de empatia e sem sustentabilidade moral.

Como de costume, continuo sendo um privilegiado nesses longos anos de luta antirracista. Nesta coletânea, encontro-me mais uma vez entre as/os melhores — são estas as pessoas que Bertold Brecht denomina "imprescindíveis". Todavia, por certo, estamos longe de esgotar nosso vasto panteão de personalidades — pois muito mais gente poderia estar aqui. Temos neste coletivo uma amostra especialíssima de ativistas-intelectuais onde a chamada velha guarda contracena com as gerações mais novas. São personalidades que externalizam seu posicionamento sobre o Bicentenário da Independência do Brasil com absoluta e irrestrita liberdade, ante a nossa distópica realidade sociorracial.

Considerando que são 33 textos abordando a mesma temática, é natural e razoável que haja superposição de ideias; o que importa é que a singularidade das personalidades aqui reunidas construa um lugar de fala coletivo em favor da superação do anacronismo sociorracial que reduz o país a um baixo patamar civilizatório. Assim, poderemos ter o mesmo subtema abordado por pessoas que atuam em campos diferentes e que por isso trarão suas visões particulares a respeito. Este coletivo foi convidado para externar sua indignação não de forma imobilizadora, mas lançando reflexões que se projetem na direção de caminhos e possibilidades novas, que efetivem nossos sonhos sonhados juntos.

Minha sugestão é que os textos sejam lidos em doses homeopáticas. Observe que os mesmos são de duas naturezas: ensaios artísticos e teóricos, sendo cinco do primeiro tipo e 28 do segundo. Estes textos estão apresentados em ordem alfabética (nome da/do autora/autor) em cinco seções sempre iniciadas por um ensaio de cunho artístico. Todos eles têm tamanho pequeno ou médio. Portanto, devem ser degustados um a um e prometo que ninguém sairá dessa coletânea como entrou — ela impacta pela sua diversidade, pela força de sua crueza em desvendar o nó górdio do Brasil e pela sua singularíssima unidade revestida por nossa infinda resistência.

O NOME DO PAI

ANA MARIA GONÇALVES

Nasceu em Ibiá (MG), em 1970. Trabalhou com publicidade até 2001. É autora de *Um defeito de cor* (Ed. Record), ganhadora do Prêmio Casa de las Américas (Cuba, 2007). É roteirista (*Rio Vermelho*), dramaturga (*Tchau, Querida!* e *Pretoperitamar*) e professora de escrita criativa. Mora em São Paulo, onde escreve para cinema, teatro e televisão.

LÉO PINHEIRO/DIVULGAÇÃO

A primeira vez de que me lembrava foi por volta de 1989. Era meu primeiro ano na faculdade de direito, e tinha me mudado para um pequeno apartamento no centro de São Paulo, que dividia com mais cinco pessoas. Éramos cinco moradores fixos, mas quase sempre tinha mais um ou dois moradores flutuantes. Gente que chegava do interior e precisava de um local para ficar até se arranjar; gente que perdia emprego e tinha que entregar o local onde morava e precisava de um tempo até arrumar outro; gente que aparecia para uma noite e ia ficando indefinidamente, tendo desenvolvido algum tipo de relação mais íntima tanto com os moradores fixos quanto com os flutuantes.

Pra falar a verdade, esse fluxo de pessoas nem era muito diferente do que acontecia na casa onde morava com meus pais, dois irmãos e uma irmã, e parentes e amigos; como também amigos de parentes e de amigos, que vinham para São Paulo com quase nenhum dinheiro e o endereço de alguém que poderia ajudar nos primeiros dias. Formávamos uma grande comunidade de nordestinos e nortistas. Os primeiros fugindo da grande seca da década de 1970, como eu achava que tinha sido o caso do meu pai. Minha mãe era mineira, e já tinha vindo com trabalho certo, indicado pela irmã, em uma fábrica de cosméticos ali perto do que hoje é o Capão Redondo.

Eu fazia faculdade à noite e não teria como voltar pra casa se não tivesse me mudado. Mas todo final de semana voltava pra casa, brigava com os irmãos pelos mesmos motivos de sempre, encontrava cada vez mais raramente as amizades antigas, cada qual com seus corres da vida adulta, e era muito interrogada sobre a vida "na cidade" e a faculdade. O mais orgulhoso disso tudo era o pai. Na época, ele nem frequentava bares, mas como era onde o povo se reunia durante o final de semana, fazia questão de me pegar pelo braço e me levar com ele pra comprar alguma coisa e dizer:

— Olha a Vaninha aqui! Lembra dela? Tá visitando na folga da faculdade.

Não falava mais nada e sorria, deixando a palavra "faculdade" pairar como um sonho distante e esquisito para a grande maioria das pessoas ali presentes. Num desses passeios, contei pra ele da ida ao teatro. Tinha sido minha primeira vez em teatro grande, com recursos, com profissionais. Uma das meninas que trabalhava comigo como secretária em uma agência de publicidade tinha ganhado o par de ingressos em um concurso de rádio. E lá fomos nós ver um grupo de teatro catalão se apresentar com uma dessas peças modernas de interação com o público, na qual um dos atores corria atrás da gente com uma motosserra ligada. O pai me olhou, como se uma pontada muito doída tivesse atravessado a lembrança.

— Correu atrás só de você ou de todo mundo?

— De todo mundo, pai.

— Mas a motosserra tava ligada?

— Tava. Mas era de mentira, claro. Teatro.

Era num sábado em meio à tarde, e me lembro de não ter mais trocado nenhuma palavra com ele até ir embora, no domingo à noite. Nem eu, nem ninguém; mas ele tinha dessas, às vezes, de se sentar em uma cadeira de praia que colocava no quintal e ficar lá, cavando um animal qualquer de um pedaço de madeira com um canivete, como se aquilo exigisse toda a atenção que não podia nos dar quando tentávamos puxar conversa.

Quando o perdemos, e ficamos sabendo do que provavelmente o atravessava naquelas ocasiões, foi do que primeiro me lembrei: do caso do homem com a motosserra, achando que poderia ter sido aquela a primeira vez que vimos o rabo da monstruosidade. Mas a mãe disse que não. Que antes, quando éramos pequenos, em alguma festa de aniversário dos meninos, ali mesmo no quintal da nossa casa e quando ele ainda bebia, começou a falar de como era que se fazia para pegar onça. Quando o povo perguntou como ele sabia daquilo, a bebida coçou a língua e ele confessou:

— Fui marisqueiro de onça durante muitos anos.

Zezinho, meu irmão mais novo, estava sentado no colo dele e estranhou.

— Marisqueiro de onça? O que é isso? Mãe! —, ele chamou — o pai foi marisqueiro de onça?

O pai não se fez de rogado e contou, diante do desconhecimento da minha mãe, que entrava no mato atrás de onça, lá no Pará, e que às vezes ficava até três meses sem voltar pra casa, vivendo do que encontrava na mata. Mais tarde, quando nós, as crianças, criamos roda em torno dele querendo saber mais, ele disse que era mentira. Tinha se arrependido da bebedeira e de contar a história, e ficou anos sem fazer nem uma coisa nem outra. Até o acontecimento com o helicóptero, já nestes governos que estão aí agora. Coisa de três anos atrás.

O pai nunca quis sair do Capão. E, de um tempo pra cá, a polícia começou a sobrevoar a área com helicóptero. Não apenas quando havia operação policial, mas para botar terror mesmo, intimidar, causar pânico quando dava rasantes sobre casas, escolas, ruas, festas. O pai tinha pavor de barulho de helicóptero. Quando podia, ele se trancava em casa, abria a vitrola e colocava a toda altura sempre o mesmo disco, um *longplay* do Agepê, o primeiro que ele tinha comprado com o salário de operário de fábrica. Tocava a cantava, até a situação se acalmar.

Certo dia não deu tempo. O helicóptero passou pelo pai quando ele ainda estava bem longe de casa. Passou, pousou num descampado usado como campinho de futebol, recolheu o corpo e levantou voo novamente. Talvez tenha sido a última visão lúcida do meu pai; daquele pai que eu conhecia. Naquele dia ele chegou em casa bêbado e disse que não era quem a gente pensava que ele era. Que tinha sido mateiro, marisqueiro de onça sim, obrigado pelo pessoal do exército a entrar no mato atrás de gente. Que tinha visto coisas horríveis, como pessoas sendo desmembradas com motosserra. Que tinha fugido e mudado de nome porque se negou a obedecer a ordem de abrir uma cova para o corpo de Osvaldão. Corpo que ele viu chegar amarrado a um helicóptero, balançando na ponta de uma corda que vez ou outra se rompia, para ser amarrada de volta e usada naquela exibição macabra do que os militares consideravam um troféu de guerra.

O pai sofreu e bebeu por três anos. Sofria e bebia mais ainda quando este que está aí — ele nunca o nomeou, era só "essedaí" — negava e debochava da ditadura e seus horrores. O pai sumiu no dia em que ouviu o "essedaí" falar que o corpo de um preto gordo, como meu pai, devia pesar tantas e tais arrobas. E teve gente que riu. E teve gente que passou a usar issodaí para ofender pretos gordos, como o meu pai. Sumiu e deixou anotado em um papel seu nome verdadeiro, o que nunca usou em São Paulo, para onde veio em 1974, fugindo dos militares que enfrentou e que prometeram matá-lo até no fim do mundo, caso tentasse fugir para lá. Deixou o nome para o caso de “os meninos quererem arrumar na certidão”. Por mim o pai fugiu pro mato e, não querendo, não vai ser encontrado. Mas o nome dele é o que está grudado amorosamente na minha lembrança, e na minha certidão vai continuar sendo Osvaldo.

UNIDADE NA DIVERSIDADE E NA LUTA: UM DESAFIO PARA O MOVIMENTO NEGRO*

AMAURI MENDES PEREIRA

É militante do Movimento Negro e capoeirista. Doutor em Ciências Sociais pela Universidade Estadual do Rio de Janeiro (UERJ) e mestre pela mesma Universidade. Especialista em História da África CEAA-UCAM. Foi presidente do Instituto de Pesquisas das Culturas Negras (IPCN). Foi diretor da Assoc. Bras. de Pesquisadores Negros (ABPN). Autor de livros e artigos sobre África, movimento negro, teoria social e raça, racismo e antirracismo, educação e relações étnico-raciais, e sobre as leis 10.639/03 e 11.645/08. Professor do Programa de Pós-graduação em Educação, Contextos Contemporâneos e Demandas Populares do Departamento de Teoria e Planejamento do Ensino do Instituto de Educação da Universidade Federal Rural do Rio de Janeiro (DTPE-IE-PPGEDUC-UFRRJ).

ACERVO PESSOAL

* Ideias construídas conjuntamente, em discussões do Fórum Ubuntu.

como no beco afro os meninos vão embora cedo, mães, avós, tias,
irmãs mais velhas
transmitem-lhes ensinamentos para toda a vida.
você tem tudo pra dar certo.
os sonhos de infância, a pureza da adolescência, o riso frouxo, o
querer muito.
se o presente permitir, o que você quer ser quando crescer?
astrofísico, astronauta, presidente...? mas por muito pode não
ser. por isso não se iluda. haverá mais obstáculos, mais narizes
torcidos, mais descaminhos do que para os outros.
lhe será atribuída a indisciplina, a falta de foco, a desorganização.
a culpa vai ser sempre sua, sabia? afinal foi você que nasceu
no barraco, brincou no baldio, consumiu políticas públicas
fraudulentas... — e o futuro...?
bem, o futuro vai te apontar, na maioria dos casos, a
informalidade e a tragédia nas pesquisas. fique atento, fixe nas
suas metas, não se acomode e SIGA EM PAZ NEGUINHO.[1]

Bom... mas tive que dizer também de nossos erros, da irresponsabilidade e dos equívocos conciliadores da única experiência de chegada ao poder pelas forças de esquerda e de sua incompreensível opção em não enfrentar o oligopólio da grande mídia, uma das principais responsáveis pela nossa derrota. Falei das divisões da classe, da estupidez da esquerda em não reconhecer o potencial revolucionário das lutas negras, periféricas, feministas e LGBTs, do corporativismo e do peleguismo dos sindicatos, da leniência das igrejas e da mesquinhez, da covardia e da hipocrisia dos grupos que se autoflagelavam em disputas internas nos partidos, sindicatos e movimentos. Minhas costas doíam. E a consciência também. Encerrei a conversa.[2]

1 Fausto José, *Beco afro:* ficção quilombola urbana, 2020.
2 Douglas Belchior, Como foi que perdemos tudo, in: *Carta Capital*, 23/03/2017.

Em 2017, circulou entre Irmãs/ãos do Coletivo de Entidades Negras (Conen) uma breve análise da conjuntura nacional/internacional, publicada pelo embaixador Samuel Pinheiro Guimarães, um dos mais destacados diplomatas do Itamaraty e um dos formuladores do Mercosul. Preciosas a amplitude de sua visão geopolítica e sua convicção sobre a postura estratégica a ser adotada por interesses nacionalistas brasileiros em oposição à hegemonia do império.

O problema é a centralidade — exclusividade — da observação e análise que ele faz dos diferentes aparelhos de Estado, e do jogo e das correlações de forças entre agentes políticos institucionalizados, como se a isso se reduzisse a conjuntura nacional.

Quem olha assim, apenas "por cima", analisando instituições e institucionalidades como únicos contextos de agentes e circunstâncias capazes de produzir/elaborar significações válidas/legítimas/"autorizadas" a respeito da formação-desenvolvimento-atualidades exercita uma teoria social restrita e restritiva. Como tais teorias podem ser mais abrangentes e consistentes se não "respiram" a importância da diversidade (de subjetividades, geracionais, regionais, locais etc.), da luta contra o racismo e toda forma de preconceitos, discriminações, desigualdades? Se não sabem que cada território e contexto tem seus próprios sentidos sobre a efetividade da vida social? Como, por sinal, nos lembra Joel Rufino dos Santos, no livro *Épuras do social: como podem os intelectuais trabalhar para os pobres?*, em toda sua maturidade, quando levanta a tese central de que, para entender a formação e o desenvolvimento da sociedade brasileira, é preciso procurar na literatura popular, no que se canta, dança, grita, escreve nas manifestações culturais, em todas as regiões do Brasil.

Sem tal virada epistemológica, como apontar novas e mais consistentes estratégias face às derrotas sucessivas, em termos político-institucionais e ideológico-culturais, desde a consolidação do golpe de 2016?

NUNCA FOI DIFERENTE

O que as análises dos mais renomados e influentes "pensadores sociais brasileiros" têm a dizer sobre os desafios-caminhos-jeitos--glórias-tragédias da gente negra, ao longo da escravidão, no pós--abolição e com a República?

Importante lembrar dos esforços de Clóvis Moura — "o quilombola da historiografia" — cujas pesquisas e análises eram menosprezadas desde meados do século 20.[3] E do livro *A escravidão reabilitada*, no qual Jacob Gorender responde à enxurrada de críticas da historiografia acadêmica ao seu livro desafiador *O escravismo colonial*. Para Gorender (que, como Clóvis Moura, não era acadêmico), a gritaria demonstrava a dificuldade de se desprenderem das visões idílicas de que, no Brasil, a escravidão fora benfazeja para os negros e mais amena sob o tacão português. Era difícil para a intelectualidade brasileira admitir que a ideia de democracia racial era caô!

Só nas décadas finais do século 20, jovens historiadores negras/os e não negras/os engajadas/os atendem às demandas do Movimento Negro e começam a preencher essa lacuna da nossa história social, produzindo uma historiografia desbravadora a respeito.[4]

Pressões do Movimento Negro foram decisivas para mais e mais pesquisadores se desprenderem das narrativas mais influentes (o chamado pensamento social brasileiro) e se ligarem na amplitude, densidade e complexidade da questão racial na formação e no desenvolvimento da sociedade.

Sem os questionamentos e sem o impulso de aprimorar análises de conjuntura que incorporem outros ângulos-perspectivas-

3 A primeira edição do livro *Rebeliões na senzala* foi pelas edições Zumbi, em 1959; *O negro, de bom escravo a mau cidadão* é de 1977.

4 Um excelente exemplo é o livro *Quase cidadão*: histórias e antropologias do pós-emancipação no Brasil, de Flavio dos Santos Gomes e Olivia Gomes da Cunha.

-vivências da vida social, muito mais amplos e diversos que o "mundo da institucionalidade", é fatal a perplexidade e os desatinos num momento como esse, em que o "mundo institucional/mundo da política" está tão corrompido e apequenado!

Pode-se alegar que é muito maior o tamanho da confusão atual, mas é mentira que sempre vigoraram pactos e conciliações entre as elites regionais antes, durante e depois do regime militar? Que dizer do acordão pós-ditadura tão bem arrematado por Ulysses Guimarães? "Preservaram-se os dedos" (uma Constituição Cidadã), mas se "entregaram os anéis": esquemas burocráticos capazes de amarrar procedimentos e recursos para o "cumpra-se" — na educação, na saúde, na habitação etc. Quantos ajeitos político-institucionais, quanta vista grossa para manter a ordem com militares. O poder dos meios de comunicação se manteve com os poderosos de sempre. E para perpetuar e incrementar corporativismos, vantagens e esquemas institucionais nos três poderes, a manutenção da matriz do regime tributário indireto e regressivo (que incide mais fortemente sobre o consumo, e não sobre a renda) e tudo o mais?

Vamos — os setores progressistas e, entre esses, a maioria do Movimento Negro — continuar batendo cabeça, orientados por visões tantas vezes incompletas, ocas, restritas a classicismos conceituais-teóricos-analíticos que consideram sempre as institucionalidades como princípio-meio-fim? Ou vale a pena construir visões mais argutas e consistentes que superem a esterilidade de linguagens e referenciações históricas e culturais rebuscadas, herméticas, que dificultam compreensões, e se mostram incapazes de mobilizar adesões e apoios efetivos, junto às grandes maiorias negras e pobres? Seremos capazes de identificar e nos liberar de modelos tradicionais e inaugurar novos territórios e características de articulação-organização-proposição-planejamento-ação?

O enfrentamento desse vício colonial (a exclusivisação da racionalidade praticada entre a maioria intelectualizada) é necessário para superar distâncias/desconhecimentos/indiferenças, que a grande maioria das pessoas (de todas as cores, jeitos e classes sociais) tem em relação aos contextos/esquemas/linguagens onde/como as regras do mundo institucional e político são criadas/negociadas/confirmadas ou rompidas. Desse jeito, como ficam as maiorias face às derrotas de expectativas progressistas?

E esse tipo de comportamento/postura será exclusivo das elites intelectuais tradicionais? Até que ponto aqueles vícios contaminaram amplos setores da intelectualidade orgânica em lutas sociais, que se veem como formuladores únicos/competentes das ideias, dos planos, dos projetos, das estratégias?

E nós, militantes negras e negros, estamos livres desse vício colonial? Semelhante a como procedem as mais influentes correntes da teoria social em relação às nossas demandas de consideração da questão racial, não é comum partirmos de nossas visões prontas: "Nosso povo negro precisa 'chegar à política'"; "Precisamos levar-lhes a visão crítica e a consciência racial, despertar-lhes a capacidade e o interesse pela participação"?

O MOVIMENTO NEGRO E AS CONJUNTURAS

> Esta é uma época para as verdadeiras escolhas e não para as falsas. Este é o momento em que as nossas vidas devem ser colocadas em jogo, se a nossa nação quiser sobreviver à própria insensatez. Toda pessoa de convicções humanitárias deve escolher o protesto que melhor convém às suas crenças, mas todos devemos protestar.[5]

5 Martin Luther King Jr.

Lembro-me da participação em um seminário da Secretaria de Políticas de Promoção da Igualdade Racial (SEPPIR), com a ministra Luiza Bairros, em que a militância negra "cravou" a ideia de que a conjuntura daquele momento demonstrava a importância e o crescimento do Movimento Negro, e da luta contra o racismo, como decisivos para os avanços das políticas progressistas em âmbito nacional.

Um pique vertiginoso de lutas gerou a CONSCIÊNCIA NEGRA (valor do negro e necessidade de enfrentar o racismo), que foi se entranhando no tecido social — legislações antirracistas e mais inclusivas, conselhos do negro, órgãos de promoção da igualdade racial, e diversos outros espaços sociais-culturais-políticos-institucionais. Conquistas extraordinárias — não rejeitar-lamentar nada...

BREVES E PRECIOSAS LEMBRANÇAS

Como esquecer o Movimento da Soul Music nos anos 1970 — um verdadeiro levante da juventude negra, sedenta de protagonismo e imagens positivas? Os "Encontros de Black", aglutinando dezenas de milhares de jovens, esmagadora maioria negra, em clubes especialmente em áreas de pobreza no Rio de Janeiro e São Paulo, mas também em outras regiões? Impressionante a afirmação de orgulho racial, expresso em vestimentas, nos cabelões *black power* e posturas altivas, nas coreografias coletivas, acompanhando o carisma e o ritmo frenético de James Brown, um *top* da música negra norte-americana na época.

Pode-se dizer que esse movimento foi derrotado pela violência policial, pelos meios de comunicação que demonizaram aquela insurgência e pela nascente indústria cultural e esquemas de governos e empresariais? Que os "podres poderes" tomaram conta "do pedaço" e investiram no controle da "boa cultura negra" — manifestações culturais que (pelo menos abertamente) não faziam críticas, só lutavam por "um lugar ao sol"?

Mas eram novos tempos! Inegável que as lutas negras nos Estados Unidos e os Movimentos de Descolonização Africana ecoavam e insuflavam ações libertárias. Mas principalmente o acúmulo de lutas internas levou à criação, em todas as regiões brasileiras, de grupos e entidades negras de variados perfil, tamanho, localidades, características de atuação. Insurgências que atiçaram a chama da CONSCIÊNCIA NEGRA![6]

A militância negra duelou com a ideia sedutora de democracia racial e, se não a derrotou totalmente, calcou-a com o estigma de mito. Essa vitória não foi pequena, porque se capilarizou no seio da "Cultura Negra", com jeitos, linguagens e características próprias, em todas as regiões e localidades.[7] Só como exemplo, o samba no Rio de Janeiro:

Quem cede a vez não quer vitória
Somos herança da memória
Temos a cor da noite
Filhos de todo açoite
Fato real de nossa história.[8]

Ela negra, negritude que fascina
Senhora menina, menina senhora

6 Um ótimo exemplo de pesquisa que demonstra tal abrangência é o livro *Histórias do Movimento Negro no Brasil*, de Amilcar Pereira e Verena Alberti.

7 Pela primeira vez em séculos, a Congada entrou na Igreja Matriz de Uberaba (MG). O prefeito era Wagner Nascimento, apelidado de *Fuscão Preto* — música de imenso sucesso popular na época — pelas elites locais. O então candidato — membro fundador do Clube de Negros da cidade, o Elite Clube — passou a cantar a canção em todos os comícios e galvanizou a atenção das maiorias negras.

8 "Identidade", de Jorge Aragão.

Me descontrolou
Ao expor seu lindo visual nessa retina
Sua voz que o próprio canto encantou
Hoje eu vi um lindo negro anjo
Anjo negro, lindo anjo
Negra Ângela.[9]

A história desse negro
É um pouco diferente
Não tenho palavras
Pra dizer o que ele sente
Tudo aquilo que você ouviu
A respeito do que ele fez
Serve para ocultar a verdade
É melhor escutar outra vez.[10]

A chama pegou! É só lembrar a espetacular ressignificação da vida e de valores do grande mestre Candeias, sua proposição do Granes Quilombo, de ativismo político-cultural, ainda hoje insuperado no âmbito das manifestações culturais de matrizes africanas.[11] Ou as imagens senhoriais e os desempenhos artísticos de Clementina de Jesus, de D. Ivone Lara e de Jovelina "Pérola Negra", de Martinho da Vila, de Paulinho da Viola, e tantos e tantas compositores e artistas no mundo do Samba em todo o país — tudo que "explodiu" em incontáveis Fundos de Quintal. Penso que Nei Lopes é o magno exemplo: pesquisador metódico, aplicado, competente

9 "Negra Ângela", de Serginho Meriti e Alexandre Rodrigues.
10 "Uma história diferente", de Paulinho da Viola.
11 Antônio Candeias Filho era um renomado compositor da Portela. Em sua atividade policial levou um tiro que o tornou paraplégico, mas eram inesgotáveis sua arte e capacidade de liderança e realizações, até seu falecimento aos 43 anos, em 1978.

nos temas de interesse de nossas lutas, e, ao mesmo tempo, artista irônico, refinado, crítico e enaltecedor dos caminhos e das almas da gente negra.

A capoeira, "de uma luta perseguida" se tornou "esporte nacional". As religiosidades de matrizes africanas, que resistiram sempre, e que se esforçavam por visibilidade e protagonismo desde a força espiritual das tias baianas ou do episódio que levou à criação do Afoxé Filhos de Ghandi, em Salvador (BA), de Joãozinho da Gomeia[12], nas últimas décadas vieram à luz do dia, com Axé Total e muito orgulho, apesar de muitos problemas internos. Setores importantes do cristianismo católico e protestante também acolheram demandas e militância negra.[13]

Os novos grupos e entidades criados a partir dos anos 1970 realizaram dezenas de encontros locais, regionais, e nacionais — além de comporem e disputarem novas narrativas sobre a formação e desenvolvimento da sociedade brasileira, criarem seus próprios espaços e jeitos de escreverem e contarem histórias importantes de como negros e negras foram tomando pé da própria vida e se impondo cultural, social e politicamente na sociedade.

Assim como nos meados do século 20 o impacto das Escolas de Samba do Rio de Janeiro havia influenciado a própria ideia de cultura em toda parte do país, assumindo protagonismo inédito como

12 Importante o livro *Goméia João*: A arte de tecer o invisível, de Carlos Nobre.

13 Uma das plenárias de organização da Marcha contra a Farsa da Abolição (realizada no Rio de Janeiro em 1988) aconteceu no Quilombo da Matriz, graças à ação de Frei Davi Raimundo dos Santos, titular da Igreja da Matriz de São João de Meriti. Ele fora um dos criadores e principais incentivadores da criação de Grupos de Consciência Negra, em dioceses de todo o país. E logo adiante se criava mais uma organização no seio do catolicismo progressista: Agentes de Pastorais Negrxs (APNs). Na igreja Metodista e em outras denominações protestantes foram criados Ministérios de Combate ao Racismo, com destaque para a ação do Reverendo Antônio Olímpio de Santana. A campanha da Fraternidade de 1988 teve como lema "*Ouvi o clamor desse povo Negro!*".

manifestação cultural e artística, os Blocos Afro da Bahia, a partir dos anos 1970 e 80, exportaram para todo o Brasil novas estéticas, politizados e encantadores jeitos, ritmos, cantos, danças e cores de ser negros e negras.

O Movimento de Mulheres Negras, forte e sublime, a partir da Marcha de 2015, anuncia o bem viver, ensinando a toda sociedade como se conquista o protagonismo apesar de tudo: do machismo (também no Movimento Negro), do elitismo e racismo no feminismo, e do "tradicional" e total desprestígio no mercado de trabalho e na vida social. Enfim, a ideia de Consciência Negra (valor do negro e da cultura negra, e necessidade de enfrentar o racismo) "bombou"! Vem ganhando espaço e jeitos próprios em todos os setores da vida social brasileira.[14]

Como, depois de tudo isso, amargamos tantas derrotas, com risco de desabarem até mesmo as pilastras que mantinham a aparência de democracia? É imprescindível reconhecer: tudo se mostrou insuficiente!

NÓS E A TEORIA SOCIAL

> Constate-se apenas a desinformação e o descaso quase geral dos intelectuais de todas as convicções políticas a respeito da questão racial e do racismo no Brasil.[15]

Alguns avanços políticos e institucionais (resumidíssimos acima), e o que representaram nas últimas décadas, como resultados de esforços de descolonização mental, teórica, emocional e espi-

14 Seria exaustivo citar a agência de "guerrilheiros político-institucionais" em órgãos governamentais nos três níveis, assim como no amplo espectro da sociedade civil e nas diferentes áreas de conhecimento e produção social — a questão racial tornou-se pauta irreversível da agenda política nacional.

15 Carlos Hasenbalg, Discurso sobre a raça: pequena crônica de 1988, in: *Estudos Afro-Asiáticos*, 1991, p. 193.

ritual estão, no entanto, encobertos-invisíveis. Para a quase totalidade de teóricos sociais no Brasil, representam movimentos de guerra, aspectos exóticos, laterais, menores, na formação da conjuntura, desconectados das mudanças mais importantes sofridas pela sociedade.[16]

Em geral, a teoria social no Brasil pratica mal seus próprios aprendizados. Não consegue ler com lentes brasileiras ensinamentos de alguns de seus principais referenciais. Seus pensadores de referência, em maioria, foram grandes exatamente porque compreenderam as almas de sua gente, e, daí, sim, geraram teorias, estratégias e mecanismos de ação que fizeram história. Por que congelar seus espíritos?

Muito além de religiosidades (que é coisa de seres humanos), a espiritualidade é uma só. Fanon, Amílcar Cabral, Agostinho Neto, Mondlane e Machel, Mandela, N'Krumah, Luther King, Malcom X, Zumbi e Dandara, Abdias e Maria Nascimento, Beatriz Nascimento e Lélia Gonzales, Cândido Mariano Rondon, Raoni... tantos e tantas outrxs constituem nossos altares e Gongás, e nos cabe incorporá-lxs e revivê-lxs aqui e agora!

Esse mundo da política e da institucionalidade cristalizou vantagens materiais e simbólicas, capazes de se adequarem camaleonicamente a conjunturas adversas, e de assimilar-cooptar novos segmentos e formulações ideológicas que emergem da resistência e das lutas sociais. Em último caso, aderem ao politicamente correto e podem (temporária e precariamente) ceder mais alguns anéis...

16 Vejo semelhanças com o que acontece em relação à militância feminista, ou pela sustentabilidade ambiental, ou às militâncias referentes às diferentes sexualidades. Mas é preciso cautela. Cada uma dessas militâncias consegue articular certos setores institucionais e políticos, que lhes dão algum respaldo e visibilidade, garantindo institucionalidades. Salta aos olhos que isso não acontece no mesmo nível com a questão racial, com as demandas da população negra em relação à violência policial e outras violências materiais e simbólicas.

A branquitude é um tipo de cultura racializada, arraigada, entranhada, um *habitus* (crenças, hábitos, práticas individuais e sociais) que não se enxerga e não se aceita assim, mesmo entre gente progressista e de esquerda. Muitxs de nossxs parceirxs até gostariam de nos entender e compartilhar visões, ajudar a construir outros jeitos e estratégias, caminhos etc. Há os/as que estão conseguindo e vão conseguir, mas, nas batalhas das últimas décadas, ainda predominou a força das ideologias (inclusive a racial) dominantes.

De que adianta reclamar: que não nos reconhecem e não reconhecem a legitimidade e a importância de nossas lutas, que não souberam ou não quiseram fazer mais contra o racismo? Lembremos de Mandela: "Se eles foram ensinados a [nos desconhecer] podem aprender a nos reconhecer e respeitar nossas demandas, análises, jeitos de fazer política". Mas precisamos ensinar-lhes.

Para isso, precisaremos aprender também: dialogando (e não exercendo nosso saber colonial) com nosso povo negro e com brancxs antirracistas — aprender e ensinar novas lições.

A NECESSIDADE DE CONSTRUIR CAMINHOS, CAMINHANDO

A institucionalização da Luta Contra o Racismo: o empoderamento de ONGs Negras, construção das Ações Afirmativas e órgãos de PIR, espaços em mandatos parlamentares e em outros segmentos de Movimentos Sociais e instituições sociais — tudo isso representou avanços e, mesmo com tantas dificuldades, constituiu oportunidades e experiências extraordinárias para muitxs de nossos quadros e militantes. Mas é evidente que foram árduas demais e sofreram desgastes demais, apesar de parcerias, apoios, conquistas de corações e mentes em setores do governo federal e em setores de governos estaduais e municipais, de segmentos dos Movimentos Sociais, da militância progressista nas religiões e outras manifestações culturais de matrizes africanas, e em corporações importantes em aparelhos de Estado e de incontáveis iniciativas na sociedade civil. O problema é que conquistamos a institucionalidade, mas também fomos conquistadxs-seduzidxs por ela!

Lembremos de "falhas" e desajeitos na consolidação das políticas de ações afirmativas e de órgãos de PIR, e a relativa facilidade como tudo vem desabando. Sem contar distorções desastrosas de referenciais históricos e simbólicos, por negrxs desavisadxs e/ou irresponsáveis-oportunistas. Ao ponto de uma mulher negra ministra da igualdade racial e dos direitos humanos entronizar o usurpador como "padrinho das mulheres negras"; e, aposentada como desembargadora, reclamar da perda de vantagens salariais e corporativas e se sentir como no tempo da escravidão![17] O caso recente da Fundação Cultural Palmares, órgão governamental em Brasília, cuja direção foi entregue a uma pessoa abertamente contrária ao Movimento Negro, é apenas mais um exemplo.

Assim como o amplo conjunto de lutas sociais, o Movimento Negro também amargou insucessos e desacertos na efetivação de políticas públicas progressistas, mesmo no período em que tinha tudo para dar certo. Mas é emocionante a alegria que emana dos cabelões de tantas e tantos jovens em tantas universidades e em outros contextos formativos. Mesmo que muitxs sejam apenas "estética"! Ainda assim, tamanhas alegrias têm gerado força, posturas desafiadoras, insurgentes, de uma juventude que se lança e se assume mais e mais como herdeira de tantas lutas, de tanta história.

Paulo Freire, que tenho lido muito, ensinou que não se deve entrar numa luta como objeto. Precisamos ser sempre sujeitas/os,

17 A referência é à posse da desembargadora Luislinda Valois, como ministra, no governo Michel Temer, em 2016.

lutar por hegemonia nas interpretações da formação e desenvolvimento da sociedade brasileira e contribuir de verdade e com consistência para a construção de novas estratégias. Como fazer isso acontecer, presos/as a textos e "formações políticas", sem reflexões e ações que só se tornam libertárias em práticas concretas junto à nossa gente?

Como ultrapassar os limites e tortuosidades que ainda amarram tantas conquistas de espaços institucionais e políticos que, às vezes e para muitxs, deixam de ser meio e se tornam a finalidade? De que valem novos olhares que escrutinam profundezas e protagonismos do povo negro na vida social, a argúcia de novas epistemologias, o domínio dos códigos na produção e difusão de conhecimentos, se o acesso a isso ainda é tão restrito e não nos damos ou não queremos nos dar conta disso?

E, se nos damos conta, seremos capazes de criar os mecanismos, espaços, jeitos, de reconstruir a UNIDADE NA DIVERSIDADE no seio do Movimento Negro, vencer o vício colonial e mergulhar na efetiva interação com as almas de nossa gente?

POR UMA HISTÓRIA QUE CONFRONTE MEMÓRIAS DESUMANIZADORAS CONSTRUÍDAS PELO RACISMO

ANA FLÁVIA MAGALHÃES PINTO

É historiadora, com formação interdisciplinar em Comunicação e Literatura. Desde 2018, é professora do Departamento de História da Universidade de Brasília (UnB). É autora de *Escritos de Liberdade: literatos negros, racismo e cidadania no Brasil oitocentista* (Ed. Unicamp, 2019) e *Imprensa Negra no Brasil do Século XIX* (Selo Negro, 2010). É ativista dos Movimentos Negros e de Mulheres Negras. Exerce a coordenação da regional Centro-Oeste do GT Emancipações e Pós-Abolição da Associação Nacional de História (Anpuh) e integra a Rede de Historiadoras Negras e Historiadores Negros, entidade que integra a Coalizão Negra por Direitos.

ACERVO PESSOAL

Negro livre não tem dono;
Negro livre é cidadão:
Se negro livre não fora,
Que fora a Constituição?[1]

Diante das muitas maneiras disponíveis para iniciar uma reflexão sobre os 200 anos da cidadania brasileira, começo acionando a pergunta que tomei como epígrafe deste ensaio, um mote divulgado no jornal *O Cascallho* na cidade do Rio de Janeiro em 1849, e somo a ela mais duas questões: Por que ainda faz tanto sentido o uso de expressões como "cidadania incompleta", "cidadão de segunda classe", "quase cidadão" etc. para tratar do tema num país como o nosso? Quais interdições à cidadania plena se tornaram tão naturais a ponto de figurarem, contraditoriamente, como garantia de estabilidade da própria nação, base de sustentação de um controverso bem comum que não é para todos?

Responder a esses questionamentos implica, antes de mais nada, recapitular que a independência do Brasil como nação, associada ao 7 de setembro de 1822, se deu com a preservação de uma intensa e resistente escravização de africanos e seus descendentes, mantida na legalidade e até mesmo ao arrepio das leis do Império por mais 66 anos, até 1888. Durante a maior parte desse período, centenas de milhares de africanos/as foram criminosamente submetidos/as à escravidão na contramão dos compromissos assumidos pelo Estado brasileiro em tratados internacionais antitráfico escravista desde meados dos anos 1820, ratificados na Lei Feijó, de 7 de novembro de 1831, e reafirmados na Lei Eusébio de Queirós, de 4 de setembro de 1850. Outras tantas pessoas negras libertas ou

1 Agradeço a Rafael Galante pela indicação desta fonte disponível na Hemeroteca Digital da Biblioteca Nacional.

nascidas livres em solo brasileiro se viram em cativeiro em decorrência de atos que feriam o artigo 179 do Código Criminal de 1830, que previa pena de três a nove anos de prisão e multa a quem reduzisse “à escravidão a pessoa livre, que se achar em posse da sua liberdade”, e cuja aplicação praticamente não se fez sentir.[2]

Convém advertir que essas são apenas duas das várias frentes que nos ajudam a entender como o amadurecimento da cidadania neste país tem caminhado com a manutenção de práticas associadas ao escravismo, mesmo após 200 anos de independência, 134 anos da abolição e sem amparo na legislação vigente. Elas, por certo, não dão conta de toda a complexidade do lastro histórico que explica o ocorrido aos/às 58 mil brasileiros/as, em sua maioria negros/as, que apenas de 1995 para cá foram identificados/as como vítimas de escravidão contemporânea, graças a ações articuladas por instituições de proteção dos trabalhadores. Por que, a despeito das garantias constitucionais, pessoas negras (e indígenas)[3] são proporcionalmente mais desrespeitadas em sua cidadania que pessoas brancas neste país?

É nesse ponto que a compreensão da historicidade do racismo como elemento estruturante da sociedade brasileira se revela imprescindível, embora não seja uma tarefa de fácil resolução. Isso demanda, de pronto, ter a consciência de que os esforços de nega-

2 Beatriz Mamigonian; Keila Grinberg, “O crime de redução de pessoa livre à escravidão no Brasil oitocentista”, in: *Revista Mundos do Trabalho*, 2021.

3 De maneira semelhante, a defesa da cordialidade como marca da sociabilidade brasileira não evitou que violências fossem praticadas contra povos indígenas, o que inclui a manutenção da escravidão indígena no século 19, sob o argumento da pacificação, entre outras justificativas. Sobre esse assunto, cf. Melo, 2021. Para o século 20, a comunicóloga Verenilde Pereira (2013) argumenta que, para além de grileiros e fazendeiros, com seus interesses bem explicitados, é importante ressaltar a dimensão cultural dessas violências. Nesse sentido, analisa o modo como a cobertura jornalística no contexto dos confrontos em torno da construção da BR-174 (Manaus-Boa Vista), nas décadas de 1960 e 1970, deu continuidade e legitimou esforços de desumanização do povo Kinja ou Waimiri-Atroari.

ção do amplo alcance do "preconceito de cor" ou do "ódio de raça" já eram praticados no século 19, ou mesmo antes, e, em seguida, refletir sobre como e por que ganharam fôlego na primeira metade do 20. Pode parecer estranho a antirracistas contemporâneos/as, mas num passado recente a defesa da democracia racial como uma realidade inquestionável, a despeito das evidências em contrário, se valeu até mesmo da aceitação de um irônico atestado do próprio racismo, expresso na frase: "No Brasil não tem racismo porque o negro sabe o seu lugar".

Incorporado ao senso comum pela chave da anuência ou da crítica, o bordão, mesmo no último caso, serviu à fixação de sujeitos aptos ao exercício da cidadania no polo oposto, no qual se verifica o repertório das imagens da escravidão. Ou seja, as possibilidades de existência de uma pessoa negra acabaram circunscritas às baixas expectativas estabelecidas para o "escravo", o não cidadão por excelência. Trata-se de uma história que pode ser contada com base na observação de dados estatísticos sistematizados por órgãos de governo desde o século 19, que ilustram que o tal "devido lugar" tem sido uma condição de profunda insegurança e invisibilidade.

Em 1876, quando foi publicada a versão definitiva do *Recenseamento Geral do Império de 1872*, o documento oficial deixava evidente que a população negra (pretos e pardos) não se limitava aos 1,5 milhão de escravizados. Homens e mulheres livres e escravizados, pretos e pardos correspondiam a 58% do total de habitantes. Para cada dez desses indivíduos, seis eram livres ou libertos. A despeito da mestiçagem ou por força dela, o Brasil era uma nação cujas marcas da ascendência africana se faziam explícitas nas feições do seu povo. Curiosamente, as múltiplas experiências da liberdade negra sobre as quais esses números nos convidam a pensar passaram ao largo dos comentários da época e da maioria dos estudos sobre História do Brasil até bem recentemente.

O estabelecimento de uma matriz narrativa fixada nos termos dicotômicos "livres ou escravos" contribuiu para que o primeiro se tornasse sinônimo de pessoas brancas e o segundo encapsulasse a vida dos homens e mulheres de origem africana que viveram em solo brasileiro até a abolição. Mais do que apenas um produto da ação da memória, Sidney Chalhoub[4] analisa a precariedade da liberdade negra já na primeira metade do século 19 e demonstra como era comum, nas práticas cotidianas, tomar uma pessoa negra como escravizada até que ela se provasse livre ou liberta. A equivalência entre liberdade e cidadania não estava no horizonte. Em vez disso, o que se tinha eram costumeiras interdições afetando indivíduos negros com perfis dos mais diversos.

De tal sorte, a presunção da escravidão figurava como manifestação de dinâmicas de racialização e racismo profundamente arraigadas. Tão profundamente que, a despeito do que pode ser lido nas tabelas censitárias e em inúmeros outros documentos, é comum deparar-se ainda hoje com pessoas que acreditam que a população negra começou a acessar a liberdade em 13 de maio de 1888, o que alimenta o equívoco segundo o qual, antes da abolição, esse segmento social não teria reivindicado direitos de cidadania. Esse enquadramento, como sugerido, se articula com outro não menos refutável, que vem a ser o da inexistência ou superficialidade do racismo no Brasil.

Essa negação como um traço da nossa sociabilidade se firmou como um encaminhamento necessário para os projetos de nação forjados pelas elites brasileiras ao longo do tempo. Sobretudo diante da necessidade de disfarçar certos impulsos de negação da humanidade e da cidadania plena a amplos segmentos da população.

4 Sidney Chalhoub, *A força da escravidão*: ilegalidade e costume no Brasil oitocentista, 2012.

Assim, após quase quatro séculos explorando a maior quantidade de gente africana submetida à escravidão via tráfico transatlântico nas Américas e tendo sido o último país do continente a tornar o escravismo ilegal, o Brasil assistiu à imposição de um contrato social por parte das elites que, na segunda metade do século 20, foi nominalmente denunciado como "mito da democracia racial" por intelectuais ativistas negros/as.

Por força desse mito, a população negra, no imediato pós-abolição, passou a ser tratada como a expressão residual de uma fase superada ou em vias de ser, podendo existir sob a tolerância paternalista e a repressão atenta de governantes e agentes do Estado que diziam trabalhar para o progresso de "todos", mas que, na verdade, operacionalizavam dinâmicas de exclusão. Graças a esse tipo de ocupação do terreno da cidadania, foi sendo atualizado o que Sueli Carneiro[5] classifica como "dispositivo da racialidade" presente no *modus operandi* do conservadorismo brasileiro, fundado na centralidade do sujeito masculino, branco e concentrador de renda, que manifesta falsa ou relativa simpatia a quem rejeita para se manter no poder. Para isso, nega as violências praticadas e busca subdimensionar a existência dos que não se encaixam aos seus caprichos.

Nessa dinâmica que vem sendo reorganizada e renovada, não surpreende que muitos e muitas de nós leiamos o tempo presente nos termos de uma abolição inacabada ou uma falsa abolição. Acontece que seguir reconhecendo cidadãs e cidadãos negros como resíduos da escravidão, sujeitos incompatíveis com o que pressupõe ao se falar de cidadãos, em vez de romper com vícios de exclusão, acaba os reforçando.

Acredito ser imprescindível voltar nossos olhares para o passado a fim de observar como, a despeito de sua precariedade, a liber-

5 Sueli Carneiro, *A construção do outro como não-ser como fundamento do ser*, 2005.

dade e a cidadania negras no Brasil eram fartamente assinaladas e marcantes bem antes do fim da escravidão. A incompatibilidade entre pessoas negras e as imagens da liberdade é, pois, um sintoma desses esforços de sequestro da nossa condição de sujeitos históricos, políticos e cidadãos.

Assim, mais do que circunscrever as vulnerabilidades da população negra estritamente na escravidão, precisamos reposicionar a nós mesmas/os no que diz respeito à nossa capacidade de analisar historicamente a sofisticação do racismo brasileiro. Racismo este capaz de encobrir sujeitos, negar e naturalizar a barbárie e, portanto, interditar caminhos para que o enfrentamento intransigente seja visto como central em qualquer iniciativa de promoção ou garantia de cidadania e Direitos Humanos. A afirmação desta tomada de postura me parece decisiva para um acerto de contas com nosso passado, a começar por capítulos destacados da história política nacional, como o da elaboração da primeira Carta Magna.

LIMITES DA CIDADANIA NA CONSTITUIÇÃO DO IMPÉRIO DE 1824

Em setembro de 1823, os integrantes da Assembleia Geral Constituinte e Legislativa do Império do Brasil dedicaram-se, entre outras questões, à discussão sobre o conteúdo do que posteriormente se tornou o artigo sexto da Constituição de 1824, que estabelecia quem seriam reconhecidos como cidadãos brasileiros. Em versão provisória, previa-se que seriam assim considerados até mesmo "os escravos que obtiverem carta de alforria". Contrário a essa redação, o deputado pela província do Ceará Pedro José da Costa Barros argumentou:

> Eu nunca poderei conformar-me que se dê o título de cidadão brasileiro indistintamente a todo o escravo que alcançou carta de alfor-

> ria. *Negros boçais, sem ofício, nem benefício, não são, no meu entender, dignos desta honrosa prerrogativa; eu os encaro antes como membros danosos à sociedade à qual vêm servir de peso quando lhe não causem males.* Julgo por isso necessário coarctar tão grande generalidade, concebendo este parágrafo nos seguintes termos: Os escravos, [que obtiverem carta de alforria] que têm emprego ou ofício.[6]

Esse impasse sinalizava para um desejo de interdição do reconhecimento da cidadania de parcela da maior população de gente negra livre e liberta das Américas, justamente a que residia no Brasil, uma vez que muitas dessas pessoas tinham nascido em terras africanas. Impressiona, ademais, a necessidade de cautela e limites acerca da mão de obra que vinha impulsionando a economia local. Ocorre que outros constituintes tinham argumentos ainda mais cuidadosos. João Severiano Maciel da Costa, deputado por Minas Gerais, foi outro que via arriscadíssimas desvantagens em abrir livre guarda a tão amplos setores. Em suas palavras:

> Deixarei agora à consideração da assembleia, ou antes, chamarei sua atenção para decidir se os africanos são tais que de sua admissão livre e franquíssima para o grêmio da nossa família nada haja que temer; se podemos arrazoadamente esperar deles que sejam afeitos ao nosso país, onde viveram escravos, e aos nossos irmãos que sobre eles exercitaram o império dominical; se sabendo eles que nos são equiparados, apenas forros, não aspirarão avançar mais adiante na escala dos direitos sociais; se sua superioridade numérica e consciência de sua força... *Senhores, não avançarei daqui nem só um passo. Sejam muito embora os africanos admitidos à nossa família, mas imponhamos-lhes condições boas para eles e para nós; não sejam eles de melhor condição que os simples estrangeiros que valem mais que*

6 Brasil, Câmara dos Deputados, *Constituinte 1823*, v. 5, 1874.

> *eles; não sejam mais favorecidos que os mesmos brasileiros que nascerem fora do país a quem impomos a condição de domicílio; demos-lhes ocasião e tempo de provarem que são dignos de nós e de serem membros da nossa família.*[7]

Portanto, em hipótese alguma, mesmo com ofício definido, os africanos libertos poderiam ser pressupostos como iguais. Era uma convicção compartilhada. Tanto que José Maria da Silva Lisboa, deputado pela Bahia e futuro visconde de Cairu, embora estivesse entre os que achavam razoável reconhecer a cidadania de africanos libertos, buscou acalmar os ânimos com o seguinte argumento:

> Ter a qualidade de cidadão brasileiro é sim ter uma denominação honorífica, mas que só dá *direitos* cívicos e não *direitos políticos*, que não se tratam no capítulo em discussão e que são objeto do capítulo seguinte, em que se trata do cidadão ativo e proprietário considerável, tendo as habilitações necessárias à eleição e nomeação dos empregos políticos do império.

Silva Lisboa arremata: "Deixemos, senhores, controvérsias sobre cores dos povos; são fenômenos físicos, que variam conforme os graus do equador, influxos do sol e disposições geológicas e outras causas muito profundas, que não são objetos desta discussão".[8] A despeito desses e outros argumentos favoráveis ao reconhecimento da cidadania brasileira a africanos libertos, na versão final do texto constitucional finalizada por um Conselho de Estado e outorgada pelo Imperador D. Pedro I, em 25 de março de 1824, o primeiro parágrafo do artigo sexto assim dizia: "São Cidadãos Brasileiros os que no Brasil tiverem nascido, quer sejam ingênuos, ou

7 *Ibidem*, pp. 207-208.
8 *Ibidem*, p. 211.

libertos, ainda que o pai seja estrangeiro, uma vez que este não resida por serviço de sua Nação".

O primeiro texto constitucional brasileiro não impedia as alforrias, mas, sem precisar dizer isso explicitamente, lançava africanos libertos na condição de apátridas (estrangeiros sem nacionalidade), como sinalizado por Manuela Carneiro da Cunha[9] e Beatriz Mamigonian.[10] Excluídos os africanos libertos da cidadania brasileira já de largada, negando-lhes os direitos civis, aos libertos nascidos por aqui caberia o acesso parcial aos direitos políticos. O limite formal era a condição de eleitores das eleições primárias, como previsto no artigo 91, do capítulo dedicado às eleições. Ademais, pelo Artigo 94, estabeleceu-se que: "Podem ser Eleitores, e votar na eleição dos Deputados, Senadores, e Membros dos Conselhos de Província todos, os que podem votar na Assembleia Paroquial. Excetuam-se: I. Os que não tiverem de renda líquida anual duzentos mil réis por bens de raiz, indústria, comércio ou emprego. / II. Os Libertos".[11]

Observem que as reverberações da precaução contra africanos tinham plenas condições de afetar até mesmo a vida de homens negros nascidos livres, na medida em que, na impossibilidade de comprovação de renda, eles também poderiam ser cerceados do direito político. Não é demais dizer que nem essas possibilidades eram facultadas às mulheres negras em sua totalidade. Ao mesmo tempo, importa destacar que o uso categórico do vocabulário da racialidade se mostrava dispensável, uma vez que a gestão da dinâmi-

9 Manuela C. da Cunha, *Negros, estrangeiros:* os escravos libertos e sua volta à África, 2012.

10 Beatriz Mamigonian, "Os direitos dos libertos africanos no Brasil oitocentista: entre razões de direito e considerações políticas" (in: História, 2015, pp. 181-205), oferece interessantes informações sobre as disputas empreendidas ao longo do século XIX.

11 Brasil, Câmara dos Deputados, *Annaes do Parlamento Brazileiro — Assembléa Constituinte 1823*, 1874.

ca racial do país era feita a partir de uma gramática em que isso era elemento estruturante estridente e silencioso, simultaneamente.

Surge, então, outra pergunta: se, ao contrário do que muitos pensam, a letra da lei assegurava tantas exclusões, qual o limite de tudo isso no âmbito da vida diária? A fim de oferecer algumas pistas, optei por comentar o caso de uma africana que, em 1823, fez tudo o que estava a seu alcance para viver a liberdade que lhe parecia justa.

"DIZ MARIA JOAQUINA QUE SE LHE FAZ A BEM DO SEU DIREITO..."

Se observarmos as datas das independências e das abolições em países americanos, veremos que a opção pela manutenção da escravidão no momento da independência foi feita por vários outros Estados nacionais além do Brasil, como Uruguai, Colômbia, Argentina, Peru e Estados Unidos. Em contrapartida, nos casos em que a abolição precedeu a independência, a exemplo do ocorrido em Cuba e na Jamaica, o fim da escravidão não se reverteu em garantias de cidadania plena para libertos e nascidos livres, como observado pelo historiador Thomas Holt[12] ao analisar mais detidamente o caso jamaicano.

Em todos esses cenários, há uma quantidade substancial de documentos que nos permitem avistar como pessoas negras reagiram aos múltiplos expedientes de interdição de sua liberdade e de violação da própria condição humana. O caso de Maria Joaquina, uma africana cabinda que, entre 1822 e 1823, denunciou um crime cometido contra sua pessoa por uma dupla de escravistas na cidade do Rio de Janeiro, passou a me chamar atenção recentemente e parece oportuno para a reflexão aqui proposta.[13]

12 Thomas Holt, *The problem of freedom*: race, labor, and politics in Jamaica and Britain, 1832-1938, 1992.

13 Agradeço a generosidade da equipe do Arquivo Histórico da Câmara dos Deputados pela indicação da fonte. Também registro meus agradecimentos a Itan Cruz,

Conforme reconhecido em despacho à Comissão de Petições, de 30 de outubro de 1823, Maria Joaquina deu maior publicidade a seus esforços para "tornar a seu estado natural", a liberdade, por meio de um requerimento protocolado no Livro de Porta da Assembleia Geral Constituinte. Aquele gesto simbolizava uma solicitação de apoio daquela casa.[14] E não era a primeira vez que algo assim acontecia, o que sugere que ela e seu representante legal não estivessem fazendo uma aposta no vazio. Mas vamos ao caso.

Anos antes, Maria Joaquina havia apresentado uma proposta para que Felizarda Querubina da Silva estabelecesse o valor de uma recompensa em dinheiro a fim de obter a sua Carta de Liberdade. Ocorre que a escravista recusou esses termos do acordo e, em vez disso, definiu que a africana comprasse "uma escrava que fosse do agrado dela". Maria Joaquina exercia o ofício de quitandeira e, pelo que fica entendido, trabalhava ao ganho, o que lhe permitia tanto acumular os recursos extras para fazer a oferta àquela senhora quanto negociar a compra de uma "escrava nova" entre comerciantes de gente na Corte.

Embora as leis não garantissem o direito de propriedade a quem tinha status de propriedade, a autorização senhorial para o desempenho de atividades de trabalhos nas ruas também legitimava esse tipo de negócio. Foi assim que Maria Joaquina pôde apresentar, em janeiro de 1822, a jovem Rosário a Felizarda numa transação de "alforria por substituição".[15] Afora a compra e o repasse da menina, a africana ainda introduziu a substituta nos afazeres pelos quais respondia dentro e fora da casa da escravista.

Patricia Alves-Melo e Cândido Domingues pelo diálogo acerca deste documento e de outras questões trabalhadas neste artigo.

14 Arquivo Histórico da Câmara dos Deputados, *Requerimento de Maria Joaquina (escrava)*, 1823.

15 João José Reis, "Por sua liberdade me oferece uma escrava: alforrias por substituição na Bahia, 1800-1850", in: *Afro-Ásia*, 2021, pp. 232-290.

Vendo que essa "se demorava no cumprimento da sua promessa", pediu a intercessão do reverendo Antonio Joaquim para que lembrasse a dita senhora de fazer valer sua palavra. Felizarda, entretanto, reagiu mal à interpelação, prendeu, castigou e ameaçou embarcar Maria Joaquina para o atual estado do Rio Grande do Sul. Em seguida, vendeu a africana que já se considerava liberta a Domingos Alves Loureiro, pelo valor de dez doblas, em 12 de junho daquele mesmo ano. Ela, então, foge e dá início à ação de liberdade em tela. Mais um detalhe: pouco antes de interpelar os deputados constituintes, Maria Joaquina já havia enviado uma súplica à Vossa Majestade Imperial Dom Pedro I.

Ou seja, todos os expedientes previstos na legislação e no direito costumeiro da época foram utilizados para a obtenção daquela Carta de Liberdade. Uma postura intransigente perante a manutenção da escravidão como fundamento social nem mesmo foi cogitada. A preta de nação cabinda sustentava sua imagem de pessoa liberta na crença de que as regras do jogo deveriam ser respeitadas e valer para ela. O problema é que, mesmo que obtivesse sucesso nessa empreitada, ela sairia daquela disputa como tão somente uma africana liberta. Como tal, ela era a expressão máxima oposta da imagem do cidadão pleno que os parlamentares projetavam para o Brasil e que ficaria registrada na Constituição do Império. Pouco importava o que Maria Joaquina pensava sobre si. Ela e o que restou dos registros de sua luta seguiriam sendo vistos como manifestação da agência de uma "escrava", tal como, por força do hábito, consta no descritor do documento catalogado na Câmara dos Deputados.

HISTÓRIA DA LIBERDADE – UMA AGENDA ANTIRRACISTA

O entendimento de que a experiência negra não se resumiu à escravidão mesmo durante o período escravista ainda é uma questão sensível na sociedade brasileira. A falta de familiaridade com informações dessa natureza foi historicamente construída e nos ajuda a entender quem somos e quem não pudemos ser até agora como Nação.

Nesse sentido, promover reflexões sobre a cidadania na história do Brasil, orientadas por registros que remetem a experiências de gente negra lutando por ou defendendo a liberdade, é uma agenda historiográfica a ser conduzida não apenas por especialistas. Afinal, estamos falando da urgência de confrontar escritas da história que têm anulado o próprio povo brasileiro física e simbolicamente.

Embora seja um exemplo pontual sobre o qual nem mesmo saibamos o fim que teve, revisitar pistas do vivido por Maria Joaquina é valioso nesse bicentenário da independência por nos provocar reflexões sobre a liberdade não como sinônimo de estabilidade, mas como condição imprescindível para a realização de projetos de vida individual e coletiva que eram ainda mais limitados quando os sujeitos eram obrigados a viver numa escravidão legal e socialmente legitimada.

ALÉM DO GENOCÍDIO, O BRASIL DE MARIAS, MARIELLES E MALÊS

ANIELLE FRANCO

É carioca e cria da favela da Maré. É irmã mais nova de Marielle Franco, vereadora assassinada em março de 2018. É bacharel em Jornalismo e Inglês pela Universidade de Carolina do Norte e bacharel-licenciada em Inglês e Literatura pela Universidade do Estado do Rio de Janeiro (UERJ). É mestra em Jornalismo e Inglês pela Universidade de Florida A & M e mestra em relações étnico-raciais pelo CEFET/RJ. Atualmente é doutoranda em Linguística Aplicada na UFRJ. Publicou seu primeiro livro chamado *Cartas para Marielle* e tem participação importante em muitos outros livros, incluindo a autobiografia de Angela Davis. Hoje trabalha como professora, palestrante, escritora e é a atual diretora do Instituto Marielle Franco.

ACERVO PESSOAL

Brasil, meu nego, deixa eu te contar...[1]

Nos 200 anos de sua independência, o que se há de "celebrar"?

Se a noção de não depender mais da exploração de senhores europeus é algo que marcou a história de nosso país, o que faltou para essa noção se tornar realidade?

1 Referência ao samba-enredo da Estação Primeira de Mangueira, que homenageou Marielle Franco em 2019.

O colonialismo que fez o Brasil ser subjugado e explorado nos séculos anteriores a sua dita independência foi a mesma noção que enraizou a chibata colonial nas costas da formação de um povo que não reconhece a pele preta e indígena como parte do todo que hoje faz o Brasil ser Brasil.

Se ser independente é ser livre, qual seria então o custo de uma independência que não libertou aqueles que compõem a imensa maioria de nossa população? É partindo do marco dessa liberdade jamais vivenciada pela experiência negra em diáspora neste país que navegarei diante da reflexão sobre o bicentenário da independência brasileira. Foi Nina Simone, cantora e compositora norte-americana, que em 1967 lançou o álbum Silk & Soul, que inclui a música "I Wish I Knew How It Would Feel to Be Free"[2] (eu gostaria de saber como é se sentir livre, em tradução livre), abordando a ligação do medo com liberdade, atravessada pela noção de ser uma mulher negra vivendo em uma sociedade estruturada pelo racismo, o machismo e a LGBTfobia.

A artista norte-americana utilizou a arte como ferramenta para cantar sobre traumas e vida, evidenciando que viver livre é não ter medo de morrer e/ou perder quem se ama pela violência racista e sexista que marca a existência das mulheres negras no mundo. Cantar, escrever, viver o trauma é uma tarefa muito difícil. Escrevo hoje também como irmã de Marielle Franco, uma mulher negra de favela e periferia, parlamentar eleita na cidade do Rio de Janeiro em 2018 com mais de 46 mil votos, que tinha uma trajetória de mudanças e transformações inimagináveis e que foi retirada de nossa família com cinco tiros na cabeça por homens, brancos, que entenderam que uma das formas mais utilizadas na história para tentar **parar** revoluções lideradas por pessoas negras é tentando

2 Composição de Dick Dallas e Billy Taylor.

nos eliminar. Pessoas essas que seguem achando que nossos corpos são deveras descartáveis.

O trauma é exposto neste texto como tema de reflexão sobre as formas como a sociedade e os indivíduos lidam e expressam a dor e o sofrimento quando associados a experiências históricas de violência, em particular de violência política em regimes ditatoriais e contextos autoritários. Entre os muitos episódios históricos que permitem a reflexão sobre o sofrimento que advém de experiências de violência, a referência neste texto são as experiências de produzir narrativas históricas que acessem um campo problemático, evidenciado pela dor de viver o cotidiano dos indicadores sociais negativos.

Veena Das,[3] antropóloga indiana, expõe que o testemunho da violência se situa precisamente no espaço impreciso da relação entre a dor e a subjetividade, refletindo a partir da violência no contexto da partição da Índia, em 1947. A autora fala do "delicado trabalho de autocriação", implicado nos desdobramentos das experiências de violência e reconstrução, como um processo que envolve negociações subjetivas entre o indivíduo e as possibilidades do mundo social. Para ela, o ato de testemunhar constitui uma "maneira de entender a relação entre violência e subjetividade".[4] Ora, se pensarmos nisso, temos aqui no Brasil exemplos quase diários, que experimentamos através de nossas próprias dores e das dores das milhares de pessoas que cotidianamente perdem alguns dos seus.

Nos duzentos anos desde o "independência ou morte", o testemunho mais fiel da população negra foi o genocídio multifacetado exposto na ausência da vida física, mas também na perseguição do "deixar morrer" pelo tiro, pela fome, pelo vírus, por tantas coisas... O conceito de genocídio como ferramenta teórica para analisar a

3 Veena Das, Violence, Gender and Subjectivity, in: *Annual Review of Anthropology*, n. 37, 2008, pp. 283-299.
4 *Ibidem*.

relação entre racismo e violência parte do pressuposto de sua existência nas competências tácitas do Estado brasileiro. Para Abdias Nascimento,[5] a história não oficial do Brasil registra o longo e antigo genocídio que se vem perpetrando contra o afro-brasileiro. O autor entende o conceito de genocídio como a "recusa do direito de existência a grupos humanos inteiros, pela exterminação de seus indivíduos, desintegração de suas instituições políticas, sociais, culturais, linguísticas e de seus sentimentos nacionais e religiosos".[6]

Um dos pontos centrais da análise de Abdias Nascimento sobre a formação social do Brasil e o consequente processo de genocídio do negro diz respeito à ideologia do branqueamento. Segundo o autor, a elite intelectual dominante, ao eleger o mulato como símbolo de brasilidade e pilar da "democracia racial", estabelece o primeiro degrau na escala de "branquificação sistemática do povo brasileiro". O mulato é o marco que assinala o início da liquidação da raça negra no Brasil; houve aqui nestas terras um processo progressivo de clareamento da população brasileira, com o avanço do elemento mulato e o sistemático desparecimento do negro.[7] Contudo, não se percebe qualquer tipo de vantagem no status social, pois a posição do mulato se equivale àquela do negro: "ambos são vítimas de igual desprezo, idêntico racismo e discriminação, cercado pelo mesmo desdém da sociedade brasileira institucionalmente branca".[8]

De acordo com Pereira, o branqueamento é o objetivo final da ideologia sutil definida como mestiçagem, que tem na miscigenação sua vertente biológica e, no sincretismo cultural, sua vertente

5 Abdias Nascimento, *O genocídio do negro brasileiro*: processo de um racismo mascarado, 1978.
6 *Ibidem*, p. 15.
7 André L. Pereira, Para além do pensamento social hegemônico: Abdias Nascimento e a condição afro-brasileira, in: *Revista Thema*, v. 8, 2011, p. 8.
8 *Ibidem*.

política. Conforme o que foi exposto, o que propunham os setores dominantes no país, principalmente no final do século 19 e começo do século 20, era a construção de uma sociedade na qual o domínio hegemônico da cultura de matriz europeia, e por consequência branca, seria o referencial que orientaria a formação dessa sociedade. A crítica a todo processo de expurgo dos negros da sociedade brasileira, frequentemente, vê-se impedida pelos tabus em torno da discussão sobre raça até mesmo entre a população negra no Brasil.[9]

No livro *O genocídio do negro brasileiro*, Abdias Nascimento busca operacionalizar as categorias mestiçagem e genocídio como centrais em sua análise da condição social e política do negro brasileiro. O que define a mestiçagem para o autor é a imbricação entre a miscigenação (a forma biológica de intercurso racial) e o sincretismo cultural que constituiria uma sociedade unirracial e unicultural.[10] A mestiçagem submete a diversidade dos componentes culturais de uma sociedade à homogeneidade expressa pelo sincretismo. Para Nascimento, o conceito de morenidade se encontra no ápice do processo ao qual ele define como genocídio. Esse processo se dá pela orquestração e implementação de uma "mestiçagem programada" que tem por objetivo eliminar sistematicamente o elemento negro da dinâmica social brasileira.

O "Brasil da independência" para intelectuais negros de todo o país é mergulhado na noção de "genocídio em curso", que ocorre não somente por meio dos ideais branqueadores hegemônicos, mas por meio da morte física, espiritual e civil dos membros da diáspora negra nas Américas através de múltiplas formas de marginalização. Flauzina[11] atenta para as demais características do genocídio,

9 *Ibidem*.
10 Abdias Nascimento, *op. cit*.
11 Ana Luiza Flauzina, *Corpo Negro Caído no Chão*: O Sistema Penal e o Projeto Genocida do Estado Brasileiro, 2006.

com os indicadores negativos de saúde, especificamente a saúde da mulher negra, acesso à educação, trabalho formal e demais aspectos sociais referentes à população negra brasileira.

Segundo a autora, podemos perceber como a população negra no Brasil está submetida a esse tipo de procedimento genocida. Dos homicídios irrefutáveis, passando pelas situações descritas que comprometem física e mentalmente os indivíduos e todas as debilidades forjadas para a sua fragilização e morte, chegando às práticas de esterilização que procuram evitar a reprodução da vida do segmento populacional, a verdade é que essa é uma definição que se adequa perfeitamente à realidade brasileira.

> No Brasil, o institucional tem sido mesmo um espaço privilegiado para a consecução de um projeto que se dá tanto por uma via ativa, em que todo o instrumental está voltado para a materialização do extermínio, quanto pelos sofisticados mecanismos da omissão, que deixam perecer aos montes os indivíduos a serem descartados. Percebe-se, portanto, que a apropriação da categoria genocídio para se retratar a realidade brasileira é incontestavelmente devida no que se refere às práticas levadas a cabo para a eliminação do contingente negro. Ou seja, não há o que se discutir quanto a aplicação do conceito quando o foco está direcionado para os efeitos das ações institucionais.[12]

MULHERES NEGRAS COMO SERES UNIVERSAIS

Lelia Gonzalez aponta que o racismo latino-americano é suficientemente sofisticado para manter negros e índios na condição de segmentos subordinados no interior das classes mais exploradas, graças à sua forma ideológica mais eficaz: a ideologia do branqueamento. Veiculadas pelos meios de comunicação em massa e pelos

12 *Ibidem*, p. 116.

aparelhos ideológicos tradicionais, ela reproduz e perpetua a crença de que as classificações e os valores do ocidente branco são os únicos verdadeiros e universais.[13]

Entender o genocídio como um projeto político orientado desde o tempo da colônia não nos impede de identificar as centelhas de resistência que brotam nestes duzentos anos de história pelas mãos de mulheres negras espalhadas por todo o país. Somos nós, mulheres negras, que viemos construindo um projeto de país baseado em valores civilizatórios ancestrais e em direitos humanos, organizando-nos para defender a vida de nossos filhos, netos e enfrentar o avanço da tirania sintetizada na figura de políticos conservadores e fascistas. Lutamos pela visibilização do projeto do bem viver para o nosso povo, superando o imaginário social de ausência e levantando o esperançar como sentimento norteador da luta pela transformação de nosso país.

O legado que minha irmã deixou também está presente no "esperançar" apesar do genocídio, e impacta de forma profunda a construção de outras perspectivas de futuro e sociedade, na qual nós, mulheres negras, temos papel primordial na interlocução da mudança e por um mundo mais justo e igualitário. O legado de Marielle, de Lélia, de Benedita, de Luiza Bairros e de tantas outras se traduz no feminismo negro, esse feminismo que evidencia que as opressões de raça, classe e gênero estão conectadas, só havendo libertação para nós, mulheres negras, quando as amarras racistas, patriarcais e de classe forem destruídas.

Marielle trazia em si esse signo e sua atuação era do lado das mulheres negras, teorizando e construindo outras práticas baseadas na construção coletiva e na ancestralidade. Sua radical imagi-

13 Lelia Gonzalez, Por um feminismo afrolatinoamericano, in: *Revista Isis Internacional*, v. 9, 1988.

nação política está em todas nós, que avançamos para um futuro em que concretamente nosso itinerário está marcado na história e materializado em nossa perspectiva de vida.

Marielle, símbolo global como muitas outras defensoras de direitos humanos que perderam sua vida pela violência racista, é uma mulher, assim como nós, que fazia política de forma universal. Se o Brasil independente fosse liderado desde o início por mulheres como Marielle, Benedita da Silva, Lélia Gonzalez, Jurema Batista, e tantas outras, o caminho do trauma, da violência e do genocídio não seria tão estruturalmente lapidado nas nossas peles como hoje em dia.

E é sob essa liderança que vamos diariamente buscando ressignificar "independência" e "liberdade" como forças motrizes de nossa existência neste mundo. Neste país continental, entender que a centralidade da produção de soluções deve partir das mulheres negras é o primeiro passo para a busca do bem viver de nossa nação. Por isso, eu sonho com uma mulher negra presidenta deste país. Fazendo por mim, por nós e por todas que virão.

DESPACHAR O QUE NOS ASSOMBRA, ELEGER QUILOMBO NOS PARLAMENTOS

BIANCA SANTANA

É doutora em ciência da informação pela Escola de Comunicações e Artes da Universidade de São Paulo (ECA--USP). Jornalista e escritora, é autora de *Arruda e guiné: resistência negra no Brasil contemporâneo* (Fósforo, 2022), *Continuo preta: a vida de Sueli Carneiro* (Companhia das Letras, 2021) e *Quando me descobri negra* (SESI-SP, 2015).

ACERVO PESSOAL

"Sabe por que há tanta violência no Rio de Janeiro? Porque as pessoas sequestradas na África, trazidas nos navios negreiros, que morreram naquele Cais do Valongo, não foram enterradas com dignidade, seus corpos não receberam tratamento fúnebre adequado e suas almas seguem vagando. Enquanto não trouxermos sacerdotes de todas as matizes espirituais para encomendar os corpos, seguindo os rituais necessários, o Rio de Janeiro não terá paz."

Quando ouvi o senhor de terno e gravata, sentado na plateia do auditório de uma associação de advogados depois de um debate sobre relações raciais, pensei que ele manifestasse algum adoecimento psíquico. Respondi de forma genérica o que não era uma pergunta. E fiquei perturbada com a verdade de sua enunciação, apesar da fantasia proposta. Volta e meia, a imagem evocada por ele retornava.

Dois ou três anos depois, li a norte-americana Jenny Sharpe. Em *Ghosts of Slavery: A Literary Archaeology of Black Women's Lives*, de 2003, ela afirma que a escravização negra segue como história assombrada, perturbando continuamente a vida de pessoas negras na diáspora. As histórias do passado continuariam a vagar — e a se repetir insistentemente — por não terem sido devidamente contadas.

> Escravizados acreditavam que as sombras permaneceriam na terra, para trás, a menos que os rituais de enterro adequados fossem realizados. Suas histórias perdidas podem ser compreendidas como uma violência análoga ao desenraizamento que negou a africanos do Novo Mundo seus rituais fúnebres.[1]

Desenterrar o passado, tanto para encarar nossa experiência coletiva de trauma como para atualizar táticas de resistência e produção de vida, é a possibilidade de despachar o que nos assombra como sociedade. Só assim poderemos inventar e executar ações de reparação. Para celebrarmos, quem sabe, a liberdade.

Historiadoras e historiadores negros têm publicado trabalhos fundamentais nesse sentido.[2] Mais que encontrar um ou outro exemplo de participação negra em datas celebrativas da branquitude colonialista, reveem epistemologias e propõem novas relações

1 Jenny Sharpe, *Ghosts of Slavery*: A Literary Archaeology of Black Women's Lives, 2003, p. XI.

2 As colunas "Nossas histórias": https://www.geledes.org.br/rede-de-historiadoras-negras-e-historiadores-negros-inaugura-coluna-nossas-historias-no-portal-geledes/ e "Presença Histórica": https://noticias.uol.com.br/colunas/presenca-historica/ divulgam muitos desses estudos, pesquisadoras e pesquisadores.

que nos permitem narrativas diversas de quem somos. Cientistas da informação,[3] arquivistas,[4] urbanistas[5] também desenvolvem e aplicam métodos necessários às leituras do passado. Escritoras, cineastas, artistas visuais e do corpo bebem das águas que rolaram para produzir, no presente, narrativas de memória.

Até recentemente eu não entendia bem a profusão de autoras norte-americanas que produzem literatura de ficção entrelaçada à história negra. Toni Morrison, Alice Walker, Octavia Butler, para ficar nas minhas preferidas, criaram personagens, cenas e enredos que nos permitem saber do passado negro dos Estados Unidos em detalhes que tantas vezes nos escapam sobre o nosso próprio passado. Ana Maria Gonçalves, com *Um defeito de cor*, é uma maravilhosa exceção na nossa literatura ao se apoiar em dados históricos para narrar a saga de Kehinde. A autora escavou anúncios de jornal, processos, cartas de alforria, além de narrativas orais de famílias negras. E então pôde destacar e organizar personagens e episódios que nutriram sua escrita. Escavou porque os documentos arquivados em igrejas, dioceses, congregações, ordens, irmandades, santas casas, cartórios, tribunais, câmaras e demais instituições públicas e privadas não estão necessariamente organizados, muito menos disponíveis ao público.

3 Gostaria de destacar o trabalho da professora Cida Moura, da Universidade Federal de Minas Gerais (UFMG): http://somos.ufmg.br/professor/maria-aparecida-moura.

4 Peço licença para destacar o trabalho da equipe que está organizando e comunicando a biblioteca e o acervo de Sueli Carneiro, na Casa Sueli Carneiro: https://casasuelicarneiro.org.br/: Maria Ionara Lourenço, Geovana Perez, Lidiany Melo, Daiana Rocha, Natalia Carneiro, Luanda Carneiro Jacoel, Luis Ludmer, Jean Camoleze e Caio Franco.

5 Gabriela Leandro Pereira (Gaia) tem proposto metodologias de pesquisa e produção de memória em seus estudos, orientações e grupos de trabalho na Faculdade de Arquitetura e Urbanismo da Universidade Federal da Bahia (FAU-UFBA): https://arquitetura.ufba.br/pt-br/gabriela-leandro-pereira.

No primeiro semestre de 2022 estive nos Estados Unidos pela primeira vez e visitei três arquivos, dos inúmeros espalhados pelo país, com documentos organizados, classificados e acessíveis sobre o tráfico transatlântico, a escravização negra, as migrações internas, os relatos de pessoas escravizadas, além de seis museus e onze exposições, com narrativas produzidas a partir da curadoria e de diferentes interpretações de tantos documentos. Além do aprendizado e das muitas ideias, vi a matéria-prima de tanta narrativa de ficção e de não ficção sobre um passado cada vez menos escondido de outra sociedade racista. Essa abundância não resolveu as desigualdades raciais por lá. Mas a mim parece um dos fundamentos da consciência racial que parou o país depois do assassinato de George Floyd, em 2020. Porque memória é política.

O movimento negro brasileiro produz e dissemina memória como forma de organização política desde a demanda pelo ensino de história e cultura africana e afro-brasileira nas escolas, tornada lei em 2003; passando pela efetivação do 20 de novembro, dia da morte de Zumbi dos Palmares, como Dia da Consciência Negra; até o sétimo princípio da Carta Proposta da Coalizão Negra por Direitos: "*promover o fortalecimento da sistematização e da disseminação de nossas memórias e história, bem como a defesa do direito à imaginação negra, como fundamento para a construção de futuro*".[6]

Formada por 250 organizações, coletivos e movimentos negros de todo o país, a Coalizão Negra por Direitos promove ações de incidência política tanto nacional quanto internacionalmente desde 2019. Em março daquele ano, uma deputada havia protocolado o projeto de lei de revogação das cotas para ingresso nas universidades públicas, e o grupo de organizações negras que mais tarde formaria

6 Coalização Negra por Direitos, *Carta proposta*, 2019.

a Coalizão teve o compromisso do então presidente da Câmara de fazer com que em sua gestão fosse barrada a tramitação de qualquer projeto de lei de revogação das cotas raciais em universidades.

Também em 2019 foi apresentado e aprovado o chamado Pacote Anticrime, do então ministro Sérgio Moro. Juristas, cientistas e ativistas negras e negros indicados pela Coalizão Negra por Direitos participaram de oito das dez audiências públicas promovidas pelo Grupo de Trabalho Legislação Penal e Processual Penal da Câmara Federal, responsável por analisar o pacote. Apesar da aprovação das leis, a Coalizão foi corresponsável por vitórias importantes: a derrubada da chamada barganha, em que acusados e acusadores supostamente chegariam a uma solução negociada que na teoria reduziria longos processos e na prática abriria a possibilidade de se praticarem mais arbítrios contra a população negra, condenada e encarcerada de forma desproporcional no Brasil; também a derrubada dos casos excludentes de ilicitude que poderiam significar segurança jurídica para a polícia exterminar ainda mais negras e negros; e a exclusão da gravíssima proposta de se criar um banco genético de pessoas presas no Brasil.

A Coalizão, em 2020, participou ativamente da mobilização da sociedade civil na garantia de tempo de televisão e financiamento para candidaturas negras e da aprovação do auxílio emergencial durante a pandemia por Covid-19; apoiou o Instituto Marielle Franco na campanha vitoriosa para impedir a federalização das investigações dos assassinatos de Marielle Franco e Anderson Gomes; protocolou um pedido de impeachment popular contra Jair Bolsonaro por crimes de responsabilidade, em especial os que colocaram em risco a vida de milhares de pessoas.

A campanha Tem Gente com Fome, organizada pela Coalizão e organizações da sociedade civil, mobilizou núcleos de distribuição de alimentos e formação política em todo o país, atendendo 103.083

famílias em periferias, favelas, palafitas, comunidades ribeirinhas e quilombos, entre abril e agosto de 2021, com mais de 28 mil cestas básicas distribuídas, 55 mil cestas com produtos orgânicos e mais de 50 mil cartões de alimentação.

O apoio a quilombos e organizações quilombolas de Alcântara, no Maranhão, para a proteção de 792 famílias quilombolas ameaçadas pela ampliação do Centro de Lançamento de Alcântara em um acordo com o governo norte-americano também tem sido prioridade da Coalizão. Apesar da incidência política na Câmara, no Senado e nas redes sociais, o acordo entre os países foi aprovado em 2019 em regime de urgência, violando a Convenção 169 da Organização Internacional do Trabalho (OIT), que determina consulta prévia, livre e informada às comunidades tradicionais sobre medidas que afetem seus territórios e modos de vida. Além de denunciar as violações à ONU, o Movimento dos Atingidos pela Base Espacial de Alcântara liderou um processo de sensibilização a parlamentares norte-americanos que resultou, em outubro de 2021, na determinação da comissão do senado americano responsável pelo orçamento público que não se destine recursos à remoção de comunidades quilombolas de Alcântara.

Nestes anos, foram organizados atos de rua em todo o país, em protesto ao assassinato da garota Ágata Felix e do menino Miguel, à chacina de Jacarezinho, ao assassinato de Moïse, em busca de justiça por Genivaldo, assassinado pela Polícia Federal em um carro de gás. Diante de tal política de morte direcionada à população negra brasileira, o jurídico da Coalizão Negra por Direitos se uniu a coletivos de familiares de vítimas do Estado Mães de Maio, Mães da Maré e Mães de Manguinhos para protocolar a ADPF (Arguição de Descumprimento de Preceito Fundamental) Vidas Negras, direcionada ao Superior Tribunal Federal.

Em dezembro de 2021, a Coalizão promoveu o Encontro Nacional "Enquanto houver racismo, não haverá democracia", em Olinda,

Pernambuco. Participaram dos dois primeiros dias representantes de organizações de todo o país e, no terceiro, 31 parlamentares negras e negros comprometidos com a agenda política da Coalizão. Ao longo do encontro, foram definidas as estratégias da Coalizão para as eleições de 2022, agrupadas posteriormente pelo grupo de trabalho eleições em 6 eixos, o primeiro deles: "apoio a candidaturas ao legislativo dentre as entidades que compõem a Coalizão". A partir desse eixo, foi articulada a iniciativa Quilombo nos Parlamentos, que também responde diretamente a duas das agendas da Coalizão, de exigir do Estado brasileiro:

> 21. a participação efetiva de pessoas negras com trajetória junto a movimentos negros, comprometidas com a luta antirracista e com a defesa dos direitos humanos e da democracia na vida pública, incluindo a necessidade de representação equânime na política institucional;
>
> 22. o estímulo a candidaturas negras do campo progressista, com vistas a disputa real de poder, bem como forma de praticar, em momentos eleitorais, o exercício da elevação da consciência da população negra sobre a importância do voto negro e da superação da desigualdade de representação política no Congresso Nacional, nas Assembleias Legislativas, Câmaras de Vereadores e nos Executivos de todas as instâncias.

Foram identificadas 120 pré-candidaturas, de diferentes partidos políticos, ao Congresso Nacional e às Assembleias Legislativas Estaduais, de pessoas negras ligadas às organizações que compõem a Coalizão Negra por Direitos. Suprapartidária, a iniciativa Quilombo nos Parlamentos reúne 36 pré-candidaturas a cargos federais e 84 a estaduais ou distritais do PT, PSOL, PSB, PCdoB, Rede, PDT, UP e PV, de 24 estados. No dia 6 de junho, na Ocupação 9 de Julho, em São Paulo, 50 dessas candidaturas foram apresentadas em uma atividade que contou com a presença de lideranças do movimento negro como Sueli Carneiro, Milton Barbosa, Helio Santos, Cida

Bento e Nilma Bentes, além do presidente Lula, que participou da atividade remotamente por estar com Covid-19.

O cenário a enfrentar é conhecido. Sub-representação de pessoas negras e mulheres nas casas legislativas e super-representação dos homens brancos — donos de tudo, antes e depois de 1822. Eles, que são 21% da população total do país, tomaram 65% das cadeiras nas assembleias legislativas em 2014 e 61% em 2018, respectivamente. Homens pardos — mesmo que dentre os declarados pardos esteja Rodrigo Maia — não chegam à metade da proporção de sua parcela populacional. As mulheres brancas são, na Câmara, menos de um terço do que na população; homens pretos, um quinto; mulheres pretas e pardas, um nono. Tais dados foram extraídos da pesquisa "Candidaturas Negras para Cargos Proporcionais no Brasil", realizada em 2022 pelo Laboratório de Estudos da Mídia e Esfera Pública do IESP/UERJ, apoiada pelo Instituto de Referência Negra Peregum, uma das organizações que compõem a Coalizão. Homens brancos, portanto, são eleitos 20 vezes mais que mulheres negras; 4 vezes mais que homens negros.

Financiamento é apontado como um desafio fundamental às pré-candidaturas negras ouvidas pela pesquisa. A preocupação expressa a desigual distribuição de recursos de campanha nas eleições anteriores: em 2014, quando os recursos provinham de doações individuais e de empresas, homens brancos candidatos a deputados federais receberam 74% do total das doações de empresas. Em 2018, com a mudança da legislação eleitoral, a maior parte dos recursos que chegou oficialmente às candidaturas foi distribuída pelos partidos via Fundo Especial de Financiamento de Campanha. Homens brancos candidatos a deputados federais continuaram beneficiários de uma fatia desproporcional: 57% dos recursos; 3,4 vezes mais que homens negros; 3,2 mais que mulheres brancas e quase 6 vezes mais que mulheres negras.

Apesar de tentarem disputar financiamento dentro dos partidos, as 27 pessoas negras, ativistas de organizações ligadas à Coalizão entrevistadas pela pesquisa (18 pré-candidatas e 9 que já foram candidatas, mas não serão em 2022), mencionaram as vaquinhas como fontes importantes de recursos financeiros, diante da insuficiência dos recursos recebidos pelos partidos.

Além do financiamento, o racismo e a violência política são obstáculos destacados pelas candidaturas negras à sua participação na política institucional. O racismo, na visão dos entrevistados, tem relação direta com a desigualdade na distribuição de recursos partidários. "[...] o racismo e o problema da falta de financiamento são duas faces da mesma moeda."[7]

A violência, segundo a pesquisa, aumentou muito devido à ascensão da extrema direita no país e se manifesta como "ameaça física (risco de vida) e simbólica (muitas vezes perpetrada por meio da internet e redes sociais). Ela prejudica a saúde mental dos candidatos e de seus apoiadores, incidindo inclusive em sua capacidade de fazer campanhas eleitorais".[8] A falta de financiamento das campanhas, manifestando falta de apoio dos partidos, foi a principal razão alegada pelas entrevistadas que desistiram da própria candidatura em 2022.

Por mais importante que seja o apoio político e a mobilização possibilitada às candidaturas pelo Quilombo nos Parlamentos, as chances de candidaturas de movimento negro serem eleitas são diretamente proporcionais aos recursos financeiros aplicados em cada uma delas. Enquanto houver racismo não haverá democracia. E enquanto não houver financiamento às candidaturas negras equivalente aos valores investidos em campanhas vitoriosas não haverá quilombo nos parlamentos.

7 Lemep; Peregum, *Candidaturas negras para cargos proporcionais no Brasil*, 2022 (no prelo).
8 *Ibidem.*

A riqueza do Brasil independente, antes e depois da abolição, não está disponível nem para a participação política, nem para a garantia de direitos ou a promoção da vida da maior parte de sua população. No Brasil colônia, as Irmandades Negras eram espaços de organização, proteção e solidariedade que também possibilitavam a compra de alforrias e o pagamento de funerais dignos a pessoas escravizadas. Muitas seguiram pelo império e pela república nos mostrando, tão explicitamente quanto mostram a beleza das joias de crioula, que estamos nós por nós.

Das ações articuladas pela Coalizão Negra por Direitos nos últimos três anos, e do importante passo organizativo que demos como movimento negro mobilizado nacionalmente, precisamos nos constituir como movimento negro de massas. Para isso, aprofundar possibilidades de autofinanciamento autônomo é primordial. As irmandades negras mostraram o caminho.

Desenterrar nosso passado tão presente é fundamento para disputar uma sociedade justa e igualitária, livre de racismo e machismo, promotora do bem viver. O país que sonhamos não será entregue para nós nem hoje, nem amanhã, assim como não foi entregue em 1822. O Brasil das Marias, Mahins, Marielles, Malês será resultado de luta coletiva e organização política. Ou nunca será.

PROTAGONISMO NEGRO: CONQUISTAS E DESAFIOS DE UMA LUTA SECULAR

CARLOS ALBERTO MEDEIROS

Graduado em Comunicação e Editoração pela Universidade Federal do Rio de Janeiro (UFRJ), mestre em Ciências Jurídicas e Sociais pela Universidade Federal Fluminense (UFF) e doutor em História Comparada pela UFRJ, é militante do Movimento Negro desde a década de 1970. Exerceu vários cargos no governo, em âmbitos federal, estadual e municipal, tendo sido Coordenador Especial de Promoção da Igualdade Racial do Município do Rio de Janeiro entre 2009 e 2011. É autor de *Na Lei e na Raça. Legislação e Relações Raciais, Brasil — Estados Unidos* (Rio de Janeiro: DP&A, 2004), coautor de *Racismo, Preconceito e Intolerância* (São Paulo: Atual, 2001, 7ª ed. 2012), e tradutor de diversas obras para o português, incluindo *Amor líquido*, de Zygmunt Bauman, *A autobiografia de Martin Luther King* e *Por uma revolução africana*, de Frantz Fanon.

ACERVO PESSOAL

Por muito tempo predominou na historiografia brasileira, bem como nas ciências humanas e sociais de maneira mais ampla, a visão de uma suposta "anomia" da população negra no período posterior à Abolição da Escravatura, associada à tendência de limitar ou simplesmente ignorar/ocultar o ativismo negro durante o século 20. Dessa perspectiva, as organizações negras do período costumam ser reduzidas a três manifestações sem conexões entre si e muito menos com outras de mesmo tipo. Não há, nessa visão, nenhuma clivagem ideológica, uma vez que dela compartilham intelectuais situados em diferentes posições no espectro político, chegando a contaminar a percepção de militantes negros com atuação no campo acadêmico. Por essa ótica, teria havido apenas três entidades negras dignas de menção, do ponto de vista histórico, no pós-Abolição: a Frente Negra Brasileira, na década de 1930; o Teatro Experimental do Negro, nas de 1940/50; e o Movimento Negro Unificado, a partir do final da década de 1970.

Nos últimos anos, alguns historiadores têm se dedicado à árdua tarefa de revelar o oposto, ou seja, a existência de uma teia de organizações de variado caráter — recreativo, cultural, social, político, por vezes simultaneamente — cuja existência é registrada desde o século 19, em diferentes cidades, estados e regiões do país. Trata-se de um conjunto impressionante, tanto em termos numéricos quanto pela variedade de opções ideológicas e formas de atuação. Clubes sociais, associações culturais e entidades antirracistas, promovendo atividades altamente diversificadas que incluem desde festas e comemorações, grupos de música, teatro e dança, passando por assistência social, médico-odontológica e psicológica, e chegando à realização de seminários, simpósios, congressos e convenções, de âmbito local, regional e nacional, com vistas a investigar, avaliar e denunciar as diversas formas de discriminação racial que os negros enfrentam no Brasil.

Vamos apresentar aqui uma breve história do Movimento Negro Contemporâneo, ou "dos anos 1970", como alguns preferem denominá-lo, a partir de uma dupla perspectiva intelectual e militante. O objetivo é fornecer uma narrativa que explique o surgimento dessas organizações num determinado contexto histórico, as influências que ajudaram a moldá-las, suas formas de atuação e o impacto que tiveram, ou têm tido, sobre a sociedade. Para isso, será utilizada a história de duas organizações marcantes desse período: o Grupo Palmares, de Porto Alegre, e o Instituto de Pesquisas das Culturas Negras (IPCN), do Rio de Janeiro, ao lado do importante fenômeno dos bailes de soul, ou Movimento Black, que empolgou a juventude afro-brasileira naquele período, em diversas cidades do país. Entre as fontes utilizadas estão os arquivos dos órgãos de repressão do regime militar (CISA, DOPS, SNI), mostrando, entre outras coisas, a relevância por eles atribuída a essas organizações.

PERÍODO TURBULENTO

O período transcorrido entre os últimos anos da década de 1960 e a primeira metade do decênio seguinte foi marcado, em nível global, por grandes turbulências em termos sociais, políticos, culturais e intelectuais. Um período em que a própria civilização ocidental foi alvo de questionamentos vindos não apenas das periferias, como a luta que acabou pondo fim à colonização europeia do continente africano, mas também, e principalmente, do próprio centro do sistema, sacudido por movimentos conduzidos por negros, indígenas, mulheres, homossexuais e outros grupos tradicionalmente discriminados, sem esquecer os que desafiavam os valores morais e estéticos tradicionais, como o da chamada contracultura. Em paralelo em reação a tudo isso, estabeleceram-se ditaduras militares e civis de extrema direita, enquanto o campo socialista era agitado por movimentos — duramente reprimidos — que clamavam por um "socialismo de face humana".[1]

1 Zygmunt Bauman, *Europa*: uma aventura inacabada, 2006.

O amplo alcance desses movimentos foi possibilitado e potencializado pelo processo de globalização, que ganha novo impulso a partir de meados da década de 1960 graças às novas oportunidades trazidas pelos satélites artificiais de comunicação, que possibilitam o contato entre pessoas e grupos de (quase) todo o planeta, com forte impacto no campo das identidades.[2] As novas possibilidades identitárias permitem e estimulam o intercâmbio entre pessoas e grupos a partir da percepção de semelhanças, reais ou imaginadas, capazes de uni-los sob bandeiras comuns. É o caso da nova identidade negra brasileira, que começa a ser construída a partir desse período, alicerçada nas lutas dos africanos e dos afro-americanos, com ênfase na valorização da história e da cultura da África e da diáspora, e também do fenótipo negro, sintetizada pelo slogan "Black Is Beautiful". No Brasil, apesar da vigência de um regime autoritário, essas ideias vindas de fora tiveram considerável impacto, fazendo com que setores das elites se abrissem a novas interpretações da própria realidade brasileira. Uma das áreas em que esse efeito se fez sentir foi a do debate sobre a questão de raça.

Desse ponto de vista, cabe destacar o papel desempenhado pelo chamado Movimento Black — os bailes de soul, gênero musical associado aos afro-americanos que, surgido a partir de meados da década de 1950, acabou se tornando um grande veículo de divulgação das novas ideias e posturas dos movimentos afro-americanos — juntamente com os chamados "*blaxploitation movies*", filmes de ação com heróis e heroínas negros apresentados como belos, inteligentes, corajosos e cheios de orgulho. Organizados e frequentados majoritariamente por jovens negros em cidades como Rio de Janeiro, São Paulo, Belo Horizonte, Campinas, Porto Alegre e Salvador, os bailes black foram verdadeiros templos de celebração da

2 *Idem*, *Identidade*, 2005.

beleza negra e, como tal, reconhecidos por nomes expressivos da militância, como nos revela Márcia Contins em *Lideranças negras*.[3] Não surpreende que, revelado às elites por uma reportagem publicada no *Jornal do Brasil*,[4] esse movimento informal tenha sido ferozmente atacado tanto à direita quanto à esquerda do espectro político, como nos mostra a historiadora Paulina Alberto, da Universidade de Michigan.[5]

Até então, como uma vasta bibliografia demonstra, a ideia da excepcionalidade racial brasileira era amplamente hegemônica, o que obrigava as próprias lideranças e organizações do Movimento Negro a encontrarem formas criativas de denunciar o racismo sem desafiar essa ideologia, tida como inatacável. Para isso contribuíam fortemente as informações que aqui chegavam sobre a realidade das relações de raça nos Estados Unidos, então marcadas pela segregação e pelo ódio raciais, supostamente inexistentes na sociedade brasileira. A mudança daquela realidade, com as progressivas conquistas e as novas posturas dos afro-americanos, com certeza contribuiu para que negros, juntamente com brancos verdadeiramente progressistas, mudassem sua percepção sobre a questão de raça no Brasil e ampliassem suas possibilidades de enfrentá-la.

GRUPO PALMARES

A primeira organização do Movimento Negro Contemporâneo de que se tem notícia é o Grupo Palmares, fundado em Porto Alegre, em 20 de julho de 1971, por quatro jovens universitários negros que tinham como proposta promover uma revisão da história do Brasil

3 Márcia Contins, *Lideranças negras*, 2005.

4 Lena Frias, "Black Rio: o orgulho (importado) de ser negro no Brasil", in: *Jornal do Brasil*, 17/07/1976.

5 Paulina Alberto, "When Rio was black: soul music, national culture, and the politics of racial comparison in 1970s Brazil", in: *Hispanic American Historical Review*, 2009, pp. 3-39.

com o objetivo de realçar uma "tradição de resistência".[6] Responsável pela ideia de se comemorar o 20 de Novembro, dia registrado pela historiografia como o da morte de Zumbi, líder do quilombo que deu nome à entidade, o Grupo Palmares constituiu-se como organização cultural sem fins lucrativos, voltada a promover atividades centradas nas artes, na cultura e na história, com foco principal no fortalecimento da autoestima da população negra, bem como no estímulo de sua mobilização política. É nessa perspectiva que a nova organização, que jamais pretendeu ser um movimento de massas, e sim um centro de articulação da intelectualidade e da militância negras, elege como objetivo encontrar uma alternativa ao 13 de Maio, negativamente percebido como data representativa do papel de submissão reservado aos negros pela cultura oficial. Curiosamente, o que lhes chama a atenção para a figura de Zumbi é uma publicação da Editora Abril, na coleção Grandes Personagens da História, complementada pela leitura de duas obras importantes: *O quilombo dos Palmares*, de Edson Carneiro,[7] e *As guerras nos Palmares*, de Ernesto Ennes.[8]

Sem possuir uma sede própria, o grupo se aproximou de clubes negros como os tradicionais Floresta Aurora e Marcílio Dias, e ali realizava suas reuniões e atividades culturais, que incluíam palestras, recitais e exposições. Mas o grupo também se aproximou de manifestações culturais afro-brasileiras, como as congadas, que ajudou a revitalizar, e as escolas de samba, especialmente a Imperadores do Samba e a Academia de Samba Praiana, vistas como potenciais veículos de suas ideias e posturas. É surpreendente, numa perspectiva atual, ter sido a grande imprensa o principal canal de

6 Deivison M. C. de Campos, *Grupo Palmares (1971-1978)*: um movimento negro de subversão e resistência pela construção de um novo espaço social e simbólico, 2006.
7 Edson Carneiro, *O quilombo dos Palmares*, 1958.
8 Ernesto Ennes, *As guerras nos Palmares*, 1938.

comunicação do Grupo Palmares com militantes e grupos negros de outras regiões do país, e também com a sociedade brasileira de maneira mais ampla. Isso se deu graças a duas reportagens publicadas em 1973 e 1974 pelo *Jornal do Brasil*, um dos mais importantes veículos da época, de tendência moderadamente progressista, ambas assinadas pelo jornalista Alexandre Garcia.[9]

Entre os arquivos dos órgãos de repressão da ditadura militar por nós coletados, graças à Comissão da Verdade/RJ, o Grupo Palmares é negativamente mencionado na Informação nº 580/19/AC/78 do Serviço Nacional de informações (SNI), Agência Central, segundo a qual:

> 23 Nov 74, o jornal 'ZERO HORA', de PORTO ALEGRE/RS, publicou reportagem (...), enfocando o problema racial sob uma ótica *revanchista*, causando reflexos negativos no seio da comunidade gaúcha. A reportagem, apesar de não estar assinada, faz referência ao 'Grupo Palmares' e à sua proposição sobre a mudança da data nacional da raça negra. (Grifos nossos).

A trajetória do grupo Palmares tem uma peculiaridade: a organização não terminou em função de repressão, disputas internas ou dificuldades de qualquer tipo, mas foi dissolvida em 1978, por decisão de sua própria diretoria: com a fundação do MNU, naquele mesmo ano, seus membros consideraram cumprida a sua missão e ingressaram, todos, na nova entidade.

IPCN: O FAVORITO DA REPRESSÃO

O Instituto de Pesquisas das Culturas Negras (IPCN) nasceu em julho de 1975 a partir da fusão de três grupos distintos. O primeiro,

9 Alexandre Garcia, "Negro no Sul não quer mais abolição como data da raça", *Jornal do Brasil*, 13/05/1973 e Alexandre Garcia, "Manifesto reafirma a busca da integração", *Jornal do Brasil*, 20/11/1974.

mais numeroso, constituído de frequentadores das reuniões realizadas aos sábados, desde o início de 1974, no Centro de Estudos Afro-Asiáticos (CEAA) do então Conjunto Universitário Cândido Mendes na cidade do Rio de Janeiro, graças à respeitosa colaboração de seu vice-diretor, o sociólogo José Maria Nunes Pereira. O segundo era formado por atores e atrizes negros da TV Globo — Milton Gonçalves, Jorge Coutinho, Haroldo de Oliveira, Antônio Pitanga, Jacira Silva — incomodados com os papéis subalternos que costumavam desempenhar em suas séries e novelas, tendo como estopim a escolha de Sônia Braga para viver a personagem principal de *Gabriela*, em lugar da belíssima Vera Manhães. O terceiro, não menos atuante, compunha-se principalmente de funcionários negros do Judiciário que já haviam sido os principais protagonistas na fundação, pouco tempo antes, da Sociedade de Intercâmbio Brasil-África (Sinba).

Desprovido de uma sede própria e sem uma fonte regular de renda que sustentasse o aluguel de um imóvel, o IPCN realizava inicialmente seus encontros de diretoria nas residências de alguns diretores, e suas reuniões maiores, abertas ao público, em espaços como os teatros Opinião e Tereza Raquel (cedidos graças à intercessão dos mencionados atores), e depois, por cerca de um ano, numa sala do Instituto Cultural Brasil-Alemanha, gentilmente cedida todos os sábados. As reuniões abertas eram uma continuidade daquelas realizadas anteriormente no CEAA: espaços em que não apenas se promoviam seminários, debates, mesas-redondas sobre temas relacionados a raça e racismo, mas também ambientes em que pessoas podiam compartilhar seus conhecimentos e experiências nessa área, por vezes de forma emocional ou catártica. Ocasionalmente, promoviam-se palestras de acadêmicos e militantes de outras cidades e estados, e também de alguns estrangeiros, como o historiador caribenho Roy Arthur Glasgow e o icônico ativista afro-americano Stokeley Carmichael.

A aquisição, pelo IPCN, de um espaço para funcionar como sede merece atenção especial, já que é um capítulo pouco conhecido das relações e influências mútuas de Brasil e Estados Unidos no que se refere à questão de raça. Isso se deu graças à concessão de US$ 82 mil pela Fundação Interamericana (Inter-American Foundation ou IAF, em sua sigla em inglês), ligada ao Partido Democrata norte-americano, que possibilitou ao IPCN a compra de um imóvel, na Av. Mem de Sá, 208, que passou a funcionar como sede da instituição. Vale registrar que, no fim de 1975, após a publicação de um folheto que mostrava a contribuição da IAF a três organizações negras — além do IPCN, o Grupo Olorum Baba Min, de dança afro, e a Escola de Samba Quilombo —, tendo em vista o problema racial no Brasil, a Fundação foi colocada diante de uma opção pelo governo brasileiro: para continuar operando no Brasil, seria obrigada a submeter os projetos por ela aprovados à sua sanção. A IAF recusou-se e se retirou do país, só voltando após a redemocratização.[10]

No seu período áureo, que vai da fundação até o fim da década de 1980, o IPCN foi, sem sombra de dúvida, a mais importante organização negra no Rio de Janeiro — para o que em muito contribuiu a estabilidade proporcionada por uma sede própria. Tornou-se o centro das discussões sobre a questão racial na cidade e no estado, com atividades que incluíam desde palestras, seminários e debates formais até apresentações de grupos culturais, sem esquecer as sessões de cinema com filmes sobre temática racial, realizadas às sextas-feiras, com direito a debate, além de bebidas e salgadinhos servidos no bar da entidade. Tudo isso fez do Instituto um ponto de encontro de intelectuais e militantes negros, e também de uma

10 Bernd Reiter; Kimberly S. Simmons (org.), *Afro-descendants, identity, and the struggle for development in the Americas*, 2012 e George R. Andrews, "Brazilian racial democracy, 1900-90: an American counterpoint", in: *Journal of Contemporary History*, 1996, pp. 483-507.

juventude interessada em se aproximar dessa temática. Foi igualmente o IPCN o ponto focal, no Rio de Janeiro, das atividades relacionadas à execração do apartheid sul-africano, onde se decidiu, por exemplo, realizar manifestação em frente ao Consulado da África do Sul, com direito a queima de bandeira. Foi igualmente no IPCN que se realizaram as principais reuniões preparatórias da Marcha contra a Farsa da Abolição, realizada em 13 de maio de 1988 e liderada por membros da entidade.

O papel-chave desempenhado pelo IPCN nesse período pode ser avaliado pelo volume dos registros da espionagem de que a organização foi objeto, que mostra a importância a ela atribuída pelos órgãos de informação da ditadura. Segundo relatórios de agentes infiltrados, seria o IPCN "o órgão coordenador das atividades de resistência negra do Estado do Rio de Janeiro", que "estaria se articulando para desenvolver um 'trabalho de massa' nas favelas dos morros da Mangueira e São Carlos, através da formação de grupos de capoeira, e seus dirigentes estariam se preparando para enviar uma delegação para a Reunião Internacional de Negros (a ser realizada em 1977, em Caracas/Venezuela)" — evento que, diga-se, jamais ocorreu.[11]

Após um período áureo, que vai de sua fundação até o início da década de 1990, o IPCN começa a entrar num declínio que se acentua com o passar dos anos, até se transformar numa entidade semimorta, com a deterioração de sua sede traduzindo sua notória irrelevância. Concentradas em disputas ideológicas e destituídas de experiência/vocação administrativa, as novas diretorias conseguiram afastar antigos membros, ao mesmo tempo em que não atraíam novos militantes. Depois de anos de inércia, tem-se realizado um movimento com o objetivo de revitalizá-lo — o que inclui a

11 Informação DGIE/DPPS/DO/SOE — 18/05/77.

difícil tarefa de colocar suas finanças em dia mediante o pagamento de impostos e taxas atrasados.

BALANÇO FINAL: UMA SEQUÊNCIA DE AVANÇOS

Apesar de suas muitas deficiências, em que se destacam a exiguidade do número de membros e a fragmentação político-ideológica, o Movimento Negro Contemporâneo tem obtido vitórias significativas, especialmente nos últimos anos. A primeira delas, menos óbvia, é o fato de ter mantido sua continuidade por mais de quatro décadas, contrariando a visão dos que lhe previam uma curta e infrutífera existência. Um dos motivos foi a construção de alianças com brancos progressistas nas áreas da academia, da política, da mídia e do mundo sindical, tradicionalmente avesso a sequer discutir a questão racial, vista como um tema "que divide a classe trabalhadora". Para isso, foi de grande valia o retorno ao Brasil, no final da década de 1970 e início da seguinte, de políticos e intelectuais que haviam sido forçados ao exílio pela ditadura e que, por essa época, começaram a voltar em função da chamada "abertura política", muitos deles com novas ideias sobre a questão de raça, ou pelo menos abertos à discussão do tema. Não por acaso, foi o PDT de Leonel Brizola, um desses retornados, que no exílio travara contato próximo com o histórico militante negro Abdias Nascimento, o primeiro partido a incorporar a questão racial ao seu programa (4º compromisso programático).

Na década seguinte, algumas unidades federativas começaram a criar conselhos voltados ao problema racial, a primeira das quais foi o estado de São Paulo, em 1983, no governo Franco Montoro (Conselho de Participação e Desenvolvimento da Comunidade Negra).[12] De caráter consultivo, sem verbas próprias, são órgãos de

12 Santos, 2001.

valor eminentemente simbólico, cuja principal importância talvez esteja em atestarem um tímido reconhecimento da questão racial pelo Estado. Na sequência, em 1988, no governo Sarney, é criada a Fundação Cultural Palmares, no âmbito do Ministério da Cultura, com vistas à promoção e à preservação das culturas negra e indígena. Dois anos depois, no início de seu segundo mandato como governador do estado do Rio de Janeiro, Brizola mais uma vez inova ao criar a Secretaria Extraordinária de Defesa e Promoção das Populações Negras, entregue à liderança de Abdias Nascimento. No âmbito federal, em resposta à Marcha pelos 300 Anos de Zumbi, realizada no dia 20 de novembro de 1995, Fernando Henrique Cardoso — um importante estudioso da questão racial no Brasil — torna-se o primeiro presidente brasileiro a reconhecer o racismo, e cria o Grupo de Trabalho Interministerial para a Valorização da População Negra (do qual este autor participou, por obra do destino, como representante do Ministério dos Esportes). No ano seguinte, o Ministério da Justiça promove o seminário internacional Multiculturalismo e Racismo: O Papel da Ação Afirmativa nos Estados Democráticos, com abertura do próprio presidente e a presença de intelectuais como Thomas Skidmore, Angela Gillian, Roberto da Matta, Carlos Hasenbalg e Antônio Sérgio Guimarães. Ainda no segundo governo FHC são implementadas as primeiras políticas de ação afirmativa com recorte racial nos Ministérios da Justiça, do Desenvolvimento Agrário, da Educação, das Relações Exteriores e do Trabalho, e também no Supremo Tribunal Federal.[13]

Mas é no início do novo milênio que as conquistas do Movimento Negro começam a tomar vulto. Em 2001, na esteira da Conferência Mundial contra o Racismo, a Discriminação Racial, a Xenofobia

13 Marilene de Paula, *Políticas de ação afirmativa para negros no governo Fernando Cardoso (1995-2002)*, 2010.

e Intolerâncias Correlatas, realizada, sob os auspícios da Organização das Nações Unidas (ONU), na cidade sul-africana de Durban, a Assembleia Legislativa do Rio de Janeiro aprova a lei, sancionada pelo governador, que institui cotas para negros e pobres (depois acrescidos de outras categorias) no vestibular para as universidades públicas do Estado (UERJ e UENF). Seguem-se dezenas de outras universidades públicas, federais e estaduais, com medidas semelhantes, embora com diferentes recortes, por decisões de seus conselhos universitários. Igualmente importante para o Movimento Negro é a aprovação da Lei 10.639, no início do primeiro governo Lula, que altera a Lei de Diretrizes e Bases da Educação para incluir, em todos os níveis curriculares, o ensino da História e da Cultura dos povos africanos e afrodescendentes (um pleito que começara a surgir ainda na década de 1970, nas reuniões do Centro de Estudos Afro-Asiáticos e do IPCN). Em paralelo, alguns municípios e, depois, estados começam a implantar sistemas de cotas para negros nos exames para o ingresso no serviço público. Finalmente, o Governo Federal implanta medidas da mesma natureza nas duas áreas, que tiveram confirmada sua constitucionalidade pelo Supremo Tribunal Federal, por unanimidade, em 2012 (ensino superior) e 2017 (serviço público).

A adoção dessas políticas, e particularmente das cotas para negros, para além dos benefícios usufruídos por milhares de estudantes afro-brasileiros que agora frequentam universidades públicas de qualidade, onde sua presença é uma visível novidade numa paisagem humana que costumava ser monotonamente branca, tem provocado um efeito extremamente benéfico e promissor na sociedade brasileira: a discussão, não apenas sobre ação afirmativa ou cotas, mas sobre o tema de fundo, que é a questão racial. Por muito tempo ignorada ou evitada sob uma variedade de argumentos, dentre os quais o de sermos uma "democracia racial", a polêmica gerada pelas políticas de ação afirmativa com recorte racial transformou a questão de raça num dos principais temas do debate público na atualidade, para o que contribuem significativamente as redes sociais. Em paralelo e consonância com isso, jovens negros se manifestam e se organizam, com um inédito protagonismo feminino, tanto para defender suas posições no âmbito universitário, com os chamados "coletivos", quanto para afirmar e valorizar a herança africana por meio de seus trajes e, especialmente, penteados. É como se vivêssemos um saudável *revival* da estética e das posturas que aqui surgiram, vindas de fora, quatro décadas atrás, mediante as variadas facetas desse novo estágio do Movimento Negro Contemporâneo.

Todo esse avanço não significa que o problema racial tenha sido resolvido em nosso país, já que medidas de ação afirmativa visam apenas proporcionar igualdade de oportunidades — garantir não que todos ganhem a corrida, mas que todos tenham a possibilidade de ganhá-la. Mas se, usando-se uma metáfora médica, para vencer uma doença grave é preciso primeiramente reconhecê-la e então iniciar o tratamento, isso pelo menos está acontecendo no Brasil. E não parece que os retrógrados hoje no poder sejam capazes de reverter esse processo.

O COMPORTAMENTO CIVILIZATÓRIO DO AFRODESCENDENTE VERSUS O SEGREGACIONISMO IMAGÉTICO DO EUROCAUCASIANO

CELSO LUIZ PRUDENTE

Livre-docente em Relações Étnico-Raciais, Cinema e Hermenêutica pela Faculdade de Educação da USP (FEUSP). Doutor em Cultura pela FEUSP. Pós-doutor em Linguística pelo Instituto de Estudos da Linguagem (IEL/UNICAMP). Professor associado da Universidade Federal do Mato Grosso (UFMT). Antropólogo, cineasta. Curador da Mostra Internacional do Cinema Negro. Pesquisador do Centro de Estudos Latino-Americanos sobre Cultura e Comunicação (CELACC ECA-USP). Apresentador e diretor do programa radiofônico Quilombo Academia, da Rádio USP, FM 93,7 de São Paulo.

ACERVO PESSOAL

ANA VITÓRIA LUIZ E SILVA PRUDENTE

Mestranda em Educação pela Universidade Federal de São Paulo (Unifesp), pesquisadora da Mostra Internacional do Cinema Negro. Bacharel em Artes Cênicas pela Universidade Estadual de Campinas (Unicamp), com licenciatura em Artes e pós-graduação em Educação Inclusiva com ênfase em tecnologias assistivas. Assistente de produção do programa radiofônico Quilombo Academia, da Rádio USP, FM 93,7 de São Paulo.

ACERVO PESSOAL

O presente artigo pretende demonstrar alguns pontos que foram concorrentes ao desenvolvimento da colonização europeia contra o que chamamos de diversos — notadamente o ibérico, o asiático, o africano e o ameríndio. O artigo aponta elementos que estão na origem do processo colonial e demonstra em que medida eles foram importantes para sua formação.

Nossa preocupação concorre em proveito do discernimento de como esses pontos foram fundantes para o empreendimento da colonização no Brasil. Apontamos assim para um processamento de forças raciais que foram de suma importância para a compreensão do hibridismo cultural formador de nossa brasilidade. Demonstramos alguns dados remotos, pouco percebidos na trajetória eurocolonial, determinantes para formar o contraditório privilégio monocultural, unicor, do branco europeu — contradição que acontece em um país multicultural, formado por uma multicoralidade que tem inequívoca característica miscigênica.

As matrizes formadoras da brasilidade constituem uma massa racial marginalizada pela hegemonia eurocaucasiana, privilegiada na estrutura do Estado em detrimento de outros grupos raciais que lhe são diferentes e que lhes causam estranheza, uma vez que esses elementos diferenciais são culturalidades de povos vindos dos diversos, e formam um hibridismo cultural, com a amálgama da imagem ibero-ásio-afro-ameríndio. Consideramos — nessa perspectiva — a descrição do pesquisador Ricardo Alexino Ferreira:

> (...) a diversidade é entendida aqui a partir do termo sócio-acêntrico, que tem o sentido conceitual de segmentos sociais, étnicos e de gênero, dentre outros, que, independente da quantidade, têm pouca representação social, política e econômica (inserção no mercado de trabalho, ocupação de cargos de poder e outros) e tem como equivalentes históricos as expressões "grupos minoritários" ou "grupos minorizados".[1]

Esse hibridismo se forma por um processo comum de marginalização racial, caracterizado pelo empobrecimento, pelo multilinguismo na formação do nosso português brasileiro e pela condição comum de vítimas da tentativa do violento reducionismo imposto pela colonização europeia aos seus diferentes. Percebemos, dessa forma, um contexto expressivo da dicotomia branca, ocidental, que superestima o branco-europeu, ao passo que subestima o branco-ibérico que foi instrumentalizado na colonização europeia.

Nossa linha de abordagem, então, se estrutura na seguinte trajetória propedêutica: 1) dívida do cristão primitivo com os judeus; 2) nobreza portuguesa falida; 3) a Independência e o embranquecimento do Brasil; e 4) o comportamento civilizatório do negro e a segregação racial contra o afrodescendente. Nossa composição crítica e reflexiva concorre para formar um desenho demonstrativo do processo miscigênico, que indica uma cultura híbrida do Brasil, cuja formação teve a afirmação brasileira do negro, que contribuiu

1 Ricardo Alexino Ferreira, *Etnomidialogia:* diversidade e sua interseção com a difusão científica, 2015, p. 2.

para significativas conquistas civilizatórias. Em paralelo, o negro viveu total segregacionismo racial por parte da hegemonia branca europeia, que se estabeleceu como institucionalidade na estrutura do Estado brasileiro desde a sua origem, no período colonial, persistindo-se até os dias de hoje, e caracterizando um inequívoco racismo institucional do Estado.

Nosso objetivo é a observação de alguns aspectos desse hibridismo, que, no caso específico do Brasil, deve ser observado desde a sua expressão mais remota, objetivando acompanhar a trajetória de seu desenvolvimento. Para esta crítica reflexiva é importante ver com atenção o início da dívida dos cristãos com os judeus, para entender como isso se constituiu em proveito da determinação do processo eurocolonial.

1. DÍVIDA DO CRISTÃO PRIMITIVO COM OS JUDEUS

Entendemos como ilustrativa a passagem bíblica que contribui para elucidar alguns aspectos dos períodos mais remotos da Era Cristã, acreditando que o imaginário é sempre recomendável e oportuno.

Observamos, assim, que no início do cristianismo os adeptos dos princípios e das atitudes de Jesus eram pessoas pobres e suas dificuldades indicavam possíveis instabilidades, como a permanência em determinados lugares, o que sugere quase uma condição de nômades. Essa situação se deu concomitantemente à antiga proibição que os judeus viviam em relação à prática de usura entre seus iguais. Os cristãos surgem, então, como alternativa, como segue:

> **Deuteronômio 23:20** Não emprestes ao teu irmão com juros, quer se trate de empréstimo de dinheiro que de víveres ou de qualquer outra coisa sobre a qual é costume exigir um juro.
>
> **Deuteronômio 23:21** Poderás fazer um empréstimo com juros ao estrangeiro; contudo, emprestarás sem juros ao teu irmão, para que

> Yahweh teu Deus abençoe todo empreendimento da tua mão na terra em que estás entrando, a fim de tomares posse dela.[2]

Nessa linha, é possível verificar que os cristãos primitivos assumiram empréstimos com os israelitas, o que os levou a contrair inegável dívida. Isso constitui-se posteriormente em um emolumento, decorrente das cobranças que os judeus fizeram junto à Igreja — como instituição do cristianismo. Essa circunstância levou a Igreja, entre outras demandas, a criar mecanismos para acumular riqueza para o pagamento dessa dívida pregressa com o judaísmo. De tal sorte que essa dívida foi, também, uma alternativa à demanda da colonização.

1.1 IGREJA CATÓLICA APOSTÓLICA ROMANA

A visão unificadora do cristianismo — no pensamento do evangelista Saulo de Tarso, ou seja, o Apóstolo São Paulo — foi usada na perspectiva do fortalecimento da Igreja de Constantinopla, que adotou como filosofia e fundamento teleológico os princípios cristãos para o seu propósito de expansão e poder. Mas, nesse período, a Europa era ainda expressivamente selvática, e o pensamento cristão se constituía em elemento urbano, ficando estranho ao sentimento dos silvícolas dessa fase europeia. Assim, esses povos se identificavam com o paganismo, mais passível à ambiência da floresta, situação que se constituiu em um impasse para a Igreja.

Para contornar a expressiva presença do paganismo frente a ainda rarefeita expressão cristã, desenvolveu-se uma política de dominação da imagem. Sabia-se que o número de adeptos dos princípios cristãos estava implicado sobretudo no poder do dízimo, por

2 Gilberto da Silva Gorgulho; Ivo Storniolo; Ana Flora Anderson, *Bíblia de Jerusalém*, 2015, pp. 286-287.

isso criou-se uma imagem pejorativa do Deus pagão — representada como um carneiro — com traços fundamentais da representação do demônio. A imagem do diabo então ganhou chifres e patas, tornando-a mais próxima do sagrado símbolo do carneiro para o paganismo, a fim de esvaziar a sacralidade do Deus pagão diante dos interesses de expansão e poder do catolicismo.[3]

1.2 O EUROPEU E O IMAGINÁRIO NEGATIVO DAS ÁGUAS

Em nossa percepção, a cobrança da dívida contraída pelos primeiros seguidores do pensamento de Jesus com os judeus também concorreu para a colonização. O alto clero entendeu na demanda colonizadora o caminho para sanar os compromissos com os judeus e ampliar o acúmulo de riqueza do cristianismo. O empreendimento colonial às Índias e à África associou-se à escravidão em prol de mais uberdade à cruz. Razão pela qual, segundo Foucault,[4] o mar foi o caminho apodítico.

Contudo, o mar constituiu-se em um grande problema para o alto clero em relação aos seus adeptos de fé. No período da difícil formação dos Estados nacionais da Europa, os europeus conheceram muitas endemias. Entre elas, têm destaque as questões de saúde mental. Nas artes, pinturas retratam as viagens das naus dos loucos, por exemplo, que sugerem que pessoas com questões de saúde mental foram postas em uma embarcação e levadas mar adentro.[5]

Aqueles que eram compreendidos como loucos em um Estado eram escorraçados para outro território, gerando um clima de guerra entre os europeus, o que pode ter concorrido para fragmentar a difícil formação dos Estados nacionais. Entende-se, assim,

3 Wilson Roberto Prudente, *A verdadeira História do Direito Constitucional no Brasil. Desconstruindo o direito do opressor. Construindo um direito do oprimido*, 2009.
4 Michel Foucault, *História da loucura*, 2005.
5 *Ibidem.*

que, por acordo, foram construídas naus para abrigar pessoas com patologia mental que eram então abandonadas à própria sorte no mar. Essa situação foi concorrente para a formação de um imaginário europeu negativo das águas, entendido como lugar de castigo, assim como as doenças, que também eram vistas geralmente como castigo de Deus.[6]

Soma-se a essa contradição que o espírito de trabalho do europeu lhes furtava a aventura colonial, ficando esse posicionamento mais afeito ao espírito aventureiro dos hispânicos.[7] Diante do imaginário negativo em relação às águas, o papa Alexandre VI, com a *Bula Inter Coetera*, em 1493, articulou definitivamente a incursão dos portugueses e dos espanhóis — ou seja, dos ibéricos — à demanda da empresa colonial. Temos aí a percepção de que os ibéricos foram, desse modo, instrumentalizados no empreendimento eurocolonial.

Para nossa reflexão, é oportuna a lembrança de que, enquanto a Europa dos Estados nacionais ainda se estabelecia, Portugal foi a primeira unidade nacional do Ocidente — e nesse momento já era um país decrépito, empobrecido e de população diminuta. Contudo, a coroa portuguesa viu na proposta papal uma alternativa à pobreza e à baixa densidade demográfica. Compreensão assertiva, observando o duro empenho português no processo colonizador, diante da aceleração do seu empobrecimento na colonização.

Em contrapartida, o empreendimento colonial foi o principal fator de acumulação de riqueza inglesa, concorrente à Revolução Industrial, que tornou os europeus ainda mais ricos, notadamente os britânicos. Para nossa percepção, isso é indicativo de que o protagonismo português na colonização não lhe furtou da trágica

6 *Ibidem*.
7 Sérgio Buarque de Holanda, *Raízes do Brasil*, 1997.

condição de objeto, colocando-o próximo de outras vítimas da nefasta eurocolonização, que são os diversos — aqui entendidos notadamente como asiáticos, africanos e ameríndios — ou seja, os estranhos ao nomos eurocaucasiano.

2. NOBREZA PORTUGUESA FALIDA

A situação de decrepitude e pobreza dos lusitanos, instrumentalizados na colonização substancialmente europeia, foi muito bem-vinda para o nomos eurocaucasiano. A eles pouco representava essa nobreza falida que se estabeleceu na incursão eurocidental ao Novo Mundo. Especialmente no caso do Brasil, a essa representação, numericamente pequena, coube a doação de terras, o que foi fundamental para salvar alguns nobres lusitanos sem conteúdo econômico, permitindo-lhes o prestígio da entourage de nobreza.

2.1 BENEPLÁCITOS DADOS AOS REPRESENTANTES DA COROA PORTUGUESA NA FORMAÇÃO DO BRASIL OCIDENTAL

O rei de Portugal concedeu aos colonizadores o beneplácito da doação de terras, com a divisão da costa brasileira "em generosas faixas de praias. Fê-lo no propósito do atendimento da baixa nobreza portuguesa, que se encontrava no inequívoco distúrbio socioeconômico".[8] Essa ação pretendia o estabelecimento de áreas rurais portuguesas, nas quais a coroa perscrutava o desenvolvimento da empresa colonial, as sesmarias, que no caso do Brasil foram hereditárias, diferentemente das sesmarias portuguesas do século 15. Esse ato de doação de terra se deu por meio do Decreto s/nº de 25 de novembro de 1808, com rubrica do próprio Príncipe Regente João

8 Celso Luiz Prudente, *As lutas de imagens das minorias versus a política da educação monocultural:* as relações étnico-raciais postas em questão, 2019, p. 339.

Maria José Francisco Xavier de Paula Luís Antônio Domingos Rafael de Bragança, conhecido como D. João IV. É ilustrativo observar que, não por acaso, a data do seu nascimento coincide com a data da abolição, como se vê: "D. João IV (...) nasceu em 13 de maio de 1767. Isto chamou atenção para o dia 13/05/1888, como data da abolição, que tem sido por sinal objeto de controversa, apontada pela crítica reflexiva da militância [negra] como abolição inacabada".[9] A coincidência vem carregada da desumanidade com o africano escravizado e com o afrodescendente, totalmente marginalizados a partir do dia seguinte, 14 de maio de 1888, ao se verem totalmente desprovidos de qualquer ação indenizatória do Estado.

É importante destacar que a condição hereditária da doação de terras no Brasil pela coroa impactou demasiadamente a violenta desigualdade social que persiste ainda na atualidade. Configurou-se na marginalização da multicoralidade racial em nome do privilégio unicor do branco eurodescendente, e permitiu a representação da verticalidade da hegemonia imagética do euro-hetero-macho-autoritário.[10] Formou-se, então, entre as vítimas da eurocolonização, uma amálgama das culturalidades, que representa a horizontalidade da imagem do ibero-ásio-afro-ameríndio.[11,12]

9 *Ibidem*, p. 340.

10 Celso Luiz Prudente, *A dimensão pedagógica da alegoria carnavalesca no Cinema Negro enquanto arte de afirmação ontológica da africanidade*: pontos para um diálogo com Merleau-Ponty, 2014; *A Dimensão Pedagógica do Cinema Negro aspectos de uma arte para a afirmação ontológica do negro brasileiro*: o olhar de Celso Prudente, 2019b; *Étnico léxico*: para compreensão do autor, 2019c, pp. 171-177; *A dimensão pedagógica do cinema negro:* uma arte ontológica de afirmação positiva do ibero-ásio-afro-ameríndio, 2019d.

11 Celso Luiz Prudente; Flávio Ribeiro de Oliveira, *A lusofonia de horizontalidade da imagem do ibero-ásio-afro-ameríndio versus a verticalidade da imagética do euro-hétero-macho-autoritário*: a dimensão pedagógica do cinema negro posto em questão, 2017.

12 Celso Luiz Prudente, *A dimensão pedagógica do cinema negro e a construção da imagem de afirmação positiva do ibero-ásio-afro-ameríndio*: pontos à compreensão da identidade de pessoa em condição de rua, 2016; *A dimensão pedagógica do cine-*

Essa abordagem revela também algo pouco discutido: o total abandono do branco ibérico pela coroa portuguesa, caracterizando uma situação de branco empobrecido, parte de uma massa de miseráveis, configurada nas culturalidades da ibericidade, da asiaticidade, da africanidade e da amerindidade.[13]

2.2 O DESTERRO DA MASSA PORTUGUESA DE BRANCOS DEGRADADOS AO BRASIL

A partir dessas reflexões, apontamos também para a formação de uma massa de miserabilidade, formada por brancos empobrecidos, inequivocamente imigrantes compulsórios que eram, em sua maioria, presidiários, havendo possivelmente entre eles alguns perseguidos políticos, religiosos e/ou acusados de serem degenerados sexuais.

A coroa portuguesa estava preocupada com o descontentamento do rei da França, Francisco I, em razão do Tratado de Tordesilhas. O mandatário francês via fragilidade no direito de terras daqueles que não a povoassem. Esse posicionamento levou a coroa lusitana a enviar para o Brasil os que eram tidos como degradados, sendo eles vítimas do violento código penal manuelino.[14] Esses brancos ibéri-

ma negro, como arte de afirmação da imagem positiva do ibero-ásio-afro-ameríndio na construção da lusofonia de horizontalidade democrática. Patrimônio histórico do espaço lusófono: ciência, arte e cultura, 2018a; *As lutas de imagens das minorias versus a política da educação monocultural:* as relações étnico-raciais postas em questão, 2019a; *A Dimensão Pedagógica do Cinema Negro aspectos de uma arte para a afirmação ontológica do negro brasileiro*: o olhar de Celso Prudente, 2019b; *Étnico léxico*: para compreensão do autor, 2019c; *A dimensão pedagógica do cinema negro*: uma arte ontológica de afirmação positiva do ibero-ásio-afro-ameríndio, 2019d; Celso Luiz Prudente; H. Costa, *Escolas de samba*: comunicação e pedagogia para a resistência do quilombismo, 2020b; Celso Luiz Prudente; Neudson Johnson Martinho; Dacirlene Célia Silva, *Maracatu*: uma marca cultural ibero-ásio-afro-ameríndia no carnaval do nordeste, 2020c.

13 Celso Luiz Prudente, *As lutas de imagens das minorias versus a política da educação monocultural*: as relações étnico-raciais postas em questão, 2019.

14 Eunice de Jesus Prudente, *Preconceito racial e igualdade jurídica no Brasil*, 1989.

cos desafortunados, os africanos escravizados e os ameríndios que eram vítimas da violenta máquina da evangelização, juntos constituíam — cada grupo à maneira que lhe foi imposta — uma massa escura de miseráveis, esquecida pela coroa portuguesa.

Portugal estava voltado para a colonização, cujo fim foi o emolumento do branco europeu. Observamos dessa forma uma dicotomia inequívoca entre os brancos ocidentais, na qual o branco europeu é privilegiado em detrimento também do branco ibérico. Linha de abordagem que chama atenção para o discernimento em que o português não é europeu, sendo geograficamente diferente,[15] na medida em que é também culturalmente estranho à europeidade.[16]

3. A INDEPENDÊNCIA E O EMBRANQUECIMENTO DO BRASIL

Nesta comunicação, observamos que a Independência do Brasil teve um comportamento verticalizado, divorciado da ampla massa empobrecida, formada por uma multicoralidade racial de marginalizados, constituída pelo caucasiano ibérico, o amarelo asiático, o negroide africano e o vermelho ameríndio.

Descontente com essa multidão escura, o governo brasileiro promoveu a ida do major Georg Anton von Schäffer à Europa, especificamente na Alemanha, para buscar interessados para emigrarem para o Brasil. Como a Alemanha já tinha interesse na higienização social, colocando para fora do seu território supostos vagabundos e marginais, isso caiu como luva nas mãos desse interesse de embranquecimento brasileiro. Conforme observa o pesquisador de imigração alemã João Guilherme Biehi:

15 Sérgio Buarque de Holanda, *Raízes do Brasil*, 1997.

16 Gil Vicente, *Obras completas de Gil Vicente*: reimpressão fac-similada da edição de 1562, 1928.

> Com o apoio de grão-duques e condes, ávidos por deportar marginais, vagabundos e criminosos — práticas de higiene social na emergente Alemanha. Os governantes exigiam provas legais de que os emigrantes não retornariam para reivindicar seus direitos de proteção social da antiga pátria. Schäeffer forjou certificados de recepção, isto é, documentos que garantiam a naturalização brasileira dos imigrantes.[17]

João Guilherme Biehi chama a atenção para o nível de incipiência sociocultural em que esses imigrantes se encontravam, estando no máximo em condições de igualdade com a massa dos degradados ibéricos. Muitos desses alemães não usavam roupas, estando aquém do conhecimento mínimo de higiene daquele período, como relata Bösche:[18]

> [Em] 1824, o naturalista Theodor Bösche acompanhou uma das viagens transatlânticas organizadas por Schäeffer (encontravam-se a bordo 90 ex-prisioneiros de Mecklenburg, futuros soldados da Legião Estrangeira): "O nosso navio tomou várias centenas de pessoas. Tremi ao avistar aquela gentalha rota, de que muitos malogravam encobrir a nudez e cuja atitude trazia o cunho da rudeza e da bestialidade".[19]

Esses imigrantes alemães se evidenciavam na incipiência sociocultural em relação à massa escura esquecida, considerando que

17 João Guilherme Biehi, A guerra dos imigrantes: o espírito alemão e o estranho Mucker do sul do Brasil. In: E. L. A. Sousa (Org) *Psicanálise e colonização*: leituras do sintoma social no Brasil, 1999.

18 Theodor Boshe, *O trabalho Alemão no Rio Grande do Sul*, 1934, p. 44 *apud* João Guilherme Biehi, A guerra dos imigrantes: o espírito alemão e o estranho Mucker do sul do Brasil. In: E. L. A. Sousa (Org) *Psicanálise e colonização*: leituras do sintoma social no Brasil, 1999, p. 151.

19 João Guilherme Biehi, A guerra dos imigrantes: o espírito alemão e o estranho Mucker do sul do Brasil. In: E. L. A. Sousa (Org) *Psicanálise e colonização*: leituras do sintoma social no Brasil, 1999, p. 151.

os pretos africanos em boa parte eram militares, ou seja, guerreiros que foram vencidos nas guerras subsaarianas,[20] o que lhes confere no mínimo um nível de iniciação à escolaridade. É sensato supor que as nações ameríndias, que eram transnacionais, traziam uma sofisticação de conhecimento que era demonstrada desde seus utensílios até a construção de suas pirâmides — as nações ameríndias estavam caracterizadas em diferentes estágios socioculturais —, situação constatada no clássico estudo de Eduardo Galeano: "estas sociedades deixaram numerosos testemunhos de sua grandeza (...): monumentos religiosos que nada devem às pirâmides egípcias; eficazes inventos técnicos para enfrentar as secas; objetos de arte que revelam um invicto talento".[21] Reiteramos que os portugueses degradados eram pessoas simples, mas que demostravam mais rudimentos de conhecimentos do que os imigrantes brancos europeus, embora os privilégios atribuídos pelo governo brasileiro fossem direcionados aos imigrantes alemães, em detrimento dos outros grupos raciais, como se vê:

> No afã de persuadir os Alemães para esta imigração o mando em voga lhe sugeriu um elenco de vantagens, que se iniciavam no custeio da passagem pelo governo e seguiram subsequentemente à concessão de lote de chão com setenta e oito hectares notadamente na região sul do Brasil. Estes benefícios contavam ainda com pagamentos de diárias, que foram caracterizados em cento e sessenta réis dados respectivamente no ano inicial e metade na segunda anuidade. Somou-se também neste quadro a vantagem um número de animais, que se classificaram em bois, vacas, cavalos, porcos e galinhas. Estes benefícios corresponderam ao número de pessoas de cada grupo familiar.[22]

20 Tinhorão, 1988.
21 Eduardo Galeano, *As veias abertas da América Latina,* 2010, p. 68.
22 Celso Luiz Prudente, *As lutas de imagens das minorias versus a política da educação monocultural*: as relações étnico-raciais postas em questão, 2019, pp. 340-341.

Essas abonações dadas aos representantes da coroa portuguesa e os benefícios para os caucasianos, vindos da Alemanha e da Polônia, demarcam o início das cotas raciais — apelido das políticas públicas para atender o ideal de embranquecimento do Brasil. Essa situação revela a verdadeira face racista da independência brasileira e estabelece o racismo institucional, a partir da decisão do Estado brasileiro, já independente, de adotar o branco europeu como ideal, em detrimento da multicoralidade racial que encontrava no preto africano a parte majoritária.

4. O COMPORTAMENTO CIVILIZATÓRIO DO NEGRO E A SEGREGAÇÃO RACIAL DO AFRODESCENDENTE

Nesta comunicação apontamos também para a inegável segregação racial, sobretudo contra o negro, promovida pela institucionalidade do Estado brasileiro. Esse racismo se configura como um *apartheid* racial contra os afrodescendentes, a despeito de as incursões do negro pela liberdade serem de abrangência civilizatória, uma vez que apontam para a libertação de todos os marginalizados. A fim de deixar evidente, elencamos que, "ao nosso quase cego ver", os principais exemplos desse comportamento civilizatório foram:

1. O **Quilombo dos Palmares**, local em que viveram negros, índios e brancos pobres, constituindo uma espécie de república livre, igualitária e democrática no nordeste brasileiro, uma lição de liberdade que vigorou um século antes da Revolução Francesa.
2. A **Revolta da Chibata**, insurreição de marinheiros de baixo soldo liderados por João Cândido, que ficou conhecido como Almirante Negro, formando um capítulo histórico memorável. Essa insurreição também entrou no imaginário brasileiro, como se vê na música "Mestre-Sala dos Mares", de Aldir Blanc e João Bosco. O episódio demonstra em que medida a pedagogia

de liberdade contribuiu para aprofundar o respeito às relações de trabalho livre, considerando que o espírito escravista ainda é muito forte no Brasil — um dos países em que o salário-mínimo proporciona menor poder aquisitivo, o que favorece a grande desigualdade econômica, política e social nessa porção de terra e também em comparação global. A dimensão civilizatória dessa revolta está no alerta e no ensinamento contra o anacronismo da violência nas relações de trabalho, concorrendo pelo fim do castigo físico contra os marinheiros que cometessem alguma falha. Uma violência que foi promovida na institucionalidade da Marinha, ainda no limiar da República, no século 20. É fundamental lembrar que até hoje essa instituição militar não anistiou, nem em memória, o marinheiro João Cândido. Se assim o fizesse, ele seria juridicamente almirante, mas, independentemente disso, o é no imaginário das lições civilizatórias, como canta Aldir Blanc na versão original da música que só veio a público com o fim da censura do governo militar. "(...) conhecido como almirante negro/tinha a dignidade de um mestre-sala/e ao navegar pelo mar com seu bloco de fragatas/ foi saudado no porto (...)". Uma ação civilizatória concorrente à superação do anacronismo escravista nas relações de trabalho.

3. O **Teatro Experimental do Negro (TEN)**, com a liderança do economista e esteta Abdias Nascimento que, junto com o sociólogo Guerreiro Ramos, criou a companhia com o propósito de amparar as empregadas domésticas, vítimas angustiadas com a violência física no trabalho, praticada por senhoras e moças recatadas, das importantes famílias do Rio de Janeiro, na década de 1930. Herança escravista que permaneceu, cuja maleficência coaduna com a denúncia crítica na irreverência de um compositor da música popular nordestina: "Deus me proteja de mim/ E da maldade de gente boa/ Da bondade da pes-

soa ruim".[23] O TEN tornou-se o mais importante centro cultural brasileiro desse período, abrigando no seu seio artistas e intelectuais, tais como: Ruth de Souza, Agnaldo Camargo, Léa Garcia, Maria Della Costa, Vinicius de Moraes, Ferreira Gullar, Cacá Diegues, entre outros. Aliás, é nesse contexto que temos o musicólogo negro Haroldo Costa, criador da memorável dupla Antônio Carlos Jobim e Vinicius de Moraes. Haroldo Costa foi também o primeiro afrodescendente a protagonizar uma peça teatral, no Teatro Municipal do Rio de Janeiro: a obra *Orfeu da Conceição*, de Vinicius de Moraes. Ainda que pouco dito, mais uma encenação do TEN. Nessa efervescência cultural de afirmação racial, a peça foi adaptada para o cinema, na realização de Marcel Cammus, esteta francês que recebeu por *Orfeu Negro* o Oscar de Melhor Filme, projeto cinematográfico que se tornou uma das principais razões do sucesso mundial do Samba e da sua derivada, a Bossa Nova. Como se vê, o TEN constituiu uma resistência cultural negra contra o racismo e o preconceito social, apontando para o ensinamento do respeito à diversidade e abrigando, por sua natureza, brancos e todos que se identificavam com a luta contra o preconceito racial e a marginalização dos pobres miscigênicos. É ilustrativo lembrar que a primeira discussão de cotas raciais para os afro-brasileiros surgiu no *Jornal Quilombo*, publicado por essa instituição. Dessa maneira, o TEN tornou-se um importante espaço pedagógico do teatro de resistência, que foi referência da participação cultural da multicoralidade racial;

4. Os **folguedos carnavalescos**, nos quais a cultura bantu é marcante, sobretudo na música e na dança; lembrando que para os povos bantu, dança e música são algo único e indissolúvel. Esses folguedos constituem espaços afrodiaspóricos que sempre

23 Chico César, *Deus me proteja*, 2008.

foram abertos à participação de todos. A natureza carnavalesca desses folguedos estabelece uma ligação com a rua, como um lugar de ritualidade e confraternização, que caracteriza um ambiente de relações de troca dadivosa[24] que formam também espaço ontológico de pertencimento afrodiaspórico. Segundo Rufino, a rua é o local que "abriga uma diversidade de tipos, assim como um amplo repertório de práticas, modos de fazer. O lugar que se abre e onde se cruzam os poderes, que reinventam a vida".[25] Nessa perspectiva, observamos o potencial revolucionário dos folguedos carnavalescos, onde se dá uma inversão transgressora,[26] constituindo-se dessa maneira em uma espécie de quilombo contemporâneo.[27] É nesse ambiente disruptivo que o folião se fantasia, geralmente em contrariedade com o estabelecido, rompendo-se, por exemplo, com a imagem de subordinação hierárquica e impondo afirmação sociorracial, como se vê na canção "Ensaio geral", de Gilberto Gil: "Oh, que linda fantasia/ Do Bloco da Mocidade/ Colorida de ousadia/ Costurada de amizade/ Vai ser lindo ver o bloco/ Desfilar pela cidade".

Esse fenômeno da carnavalização bakhtiniana ocorre entre nós nas festividades de dia de santos, tradicional da cultura brasileira, como se vê no Maracatu, no Congo, no Terno de Congo, na Congada, Afoxé, no Bloco Afro e na Escola de Samba.[28] Percebe-se nessas organizações, por sua vez, especialmente nas Escolas de Samba, que à medida em que elas ganham importância junto à indústria do tu-

24 Marcel Mauss, *Ensaio sobre a dádiva*, 2003.
25 Luiz Rufino, *Pedagogia das encruzilhadas*, 2019, p. 108.
26 Mikhail Bakhtin, *A cultura popular na Idade Média e no Renascimento*, 2002.
27 Suely Dulce de Castilho, *Quilombo contemporâneo*: educação, família e culturas, 2011.
28 Celso Luiz Prudente; Neudson Johnson Martinho; Dacirlene Célia Silva. *Maracatu*: uma marca cultural ibero-ásio-afro-ameríndia no carnaval do nordeste, 2020c.

rismo há graves problemas de apropriação cultural e de segregação racial e econômica. De tal sorte que as expressões humanas originais são substituídas pelos segmentos mais próximos da feição eurocolonial, o que promove, assim, uma apropriação cultural antropofágica, uma espécie de vampirismo. Esse processo nega o corpo negro, mas se apropria da essência da alma negra, bebendo o sangue da africanidade, mas proibindo o seu corpo. Na prática, o afrodescendente é proibido de entrar em muitas casas de espetáculo, cafés e restaurantes, enfim, espaços de entretenimento nos quais o samba, o jazz e o rock são protagonistas. Essa atitude violenta e autoritária é feita com total naturalidade, demonstrando total resiliência com o racismo contra o negroide, em lugares em que se bebe o sangue da sua alma e se nega a presença da sua essência corpórea.

Também observamos esse fenômeno na culinária, na qual os programas de televisão são apresentados por homens e mulheres brancos, como chefes de cozinha, sem o mínimo de acanhamento, sendo que esses trabalhos sempre foram feitos, genuína e compulsoriamente, pelos afrodescendentes, que são agora banidos com violência pelas emissoras de comunicação — concessionárias do Estado —, mas aceitam com resiliência essa violenta humilhação contra o negroide, de matriz preta africana. Não bastasse a condição de concessionárias do Estado das emissoras, muitas vezes seus programas contam com patrocínio de empresas públicas ou que prestam serviço estatal, o que caracteriza o racismo de Estado. Mais uma vez, demonstra-se o excessivo investimento no ideal branco europeu com impregnação institucional, promovendo assim a verticalidade imagética do autoritarismo do euro-hetero-macho-autoritário, que é determinado pela euroheteronormatividade.[29]

29 Celso Luiz Prudente, *A Dimensão Pedagógica do Cinema Negro aspectos de uma arte para a afirmação ontológica do negro brasileiro*: o olhar de Celso Prudente, 2019b; *Étnico léxico*: para compreensão do autor, 2019c; *A dimensão pedagógica*

CONCLUSÃO

O Brasil é um país poliétnico e multirracial, mergulhado na contradição da marginalização da multicoralidade sociorracial do ibero-ásio-afro-ameríndio e do comportamento institucional do Estado brasileiro, que se faz em proveito do privilégio racial da unicoralidade do branco eurodescendente.

Temos a percepção de que, se de um lado o contributo da cultura africana foi fundamental para a formação do hibridismo da brasilidade, abrindo espaço sobretudo nos folguedos carnavalescos para uma convivência comum e solidária, de natureza civilizatória, com sua herança quilombola, de outro lado o afrodescendente tem como resposta um fechamento racista, que se caracteriza em um anacronismo excludente. Essa situação denota inegável segregação racial brasileira contra o negro, e percebemos — infelizmente — que esse fenômeno tem raiz na decantada Independência do Brasil.

do cinema negro: uma arte ontológica de afirmação positiva do ibero-ásio-afro-ameríndio, 2019d.

INDEPENDÊNCIA DO BRASIL: UMA PÁTRIA DE MUITOS GRITOS

CONCEIÇÃO EVARISTO

É escritora. Ficcionista e ensaísta. Graduada em Letras com ênfase em Literatura pela Universidade Federal do Rio de Janeiro (UFRJ), mestre em Literatura Brasileira pela PUC/Rio, doutora em Literatura Comparada pela Universidade Federal Fluminense (UFF). Sua primeira publicação (1990) foi na série *Cadernos Negros* do grupo Quilombhoje. Tem sete livros publicados, entre eles o vencedor do Jabuti, *Olhos D'água* (2015). Cinco deles foram traduzidos para o inglês, o francês, o espanhol e o árabe. Recebeu diversos prêmios e homenagens no Brasil e no exterior.

ALINE MACEDO

Buscar uma interpretação mais lúcida de vários eventos da História brasileira não é uma empreitada fácil. Entender o que foi registrado nos compêndios históricos e *escutar* o que ficou silenciado pelos caminhos nos obriga a uma constante volta ao passado. Um passado não se termina com um gesto, com um grito, assim como a história de uma nação não pode ser compreendida somente pelos registros oficiais; às vezes, o contrário se pede.

Nesse sentido, pode-se afirmar que, para os brasileiros, notadamente os afro-brasileiros e os povos indígenas, donos primeiros das terras brasis, a compreensão da nossa história inclui a busca do que não foi escrito, do que foi ocultado, ou da história subterrânea que ainda precisa ainda ser explicitada. Há um passado presente que precisa ser desvendado sobre os processos de colonização e de escravização que estruturaram a nação brasileira. Reafirmamos que há um passado que não passou. E cada comemoração dos nossos eventos pátrios nos revela uma história devedora do povo, ou quando mesmo traidora das esperanças, dos desejos, dos direitos de quem está na base da construção do país. Por isso, enquanto brasileiros, descendentes de povos africanos escravizados e ativos sujeitos na construção do nosso país, perguntamos como "comemorar os 200 anos de Independência do Brasil"?

Um olhar mais atencioso sobre o processo em que se deu a independência do Brasil nos informa que o grupo social que pensou e reivindicou a Independência do Brasil foi a elite colonial. A postura radical da discussão de o Brasil se tornar um país livre foi uma ideia arquitetada pela elite colonizadora, a classe que detinha o poder político na colônia. A historiadora Emília Viotti da Costa, segundo informa Flávio Mota,[1] ao analisar o modo de construção da defesa da Independência, que se deu envolvendo a própria Coroa Portuguesa, vê nesse fato uma ação deliberada para anular, ou melhor, para impedir um protagonismo do povo na luta pela Independência. A elite não queria que houvesse participação da massa, pois seria um risco se a grande massa popular, constituída de africanos escravizados e seus descendentes, já nascidos no Brasil, assumissem qualquer movimen-

1 José Flávio Motta, *A escravidão brasileira à época da Independência*. Disponível em: https://jornal.usp.br/wp-content/uploads/2022/03/2-Flavio-Mota.pdf. Acesso em: 29 ago. 2022.

to reivindicativo de liberdade. A presença do povo seria um tanto perigosa, pois, se buscava a liberdade, mas uma liberdade para a elite. A certificação dessa afirmativa nos é dada pelo movimento da Inconfidência Mineira, que não apresentava em seu ideal revolucionário a libertação dos sujeitos escravizados.

Temendo uma rebelião do povo, o ideário de independência do Brasil não deveria permitir à massa escravizada pensar que a liberdade que estava sendo proposta pertenceria a ela também. Entretanto, sujeitos escravizados, crendo que a independência seria um movimento que garantiria a liberdade para eles também, se colocam ao lado da elite em prol da libertação do Brasil.

Estudos fundamentais, como os dos historiadores João José Reis, Sidney Chalub e o da historiadora já citada Emília Viotti da Costa, dentre outros, apresentam dados bem interessantes sobre a escravização no Brasil, no período em que se buscava construir a ideia de um país livre. Esses estudos informam que justamente no decênio em que se buscava a libertação do Brasil, da Colônia, mais africanos chegavam para ser escravizados; e apontam ainda uma grave contradição interna: o Brasil se emancipava da Colônia, mas mantinha um modo de economia e de organização social a partir de um regime escravista.

Outro aspecto também interessante, ressaltado pelo historiador João José Reis, era o medo perene, a insegurança, que as elites viviam sob o receio de um levante popular. Temiam que os sujeitos escravizados pudessem se rebelar e acreditavam na existência de um Partido Negro. Esse partido seria uma ameaça aos dois partidos existentes na época, o partido dos portugueses, e o partido dos brasileiros, onde se colocavam os já nascidos no Brasil. Essas duas vertentes antagônicas comandavam a força política do momento. Porém, o medo da elite colonizadora criava um imaginário que potencializava o Partido Negro, como uma organização perigosa, porque era inclusive numericamente maior. O partido negro, na realidade, existia sim. Era formado por pessoas libertas e pessoas livres que pensavam a liberdade para além da busca de emancipação da Colônia, uma liberdade que emanciparia os sujeitos escravizados também. O medo das elites era de que acontecesse no Brasil o que tinha acontecido no Haiti. A ex-colônia francesa havia proclamado a sua independência e, ao se libertar do jugo da França, libertou também os sujeitos escravizados, aliás foram eles, os próprios escravizados, os protagonistas da história.

E como ler e pensar a Independência do Brasil, criada e efetivada a partir das elites? Quem ficou de fora do projeto de uma nação livre? Que gritos não foram ouvidos ou que foram silenciados? E para usar um termo bem atual, dizemos que a libertação dos escravizados não fazia parte da *pauta* do projeto de libertação daquele momento, que só encampava a libertação do Brasil de Portugal.

Um projeto, que uma vez, efetivado, apresentou o Brasil como uma nação livre, evento que deve ser comemorado, mas questionado sempre com questões referentes à cidadania inconclusa que grande parte dos brasileiros ainda experimenta, por vários motivos. Se a independência, em 1822, não aconteceu para o sujeito escravizado, e quando a Liberdade acontece, não apaga, anula os séculos de escravização do sujeito africano e seus descendentes no Brasil, temos um discurso poético, que enfatiza, às vezes, muito mais do que o discurso histórico ou político, que escancara o rosto agredido de uma nação que se edificou sob o signo da violência da escravização e do extermínio dos povos originais da terra. De uma nação que, ao comemorar o "Grito da Independência ou morte", nega, esconde, desconsidera outros gritos sufocados na garganta, no coração dessa pátria, nem tão mãe gentil para tantos, como se pode ler nos poemas seguintes:

TODAS AS MANHÃS

Todas as manhãs acoito sonhos

e acalento entre a unha e a carne
uma agudíssima dor.

Todas as manhãs tenho os punhos
sangrando e dormentes
tal é a minha lida
cavando, cavando torrões de terra,
até lá, onde os homens enterram
a esperança roubada de outros homens.

Todas as manhãs junto ao nascente dia
ouço a minha voz-banzo,
âncora dos navios de nossa memória.
E acredito, acredito sim
que os nossos sonhos protegidos
pelos lençóis da noite
ao se abrirem um a um
no varal de um novo tempo
escorrem as nossas lágrimas
fertilizando toda a terra
onde negras sementes resistem
reamanhecendo esperanças em nós.

Poemas da Recordação e outros Movimentos, Malê, RJ, p. 13

CERTIDÃO DE ÓBITO

Os ossos de nossos antepassados
colhem as nossas perenes lágrimas
pelos mortos de hoje.

Os olhos de nossos antepassados,
negras estrelas tingidas de sangue,
elevam-se das profundezas do tempo
cuidando de nossa dolorida memória.

A terra está coberta de valas
e a qualquer descuido da vida
a morte é certa.
A bala não erra o alvo, no escuro
um corpo negro bambeia e dança.
A certidão de óbito, os antigos sabem,
veio lavrada desde os negreiros

Poemas da Recordação e outros Movimentos, Malê, RJ, p. 17

CREMOS

Ao poeta Nei Lopes, pelo poema "História para ninar Cassul-Buanga".

Cremos.
Quando as muralhas
desfazerem-se
com a mesma leveza
de nuvens-algodoais,
os nossos mais velhos
vindos do fundo
dos tempos
sorrirão em paz.

Cremos.
O anunciado milagre
estará acontecendo.
E na escritura grafada
da pré-anunciação,
de um novo tempo,
novos parágrafos
se abrirão.

Cremos.
Na autoria
desta nova história.
E neste novo registro
a milenária letra
se fundirá à nova
grafia dos mais jovens.

Poemas da Recordação e outros Movimentos, Malê, RJ, p. 63

INDEPENDÊNCIA BRANCA E MORTE NEGRA

CIDA BENTO
É diretora executiva do Centro de Estudos das Relações do Trabalho e Desigualdades (CEERT), eleita pela revista *The Economist*, em 2015, como uma das 50 pessoas mais influentes do mundo em diversidade. Doutora pelo Instituto de Psicologia da USP, integra diversos comitês e grupos assessores de instituições e empresas. Autora de diversos livros.

ACERVO PESSOAL

Quando em 7 de setembro soou o grito de independência ou morte, o ato representava o grande momento em que o país deixava de ser uma colônia portuguesa e passava a ser uma nação independente. Mas, parcela da elite brasileira que comandava o Brasil naquele período tinha expectativas totalmente diferentes das do povo brasileiro com relação à independência.

Para essa elite, independência significava manutenção da propriedade "escrava", não ingerência do Estado nas relações privadas e no livre comércio, que era o tráfico negreiro. Ou seja, a independência que a elite desejava não contemplava a maioria da população, que era negra e, em grande parte, escravizada.

A classe dominante idealizava um Brasil com identidade nacional branca, uma nação em que imigrantes europeus e herdeiros de ex-senhores de engenho ou de cafeicultores revelariam ao mundo um país moderno, de progresso, "civilizado". Esse ideal, no entanto, se chocava com a realidade de uma população majoritariamente negra,[1] abrindo espaço para a adoção pelas elites das teorias higienistas europeias, que prescreviam a exclusão do povo negro, sua morte social e física.

Nesse sentido, a palavra Morte, no grito que assinala o surgimento desta nação, pode também ser entendida como relacionada à lei da pena de morte[2] surgida naquele período, que objetivava punir pessoas negras rebeldes à ordem escravocrata após a ocorrência de grandes revoltas. Com ela, o Estado tomou para si a responsabilidade de punir e matar os negros que buscavam liberdade num contexto de "independência", ou seja, de luta por emancipação social.

Em muitos diferentes episódios de nossa história, a elite brasileira se colocou como protagonista de ações emancipatórias decorrentes das lutas por libertação protagonizadas pela população negra, como, por exemplo, em 13 de maio de 1888, quando a Princesa Izabel aboliu a escravidão, em que apenas 20% dos escravizados não estavam libertos, pois a grande maioria já tinha alcançado a alforria. Dois séculos depois, num outro momento de luta e emancipação coletiva, o documento de apoio à democracia e fortalecimento do Estado de direito, assinado em 11 de agosto de 2022 na Faculdade de Direito do Largo São Francisco, congregou organizações da sociedade civil, de direitos humanos e ambientalistas.

O documento foi também assinado por organizações das elites econômicas e sociais, parte das quais opera e se beneficia de

1 Heloisa M. Starling; Lilia Schwarcz, *Brasil*: uma biografia, 2015.

2 O governo imperial aprovou em 1835 uma lei dedicada a punir exemplarmente os negros. Lei nº 4 de 10 de junho de 1835: Determina as penas com que devem ser punidos os escravos, que matarem, ferirem ou commetterem outra qualquer offensa physica contra seus senhores, etc.; e estabelece regras para o processo.

políticas que são totalmente contrárias à equidade e, portanto, à democracia. São políticas que visam a precarização do trabalho, a flexibilização do direito ambiental e dos direitos dos povos indígenas, resultado da presença de organizações ativas no campo da concentração de riquezas e da ampliação das desigualdades. E essa situação da elite se evidencia em diferentes pesquisas, como por exemplo nos dados divulgados pelo relatório "A distância que nos une", da Oxfam, segundo o qual seis brasileiros têm uma riqueza equivalente ao patrimônio dos 100 milhões mais pobres do país e os 5% mais ricos detêm a mesma fatia de renda dos demais 95%. De outro lado, na atualidade, estão endividadas mais de 77% das famílias brasileiras. Desta forma, permanece não resolvido o grande desafio de debater e tornar efetivo o esforço pela democratização do país, envolvendo particularmente a parcela da elite econômica e financeira que se beneficia e faz crescer as desigualdades — em particular as raciais e de gênero — que atingem a maioria da população brasileira.

O sistema político-econômico existente hoje foi construído para manter a maioria da população em condição de inferioridade e o seu desmantelamento afetaria os interesses de quem dele vêm se beneficiando de diferentes maneiras. A título de exemplo, de cada 1 real alocado em investimento ou formação bruta de capital (investimentos produtivos), existem no país mais de 6 reais aplicados em ativos financeiros (títulos de dívida pública ou privada, ações de empresas, contratos de câmbio e commodities).

Essa opção das elites brasileiras por investimentos improdutivos — que não é um problema local, mas uma característica do capitalismo em sua etapa atual — reduz a oferta de trabalho, imprescindível para a sobrevivência da população negra, cuja juventude corresponde a 61% da população jovem do país. Maioria entre os desempregados e trabalhadores informais, com salários inferiores aos da população branca, essa juventude pressiona fortemente o mercado de trabalho.

No entanto, parcela expressiva desta mesma juventude vive uma situação inusitada em razão dos ataques do atual governo contra as ações afirmativas e as cotas no ensino superior. Estudando em universidades que sempre tiveram boa reputação, mas que nos últimos 6 anos foram sucateadas, sob a justificativa de que se transformaram em território de uso de drogas e de balbúrdia, a juventude negra vê comprometida sua permanência na universidade e a possibilidade de usufruir de um ensino qualificado que propicie uma inserção igualmente qualificada no mundo do trabalho. Sob ataque na atualidade, a implementação das ações afirmativas de promoção da igualdade racial é parte inalienável do direito à educação e, como parte desse processo, a profusão de experiências de ensino de história e cultura afro-brasileira e africana protagonizada nas escolas da Educação Básica tem potencial para transformar a ciência, a educação e a sociedade.

Como dizia Florestan Fernandes, "o trabalho lança raízes no Brasil através do trabalho escravo" e esta é uma fronteira de luta que implica o enfrentamento das grandes estruturas públicas e privadas que sempre engendraram formas de manter a população trabalhadora negra em condição de subalternidade. Pode-se salientar momentos importantes dessa luta quando, por exemplo, em 1984, denunciamos a existência do "Código 4" na ficha dos postulantes a vagas em aberto no Sistema Nacional de Emprego (Sine) do Ministério do Trabalho, que sinalizava quando a pessoa que se candidatava às vagas em aberto era negra, indicando que sua ficha deveria ser excluída.

Décadas depois, por pressão do movimento negro, o próprio SINE era instado a colocar, agora explicitamente, o dado raça/cor nas mesmas fichas, só que com outra função: diagnosticar o tratamento que estava sendo dado à população negra que procurava emprego, bem como para criar políticas que assegurassem a essa população as mesmas oportunidades e o mesmo tratamento no mercado de trabalho.

Ainda naquele período, foi incluído o dado raça/cor na Relação Anual de Informações Sociais (RAIS) e no Cadastro Geral de Empregados e Desempregados (CAGED), o que influenciou as análises estatísticas do mercado de trabalho e permitiu conhecer melhor a condição de trabalhadores e trabalhadoras negras.

Este fato ocorreu num período próximo à criação de outra política pública do Ministério do Trabalho que definiu quais grupos estavam em desvantagem ou eram alvos de discriminação no mercado de trabalho e, por conta disso, deveriam ter acesso prioritário aos projetos apoiados pelo Fundo de Amparo ao Trabalhador — FAT, que financiava Programas de Desenvolvimento Econômico, em particular os de Geração de Emprego e Renda.

Esses dois últimos fatos foram consequência da denúncia feita em 1992, em Genebra, pelas centrais sindicais e por organizações do movimento negro, a partir de uma provocação do Centro de Estudos do Trabalho e Desigualdades (CEERT) sobre o descumprimento pelo Brasil da Convenção 111 da Organização Internacional do Trabalho (OIT), que trata de equidade na ocupação e emprego. Assim, sempre temos um contexto emancipatório, criado a partir da sociedade civil organizada — a exemplo da implementação das ações afirmativas tanto no mundo do trabalho quanto da educação — e ele gera uma forte reação em sentido contrário, um bloqueio organizado pela parcela da elite que não quer um Brasil democrático.

Mas a luta persiste e se torna cada vez mais intensa. Se no nascedouro do Brasil havia dois projetos de país — um dos pobres e pretos, e outros dos ricos predominantemente brancos — eles continuam vivos até hoje,[3] como nos lembra o mote do Julho das Pretas de 2022 "Mulheres Negras no Poder, Construindo o Bem Viver!".

Por toda a nossa história, podemos constatar a permanente luta pela democratização desafiada pelo pacto narcísico em favor da permanência dos mesmos grupos em lugares de poder e decisão, a partir de uma relação de dominação mantida pela força e, vale ressaltar, pela proliferação de armas, como constatamos hoje no Brasil.

Grupos humanos indiferentes às regras sociais de convivência na pluralidade, bem como aos controles sociais, veem no uso da força e das armas uma oportunidade de expandir seus interesses e ampliar a sua autoridade.

Fomentam o nacionalismo, a xenofobia, o fanatismo religioso e transformam os outros grupos humanos em estranhos, e logo a seguir em inimigos. Esse contexto é gerador de um ódio essencial e inquestionável.

A fome de poder político dessa parcela da classe dominante leva ao exercício do controle da educação, da imprensa e, geralmente, também da Igreja, sob seu poderio. Isso possibilita organizar e dominar as emoções do povo num esforço de torná-lo partícipe de seus propósitos. E é assim que parte de nós, enquanto povo brasileiro, age como se sentisse saudades da escravidão e reivindica a volta da ditadura.

Em contrapartida, a maioria da população brasileira tem uma leitura cada vez mais aguçada da situação a que está submetida,

3 Entrevista de Marcos Queiroz ao *The Intercept Brasil* em março/2022 da *Revista Serrote*, do Instituto Moreira Salles. Marcos Queiroz é professor de disciplinas como Formação do Estado Brasileiro e Direito e Literatura no Instituto Brasileiro de Ensino, Desenvolvimento e Pesquisa. Para chegar ali, se graduou em Direito na Universidade de Brasília, se valendo da política de cotas raciais. Atualmente, divide seu doutorado em aulas na UnB, na Universidad Nacional de Colombia, em Bogotá, e na Duke University, na Carolina do Norte, Estados Unidos, também graças às cotas raciais.

exigindo ser tratada como cidadã, sem ter sua sobrevivência ameaçada pelo próprio Estado.

A perversidade que se constata em nossa sociedade, acentuada pela ganância de agentes do sistema econômico que extraem uma grande e crescente rentabilidade, estrangulando os gastos sociais com o "teto de gastos", gera um legado. Essa herança, apropriada, consolidada e transmitida para as próximas gerações, dentro de um mesmo grupo, é tratada como resultado de um sistema meritocrático que premia os que "têm competência".

Mas os ideais democráticos são indissociáveis da equidade e exigem mudanças profundas em favor da maioria.

Vivemos ainda um período em que é grande o desafio à construção de uma sociedade onde a defesa dos direitos humanos e dos cuidados e proteção ao meio ambiente tenha centralidade e provoque outras perspectivas de crescimento e desenvolvimento, orientadas pelo bem viver, pelo estabelecimento de relações mais cooperativas, solidárias e acolhedoras.

Nesse contexto, cabe reafirmar que nossas imensas desigualdades têm o racismo como principal fator estruturante, portanto, se políticas para pobres são importantes, pois raça e classe estão imbricadas, elas sozinhas não resolvem uma realidade marcada pela violência racial.

Assim, a equidade racial pode efetivamente abrir o caminho para toda a pluralidade da população brasileira, democratizando o patrimônio concreto e simbólico, a própria ciência e o conhecimento. Quando o mundo focalizar a busca do conhecimento e não estiver lutando apenas por dinheiro e poder, então nossa sociedade poderá enfim evoluir para um novo patamar no processo civilizatório, único caminho capaz de erradicar a violência e promover a justiça.

AMEFRICANIDADE E RESISTÊNCIA SECULAR NO BRASIL

DENNIS DE OLIVEIRA
Professor associado da Universidade de São Paulo, jornalista, autor do livro *Racismo Estrutural: uma perspectiva histórico-crítica* (Editora Dandara, 2021). Coordenador do Grupo de Trabalho "Epistemologias decoloniais, cultura e território" do Consejo Latino-Americano de Ciências Sociales (Clacso). Coordenador da Rede Antirracista Quilombação.

ACERVO PESSOAL

Um dos principais símbolos nacionais, exaltado em comemorações oficiais, é o Hino Nacional Brasileiro, canção com letra de Osório Duque Estrada e música de Francisco Manuel da Silva. O hino é dividido em duas partes. A primeira estrofe dá destaque a uma narrativa sobre a Independência do Brasil:

Ouviram do Ipiranga às margens plácidas
De um povo heroico, o brado retumbante
E o sol da liberdade em raios fúlgidos
Brilhou no céu da Pátria neste instante

Nessa primeira estrofe, a independência do Brasil é narrada pelo ato simbólico de 7 de setembro de 1822, do príncipe português D. Pedro que, no retorno da Baixada Santista, proclama a independência do país de Portugal. O quadro "Independência ou morte", de Pedro Américo, de 1888, exibido no Museu do Ipiranga, fornece uma imagem desse episódio simbólico:

FIGURA 1 — Reprodução do quadro "Independência ou Morte", de Pedro Américo (7,60 x 4,15m - óleo sobre tela)

O quadro mostra um episódio retratado como ímpar na história brasileira, protagonizado por homens brancos. A independência foi produto da iniciativa de homens brancos. E esse episódio é exaltado pelo hino nacional na sua primeira estrofe. As diversas lutas pela independência que precederam o "grito do Ipiranga", protagonizadas por pessoas não brancas, como a Revolta dos Búzios ou a Inconfidência Baiana — que, ao lado da luta por independência, também pregava o fim do escravismo — são esquecidas. Exceto, evidentemente, a Inconfidência Mineira, movimento independentista e também abolicionista, mas dirigido por uma elite intelectual branca.

De fato, desde a proclamação da Independência até a outorga autoritária por parte do novo imperador do Brasil da primeira Carta Constitucional, em 1824 — depois de D. Pedro dissolver a Assembleia Constituinte, em 1823, porque os debates sinalizavam para uma redução dos seus poderes como monarca —, o poder branco se institucionalizava.

Originalmente, a Constituição de 1824 distinguia pessoas com "direitos civis" de portadores de "direitos políticos". Por exemplo, ao mesmo tempo em que o texto constitucional estabelecia a liberdade de expressão, a liberdade religiosa, a independência do judiciário, tais princípios tornavam-se palavras vazias de conteúdo à medida que a separação entre cidadãos "ativos" (definição dos que possuíam propriedades e bens) e "passivos" (os que não possuíam) fazia com que as instituições de poder fossem operadas pelos detentores de privilégios, a quem não interessava o gozo pleno de direitos a todos.

Lembramos que todo esse processo ocorre em uma sociedade escravista. Os escravizados não eram considerados cidadãos, assim como os indígenas e as mulheres. Além disso, a condição de "cidadão ativo" era restrita a quem possuía determinado nível de renda. A construção da nação brasileira em termos institucionais se deu pela exclusão da esmagadora maioria da população.

O conceito de cidadão ativo e passivo sinaliza para a ideia de "tutela". Kant, ao discutir o esclarecimento como condição necessária para se construir a autonomia do sujeito, afirma que o "não esclarecimento" gera a necessidade da tutela. Diz ele que:

> Esclarecimento (Aufklärung) é a saída do homem da sua menoridade da qual ele próprio é culpado. A menoridade é a incapacidade de fazer uso do seu entendimento sem a direção de outro indivíduo. O homem é o próprio culpado dessa menoridade se a causa dela não se encon-

> tra na falta de entendimento, mas na falta de decisão e coragem de servir-se a si mesmo sem a direção de outrem.[1]

Na sequência, Kant afirma que "a preguiça e a covardia são as causas que grande parte dos homens (...) continuem de bom grado menores"[2] apesar da natureza há muito tempo os ter libertado de uma direção estranha.

A instituição de uma ordem restrita e racista no século 19 no Brasil, pretensamente inspirada no "liberalismo europeu", necessitava da construção de uma narrativa na qual a exclusão da maioria da condição de "cidadão ativo" tivesse como fundamento a própria incapacidade desses excluídos. Daí que as narrativas de apagamento histórico do protagonismo negro nas lutas sociais tenham a função ideológica de se fazer pensar a construção do Brasil protagonizada por brancos.

DAS RELAÇÕES PRETENSAMENTE IDÍLICAS ÀS REBELIÕES

Durante o século 19, particularmente a partir de 1870, quando o Brasil sai vitorioso da Guerra do Paraguai e uma *intellegentsia* conservadora começa a aprofundar os estudos das perspectivas da nação brasileira, o protagonismo da branquitude ganha fundamentos mais nítidos. A chegada das teorias do chamado "racismo científico" (como a teoria da eugenia de Gobineau, a antropologia criminal de Lombroso e o positivismo de Spencer) oferece os fundamentos necessários para o projeto de construção de um Brasil branco e as formas de enfrentamento de uma realidade objetiva: uma popula-

1 Immanuel Kant, *O que é esclarecimento*, 1985, p. 100.
2 *Ibidem*, p. 100.

ção majoritariamente negra. Nina Rodrigues sinaliza a impossibilidade de uma pactuação jurídica unificada tendo em vista a existência de "raças atavicamente violentas". João Lacerda, presidente do Museu Nacional do Rio de Janeiro, apresenta no Congresso Mundial das Raças em 1911 o incentivo à mestiçagem como política limpa e eficaz de branqueamento. O quadro de Modesto Broco, *A redenção de Cam,* expressa esse projeto — o branqueamento ocorrendo em cada etapa da mestiçagem.

FIGURA 2 — Reprodução de *A Redenção de Cam*, de Modesto Broco (1895), óleo sobre tela, 199x166 cm

A participação de Lacerda nesse congresso, com incentivo do então presidente Hermes da Fonseca, teve um caráter nitidamente político. Primeiro, o representante brasileiro reconhece os fundamentos da teoria da eugenia que pregava que a mestiçagem implicaria em uma degeneração humana (daí a defesa dos eugenistas da segregação e extermínio das raças "inferiores"); porém, entendia que o Brasil tinha singularidades nas relações raciais e na forma que se deu o escravismo, o que possibilitava uma situação tal que a mestiçagem poderia ser uma "boa saída".

Lilia Schwartz escreve a respeito:

> Defender, portanto, a especificidade do processo político e histórico brasileiro parecia ser uma necessidade pragmática e, talvez motivado por esse objetivo, Lacerda passa a inventariar a história do país. Comenta sobre os malefícios do tráfico; acerca de uma certa ascensão dos negros, uma seleção intelectual; caracteriza o que denomina boa escravidão e, ainda mais importante, a boa mestiçagem que ocorre no país. Em nome desses princípios condena o tráfico de almas, critica o sistema escravocrata e, por contraposição, mostra como, nos mestiços, "uma força obscura, desconhecida, faz florir... uma inteligência capaz de atingir um desenvolvimento que não foi apanágio de nenhum de seus ascendentes". E a conclusão é cristalina: embora existissem características ruins nos mestiços, as previsões eram, porém, das mais otimistas. Os mestiços, com sua inteligência, dariam poetas, pintores, escultores, músicos, magistrados, oradores eloquentes, e literatos admiráveis. Superiores aos seus predecessores negros, os mestiços poderiam ser bons intelectuais, sobretudo em um país como o Brasil, o qual, diferente dos EUA, não praticaria, segundo o antropólogo, a exclusão ou o preconceito.[3]

Este ponto é importante porque foi justamente a ponte construída entre a perspectiva eugenista "pura" do final do século 19 e a teoria dos "antagonismos em equilíbrio" de Gilberto Freyre, que considero o principal fundamento do pensamento racista brasileiro.

> Considerada de modo geral, a formação brasileira tem sido, na verdade, como já salientamos às primeiras páginas deste ensaio, um processo de equilíbrio de antagonismos. Antagonismos de economia e de cultura. A cultura europeia e a indígena. A europeia e a africana. A africana e a indígena. A economia agrária e a pastoril. A agrária e a mineira. O católico e o herege. O jesuíta e o fazendeiro. O bandeirante

3 Lilia Schwarcz, *O espetáculo das raças*, 2011.

> e o senhor de engenho. O paulista e o emboaba. O pernambucano e o mascate. O grande proprietário e o pária. O bacharel e o analfabeto. Mas, predominando sobre todos os antagonismos, o mais geral e o mais profundo: o senhor e o escravo.[4]

O equilíbrio de antagonismos ocorre porque, para Freyre, o lócus da construção dos processos sociais brasileiros estaria na família patriarcal — a Casa Grande e a Senzala — e os trânsitos que os vários sujeitos realizam dentro do que ele considera a principal "unidade produtiva", na qual o capital realiza seus processos de transformação da natureza, de aplicação de tecnologias, e não as instituições políticas clássicas de Estado. Por essa razão, Freyre considera que as relações familiares patriarcais se colocam como um contraponto ao poder aristocrático do Estado.

Em outras palavras, não obstante Freyre reconhecer os antagonismos existentes nas relações na unidade produtiva patriarcal, o comando familiar gerava uma ambiência na qual as relações idílicas pessoais possibilitariam um equilíbrio distinto do que ocorreu, por exemplo, nas experiências de outras colônias, como nos Estados Unidos. Um dos pontos de partida para essa consideração de Freyre estaria em uma particularidade do branco português. Para Eduardo de Gaspari, Freyre considera o branco português como um colonizador "amolecido" e "adocicado", por três motivos.

O primeiro seria a *mobilidade*, por conta do reino de Portugal ser pequeno (em termos territoriais, de população e recursos) e por isso ter a necessidade de "expansão" para fora. O segundo, a *miscibilidade*, como resultado da mobilidade, uma vez que essa tendência à expansão para outros territórios gerasse no português uma "ausência de orgulho de pertencimento racial", abrindo-se mais para a

4 Gilberto Freyre, *Casa grande e senzala*, 2006, p. 116.

mistura com outras etnias. E terceiro, a *aclimatabilidade*, a facilidade de adaptação desse branco português ao clima tropical, fazendo com que a "fraqueza da identificação étnica" fosse uma vantagem na colonização.[5]

Assim, haveria uma tolerância típica do colonizador português que possibilitava uma relação de maior equilíbrio com indígenas e africanos escravizados, caracterizando o que o pensador brasileiro chama de "equilíbrio de antagonismos". Essa práxis singular de colonização, conhecida como *lusotropicalismo*, teria possibilitado a constituição de um sujeito chamado posteriormente por Freyre de "metarracial":

> Inclui esse tipo supra-racial ou meta-racial de homem situado no trópico sua crescente morenidade que não exclui, entretanto, brasileiros de aspecto nórdico, louros e claros, da categoria de autênticos brasileiros. Inclui sua harmonização, também crescente, com a sua condição de homem situado principalmente numa ecologia tropical. (...) Há um tipo já nacional de homem brasileiro para o qual vêm convergindo vários subtipos regionais que podemos considerar básicos na formação — que ainda se processa — desse tipo bio-sociocultural total. Esse tipo no seu aspecto biológico é menos uma síntese racial que uma síntese ultra-racial: uma meta-raça. Uma além-raça.[6]

Na obra *Racismo estrutural: uma perspectiva histórico-crítica*, apresentamos a ideia de que os atletas profissionais do futebol brasileiro se apresentam como os "arquétipos" dessa metarracialidade ao negarem, na sua esmagadora maioria, qualquer pertencimento racial (independentemente do tom de suas peles) e deslizarem su-

5 Eduardo Gasperi, O colonizador português nas obras de Gilberto Freyre, Raymundo Faoro e Sérgio Buarque de Holanda, in: *VI Seminário de Jovens Pesquisadores em Economia e Desenvolvimento, Anais do SJPE&D*, 2018, pp. 1-20.

6 Gilberto Freyre, *Novo mundo nos trópicos*, 1972, pp. 323-324.

perficialmente no mosaico das relações raciais, encontrando nessa síntese da metarracialidade brasileira a sua identificação.[7]

O aspecto mais perverso dessa identificação é o mascaramento dos antagonismos. Mais que mascaramento, a metarracialidade freyreana se apresenta como uma tecnologia de sobrevivência ante um sistema racista brutal. Por isso ela se expressa particularmente a partir de uma construção de paisagem idílica. A música "Brasil Pandeiro", de autoria de Assis Valente, de 1940, é emblemática:

Chegou a hora
Dessa gente bronzeada mostrar seu valor
Eu fui à Penha
Fui pedir à Padroeira para me ajudar
Salve o Morro do Vintém
Pendura a saia, eu quero ver
Eu quero ver o tio Sam
Tocar pandeiro para o mundo sambar
O Tio Sam está querendo conhecer
A nossa batucada
Anda dizendo que o molho da baiana
Melhorou seu prato
Vai entrar no cuscuz, acarajé e abará
Na Casa Branca já dançou
A batucada de Ioiô, Iaiá
Brasil, esquentai vossos pandeiros
Iluminai os terreiros
Que nós queremos sambar
Há quem sambe diferente noutras terras
Outra gente, um batuque de matar

7 Dennis de Oliveira, *Racismo estrutural*: uma perspectiva histórico-crítica, 2021.

Batucada, reúne vossos valores
Pastorinhas e cantores
Expressão que não tem par, ó meu Brasil
Brasil, esquentai vossos pandeiros
Iluminai os terreiros
Que nós queremos sambar
Brasil, esquentai vossos pandeiros
Iluminai os terreiros
Que nós queremos sambar

Segundo Costa Pinto,

> ...para Gilberto Freyre, tanto o negro africano como o índio foram, no Brasil, elementos que civilizaram o branco português e este na sua "intrínseca" aclimatabilidade, no amalgamento inter-racial, logo deixou de ser português para tornar-se luso-brasileiro.[8]

O que observamos na letra da música "Brasil Pandeiro" é justamente essa ideia de um processo civilizador do branco (aqui não mais o português, mas o "Tio Sam", o novo "império") por parte de negros e indígenas: O Tio Sam está querendo conhecer/A nossa batucada/Anda dizendo que o molho da baiana/Melhorou seu prato/Vai entrar no cuscuz, acarajé e abará/Na Casa Branca já dançou/A batucada de Ioiô, Iaiá.

É dessa narrativa que se constitui a ideia de um amalgamento das diferenças sociais e raciais — o equilíbrio dos antagonismos — por parte da ludicidade culturalista e idílica de negros e indígenas. A metarracialidade como síntese — a "morenidade" de Freyre ou a "gente bronzeada" da música — é a resultante disso.

8 João A. C. Pinto, Gilberto Freire e a intelligentsia salazarista em defesa do Império Colonial Português (1951-1974), in: *História (São Paulo)*, 2009, pp. 445-482.

É por isso que os apagamentos históricos de revoltas populares — como a Revolta dos Búzios, a Revolução da Armada, as rebeliões quilombolas — são necessários para se configurar essa ideologia. Os brutais processos de opressão sistêmicos são reduzidos. Tem-se assim configurada uma tecnologia política extremamente sofisticada para lidar com esses antagonismos.

Quem constrói a contranarrativa são os movimentos sociais, em particular o movimento negro. Desde a lembrança dos protagonismos negros em diversos processos políticos importantes da história brasileira, como também a denúncia do racismo estrutural no país, o movimento negro contribui decisivamente para o desmonte desse mito paradisíaco brasileiro que, como bem lembra a pensadora Marilena Chauí, se assenta sobre uma beleza da natureza (extremamente exaltada em partes do Hino Nacional Brasileiro e presente no primeiro relato dos colonizadores das terras brasileiras, a carta de Pero Vaz de Caminha). Para a autora, o conceito de *Nação* é o que ela chama de um "semióforo", isto é, um sistema de sentidos e crenças que apaga as contradições e os antagonismos existentes para gerar um reconhecimento mútuo e, particularmente, aos grupos que detém o poder.[9] A autora ainda lembra que a construção desse sistema de sentidos é dirigida por uma *intelegentsia* hegemônica.

Daí que o conceito de "equilíbrio de antagonismos" de Freyre teve um papel fundamental na construção desse sistema de sentidos de brasilidade. Dele ainda se agregam outros conceitos, como o do "homem cordial", de Sergio Buarque de Holanda, que consta na clássica obra *Raízes do Brasil*, prefaciada em sua primeira edição pelo próprio Gilberto Freyre e, na segunda, por Antônio Candido. Uma cordialidade produto do predomínio de

9 Marilena Chauí, *Brasil*: mito fundador e sociedade autoritária, 2000.

relações familiares em detrimento da impessoalidade típica das estruturas de Estado, conforme afirma Candido no prefácio da obra de Hollanda:

> O capítulo sobre o homem cordial aborda características que nos são próprias, como consequência dos traços apontados antes. Formado nos quadros da estrutura familiar, o brasileiro recebeu o peso das 'relações de simpatia' que dificultam a incorporação normal a outros agrupamentos. Por isso, [o brasileiro] não acha agradáveis as relações impessoais, características do Estado, procurando reduzi-las ao padrão pessoal e afetivo (...) O homem cordial não pressupõe bondade mas somente o predomínio dos comportamentos de aparência afetiva, inclusive suas manifestações externas não necessariamente sinceras nem profundas, que se opõem aos ritualismos da polidez. O homem cordial é visceralmente inadequado às relações impessoais que decorrem da posição e da função do indivíduo e não da sua marca pessoal e familiar, das afinidades nascidas na intimidade dos grupos primários.[10]

A preocupação de se constituir uma síntese que universaliza a condição do "ser brasileiro", de acordo com a tendência de se equilibrar antagonismos — não só como condição inerente, mas como característica singular e potencial da ambiência brasileira —, é o que sustenta a ideia de um país pacífico. Daí que aspectos emotivos ganham contornos no discurso como o recente bordão *O amor venceu o ódio*, apresentado como contraponto por certos grupos de esquerda na batalha política contra a narrativa de extrema-direita.

10 Sérgio B. de Hollanda, *Raízes do Brasil*, 1995, pp. 19-20.

UMA NOVA SÍNTESE TRANSFORMADORA: A AMEFRICANIDADE

Entendo que o conceito de *ladino-amefricanidade* apresentado pela pensadora brasileira Lélia Gonzalez é a chave para se contrapor às semioferidades do conceito de Brasil apresentadas por esses pensadores. Gonzalez afirma que:

> Trata-se de um olhar novo e criativo no enfoque da formação histórico-cultural do Brasil que, por razões de ordem geográfica e, sobretudo, da ordem do inconsciente, não vem a ser o que geralmente se afirma: um país cujas formações do inconsciente são exclusivamente brancas, europeias. Ao contrário, ele é uma América Africana cuja latinidade, por inexistente, teve trocado o 't' pelo 'd' para, aí sim, ter o seu nome assumido com todas as letras: *Améfrica Ladina* (....) Nesse contexto, todos os brasileiros (e não apenas os pretos e pardos do IBGE) são ladinoamefricanos.[11]

Aparentemente, nesse texto, Gonzalez desliza entre um conceito que aspira à universalidade quando afirma que "todos os brasileiros — e não apenas os pretos e pardos do IBGE — são ladinoamefricanos" e um conceito particularista, quando, mais para o seu final, contrapõe a ideia de ladinoamefricanidade com o "afroamericano" proposto pelo movimento negro dos Estados Unidos:

> Os termos "Afro-American" (afroamericano) e "African-American" (africanoamericano) remetem-nos a uma primeira reflexão: a de que só existiriam negros nos Estados Unidos e não em todo o continente. E a uma outra, que aponta para a reprodução inconsciente da posição imperialista dos Estados Unidos que afirmam ser A AMÉRICA.[12]

11 Lélia Gonzalez, A categoria político-cultural de amefricanidade, in: *Revista Tempo Brasileiro*, 1988, p. 69.
12 *Ibidem*, p. 76.

E, para além desse contraponto de natureza política, há outra referência a uma singularidade identitária em relação aos povos do continente africano, pois Lélia considera que "partindo de uma perspectiva histórica e cultural, é importante reconhecer que a experiência americana se diferenciou daquela dos africanos que permaneceram em seu próprio continente".[13] Esse deslizamento entre o universal e o particular permanece quando a pensadora brasileira relaciona o conceito de amefricanidade com as ideias panafricanistas de intelectuais do Caribe. Entretanto, esse deslizamento entre o universal e o particular tem um objetivo que fica nítido nesta passagem:

> ... não se pode deixar de levar em conta a heroica resistência e a criatividade na luta contra a escravização, o extermínio, a exploração, a opressão e a humilhação. Justamente porque, enquanto descendentes de africanos, a *herança africana* sempre foi a grande fonte revificadora de nossas forças. Por tudo isso, enquanto *americanos* temos nossas contribuições específicas para o mundo panafricano. Assumindo nossa *Amefricanidade* podemos ultrapassar uma visão idealizada, imaginária ou mitificada da África e, ao mesmo tempo, voltar o nosso olhar para a realidade em que vivem todos americanos do continente.[14]

O que se depreende é que a categoria de amefricanidade é uma construção de *resistência*. A quê? Ao que Gonzalez chama de "racismo por denegação", definido por ela como uma "neurose cultural" a partir do conceito da psicanálise freudiana de negação de desejos formulados e recalcados. No caso do racismo à brasileira, a presença de negras e negros traz para a superfície a condição de amefricanidade do Brasil, gerando os incômodos que levam à nega-

13 *Ibidem*, p. 78.
14 *Ibidem*, p. 78.

ção da presença *plena* dessa negritude, seja pelas práticas racistas mais explicitamente violentas (como o extermínio físico) ou pelo conceito também freudiano e apropriado por Lélia Gonzalez de "objeto parcial" (objetos desejados mas parcializados em partes do corpo ou fantasmadas), exemplificada pelo sentido dado à bunda como objeto sexual:

> Recorrendo ao Aurélio, pode-se constatar que essa palavra inscreve-se no vocabulário de uma língua africana, o quimbundo (*mbunda*), que muito influenciou os nossos falares. Além disso, vale ressaltar que os *bundos* constituem uma etnia banto de Angola que, além do supracitado quimbundo, falam outras duas línguas: bunda e ambundo. Se se atenta para o fato que Luanda foi um dos maiores portos de exportação de escravos para a América...[15]

Ao contrário da ideia de uma predisposição à tolerância do colonizador português como fala Gilberto Freyre, Lélia Gonzalez interpreta a experiência colonizadora de outra perspectiva: a invasão da Ibéria em 711 por tropas majoritariamente negras (por serem mouras na sua essência) e comandadas por um general negro, Gabel Tarik, e o fato de dinastias que governaram a região serem provenientes da África Ocidental.[16]

Assim, o fato histórico que Freyre considerou como uma "experiência dos portugueses de convivência com outras etnias" foi para Gonzalez um elemento de *reafirmação da condição branca* por conta da luta contra os invasores. Dessa forma, o que existe é uma experiência de *tensão e conflito* e não de *convivência* com outros grupos étnicos, razão pela qual Gonzalez desenvolve o seu conceito de identidade amefricana baseada na *tensão* a partir da negritude.

15 *Ibidem*, p. 71.
16 *Ibidem*, p. 73.

CONSIDERAÇÕES FINAIS

O bicentenário da "independência do Brasil" deve ser visto como mais um episódio da história política oficial do país, baseado no mito fundador da harmonia, da cordialidade e do equilíbrio de antagonismos que plasma o sentido de Nação. Coincidentemente, as duas últimas efemérides arredondadas dessa data — o sesquicentenário (1972) e o atual bicentenário (2022) — ocorrem sob governos abertamente autoritários e com traços fascistas, em que a narrativa de uma unidade nacional "acima" das diferenças e antagonismos é evocada fortemente. Em 1972, "Este é um país que vai para frente"; em 2022, "Brasil acima de tudo, Deus acima de todos"; em 1972, "Brasil ame-o ou deixe-o"; em 2022, no linguajar dos apoiadores do governo de extrema-direita aos opositores: "Vai para Cuba!".

Os momentos históricos são distintos, inclusive a própria forma que a extrema-direita nos dois momentos se expressa, porém em ambos o totalitarismo se constitui com a repressão discursiva (e que se expressa em práticas políticas de intolerância, portanto, antidemocráticas) aos antagonismos estruturantes da sociedade brasileira. O conceito de amefricanidade, por mais que tenha sólidos fundamentos apresentados por Lélia Gonzalez (e também por outros autores que não necessariamente falam de amefricanidade), isto é, o fato de o Brasil *ter sido construído por mãos de africanos escravizados que imprimiram suas marcas na língua, na cultura, nos saberes, nas visões cosmológicas, nas tecnologias,* por evidenciar nitidamente o antagonismo entre quem produziu os valores apropriados e quem controla e se apropria destes valores, é amplamente rejeitado até mesmo por setores que se colocam à esquerda no espectro político. Gera uma neurose cultural na branquitude. Nesse sentido, o pensamento de Freyre é tranquilizador para os intelectuais, assim como o senso comum de pacifismo do brasileiro para boa parte da população.

A plena independência do Brasil só será conquistada quando a consciência da amefricanidade for hegemônica.

A URGENTE DEMOCRATIZAÇÃO DAS MÍDIAS: UMA ABORDAGEM GASPARIANA

DJAMILA RIBEIRO

É mestra em Filosofia Política pela Universidade Federal de São Paulo (Unifesp). Coordenadora do Selo Sueli Carneiro, é colunista na *Folha de S. Paulo* e autora de livros, entre eles *Lugar de Fala*, pela Coleção Feminismos Plurais, sob sua coordenação. Escritora imortal da Academia Paulista de Letras, tem livros traduzidos para o francês, espanhol, italiano, alemão e, em 2023, publica a tradução de *Lugar de Fala* para o inglês pela Yale University Press. É pesquisadora convidada da Mainz University, na Alemanha, e recebeu o prêmio Jabuti em 2019.

FLÁVIO TEPERMAN

Um dia, agora, ela já sabia qual seria a sua ferramenta, a escrita. Um dia, ela haveria de narrar, de fazer soar, de soltar as vozes, os murmúrios, os silêncios, o grito abafado que existia. Que era de cada um e de todos. Maria-Nova um dia escreveria a fala de seu povo.[1]

1 Conceição Evaristo, *Becos da Memória*, 2017.

Em primeiro lugar, agradeço o convite para estar nesta obra e saúdo Hélio Santos e sua força gregária.

Nos duzentos anos da Declaração da Independência, quero escrever sobre memória coletiva. Especialmente quero falar sobre meios para fortalecer a construção dessa memória. Pois foi a partir do apagamento das histórias, do silenciamento de vozes negras que o colonialismo também se constituiu. Somos exigidos a viver o hoje; as visitas ao passado são monitoradas, pois reconhecer é o primeiro passo para reparar. E é perigoso reparar pessoas negras em um país que as roubou por séculos, justamente porque uma reparação ao que foi feito demandaria muito mais do que o poder branco está disposto a ceder.

Mas a população negra brasileira segue sua história de resistência e alegria, como as ondas do mar, que se divertem com o banho das crianças brincalhonas; que abençoam quem nelas pede dias melhores; e que perseveram um dia após o outro. A resistência do povo negro brasileiro é impossível de ser colocada em caixinhas. Resistimos nos terreiros de candomblé, nas escolas de samba, nas rodas de capoeira, nas feijoadas, nos tambores e nas celebrações aos orixás. Resistimos em revoltas, passeatas, discursos e votações. E, conforme nos ensina Conceição Evaristo, todas as vezes que tivermos que visitar o passado para cuidar de nossas feridas, e devemos fazer isso sempre, a visita deve ser acompanhada do sentimento de vitória, em que uma pessoa negra caiu e muitas outras se levantaram. Devemos celebrar a vitória em ver que nossos saberes resistem e são mais divulgados do que nunca. Devemos celebrar a derrota humilhante do projeto de branqueamento do Brasil.

> Olha, para mim todas as memórias devem ser relembradas. Mesmo as memórias doloridas. Eu sei, porque na minha família a gente tem muito o hábito de relembrar as memórias doloridas, sempre numa atitude de celebrar o presente, de celebrar aquilo que a gente conse-

> guiu vencer. (...) As memórias doloridas também são boas lembranças quando você consegue realmente sair daquele estado de dor. No caso, por exemplo, dos brasileiros e dos afro-brasileiros, a gente traz a memória da escravidão para celebrar a resistência. Não há, por exemplo, como pensar na história do Brasil, na memória brasileira sem pensar na memória da escravidão. Mas sempre pensar essa memória dolorida também como um espaço de resistência. Eu sou memorialista, eu gosto principalmente da memória coletiva.[2]

Ouvir Conceição falar essas palavras me trouxe uma brisa fresca numa tarde de calor. Em tempos de redes sociais, tem me incomodado muito uma corrente branca de pensamento que fixa as pessoas negras no lugar da dor. Sim, evidente que ninguém aqui desconhece que são mais de 500 anos de violência colonial, de um projeto de independência supremacista que impediu, em sua Constituição de 1824, que pessoas negras estudassem, que aprovou uma Lei de Terras no mesmo mês da Lei Eusébio de Queirós, impossibilitando o acesso da população negra a adquirir terras desde 1850. Atualmente, somos impactadas por notícias que trazem as consequências do racismo: a política de extermínio da juventude negra, o hiper-encarceramento, as manifestações diretas de discriminação. Enfim, são tantos absurdos que é impossível citar em um artigo, mas a verdade é que temos memórias doloridas em demasiado.

Mas há uma pressão do poder branco para que essas memórias se constituam em âncoras que mantenham uma pessoa negra em constante estado dolorido ou com as costas encurvadas. A mensagem indireta é a negação do acesso das pessoas negras à felicidade, mantendo-as em um estado perene de revolta. É um plano sórdido,

2 Pronunciamento de Conceição Evaristo na Ocupação Conceição Evaristo do Itaú Cultural, 2017. Disponível em: https://www.youtube.com/watch?v=-DEVLDHaRtQ

movido inclusive em meios progressistas brancos, que fetichizam a imagem de uma pessoa negra com punho em riste, com um megafone na mão, gritando e sofrendo, sempre brava. Como se nossas imagens também não pudessem ser a de xirê no terreiro, dos movimentos que lutaram para que a política de cotas fosse estabelecida, da parte da população negra que teve acesso à universidade graças a políticas públicas na área da educação. Há sempre a tentativa de estabelecer uma dicotomia estéril entre essas imagens, como se não fôssemos sujeitos complexos.

De outro lado, pessoas negras que refutam esses estereótipos devem se sentir culpadas cristianisticamente por seu estado de alegria, por acreditar que candomblé e trabalho nos definem, mas também festa. Há a necessidade de se romper com as imagens de controle, na expressão de Patricia Hill Collins. Aquelas que ousam romper com o que o poder branco espera das pessoas negras recebem pedradas e chibatadas virtuais — estão aí os estudos que apontam que 80% dos tweets problemáticos são destinadas a mulheres negras. Conforme aponta o pesquisador Luiz Valério Trindade,[3] as mulheres negras *em ascensão social* são as que mais despertam fúria. São imagens dissociativas dos signos de derrota atribuídos às pessoas negras a todo tempo e, por isso, devem ser desestimuladas, apagadas, ao passo que somente pode ser mostrada aquela mãe chorando, aquele homem preso na delegacia, aquela fila de comida quilométrica.

À parte do fetiche colonial, o movimento de mulheres negras em particular vem criando formas de resistência poderosas nas últimas décadas. Atualmente são diversas organizações em defesa das mulheres negras, que fomentam projetos de empoderamento coletivo, apoio à saúde mental e formação profissional. A Marcha

3 Luiz Valério Trindade, *Discurso de ódio nas redes sociais*, 2022.

das Mulheres Negras reúne milhares de pessoas todos os anos, levando as reivindicações do movimento de mulheres por toda a sociedade. Além disso, a pressão social exercida por meio de encontros de militância, atos políticos e greves está marcada na história da República. Antes da virada do século, as revoltas de escravizados e escravizadas escreveram na história do país episódios como a Cabanagem, a Balaiada, a Revolta dos Malês e tantos outros que levaram adiante a luta das pessoas negras pelo direito de existir.

Mas como contar essas histórias? Como ampliar esse espaço memorialista, do ponto de vista estrutural, quando estamos apartadas do poder? Como resistir e avançar quando há toda uma estrutura armada para derrubar quem foge de imagens de controle, inclusive no campo progressista? Como contar as revoltas no reinado brasileiro de D. Pedro I e II, como exaltar a cultura de terreiro, do samba, do batuque, do tambor de mina, os saberes quilombolas sem a população negra ter mídias para chamar de suas? Esse é um dos grandes dilemas contemporâneos da população negra. Os espaços de representação na mídia, nos quais uma ou outra imagem de resistência negra é exibida, são espaços, na sua imensa maioria, brancos. É possível elencar cada vez mais exemplos, embora ainda minoritários, de pessoas negras em produções diversas, mas, valendo-se aqui de Marx, os homens brancos seguem sendo donos dos meios de produção. Ao fim do dia, eles que decidiram qual programa irá para a pauta, o que não poderá ser dito, quem deve ser apagada ou apagado, ou até mesmo qual sotaque regional será privilegiado, qual eixo será o centro de atenção nacional, que vida valerá mais que a outra.

Os passos vêm de longe e a população negra, em que pesem todos os obstáculos estruturais postos, conseguiu levar seus saberes adiantes, seja pela oralidade, seja pelas iniciativas editoriais guerreiras, como o grupo Quilombhoje e seus *Cadernos Negros*, as editoras Mazza Edições, com mais de 30 anos de mercado, Nandyala, Malê, Editora Pallas, entre muitas outras. Aliás, não há na história da literatura brasileira uma publicação que tenha perdurado há tanto tempo como os *Cadernos Negros*, conforme lembra Conceição Evaristo. Recentemente, posso destacar a Coleção Feminismos Plurais, que integra o selo Sueli Carneiro, destinado à publicação de conteúdo crítico desenvolvido por pessoas negras a preço e linguagem acessíveis. Tenho muito orgulho de coordenar essa iniciativa.

Porém, o florescimento de uma consciência antirracista deve vir acompanhado de uma ampliação da capacidade de difusão dos saberes e memórias da população negra de todas as regiões do país. E, nos duzentos da independência, é chegada a hora de avançar sobre as concessões de rádio e televisão, sobre a formação de grupos de impressão fortes para ocupar diversas plataformas de conteúdo e que sejam geridos e compostos por pessoas negras. Como nos mostra Ana Flávia Guimarães Pinto[4], as imprensas negras do século 19 foram extremamente atuantes, desde *O Homem de Cor*, primeiro jornal da negritude, lançado em 1833. Apenas a título de exemplificação, tivemos *O Homem* (1876), em Recife; em 1889, *A Pátria*, em São Paulo; em 1892, o jornal *O Exemplo*, em Porto Alegre. No pós-abolição, diversas publicações se sucederam, com destaque para as mais duradouras: *O Clarim d'Alvorada* (1924-1932); *Progresso* (1928-1931); *A Voz da Raça* (1933-1937); e *Novo Horizonte* (1946-1961).[5] Na ditadura militar, inúmeros jornais negros prestaram o imenso serviço de letramento racial e de resistência. Não, *O Pasquim* não foi a única mídia contrária à ditadura, como martelam na nossa cabeça a todo tempo. Há de se prestar todas as homenagens a publica-

4 Ana Flávia M. Pinto, *Imprensa negra no Brasil do século XIX*, 2010.
5 Dados da pesquisa "Imprensa negra paulista" da Universidade de São Paulo.

ções como o *Jornegro* (1978), *Vissungo* (1979), a revista *Ébano* (1980), *Nêgo* (1981), *Africus*, (1982) e *Nizinga* (1984), entre muitas outras.

No entanto, apesar da imensa importância enquanto estiveram na ativa, as imprensas negras, uma a uma, não conseguiram resistir às décadas de boicote do poder branco. Atualmente, algumas ocupam espaços importantes em sites e páginas de redes sociais. Eu mesma comecei minha trajetória como articulista no memorável *Blogueiras Negras*. Algumas revistas como a *Revista Raça*, ativa desde a década de 1990, *Menelick 2º Ato*, *Alma Preta*, entre muitas outras, e as rádios piratas comunitárias estão desenvolvendo um trabalho fundamental de comunicação positiva para a comunidade.

Mas estou, neste artigo, interessada em um plano maior do ponto de vista estrutural. No ano de 2021 fiquei particularmente irritada com uma novela que estreou na Rede Globo, chamada "Nos tempos do Imperador". Para mim, aquilo era um acinte. Depois de anos, de intenso calor da produção intelectual negra — que no debate público vem atuando para confrontar a hipocrisia e mandá-la para longe — a maior emissora do país vir com uma produção original dessa, para mim, era uma afronta. Frustrou-me o fato de a população negra não ter o poder para barrar essa produção, ou ainda fazer a sua própria versão da novela em que a elite monárquica do país não era tão, digamos assim, boazinha.

O grande objetivo da trama era trazer um Pedro II iluminista, favorável à luta por emancipação das pessoas negras. Tereza é a imperatriz de elevadas virtudes morais e sociais. A preocupação do casal com o desenvolvimento plural e pujante do país é retratada a todo momento. No âmbito íntimo, ambos vivem uma relação sem paixão e a chegada da Condessa Luísa de Barral desenvolve o triângulo amoroso da obra. Ao final, depois de muitas disputas entre as mulheres, a imperatriz Tereza é direta com a condessa Luísa: "A senhora tem que ir. Quem está dizendo isto não é a esposa de Pedro de Alcântara, mas a Imperatriz de Brasil. Me sacrifiquei todos esses anos pelo bem-estar da minha família, por este reinado, por este país. Não acha que chegou a hora de fazer o mesmo, Condessa?"

Gostaria de saber em que mundo a monarquia do último país das Américas a abolir a escravidão, que até hoje recebe o laudêmio da população da Região dos Lagos, se sacrificou por alguma coisa. No núcleo da novela, também se destaca Pilar, médica que desperta a atenção de Solano López, este retratado na trama como um detestável ditador do Paraguai, oposto do valente, culto e humanista Pedro. No campo de batalha, após resistir às tentativas de estupro de López, ela consegue fugir para viver o amor com Samuel, um homem escravizado. O amor é carregado de mensagens de poder da mulher e de libertação do povo negro, mas vê obstáculos para se realizar, por pessoas que não aceitavam a união. Uma delas era Zayla, mulher negra ardilosa, que não media esforços para jogar baixo e despertar a atenção de Samuel.

Em uma das cenas, Pilar está sentada de mãos dadas com Samuel em um banco na praça. O jovem negro está irritado, pois a filha do imperador não havia sido aceita na Pequena África, local de refúgio de negros libertos, que curiosamente gozava de grande respeito por Pedro. Frustrado, Samuel fecha a cara e a lança a máxima: "Só porque você é branca não pode morar na Pequena África? Como que queremos ter os mesmos direitos se fazemos com os brancos as mesmas coisas que eles fazem com a gente?".

Essa cena em particular causou revolta nas redes sociais após o comunicador AD Júnior mostrá-la e trazer o delírio para a realidade: "Pessoas negras nem eram consideradas seres humanos e nem poderiam de fato segregar pessoas. Sem poder. Os brancos poderiam morar até lá no centro da Pequena África se quisessem. Eles são e eram donos de tudo", afirmou AD. Após o fim da exibição da novela, veio a público a denúncia de atrizes negras da trama de que a produção segregou pessoas negras, reservando a elas camarins piores, salários menores, entre outros tratamentos discriminatórios. Ao que parece, ainda estamos nos tempos do imperador.[6]

A denúncia de AD conversa exatamente com o problema apontado neste texto. Considerando que eles são donos de tudo, inclusive dos meios de comunicação, os senhores da população branca dominam a produção de sentidos via comunicação de massa, algo que a intelectualidade negra vem denunciando há muito tempo. Nesse sentido, Lélia González afirma que:

> Uma vez que a ideologia emana daqueles que detêm os meios de comunicação em suas mãos, que detêm a estrutura educacional, que detêm as políticas educacionais e culturais, o que se passa para o brasileiro médio é a visão de um país branco ocidental e absolutamente civilizado. É interessante percebermos que no nosso país, cultura, por exemplo, segundo essa perspectiva da classe e da raça dominante e do sexo, é importante dizer, a cultura é tudo aquilo que diz respeito à produção cultural ocidental. Já a produção cultural indígena, ou africana, ou afro-brasileira é vista segundo a perspectiva do folclore, seja como produção menor ou produção artesanal, mais ou menos nessa produção entre arte e artesanato.[7]

Sueli Carneiro, pensadora que em diversas vezes denunciou a imagem estereotipada de pessoas negras em produções da mídia de massa, no seu célebre texto “Mulheres em movimento”, afirma que:

> Se partimos do entendimento de que os meios de comunicação não apenas repassam as representações sociais sedimentadas no imaginá-

6 Camila Silva, Ainda estamos nos tempos do imperador. *Carta Capital*, 17 de fevereiro de 2022.

7 Pronunciamento de Lélia Gonzalez em reunião da Subcomissão dos Negros, Populações Indígenas, Pessoas Deficientes [na linguagem atual, pessoas com deficiência] e Minorias, realizada em 28 de abril de 1987, no Anexo II do Senado Federal. In: *Por um feminismo afro-latino-americano: ensaios, intervenções e diálogos*, 2020, p. 242.

> rio social, mas também se instituem como agentes que operam, constroem e reconstroem no interior da sua lógica de produção os sistemas de representação, levamos em conta que eles ocupam posição central na cristalização de imagens e sentidos sobre a mulher negra.[8]

Percebemos que há um problema quando, ao longo desses duzentos anos, a imprensa negra vem tendo enormes dificuldades para seguir suas atividades; quando a representação negra na imprensa hegemônica — que se estabelece sem maiores problemas e completa séculos/décadas de existência — é aviltante; quando os postos de trabalhos de pessoas negras são desproporcionais se comparados aos das pessoas brancas, tanto em número, quanto em cargo de poder. E, por fim, quando estamos no debate progressista em um momento-chave da história do país e o debate sobre democratização das mídias se torna ainda mais urgente.

A DEMOCRATIZAÇÃO DAS MÍDIAS A PARTIR DO PENSAMENTO DE OSMAR TEIXEIRA GASPAR

Após iniciar minhas atividades como professora da disciplina de Jornalismo Contra Hegemônico na Pontifícia Universidade Católica de São Paulo, em 2020, tive contato com a obra do professor Osmar Teixeira Gaspar, em especial com o livro *Mídias: concessões e exclusão*. Tomei ciência depois que o professor Gaspar faleceu, na onda de Covid, amplificada pela política de desgoverno em vigor. Porém, seu legado fica para a posteridade. A obra é fantástica e trouxe-me ferramentas para entender por quais razões a democratização das mídias no país é uma demanda fundamental para a população negra.

8 Sueli Carneiro, *Mulheres em movimento*, 2004, pp. 117-132.

Gaspar, intelectual do Direito, em sua obra, vai articular como a população negra brasileira está sendo submetida a uma censura nos meios de comunicação, por ter obstadas diversas formas de representação nas mídias, que, embora esteja em posse de famílias coloniais, são concessões públicas.

> Parte-se da premissa de que essa deliberada ocultação da população negra pelos veículos de comunicação resulta da falta de democracia nas concessões de rádio e televisão, as quais sempre estiveram atreladas às mãos das elites. Ou seja, concede-se o bem público somente a um reduzido grupo que não representa toda a sociedade. **A democratização dessas concessões, por outro lado, permitiria aos próprios negros corrigir as intencionais distorções de sua imagem como grupo social.**[9]

O autor também argumenta pela democratização do acesso aos meios de comunicação a partir da situação das **religiões de matrizes africanas** no Brasil. Segundo ele, a partir do postulado de que o Brasil é um país laico, uma vez que as religiões católica e neopentecostais são representadas nos meios de comunicação, que, por sua vez, são concessões do Estado, as religiões oriundas da população negra devem ter o mesmo direito, como forma de política pública.

> Toma-se, como exemplo, o caso das religiões de matrizes africanas. A 'velha religião', a igreja católica e as 'novas religiões', ou as igrejas pentecostais, juntas detêm o "monopólio da imagem", no qual apenas a um determinado grupo é dado o direito de ter visibilidade e prestígio, enquanto os demais são literalmente marginalizados e não possuem qualquer possibilidade de inserção nas grades de programações das emissoras de televisão, a fim de transmitirem as suas crenças e convicções religiosas.

9 Osmar Teixeira Gaspar, *Mídias*: concessões e exclusão, 2020, p. 25.

Supõe-se, contudo, que para um Estado laico, preconizador do Estado democrático de direito, a melhor forma de atuar nesse caso não é exatamente afastar-se e manter-se neutro. Ao contrário, deve sim se imiscuir nesse assunto para regulá-lo e democratizá-lo, de tal sorte que em se tratando de religiões, nas quais seus adeptos buscam conforto para suas almas e espíritos, não deveria existir a prevalência de um ou mais grupos sobre outros.[10]

(...)

Não se sugere a eliminação de nenhuma dessas religiões, seitas ou filosofias que hoje transmitem as suas convicções religiosas quase vinte quatro horas por dia, sem proporcionar às demais um único minuto para suas exposições e reflexões. Sugere-se, antes, não apenas a inclusão das religiões de matrizes africanas, mas também a de outras religiões. Cabe ao Estado, por meio da gestão deste bem público, fazer a sua parte, assegurada pela própria Constituição: impedir a distinção de tratamentos entre brasileiros, assegurando a igualdade de todos. Para tanto, os meios de comunicação social, concentrados hoje nas mãos de alguns poucos, de modo muito semelhante a um monopólio, deveriam ser democratizados.[11]

(...)

Há que se levar em conta que o modelo que atualmente privilegia alguns grupos religiosos e exclui outros é totalmente impositivo e dogmático, pois não oferece aos ouvintes, e muito menos aos telespectadores, nenhuma opção de escolha; ao contrário, apenas uma parte reduzida desses grupos invade os domicílios, impondo-lhes as suas programações.[12]

10 *Ibidem*, p. 61.
11 *Ibidem*, p. 63.
12 *Ibidem*, p. 64.

A partir da evidente invisibilidade da população negra nos espaços de poder dos meios de comunicação e nas representações desse grupo social, Gaspar, a partir da concepção de Pierre Bourdieu, vai argumentar que essa é uma forma de violência simbólica.

> O poder simbólico precisa ser descoberto onde ele menos se deixa ver, onde ele é mais completamente ignorado, quase imperceptível. Pois só pode ser exercido, por um lado, com a anuência e a cumplicidade daqueles que o ignoram, como se portassem uma venda nos olhos que os impede de vê-lo nitidamente. Mas, por outro lado, também há aqueles indivíduos que conscientemente se submetem a esse poder, de maneira deliberada, estratégica e ideológica, como forma de se impor sobre os que já são dominados pacificamente, assim legitimando a violência simbólica, mas também lhe atribuindo certa naturalidade que não possui.[13]

O debate sobre democratização das mídias engatinha no Brasil e, quando avança, é por uma via argumentativa inadequada. Principal candidato do campo progressista e líder nas pesquisas presidenciais, Lula, em momentos esporádicos, tem afirmado sobre a necessidade de democratização dos meios de comunicação, sendo respondido com oposição extrema dos principais veículos — não é para menos. Do lugar de onde parte, Lula tem todos os motivos para se identificar com a proposta, ante o consórcio midiático em favor da Lava-Jato durante anos, destinado a ungir os procuradores da República e o ex-juiz federal a grandes heróis da nação. Deu no que deu, e a história a gente sabe como termina: o juiz se torna ministro do principal candidato beneficiado pela perseguição judicial a Lula, os processos que nunca conseguiram provar as acusações trazidas em Power Point foram tardiamente

13 *Ibidem*, p. 89.

anulados e os procuradores e o ex-juiz saíram das carreiras jurídicas para candidaturas políticas.

De todo modo, por mais que me solidarize com o ex-presidente Lula pela perseguição judicial de que foi vítima, contra o *lawfare*, em termos jurídicos, penso que a democratização das mídias como forma de se prestigiar diferentes formas de perspectivas políticas, abarcando a produção de sentidos do meio progressista brasileiro, é apenas uma fatia de um grande bolo. Vale destacar que o próprio meio progressista do país é branco nos espaços de poder. Que, até hoje, muitas pessoas desse espectro apontam para mulheres negras que lutam contra o racismo e o machismo e as chamam de identitárias, como se masculinidade e branquitude não fossem identidades. Dito isso, concordo e me uno à mobilização pela democratização das mídias brasileiras, mas gostaria aqui de apresentar argumentos a partir do pensamento de autores negros, no caso por uma perspectiva *gaspariana*, que amplia o debate para que a censura histórica à população negra seja vencida; para que grupos raciais vulnerabilizados, de diversas regiões do país, tenham acesso à difusão de suas visões de mundo.

Trata-se de um debate que, tal qual todos que promoveram avanços inestimáveis para a população negra brasileira, despertará a fúria dos donos do poder no Brasil. Mas ignorar o problema não é uma opção, como também é certeza de frustração imaginar que seremos absorvidos pelos meios existentes. Conforme afirma Gaspar:

> Fingir não existir o problema e deixá-lo como está é a melhor solução para elas, porque, pelo menos inicialmente, não precisarão fazer quaisquer concessões de seu status quo. Isto é, a classe dominante permanece como única gerenciadora do capital simbólico e do capital econômico, elementos indispensáveis e que caminham juntos para permitir um exercício da sutil, porém muito eficaz, violência simbó-

> lica, fruto do racismo à brasileira, que tem no simbolismo uma autêntica função de dominação política. Essa violência assume o caráter de uma ideologia, pois visa a garantir o interesse de particulares, das elites, em detrimento do interesse coletivo, embora consigam transmitir a ideia de que se destinam ao interesse da maioria.[14]

Dito tudo isso, não há projeto progressista, após as trevas que tomaram conta deste país, que não passe pela concessão constitucional e democrática de meios de comunicação à população negra, acompanhada de amplo apoio financeiro, logístico e estrutural. Essa é a contribuição que deixo nesta obra fundamental para pensarmos os próximos duzentos anos.

14 *Ibidem*, p. 87.

VINTE ANOS DE TRANSFORMAÇÕES EM 200 ANOS DE HISTÓRIA

EDNA ROLAND

Psicóloga formada pela Universidade Federal de Minas Gerais (UFMG), é vinculada ao Observatório do Racismo do Programa de Estudos Pós-Graduados de Ciências Sociais da Pontifícia Universidade Católica de São Paulo e coordenadora do Grupo de Especialistas Eminentes Independentes da ONU. Foi relatora geral da III Conferência Mundial contra o Racismo, Discriminação Racial, Xenofobia e Intolerância Correlata (Conferência de Durban), oficial de Programa da Unesco Brasil para a América Latina e Caribe e atuou em diversos órgãos nacionais e internacionais em programas de promoção da igualdade racial e da saúde da mulher.

Neste ano em que o Brasil comemora os 200 anos da sua tardia Independência de Portugal, podemos registrar a ocorrência de muitas transformações, e ao mesmo tempo a existência de muitas condições que permanecem inalteradas no país.

Se olharmos para o cenário de profundas desigualdades e injustiças, o cenário pode parecer desolador. Mas se levarmos em conta o que se transformou do ponto de vista das relações raciais desde o início da década de 1980, podemos encontrar alento para prosseguir na jornada.

Minha trajetória política e intelectual se estende da participação em grupos de jovens cristãos, movimento estudantil, organização de combate à ditadura, movimento negro, rede pública de saúde, movimento feminista, feminismo negro.

Como profissional de saúde, psicóloga formada pela Universidade Federal de Minas Gerais, tive a oportunidade de trabalhar na gestão da prefeita Luiza Erundina, tendo participado de iniciativas que marcaram história no Brasil, na Assessoria de Saúde da Mulher. Participei da criação do primeiro serviço de aborto legal do Brasil e fui responsável pela portaria que determinou, em 1989, a inclusão do quesito raça/cor no Sistema Municipal de Informação em Saúde da Prefeitura de São Paulo. Tal fato marca o início do processo de construção da área de saúde da população negra no país, que abrange estudos, pesquisa e intervenção.

É a partir dessa longa trajetória que avalio que, dependendo do ângulo da mirada, podemos dizer que o copo está meio cheio, ou meio vazio.

Minha participação no processo da Conferência de Durban — a III Conferência Mundial contra o Racismo, Discriminação Racial, Xenofobia e Intolerância Correlata — se deu a partir do convite do Alto Comissariado de Direitos Humanos das Nações Unidas, para elaborar um trabalho sobre os Afroamericanos[1].

A partir da elaboração desse trabalho, fui convidada a integrar a Delegação do Brasil nas diversas etapas do processo, tendo em vista a minha participação anterior, no âmbito da sociedade civil, em diversas conferências das Nações Unidas: Conferência do Meio

1 Edna M.S. Roland. The Condition of Persons of African Descent in the Americas: Marginalization on the Basis of Race and Poverty — Atitudes towards Cultural Identity, in *United to combat racism*, Unesco, 2001.

Ambiente (Rio de Janeiro, 1992), Conferência de População e Desenvolvimento (Cairo, 1994) e a Cúpula do Desenvolvimento Social (Copenhague, 1995). Posteriormente, indicada pelo Brasil, fui eleita Relatora Geral da Conferência.

No âmbito da Declaração e Programa de Ação de Durban, dentre as minhas principais contribuições estiveram os conceitos de ações afirmativas ou positivas que negociei com os Estados Unidos e a União Europeia, em Genebra, nas pré-conferências preparatórias, e o conceito de Afrodescendentes, estabelecido na Conferência Regional em Santiago do Chile, que negociei com as delegações dos demais países latino-americanos.

Pela atualidade do assunto, é importante destacar o 3º parágrafo do Programa de Ação de Durban, que trata da necessidade de se fortalecer mecanismos de promoção e proteção dos direitos humanos das vítimas de racismo contagiadas com enfermidades pandêmicas. Naquela época, nos referíamos à Aids, mas a ideia continua absolutamente atual diante da covid-19 e, agora, a varíola dos macacos, pois as vítimas de racismo estarão, via de regra, em situação mais vulnerável diante de qualquer pandemia, pelos obstáculos que precisam superar para ter acesso aos direitos que deveriam ser de todos.

Naquela época, eu trabalhava com uma noção ampla de ações afirmativas e buscava aplicá-la a diversos contextos, na medida em que, no meu entendimento, o conceito de ações afirmativas poderia ser aplicado a qualquer área de política pública, significando um tratamento especial a ser dado a um determinado grupo que necessitasse de apoio adicional para a superação de desigualdades. No caso dos Afrodescendentes, temos um fato histórico que oferece a justificativa ética e política para reivindicar reparação. Tal entendimento, que articula ações afirmativas ao conceito de reparação, não é o usual nos setores da academia e da militância nos Estados

Unidos, os quais consideram tratar-se de questões diversas. É dessa forma que podemos encontrar o parágrafo 8 do Programa de Ação com a seguinte formulação:

Programa de Ação

[Reconhecendo a necessidade urgente de converter os objetivos da Declaração em um Programa de Ação prático e aplicável, a Conferência Mundial contra o Racismo, a Discriminação Racial, a Xenofobia e as Formas Conexas de Intolerância:]

....

8. Exorta às instituições financeiras e de desenvolvimento e aos programas operacionais e organismos especializados das Nações Unidas a que, de conformidade com seus orçamentos ordinários e os procedimentos de seus órgãos dirigentes:

....

c) Elaborem programas destinados aos afrodescendentes, por meio dos quais se invertam recursos adicionais nos sistemas de saúde, educação, moradia, eletricidade, água potável e medidas de controle ambiental, e que promovam a igualdade de oportunidades no emprego, assim como outras iniciativas de ação afirmativa ou positiva.

Deve ser notado o fato de que o texto procura abarcar todas as áreas que seriam relevantes para o desenvolvimento social dos Afrodescendentes, nas quais eu julgava que o conceito de ações afirmativas poderia ser aplicado para promover uma aceleração do processo de desenvolvimento.

Numa formulação ainda pouco explorada entre nós, elaborei um parágrafo em que se pede aos Estados concentrar novas inversões em sistemas de atenção sanitária, educação, saúde pública, eletricidade, água potável e controle do meio ambiente e outras medidas de ação afirmativa ou positiva nas comunidades integradas principalmente por afrodescendentes. (Programa de Ação, parágrafo 5).

Por sua vez, o parágrafo 11 do Programa de Ação propõe a presença equitativa dos Afrodescendentes em todos os níveis do setor público, incluída a administração pública, em particular a administração da justiça; propõe medidas apropriadas para eliminar os obstáculos identificados e estimular o setor privado a promover a igualdade de acesso e a presença equitativa dos afrodescendentes em todos os níveis das suas organizações.

Portanto, o conceito de ações afirmativas foi aplicado de forma bastante ampla como meio para acesso ao ensino superior, tornando-se uma ferramenta para estabelecer um "fast track", ou acelerador, para o acesso dos grupos discriminados em diversos âmbitos das relações sociais.

A Declaração e Programa de Ação de Durban foi o instrumento fundamental para que pudéssemos avançar na aprovação das leis de cotas no Brasil, as quais são, sem dúvida, um dos principais avanços que tivemos no país nas últimas décadas, do ponto de vista da redução das desigualdades entre negros e brancos no Brasil. Mas podemos avançar muito mais se nos dedicarmos à leitura, interpretação e aplicação de todo o conteúdo desse documento fundamental.

Contudo, é preciso declarar e discutir que, ao longo desses mais de 20 anos da Declaração e Programa de Ação de Durban, iniciou-se, em nível internacional, um processo de veto e boicote a esse documento, por parte de alguns lobbies que influenciaram governos e órgãos do sistema das Nações Unidas. Em que pese o fato de estarmos em plena pandemia de coronavírus, dentre outros prejuízos, houve o boicote à comemoração dos 20 Anos de Durban por parte de diversos países. Até onde sou capaz de interpretar, tal boicote parece estar associado ao fato de que a Declaração e Programa de Ação de Durban tem sido também um instrumento que permite a proteção de grupos tais como os palestinos, que enfrentam poderosos lobbies que atuam em governos e outros espaços internacionais. No caso do Brasil, os inimagináveis equívocos do governo de Bolsonaro — que são de conhecimento geral e têm sido divulgados pela imprensa — podem ser creditados principalmente ao negacionismo de tudo que diz respeito ao reconhecimento do racismo e de outras formas de discriminação, que resultaram inclusive em atribuir a instituições tais como a Fundação Cultural Palmares a tarefa de negar a existência do racismo, deslegitimar a figura de Zumbi, ridicularizar a militância negra, fazendo uso, inclusive, de um indivíduo negro na presidência da instituição.

Cabe a nós manter a Declaração e Programa de Ação de Durban vivos no que permanece aplicável no presente e buscar a sua atualização tendo em vista as profundas transformações que ocorreram no mundo nessas duas décadas, especialmente no que diz respeito às tecnologias de comunicação que, apesar dos inegáveis avanços e benefícios resultantes, lamentavelmente implicam também na possibilidade de graves violações de direitos humanos, que incluem o racismo.

Nesses mais de 20 anos, houve muitos avanços no contexto das Nações Unidas, dos quais podemos mencionar a institucionalização do termo Afrodescendentes, com a efetivação do Grupo de Trabalho dos Afrodescendentes, do Ano Internacional dos Afrodescendentes e a criação do Fórum Permanente dos Afrodescendentes que está iniciando o seu funcionamento. Podemos dizer, sem sombra de dúvida, que os ganhos mais palpáveis da III Conferência Mundial contra o Racismo, Discriminação Racial, Xenofobia e Intolerância Correlata (Conferência de Durban) foram referentes aos Afrodescendentes, com o reconhecimento da escravidão e do tráfico de escravos como crimes contra a humanidade.

O contexto internacional é complexo na conjuntura pós-pandemia de covid-19, em meio à guerra da Ucrânia, que aumenta tensões relativas ao comércio de alimentos, gás e combustíveis, com impactos mundiais, gerando inclusive a conjectura de mudanças de papéis no mercado internacional, o que envolve inclusive países africanos.

Ao longo dos últimos quatro anos, internamente no país estivemos atônitos diante dos ataques brutais aos direitos e liberdades fundamentais, apesar da resistência e de eventuais avanços, dentre os quais podemos mencionar a crescente participação e visibilidade de negros e negras em diversos espaços, principalmente resultantes do acesso à educação, especialmente às universidades públicas, para o que a Lei de Cotas, principal resultado no Brasil da Conferência de Durban, tem sido um instrumento fundamental. A participação dos meios de comunicação e de outros setores tem sido igualmente relevante para a ampliação dos espaços ocupados por negros e negras no Brasil hoje.

A Lei de Cotas prevê uma avaliação dos avanços realizados e de eventuais limitações e revisões necessárias. Por um lado, é inegável que a lei se constituiu num poderoso instrumento para o acesso de negros e negras ao ensino superior, transformando o cenário das universidades públicas brasileiras, ao mesmo tempo em que se revelaram as lacunas e necessidades de revisões para que sejam previstas condições mais adequadas para os estudantes cotistas. Podemos mencionar bolsas de estudo, alimentação, acesso a instrumentos de trabalho tais como computadores, notebooks e outras ferramentas, cursos de línguas estrangeiras, ampliação de acesso a recursos pedagógicos, i.e. ampliação de acervos de bibliotecas etc. Enfim, disponibilidade de toda a diversidade de ferramentas e acervos de recursos pedagógicos disponíveis em universidades de grande porte a nível internacional. Por outro lado, é necessário garantir instrumentos de controle para que as cotas se destinem de fato aos beneficiários previstos pela lei, impedindo abusos e distorções. Uma avaliação criteriosa poderá inclusive resultar em propostas de revisões da lei, devendo-se cuidar para que a avaliação não se transforme em pretexto para a sua desfiguração e desfocalização nos Afrodescendentes.

Apesar desses avanços, no que diz respeito ao ensino superior, vivemos também um cenário preocupante como corolário das profundas desigualdades em nosso país, que é o quinto maior em extensão no mundo, que tem a sexta maior população e o maior potencial hídrico do planeta. Sendo um dos maiores produtores de alimentos, temos a vergonha de reconhecer que a fome é uma realidade para importantes segmentos da população, dentre os quais verifica-se uma forte presença de negros e negras.

Esperamos que, após as comemorações do Bicentenário da Independência, o início do período do Tricentenário possa nos conduzir a mudanças aceleradas para a superação das profundas desigualdades sociais que têm marcado a nossa história, e que possamos gerir de forma mais racional e produtiva os imensos recursos do nosso vasto território para a felicidade geral de todos e todas, especialmente dos descendentes daqueles povos que foram trazidos à força para esta terra e que aqui se juntaram aos povos originários que tiveram os seus territórios invadidos, e que, com justiça, são igualmente merecedores de serem beneficiários das políticas de ações afirmativas e de reparação.

O bem-estar da população brasileira precisa estar no centro das políticas públicas a serem desenvolvidas pelos diversos níveis e áreas de governo, aos quais cabe desenvolver os mecanismos necessários para conjugar os interesses dos diferentes setores da sociedade com a satisfação dos direitos inalienáveis de toda a população.

A tarefa é zumbílica, mas nenhum de nós pode fugir à luta, mesmo que a nossa Mãe Pátria não seja tão gentil.

A PARÁBOLA DO ESTADO MALVADO: TRIBUTOS E POPULAÇÃO NEGRA NO BRASIL

ACERVO PESSOAL

ELIANE BARBOSA DA CONCEIÇÃO

Doutora em Administração pela EAESP-FGV; professora do curso de Administração Pública na Unilab (CE); pesquisadora do Centro de Estudo em Administração Pública e Governo (FGV-EAESP CEAPG). Cocoordenadora do projeto de pesquisa (CNPq) "Origens e Destinos: uma avaliação da política de cotas universitárias e seus efeitos no mundo do trabalho".

Se no âmbito da propriedade privada e da habitação, assim como na garantia de educação, saúde, trabalho, segurança e demais direitos individuais, sociais e políticos, o Estado brasileiro historicamente ofereceu tratamento diferente às parcelas negra e branca da população, por que na imposição dos tributos[1] pleiteia um tra-

1 Segundo o Art. 3º do Código Tributário Nacional (CTN), é tributo todo valor monetário (ou expresso em moeda) que o poder público exige compulsoriamente dos particulares. Não se confunde com as penalidades pecuniárias cobradas dos criminosos, como sanção de atos ilícitos. Os tributos devem ser exigidos nos casos previstos em lei, no prazo nela determinado, e da pessoa a quem ela indicar como devedora. Pelo CTN são três as espécies de tributos: impostos, taxas e contribuição de melhoria. A esta lista, a Constituição Federal de 1988 ainda acrescentou as contribuições sociais e os empréstimos compulsórios.

tamento igualitário entre os dois grupos? Essa é uma questão que me persegue durante anos, desde o momento em passei a ocupar uma posição sênior no mundo do trabalho. Ao receber o convite para participar desta imponente coletânea, senti-me convocada a enfrentar essa temática. Assim, agradeço ao Professor Helio Santos pela oportunidade!

Era o final da década de 1990 e, com o excelente salário que recebia, consegui fazer uma porção de coisas, duas das quais foram centrais: primeiro, a conclusão da construção da casa dos meus pais, obra que se iniciara 22 anos antes; e, depois, o financiamento de um curso de inglês em uma das melhores escolas do idioma, no Rio de Janeiro na época. Aquele foi o meu primeiro emprego de carteira assinada depois de graduada, pois, havendo concluído o curso de ciências contábeis em 1994, na Universidade Federal Fluminense, fiquei três anos sem conseguir um emprego formal.

Na faculdade, tive a disciplina de direito tributário, que se tornou logo uma grande paixão, talvez porque, comprometida com as causas coletivas, visse a beleza de uma matriz tributária dita progressiva,[2] em que os mais abastados contribuem com maior parcela para o Estado, com vistas ao bem comum. Compreendia bem as complicações dos tributos sobre o consumo (indiretos[3]), dada a

2 Entendemos por progressividade a situação em que, conforme se aumenta a renda do contribuinte, aumenta-se também a parcela da renda paga em impostos. Um imposto de renda altamente progressivo indica de maneira explícita o engajamento de um governo em intervir na distribuição de renda, tributando mais do que proporcionalmente a renda dos mais ricos (Lazzari; Leal, 2019). São regressivos os sistemas que arrecadam proporcionalmente mais de quem tem menos renda.

3 Os tributos indiretos recaem sobre pobres e ricos de modo equivalente, independentemente da proporção que seu valor representará no patrimônio ou na renda das pessoas. Suponha que o valor de um quilo de arroz no mercado é R$ 8,00 (dos quais R$ 2,00 correspondam ao valor dos impostos sobre a produção e circulação da mercadoria). Quando uma pessoa que ganha um salário-mínimo mensal compra um quilo desse arroz, entrega na mercearia o valor fechado de R$ 8,00. Mas, nessa operação, pagou indiretamente R$ 2,00 de imposto. O mesmo ocorre

tendência que possuem à regressividade e por isso acalentei uma simpatia para com os tributos diretos, que são aqueles que recaem sobre o patrimônio e a renda. O meu primeiro emprego, porém, me fez rever essa última posição, levando-me a refletir sobre as inconsistências dos impostos diretos aplicados no Brasil.

A reflexão nasceu da seguinte constatação: enquanto eu — mulher negra, primeiro diploma universitário de uma família simples, de pai, mãe, tios e avós iletrados, que nada haviam recebido do Estado brasileiro — com meu salário contribuía (muito feliz e agradecida) para o bem-estar da minha família, e complementava minha formação profissional estudando inglês, as pessoas brancas que ocupavam naquele escritório jurídico posições com vencimentos idênticos ao meu poupavam seus salários para o financiamento da casa própria, viajavam, trocavam de carro. Vinham de famílias social e economicamente estáveis, que os havia legado não apenas uma estabilidade econômica, mas também uma herança intelectual. Eram assim bem formados e, em sua maioria, fluentes no inglês, eram superavitários na formação profissional. Assim, como no geral ocorre nas famílias negras, enquanto meu salário financiava um ajuste de contas com o passado, os deles pavimentavam o conforto do presente e os provia para o futuro.

Nossos salários brutos e líquidos eram idênticos. Todos contribuíamos com o fisco de igual modo. Só que eu, a única mulher negra no escritório, não era igual a eles. No que diz respeito às esferas da educação formal e patrimonial, meus antepassados nada haviam recebido do Estado e, por conseguinte, nada me haviam legado por

quando um grande empresário que ganha dezenas de milhões de reais por mês compra aquele mesmo quilo de arroz. Os R$ 2,00 que cada deles pagou de imposto impactou muito mais o salário-mínimo do primeiro comprador do que as dezenas de milhões de reais do segundo. Por isso, dizemos que os tributos sobre o consumo são, no geral, regressivos, pois impactam de modo desproporcional a baixa renda dos mais pobres.

herança. Além disso, embora bem formada, eu havia encontrado dificuldades na colocação profissional e, quando "por sorte" obtive um emprego bem pago, veio o fisco morder meu salário da mesma forma que mordia o daquelas pessoas que não viviam na mesma situação de desamparo e vulnerabilidade socioeconômica que eu. Isso não me pareceu justo.

Neste ensaio trato dessas questões, e considero de início três pontos que me parecem centrais. Primeiro, parto da bem conhecida compreensão de que o sistema tributário nacional é injusto, tanto porque exige da parcela mais pobre uma sobrecarga de impostos indiretos, como porque impõe às classes médias — e não às mais ricas — uma proporção mais alta dos diretos. Em segundo lugar, argumento que no Brasil — país que secularmente explorou, expropriou, desproveu e perseguiu a população negra —, essas pessoas não deveriam ser oneradas com os tributos diretos na mesma proporção em que o são as pessoas brancas, que em todos os tempos desfrutaram das benesses do Estado brasileiro. Em terceiro lugar, compreendo que os temas vinculados à política fiscal (como tributos e orçamento público), que a princípio podem parecer áridos, devem sair desse lugar elitizado em que estão e, de algum modo, alcançar as esferas mais amplas do debate público.

A análise que faço ao sistema tributário nacional está fulcrada na histórica relação que se estabeleceu entre o Estado brasileiro e a população negra. Ao mesmo tempo, é desafiador tratar desse tema com não especialistas. Buscando tornar possível esse projeto, na próxima seção proponho uma parábola, que de modo alegórico simplifica essa longa história e introduz elementos que julgo essenciais para a compreensão de nosso sistema tributário e das críticas que a ele levanto. Em seguida introduzo o que chamei de elementos para a interpretação da parábola. Depois, apresento as características de uma matriz tributária menos injusta para um Estado democrático, buscando evidenciar os fundamentos morais que a justificam. Sendo uma seção mais teórica, busco trazer concretude exemplificando os conceitos mais abstratos com exemplos do breve relato pessoal com o qual introduzi o presente texto, assim como da parábola. Finalizo analisando uma tabela que evidencia em números as arbitrariedades do sistema tributário nacional e seus efeitos para a população negra. Nessas duas últimas seções aponto caminhos para a construção de esquemas tributários menos injustos no país. Nas considerações finais, busco aplicar a moral da parábola para a realidade estudada e levanto duas novas questões.

A PARÁBOLA DO ESTADO MALVADO

Em um planeta longínquo e não habitado, cuja posição em relação ao Sol é semelhante à da Terra, um homem terreno, de um grupo étnico-racial reconhecido socialmente como azuis, se instala e se apropria de todo aquele território. Após expedição exploratória para avaliar a qualidade da flora, fauna, clima, recursos hídricos e tudo o mais, convida 12 amigos também dentre os azuis para ajudá-lo a povoar o "Novo Planeta". O objetivo era produzir alimentos saudáveis e produtos sustentáveis, visto que a Terra estava a tal ponto contaminada, que tudo o que saía do seu solo já vinha envenenado. Além disso, a essa altura, a Terra estava muito pesada pelo excesso de coisas produzidas de modo irresponsável. O descobridor azul também planejava implantar no "Novo Planeta" um sistema eficiente de reciclagem de plástico e demais resíduos sólidos. O plano era exportar para a Terra alimentos saudáveis e produtos sustentáveis e de lá tirar o excesso da produção de plástico e outros materiais sólidos para uma reciclagem completa.

O convite foi feito nos seguintes moldes: "Vamos fazer daqui uma nova sociedade, um lugar mais sustentável, justo e de oportunidades para todos os terrenos azuis que para cá afluírem. Eu serei o governante. Vocês e seus descendentes serão os proprietários de todo esse território. Ele será dividido em 13 faixas, uma para cada um de vocês e uma faixa para propriedade comum, a que todos terão direito, mas que ficará sob a gestão do governante. Para arar, cultivar e cuidar da terra e construir as fábricas e demais obras públicas, raptaremos, dentre os peles rosa do Planeta Terra, mulheres e homens, jovens de bom porte e saúde, que serão forçados ao trabalho braçal. Outros azuis serão convidados a assumir posições de liderança no planejamento e na implementação dos projetos. Cada grande proprietário deverá doar parte de sua faixa de terra para os demais azuis que venham dela cuidar. Eu, como governo, proverei a infraestrutura, garantirei a segurança pública e a mediação dos conflitos de interesses e decretarei normas para a boa convivência da comunidade. Diante desse presente que acabam de receber, deverão apenas pagar tributos, para a manutenção desse bom governo.

Os tributos serão de três naturezas : primeiro os impostos, cujas alíquotas incidirão sobre as seguintes bases de cálculo[4]: (1) o patrimônio (esse pedaço de terra que acabam de ganhar) e a renda (o lucro que farão com a venda de alimentos e produtos para a Terra e pela prestação do serviço de reciclagem do material sólido), com esse valor, o governo implementará uma série de iniciativas para fazer deste um lugar promissor para as famílias e pessoas que para cá afluírem; e (2) sobre a produção e circulação das mercadorias, visto que o governo

4 A base de cálculo (BC) é a expressão econômica de um fato jurídico (exemplos de fatos jurídico: (1) possuir uma casa; (2) receber salário. A expressão econômica desses fatos é o valor da casa e do salário, expressos em Reais). Já a alíquota é um percentual que recai sobre a BC, para a apuração do tributo. Por exemplo, o Imposto de Rendas das Pessoas Físicas (IRPF) tem como BC o valor da renda auferida a cada mês pelo contribuinte, deduzida de uma parcela isenta; e alíquota de 27,5% para quem percebe mais do que R$ 4.664,68 ao mês. Assim, se uma pessoa ganha R$ 10.000/mês, a BC será igual a R$ 10.000 – R$ 869,36 (parcela deduzível, conforme Tabela do IRPF-2022). Assim, BC = 9.130,64. Sobre a BC, aplicamos a alíquota de 27,50%. Então, o IRPF = R$ 9.130,64 x (0,275). Logo, IRPF = R$ 2.510,93.

deve manter uma infraestrutura energética, hidráulica, de transportes e comunicações, com tecnologia de ponta, que permitirá a produção e o transporte dos bens, a comunicação com a Terra, que propiciarão as vendas dos produtos, mercadorias e serviços. A segunda espécie de tributo serão as taxas. Essas serão cobradas pelo exercício regular do poder de polícia (fiscalização para averiguação da boa conduta por parte dos cidadãos e das empresas), ou a utilização, efetiva ou potencial, de serviço público específico e divisível (como a coleta de lixo e a iluminação pública), prestado ao contribuinte ou posto à sua disposição. Por fim, a terceira espécie de tributo serão as contribuições de melhoria: que apenas serão devidas no caso de o governo realizar uma obra pública que venha a valorizar a propriedade."

Assim, acordados, a nova sociedade passou a operar. Milhares de outros azuis vieram espontaneamente para o Novo Planeta, como também milhares de rosas foram raptados da Terra para trabalhar pesado na construção da nova sociedade. Ao chegarem no Novo Planeta, os azuis eram recebidos com alegria e toda infraestrutura social construída pelo governo era posta à disposição deles: escolas, hospitais, estradas, habitação decente, saneamento básico, clubes esportivos, praças públicas e oportunidade de trabalho, em troca de uma porção de terra e salários. Tal como os 12 primeiros, os demais também pagavam tributos, uma vez que eram beneficiários das provisões públicas. Os rosas, porém, não tinham direito de desfrutar das benesses oferecidas pelo governo. Foram submetidos à escravidão e, por isso, não receberam um pedaço de terra como presente ou pagamento pelo trabalho, foram impedidos de frequentar a escola, de receber salários e mesmo de andar livremente nas ruas e praças do Novo Planeta.

350 anos se passaram, o Novo Planeta estava construído e o plano original estava operando a pleno vapor. A nova geração de azuis não compreendia por que tinha que conviver com as pessoas rosas.

Passaram a desejar um Planeta completamente azul. Mas não sabiam o que fazer para eliminar os rosas. Os azuis haviam aprendido que eram filhos de mulheres e homens guerreiros, que haviam dedicado a vida para conquistar o patrimônio que acumulavam. Mas não foi bem isso o que havia ocorrido. O patrimônio acumulado pelo ancestrais deles era fruto de um presente que o Estado lhes havia dado. De fato, seus pais conseguiram multiplicar a dotação inicial, mas mesmo para isso contaram com favorecimentos (como os incentivos fiscais, a mão de obra escrava) ofertados por aquele mesmo Estado.

Nessa altura, evidentemente, os rosas também se haviam multiplicado e buscavam a liberdade, se instalando em amplas porções de terra ainda não exploradas pelos azuis. Compreendendo a importância secular da espécie rosa para a construção do Novo Planeta, reclamavam igualdade de tratamento pelo Estado. Diante disso, os azuis apertaram os cintos. Criaram um conjunto de leis que, em última instância, minavam qualquer possibilidade de que os rosas viessem a conseguir se estruturar em uma sociedade como a organizada no Novo Planeta. Uma das primeiras leis desse pacote visou impedir que os rosas pudessem se apossar de um pedaço de terra, estabelecendo que os proprietários deveriam ter um documento expedido pelo Estado. Uma vez que não precisavam mais dos rosas, foi criada uma lei dispensando-os do trabalho forçado, mas sem que a eles fossem garantidos direitos humanos e sociais, nem qualquer espécie de reparação pela exploração secular. Em seguida, criaram uma que os punia caso estivessem andando nas ruas e nas praças públicas. Duas leis importantes foram as que incentivavam a vinda de mais imigrantes azuis para trabalharem no Novo Planeta. A última delas instituía um verdadeiro programa de incentivo para os recém-chegados imigrantes azuis. O pacote incluía acesso à terra, ao trabalho assalariado, à educação e à saúde.

Os peles rosa foram deixados à própria sorte, o cálculo é que desapareceriam. Sem acesso à terra, ao trabalho assalariado, aos serviços de educação e saúde, sem nem mesmo poder frequentar as praças públicas e transitar livremente pelas ruas, subiram os morros ou foram literalmente expulsos para regiões muito periféricas. Multiplicaram-se em extrema pobreza. Continuaram, no entanto, a se mobilizar e a se organizar politicamente, como haviam feito durante todo o período da escravidão. Essa mobilização coletiva permitiu que alguns poucos superassem as barreiras e conseguissem frequentar a escola e arrumar trabalho bem-remunerado. Passadas algumas gerações, não sem muita dificuldade e enfrentando muita discriminação social e um Estado completamente refratário às suas demandas, emergiu uma classe média de pessoas de pele rosa no Novo Planeta. Mas o Estado continuava a abominá-las e, sempre buscando proteger os azuis, implantou um sistema de custeamento público que exigia mais dos rosas do que dos azuis. Criou uma série de tributos indiretos. Assim, se os rosas quisessem comer, vestir ou consumir qualquer coisa, teriam que pagar mais caro por isso. Lógica que era válida para qualquer tipo de consumo que os rosas precisassem fazer para sobreviver numa sociedade capitalista. Se tivessem apenas um pedaço de terra, certamente poderiam viver com mais dignidade, plantar para comer, mas nem isso... Pouco satisfeito, o Estado malvado resolveu criar um esquema de impostos diretos que fosse regressivo, levando os rosas a pagarem mais, proporcionalmente, que os azuis. Assim, esses últimos que, segundo o contrato inicial, deveriam pagar tributos como contrapartida dos presentes que haviam recebido no início de tudo, passaram a pagar um valor simbólico. Com essa matriz tributária, o Estado queria mesmo era punir os rosas, por terem sobrevivido e se multiplicado desde o momento em que foram "libertos".

Conformados nesse sistema, com o correr do tempo, azuis e parte dos rosas se esqueceram que desde o primeiro governo foi estabelecida uma ordem social desigual, estruturada pela cor da pele das pessoas. Esqueceram que os azuis receberam diversos pacotes com presentes do Estado na forma de terra, educação, empregos remunerados, incentivos fiscais, entre tantos outros. Esqueceram que os patrimônios material e imaterial recebidos pelos azuis foram multiplicados e repassados na forma de heranças a seus descendentes. Esqueceram que aos rosas nada foi dado e que zero multiplicado por todo esforço que esse grupo sempre fez resultar em quase zero. Assim, no esquecimento de tudo, quando conseguem sair do zero, os rosas não questionam por que devem pagar tributos. Terminam achando que, junto ao Estado, têm os mesmos deveres que os azuis.

ELEMENTOS PARA A INTERPRETAÇÃO DA PARÁBOLA

O Novo Planeta é o Brasil. Os azuis são os europeus que para cá afluíram ao longo dos séculos 15 a 20. Os rosas, as pessoas negras trazidas da África e seus descendentes. O cenário foi simplificado, por isso não menciono os povos originários e as atrocidades que ainda hoje são perpetradas contra eles. A opção foi — seguindo a sugestão de Charles Tilly[5] — facilitar a comparação entre as duas categorias sociais distintas, de modo a melhor avaliar a desigualdade entre elas. As faixas de terra doadas inicialmente representam o sistema de capitanias hereditárias. Os presentes do Estado são, além da própria terra, serviços públicos e os incentivos a setores produtivos, toda a infraestrutura urbana colocada à disposição das

5 Charles Tilly, *Durable Inequality*, 1999.

indústrias e dos residentes dos bairros que, de algum modo, foram reservados pelo Estado brasileiro para as pessoas brancas (ver, por exemplo, Rolnik, 1999[6]; Theodoro, 2022[7]). O conjunto de normas é formado especialmente pela Lei 601/1850, que dispõe sobre as terras devolutas; Lei 3.353/1888, que declara extinta a escravidão; Decreto 528/1890, que dispõe sobre o serviço de introdução e localização dos imigrantes; Decreto 847/1890, que promulga o Código Penal; e o Decreto 9.081/1911, que dá novo regulamento ao serviço de povoamento. As injustas cargas tributárias derivam das configurações atuais do sistema tributário do país e vêm sendo denunciadas por estudiosos de diversos campos. Mas aqui, apenas recorri a relatórios das secretarias do Tesouro Nacional e da Receita Federal, assim como a estudos específicos sobre tributos produzidos por pesquisadores ligados à área de Políticas Públicas e da Política Fiscal (como, por exemplo, Kerstenetzky, 2019[8]; Lazzari et al., 2019[9]; Santos, 2020[10]; STN, 202a2[11]; STN, 2022b[12]).

6 Raquel Rolnik, Exclusão territorial e violência, *São Paulo em Perspectiva*, v. 13, n. 4, 1999.

7 Mário Theodoro, *A Sociedade Desigual*: racismo e branquitude na formação do Brasil, 2022.

8 Celia L. Kerstenetzky, Redistribuição no Brasil no século XXI. In: Marta Arretche; Eduardo Marques; Carlos A. P. de Faria, *As políticas da política*: desigualdades e inclusão nos governos do PSDB e do PT, 2019.

9 Eduardo A. Lazzari; Jefferson L. Leal, A política tributária brasileira sob o olhar da desigualdade: regressividade estável, persistente e duradoura. In: Marta Arretche; Eduardo Marques; Carlos A. P. de Faria, *As políticas da política*: desigualdades e inclusão nos governos do PSDB e do PT, 2019.

10 Eduardo G. Santos, O outro lado do orçamento público: sistema tributário e racismo estrutural. In: Elaine M. Xavier, *Gênero e raça no orçamento público brasileiro*, 2020.

11 STN, *Estimativa da Carga Tributária Bruta do Governo Geral. Boletim (ano calendário 2021)*. Secretaria do Tesouro Nacional, 2022.

12 STN, *Balanço do Setor Público Nacional (BSPN) (ano calendário 2021)*. Secretaria do Tesouro Nacional, 2022.

FUNDAMENTOS MORAIS DE UM SISTEMA TRIBUTÁRIO NAS DEMOCRACIAS LIBERAIS

Em não se tratando de um Estado autoritário, em que os tributos são impostos em completa ausência de fundamento moral, nas sociedades democráticas um sistema tributário ideal reúne, além de outras, duas qualidades essenciais: deve ser simultaneamente justo e eficiente. A eficiência tem a ver com a potencialização da dimensão econômica, e a justiça, com o modo como o encargo fiscal afeta os diferentes grupos sociais. É sobre essa última característica que me debruçarei aqui, seguindo em alguma medida a lógica utilizada por Liam Murphy e Thomas Nagel, na obra intitulada *O mito da propriedade privada: os tributos e a justiça*. Liam Murphy e Thomas Nagel são filósofos liberais refinados e apontam nesse livro caminhos para uma reforma de sistemas tributários em sociedades capitalistas.

Um sistema tributário justo é aquele que trata os contribuintes de modo equitativo. Não há, porém, concordância sobre o que viria a ser, na prática, um tratamento equitativo do ponto de vista fiscal. Para facilitar a compreensão, é costume dividir a noção de equidade em duas dimensões: a vertical e a horizontal. De um lado, a equidade vertical se traduz na exigência de justiça no tratamento daqueles que se encontram em situação social não similar, ou seja, das pessoas que dispõem de níveis diferentes de renda, consumo e acúmulo patrimonial. Do outro lado, a equidade horizontal diz respeito ao tratamento equânime para as pessoas que se encontram no mesmo segmento social. Sendo as demais dimensões da justiça tributária plenamente atendidas, emerge a percepção de que as pessoas que têm a mesma renda antes da incidência do imposto devem ser tributadas pelo mesmo critério.

Sobre essa questão, não se pode perder de vista que a renda pré-tributária é apenas um dos elementos a serem observados na determinação da equidade horizontal. A apreciação sobre a justiça do sistema deve também considerar a destinação das despesas públicas, localizando os segmentos sociais por elas beneficiados. Embora aufiram a mesma renda mensal, as pessoas podem ter acesso a serviços públicos de modo não equivalente. Se assim for, não hão de ser tributadas de igual modo.

Dado que a equidade horizontal é uma consequência lógica da vertical é, de fato, essa última que conta para a avaliação da justiça em matéria tributária. Mas não existe consenso sobre o que vem a ser equidade vertical. Diante dessa ausência, optei por examinar diversas propostas tradicionais que buscaram enfrentar esse problema. Esse exercício se mostrará um instigante meio de trazer à luz as complexas questões de moralidade política implicadas na busca pela justiça tributária. Esboçarei, assim, nos próximos parágrafos quatro perspectivas teóricas clássicas sobre possíveis caminhos para se efetivar a equidade vertical, considerando dois grandes princípios morais — o princípio do benefício e o da capacidade contributiva —, assim como os pressupostos que as sustentam.

Sobre o princípio do benefício se assenta uma perspectiva de justiça tributária que compreende que os contribuintes têm de início uma diferença: são alcançados de modo desigual pelos favores do Estado. Diante disso, compreende que as pessoas mais bem atendidas pelas ações governamentais devem pagar mais tributos que as outras, sendo esse o critério de mensuração da equidade. Mesmo pensando em um cenário em que o Estado é um fomentador imparcial de oportunidades, não é simples contabilizar o quanto uma pessoa foi favorecida pela ação do governo, visto que diante de incentivos idênticos, pessoas com diferentes personalidades e capacidades reagem de modos diversos. Ou seja, os incentivos governamentais podem florescer mais na vida de uns que na de outros. Nesse cenário, duas pessoas que tenham recebido a mesma quota de benefícios do Estado, tendo uma conseguido multiplicar essa dotação inicial por 2 e outra por 100, deveriam ambas pagar os mesmos valores em tributos? Em resposta ao próprio valor da equidade vertical, a resposta é não. Assim, no contexto de uma agência estatal imparcial, a tributação baseada no princípio do benefício não se mostra um meio promissor para o estabelecimento de um regime fiscal justo.

Compreendo que o não atendimento da condição de imparcialidade do Estado, ou seja, admitindo-se um contexto, como aquele do Novo Planeta, em que o ente público abertamente favorece um segmento da sociedade e explora e persegue a outro, o princípio do benefício deva ser observado. Certamente, não para fundamentar a tributação dos diferentes segmentos de classe, dadas as inconsistências que, como vimos acima, pode produzir. Defendo aqui, no entanto, que o princípio do benefício pode ser aplicado para justificar uma tributação em bases não igualitárias para os segmentos sociais que foram historicamente tratados de modo desigual pelo Estado. Em uma democracia dita liberal, os segmentos beneficiados pela ação estatal e os que foram por ela prejudicados não deveriam ser onerados do mesmo modo, podendo o tributo, inclusive, ser utilizado como um meio de reparação de danos.

O princípio da capacidade contributiva tem natureza polissêmica, servindo de base para o conjunto das demais teorias de justiça tributária que aqui serão apresentadas. Segundo argumentam Murphy e Nagel,[13] a capacidade contributiva é a noção mais recorrida pelo direito positivo na defesa de um sistema tributário justo. Sendo o critério de equidade mais difundido no mundo contemporâneo, adquiriu status constitucional na Alemanha, Itália e Espanha. Porém, assim como ainda não se formou consenso em torno da ideia de equidade, também não há concordância sobre o sentido da expressão "capacidade contributiva".

13 Liam Murphy; Thomas Nagel; *O mito da propriedade privada*: os impostos e justiça, 2005, p. 28.

Em acepção de todo contraintuitiva, o princípio pode ser compreendido a partir da noção de talento natural. Tal teoria assume como pressuposto que a base do pagamento de tributos são os talentos de cada um, sendo assim compreendida a capacidade da pessoa para obter renda e acumular riquezas. Embora a ideia pareça controvertida, ainda no século 19 alguns analistas concordavam que a definição correta de capacidade contributiva era o talento no sentido pleno. Por esse princípio, se uma pessoa abandona uma carreira de sucesso nos negócios para se tornar, digamos, um artista fracassado, ganhando menos do que poderia ganhar na ocupação anterior, os impostos dela cobrados não diminuiriam. A visão utilitarista que reclama que em uma sociedade cada um se esforce ao máximo no sentido de promover o bem-estar do maior número possível é uma justificativa apresentada na defesa dessa ideia. Aplicado à questão tributária, o utilitarismo enfatiza que o melhor sistema é o que promove de maneira mais eficaz o bem-estar do maior número de pessoas. Nessa perspectiva, a tributação pelo talento é vista como um estímulo para que aqueles que, de algum modo, se tornaram mais aptos a performar em uma sociedade capitalista, trabalhem mais e ganhem mais, visto que a base tributária deles não seria a renda, mas a sua habilidade. Por valorizar a utilidade coletiva e não a justiça e a equidade, essa teoria não nos oferece respostas sobre sistemas tributários justos.[14]

Apesar disso, embora compreenda que as conquistas pessoais são de fato conquistas coletivas, uma reflexão sobre o princípio dos talentos naturais nos sugere que, no Brasil, a população negra "talentosa" — que no geral conseguiu ascensão social ao ingressar no serviço público — é punida com uma carga tributária pesada sobre seu salário (o imposto de renda retido na fonte), enquanto o "talento" entre as pessoas brancas — manifestado na capacidade de fomentar

14 *Ibidem.*

negócios lucrativos — é incentivado pelo não pagamento de tributos sobre a renda que dali advém, como veremos na próxima seção.

Em uma segunda acepção, o princípio da capacidade contributiva pode ser associado à noção de igualdade de sacrifício econômico. O argumento é que, quando a base tributária é a renda obtida, a equidade se estabelece ao se cobrar mais impostos dos que têm mais renda. O raciocínio é simples: os que ganham mais dinheiro têm mais capacidade contributiva e devem pagar mais tributos. Nesse caso, o percentual da renda individual a ser descontado — ou seja, a alíquota — é idêntico para todos. Os que auferem mais renda pagarão, assim, proporcionalmente mais. Independentemente, porém, do efeito do tributo no orçamento de cada pessoa. Mas, em uma sociedade desigual, essa lógica pode encontrar barreiras, visto que, como frisamos no início do presente ensaio, pessoas que ganham o mesmo salário podem proceder de lugares sociais completamente diferentes. Assim, como ocorre na lógica dos benefícios recebidos do Estado, a noção da igualdade de sacrifício econômico assume como pressuposto que os governos são imparciais, provendo igualmente a todos os segmentos sociais, não negligenciando ou perseguindo grupos sociais específicos. Como isso não é verdade, a lógica do sacrifício econômico também se mostra falsa. Havemos de considerar que, para que o sistema seja justo, o que importa não é se os tributos em si são cobrados com equidade, "mas se é justa a maneira global pela qual o governo trata seus cidadãos — os impostos cobrados e os gastos efetuados".[15]

No meu caso, com o qual iniciei o capítulo — que exemplifica, em grande medida, a realidade da população negra no país — o fato de auferir a mesma renda que os demais colegas, todos homens brancos, não me colocava em hipótese alguma em pé de igualdade social e econômica com eles. O Estado e a sociedade brasileira haviam histo-

15 *Ibidem*, p. 36.

ricamente explorado, perseguido e impedido o grupo de pessoas ao qual pertenço de alcançar um pleno desenvolvimento humano e social, pelo acesso à alimentação e habitação decente, à educação, saúde e ao trabalho decente e pela oportunidade de ter nossas práticas culturais valorizadas. As consequências desse tipo de perseguição são funestas não apenas para as pessoas que as sofrem diretamente, mas também para os seus descendentes. Assim como o tratamento de honra ofertado aos privilegiados também se estende às gerações futuras. De um lado houve acúmulo de desvantagens. Do outro, acúmulo de vantagens. Isso apartou enormemente os dois grupos, tanto no plano do desenvolvimento pessoal e conformação das subjetividades, como no plano social, político e econômico.

Finalmente, o princípio da capacidade contributiva pode também ser compreendido a partir do ideal da igualdade de sacrifícios proporcionais. A ideia central é manter os diferentes estratos sociais em situação de equivalência ante o sofrimento advindo pela perda de "bem-estar" acarretada pelo pagamento do tributo. Nessa lógica, quanto mais rica a pessoa, maior sacrifício real lhe deve ser exigido pela tributação. O pressuposto é que os mais ricos possuam uma tolerância maior ao desconforto advindo dos desembolsos necessários para fazer face às exigências fiscais. Fazê-los sofrer, como sofrem os mais pobres na hora do pagamento do tributo, exige que tenham sua renda e patrimônio mordidos em uma proporção maior do que a dos mais pobres. É esse princípio que justificou a existência, até o início da década de 1960, de alíquotas máximas do imposto sobre o patrimônio e a renda de até 90%, nos Estados Unidos e de 65% no Brasil.[16] Murphy e Nagel argumentam que "a ideia de que os mais ricos podem arcar com um sacrifício real maior admite a tributação como um meio de redis-

16 Sergio W. Gobetti; Rodrigo O. Orair, *Progressividade Tributária*: a agenda esquecida. XX Prêmio do Tesouro Nacional- 2015. Tema 3: Tópicos Especiais: 1º lugar. 2016, pp. 4-5.

tribuição separada dos retornos do mercado. Assim, o princípio dos sacrifícios proporcionais contrapõe-se à teoria libertária da justiça que está por trás do princípio da igualdade de sacrifícios".[17] Em sociedades capitalistas, em que há, reconhecidamente, forças propulsoras que conduzem à exclusão de certos grupos sociais da atividade produtiva e, por conseguinte, da distribuição da renda nacional, assim como propiciam à concentração e à acumulação do capital, os sistemas fiscais baseados no princípio dos sacrifícios proporcionais mostram-se como os mais adequados na construção da justiça tributária.

DISTRIBUIÇÃO DA CARGA TRIBUTÁRIA NO BRASIL

Nesta seção, faço um resumo das características do sistema tributário nacional por meio do exame da tabela 1, abaixo. Ela revela a estrutura da carga tributária do país e sua evolução nos últimos doze anos (2010-2021), considerando a proporção de cada espécie no montante dos tributos arrecadados.

TABELA 1 — Estrutura da Carga Tributária Bruta Total[18] — 2010-2021
DADOS EM: % do total arrecadado.

GRUPOS DE ESPÉCIES TRIBUTÁRIAS	2010	2011	2012	2013	2014	2015	2016	2017	2018	2019	2020	2021
I. Sobre renda, lucros e ganhos de capital	21%	22%	21%	21%	21%	21%	22%	22%	22%	22%	22%	24%
I. Sobre a propriedade	4%	4%	4%	4%	4%	4%	5%	5%	5%	5%	5%	5%
I. Sobre bens e serviços	46%	45%	45%	44%	44%	43%	42%	43%	44%	43%	42%	44%
Contribuições sociais	26%	26%	27%	27%	27%	27%	27%	27%	26%	26%	27%	24%
Demais tributos	3%	4%	4%	4%	4%	4%	4%	4%	4%	4%	4%	4%
Total	100%	100%	100%	100%	100%	100%	100%	100%	100%	100%	100%	100%

FONTE: elaboração própria, com base em dados da Secretaria do Tesouro Nacional.[19]

17 Liam Murphy; Thomas Nagel, *op. cit.*, 2005, p. 42.
18 A receita tributária total é composta pela soma da receita de todos os tributos da União, estados e municípios.
19 STN, *op. cit.*, 2022a.

Uma rápida olhada nos dados da tabela revela que no Brasil as principais espécies tributárias, para fins arrecadatórios, são os impostos sobre o consumo de bens e serviços e as contribuições sociais, sendo que, como veremos abaixo, uma parte dessas últimas também incidem sobre o consumo. Uma diferença formal entre esses dois tipos é que as contribuições sociais têm destinação específica, como, por exemplo, financiar a seguridade social ou as entidades de categorias profissionais, enquanto os impostos não, salvo exceções. Os impostos sobre a propriedade e a renda (representados nas duas primeiras linhas da tabela) compõem o grupo dos chamados tributos diretos e os impostos sobre bens e serviços (terceira linha), o dos indiretos. Estes são chamados de indiretos porque a carga tributária não é suportada pelo contribuinte de direito (aquele que de fato deve o tributo), ficando ele apenas incumbido pelo recolhimento dos valores aos cofres públicos. Nesse caso, o ônus fiscal é repassado — "embutido" no preço dos produtos ou serviços — ao consumidor final, também chamado de contribuinte de fato. Já no caso dos tributos diretos, a figura do contribuinte de direito é sempre a mesma da do contribuinte de fato. Os tributos que incidem sobre o consumo são exemplos dos indiretos e aqueles que incidem sobre o patrimônio e a renda, dos diretos.

Na Tabela 1, observamos que, para todos os anos da amostra, os impostos diretos responderam em seu conjunto por menos do que um terço do total arrecadado. Dado que se constituem em instrumentos essenciais para formatação de uma matriz tributária progressiva, os tributos diretos deveriam ser a principal origem da receita tributária em uma sociedade democrática. Quando assim ocorre, podem ser utilizados como meios de efetivar a redistribuição.

No Brasil, os tributos diretos são eivados de limitações que, em grande medida, os impelem à regressividade. Alguns exemplos: primeiro, o Imposto de Renda[20] (IR) das Pessoas Físicas (PF) se mostra progressivo apenas para os mais pobres, que são isentos de seu pagamento, e para aquelas pessoas que recebem até 40 salários-mínimos mensais. A partir daí o IRPF assume um caráter regressivo, exigindo relativamente menos das pessoas com maiores rendimentos, favorecendo a concentração de renda e consequente aumento das desigualdades. Na verdade, o IRPF apresenta vícios de diversas naturezas: faixas de incidência, base de cálculo, isenções fiscais, de modo que o peso maior recai sobre as classes médias que exercem suas atividades profissionais dentro dos parâmetros formais, com a "carteira assinada" ou em cargos públicos,[21] onde se concentra a parcela da população negra que conseguiu superar a pobreza. Os demais encontram meios para a prática da elisão e evasão fiscal,[22] que são também, em grande medida, procedimentos recorridos pelas empresas na arrecadação do IR das pessoas jurídicas e outros tributos.

Temos problemas também na regulamentação e arrecadação dos tributos sobre o patrimônio, dos quais são exemplos o Imposto sobre Propriedade Territorial Rural (ITR), o Imposto sobre Propriedade Territorial Urbana (IPTU) e o Imposto sobre Grandes Fortunas. Previsto na CF/88, este último nunca foi regulamentado. Há, no entanto, tramitando no Congresso, diversas propostas que

20 Como é conhecido o Imposto sobre a Renda e Proventos de Qualquer Natureza.

21 Sergio W. Gobetti; Rodrigo O. Orair, *Progressividade tributária*: a agenda negligenciada. Texto para Discussão no 2190. Ipea, 2016. / Ursula D. Peres; Fábio P. Santos, Gasto público e desigualdade social: o orçamento do governo federal brasileiro entre 1995 e 2016. *Revista Brasileira de Ciência Sociais*, v. 35, n. 103, 2020.

22 A elisão é uma forma de reduzir os tributos devidos por meios "legais", embora muitas vezes ilegítimos. Evasão é o mesmo que sonegação fiscal e sua prática exige o uso de falsas declarações, a omissão de informações e a recorrência a outros artifícios ilícitos para deixar de pagar o tributo. Segundo a Agência Brasil, em matéria publicada em dezembro de 2020, a sonegação tributária anual no Brasil é de cerca de 417 bilhões de Reais.

visam a esse fim, na Câmara dos Deputados, o PLP 277/2008, apensado com diversas outras propostas que buscam o mesmo objetivo, e no Senado, os PLP 183/2019, 50/2021 e 101/2021, sendo que os dois últimos vinculam a arrecadação do tributo ao financiamento das ações de combate à Pandemia.

Por razões políticas, o ITR é imposto que não cumpre sua função primária.[23] Dada a pressão dos grandes proprietários sobre o poder público, sua arrecadação é extremamente baixa (vê Tabela 1) e muito aquém da capacidade contributiva deles.[24] Se estivesse regulamentado como um imposto progressivo, o ITR exerceria não apenas a sua função fiscal, como também um papel extrafiscal — ao desincentivar a manutenção de terras improdutivas, favorecendo a agenda da reforma agrária. O IPTU não foge à regra. Seu primeiro entrave é que, sendo um tributo municipal, apresenta alto grau de assimetria, mesmo entre municípios de uma mesma unidade da federação ou região geográfica. O IPTU, além de ocupar um lugar modesto no total da arrecadação nacional (vê Tabela 1), tal como o ITR também não consegue exercer a sua função extrafiscal. Como um imposto direto, poderia assumir papel importante na distribuição de renda, assim como na democratização da propriedade, preservação do espaço urbano e desincentivo à especulação imobiliária.[25]

Conforme revela a Tabela 1, os impostos sobre o consumo de bens e serviços são as principais fontes de receita tributária no País. A pla-

23 O tributo pode exercer três funções: (a) fiscalidade (que é a sua função primária, a de gerar receita para financiar as despesas públicas); (b) extrafiscalidade (quando o tributo é empregado com o fim de regular a economia); e (c) parafiscalidade (quando o tributo visa ao financiamento de atividades de entidades que não aquelas que o instituíram).

24 Celina G. Leão; Lincoln Frias, As deficiências do Imposto Territorial Rural (ITR), *Revista Debate Econômico*, v. 4, n. 2, 2016.

25 IPEA, Política fiscal e justiça social no Brasil: o caso do IPTU. Comunicado da Presidência nº 28, 2009. Disponível em: http://repositorio.ipea.gov.br/bitstream/11058/5314/1/Comunicado_n28_Pol%C3%ADtica.pdf. Acesso em: 9 ago. 2022.

nilha, porém, não revela a proporção real das espécies indiretas no total da arrecadação, visto que discrimina explicitamente apenas os impostos, deixando de fora aquelas dentre as contribuições sociais que também incidem sobre o consumo. Assim, esse percentual médio, ao longo dos anos, de 44% de arrecadação dos impostos sobre bens e serviços (destacado na linha 3) está subestimado, respondendo os tributos sobre o consumo por mais de 53% da arrecadação nacional total.[26] As espécies indiretas tendem fortemente à regressividade, nesse caso, nem mesmo os mais pobres são poupados do seu pagamento e, quando se considera os impactos na renda dos contribuintes, aqueles figuram entre os mais onerados. Um estudo da Oxfam[27] revelou que no Brasil os 10% mais pobres gastam cerca de 28% de sua renda em tributos indiretos, enquanto os 10% mais ricos gastam apenas 10%. Tais resultados apontam para as distorções e injustiças fiscais que uma matriz tributária altamente dependente dos tributos indiretos, como a brasileira, impõe às parcelas mais pobres da nação, grupos em que há sobrerrepresentação da população negra.

Tais números também sugerem que os tributos sobre o consumo — especialmente os três principais impostos, que veremos abaixo — deixaram de atender o princípio da seletividade, que é básico para esse tipo de tributação. Tal princípio evoca a variação da alíquota do imposto de acordo com a essencialidade do bem, o que levaria a uma atenuação da carga tributária incidente sobre produtos considerados de primeira necessidade. Ao mesmo tempo em que admite uma tributação mais pesada sobre bens e serviços considerados supérfluos.[28] Uma realidade como a apontada pela

26 OXFAM Brasil, *A distância que nos une*: um retrato das desigualdades brasileiras. Relatório redigido por Rafael Georges e coordenado por Katia Maia, 2017.
27 *Ibidem.*
28 Valcir Gassem; Pedro J. S. D'Araújo; Sandra R. F. Paulino, Tributação sobre Consumo: o esforço em onerar mais quem ganha menos. *Sequência*, n. 66, 2013, p. 228.

Oxfam revela que em nosso país a essencialidade não é atendida, o que gera distorções na tributação sobre bens e serviços.

Mas o esquema tributário sobre o consumo não é apenas injusto, é também complexo, ineficiente e pouco transparente. É composto por uma miríade de tributos, os impostos sobre: produtos industrializados (IPI), circulação de mercadorias e serviços de transporte interestadual e intermunicipal e de comunicação (ICMS) e sobre serviços de qualquer natureza (ISS), de competência respectiva da União, estados e municípios. Esses três são considerados espécies "típicas" da tributação sobre o consumo. Também não restam dúvidas de que a Contribuição para o Financiamento da Seguridade Social (COFINS) e a Contribuição Previdenciária (PIS) devem ser assim classificadas. Há, ainda, os impostos: sobre importação (II) e sobre operações financeiras (IOF), além de um conjunto de Contribuições de Intervenção no Domínio Econômico (CIDE) que podem também assim ser considerados.[29] Cada um desses tributos opera com legislações e critérios próprios, o que dificulta sobremodo a interação entre eles.

Uma matriz tributária assim tão plural produz uma série de inconsistências e sobreposições, tornando-se também de difícil gestão. Por essa razão, setores da sociedade vêm se mobilizando em favor da chamada Reforma Tributária, proposta pela PEC nº. 110, de 2019. A proposta prevê uma reorganização completa da tributação sobre bens e serviços, criando uma matriz com apenas três tributos, com alíquotas uniformes e maior transparência, que prometem uma relativa desoneração dos mais pobres e uma exigência maior para os mais ricos. Além de uma entrega mais ampla de serviços públicos aos contribuintes, visto que o valor do tributo será

29 Cyntia F. Azevedo; Angelo M. Fasolo, *Alíquotas Efetivas dos Impostos sobre o Consumo e a Renda dos Fatores*: uma estimação em frequência trimestral para o Brasil. XX Prêmio do Tesouro Nacional 2015, 2015.

aplicado no local de arrecadação. Os resultados serão mais profundos, caso se possa combinar essas medidas com a devolução de parte dos impostos pagos pelos mais pobres, como já vem acontecendo desde o final de ano de 2021, embora de modo tímido, no estado do Rio Grande do Sul, por meio do programa "Devolve ICMS". Tais mediadas — dentre outras previstas na proposta atualizada — trariam um maior efeito redistributivo para a tributação sobre bens e serviços. No entanto, ainda restariam reformas urgentes a serem realizadas, especialmente na tributação sobre a propriedade e a renda.

CONSIDERAÇÕES FINAIS

A parábola do Estado malvado sugere que não existem, no capitalismo, arranjos econômicos anteriores ao estabelecimento de uma atividade governamental e de um arcabouço jurídico. Isso implica dizer que a acumulação patrimonial se dá em ambiente regulamentado e que, na ausência disso, ela, talvez, não se efetivasse. Em um contexto de guerra de todos contra todos, a acumulação seria praticamente inviável. É a ação governamental, alicerçada em uma ordem jurídica, que permite que alguns grupos acumulem e que outros sejam explorados, como foi ilustrado na parábola. Assim, ao contrário do que é frequentemente defendido por grande parte dos economistas liberais e seus seguidores, o patrimônio acumulado por uma família não é fruto apenas do esforço pessoal daqueles indivíduos, mas resulta, primordialmente, de um arranjo político e econômico que lhes permitiu acumular. A lógica por trás das necessárias reformas tributárias é que os mais favorecidos pelo arranjo político-jurídico sejam também os principais responsáveis pela manutenção do sistema, pagando os devidos tributos.

Não é isso o que ocorre no Brasil, o Estado injusto. Aqui os mais pobres, as classes médias e os funcionários públicos são os principais pagadores de tributos, ficando os mais ricos proporcionalmente desonerados. Com relação à população negra, o país assume uma feição de Estado malvado, ao exigir pesada carga tributária da parcela da população à qual perseguiu e oprimiu durante séculos.

Diante do exposto, não posso deixar de trazer duas questões, primeiro: os tributos pagos ao Estado brasileiro pela parcela negra da população são apenas injustos, ou são, em alguma medida, indevidos? Depois: o sistema tributário poderia atuar como um meio de reparar os efeitos diretos e indiretos do tratamento desigual perpetrado, durante todos esses séculos, pelo Estado e sociedade, contra essa parcela da população? Julgo que são reflexões importantes, especialmente, se nós, as pessoas negras deste país, quisermos incidir coletivamente nas mais do que urgentes, necessárias e há décadas proteladas reformas do sistema tributário nacional. Com o presente ensaio, busco também propor que esse relevante tema se integre à agenda da promoção da igualdade racial no Brasil.

FONTES

BRASIL (2016). Código Tributário Nacional. — 3. ed. — Brasília: Senado Federal, Coordenação de Edições Técnicas. Conteúdo: Lei no 5.172/1966. 69 p.

SRF (2016). Análise por tributos e bases de incidência. Disponível em: http://idg.receita.fazenda.gov.br/dados/receitadata/estudos-e-tributarios-e-aduaneiros/estudos-e-estatisticas/carga-tributaria-no-brasil/29-10-2015-carga-tributaria-2014. 07.10.2016.

SRF (2018). Carga Tributária no Brasil — 2017 (Análise por Tributo e Bases de Incidência). Brasília: Secretaria da Receita Federal.

STN (2022a). Estimativa da Carga Tributária Bruta do Governo Geral. Boletim (ano calendário 2021). Brasília. Secretaria do Tesouro Nacional. Disponível em: https://www.tesourotransparente.gov.br/publicacoes/carga-tributaria-do-governo-geral/2021/114?ano_selecionado=2021. 29/6/2022.

STN (2022b). Balanço do Setor Público Nacional (BSPN) (ano calendário 2021). Disponível em: Brasília. Secretaria do Tesouro Nacional https://sisweb.tesouro.gov.br/apex/f?p=2501:9::::9:P9_ID_PUBLICACAO:43918. 29/6/2022.

QUE GRITO FOI ESSE?

200 ANOS SEM IGUALDADE, SEM DEMOCRACIA E SEM DESENVOLVIMENTO

ELIAS DE OLIVEIRA SAMPAIO

Economista. Doutor em Administração Pública. Mestre em Economia. Autor dos livros *Dialogando com Celso Furtado* (HUCITEC, 2019) e *Política, Economia e Questões Raciais* (EDIFBA,2017)

ACERVO PESSOAL

O ponto de partida deste ensaio é a seguinte questão: quais os efeitos institucionais e estruturais do emblemático fato de o Brasil não ter sido tão somente uma colônia portuguesa racista-escravista, mas também ser um país cuja marca de nascença enquanto Estado-Nação se deu sob a égide do racismo-escravismo por longos 66 anos antes da abolição?

Essa não é uma pergunta retórica, mas, sim, um muito necessário chamamento de atenção para tudo o que isso representou para sua gênese enquanto território nacional e um lugar muito particular de existência de uma sociedade pluriétnica e multicultural. De pronto, o que nos cabe aqui ressaltar é que mesmo considerando esse mais de meio século de escravismo de um Brasil já independente, é muito importante problematizar o fato de que esse fim da era colonial de nosso país não ocorreu completamente apartado dos debates mais consequentes a respeito do também necessário fim do perverso e violento sistema escravista que aqui permaneceu mesmo após os 66 anos de "pátria livre", apesar de certa apatia por parte de muitos articulistas em falar mais consequentemente desse tema, tendo como objetivo as suas necessárias correlações com a realidade brasileira de hoje.

Não há como deixar de registrar os levantes, motins e tentativas de revoluções por parte do povo brasileiro em busca não apenas de liberdade do jugo de Portugal, mas também pelo fim do regime racista-escravista, que aqui vigorou por longos 350 anos. Por exemplo, se observarmos que 24 anos é um brevíssimo período de tempo na história de formação de uma nação, o ano de 1822 não esteve tão distante de 1798, quando ocorreu a Revolta dos Búzios (Revolta dos Alfaiates para os "letrados" mais conservadores) na cidade de Salvador que, ainda na esteira dos ventos da Revolução Francesa de 1789, buscava o fim da escravidão, o estabelecimento da república e da igualdade de oportunidades sintetizada na simbólica frase de seus manuscritos espalhados pela Cidade da Bahia no mês de agosto daquela época: *"Animai-vos, povo bahiense, que está para chegar o tempo feliz da liberdade. O tempo em que todos seremos irmãos. O tempo em que todos seremos iguais"*. Por isso, a nossa perspectiva é que não foi por mera coincidência que em apenas um ano após a abolição formal da escravatura tenha sido também proclamada a nossa República, em 1889.

No entanto, e muito infelizmente, a história tem igualmente nos ensinado que os 132 anos de republicanismo pós-escravismo não foram suficientes para eliminar os efeitos mais prejudiciais do racismo por sobre a grande parcela negra de nossa população e, muito menos, para mitigar os efeitos das suas deformações políticas e institucionais na progressão socioeconômica da sociedade brasileira. Na verdade, devido a essa tensa e contraditória sobreposição de momentos muito relevantes para construção do *ethos* do nosso povo, ainda precisamos destrinchar profundamente quais foram os efeitos substantivos para o nosso processo de existência enquanto Estado-Nação, tendo como pano de fundo as desigualdades raciais sistêmicas características daquilo que Piketty,[1] ao tratar sobre a escravidão na era colonial, tão bem classificou de "Sociedades de Desigualdade Extrema".

RACISMO, ESCRAVISMO E SUBDESENVOLVIMENTO

O persistente processo de subdesenvolvimento brasileiro é algo, além de muito complexo, repleto de nuanças pouco exploradas que podem nos indicar alternativas mais compreensivas sobre os motivos mais críticos para que o Brasil, a despeito de ser um dos países que possuem modelos de políticas públicas desenvolvimentistas consolidadas há mais de sete décadas, permanece sendo uma contradição *per se*. Ao mesmo tempo, se estabelece como uma das maiores economias do mundo, mas também como um dos países ocidentais de mais alto nível de pobreza e de desigualdades socioeconômicas extremas e muito peculiares, principalmente quando as questões raciais são levadas em conta para melhor qualificar os conceitos, entendimentos e metodologias para identificar e mensurar, objetivamente, o significado de desenvolvimento, *stricto senso*.

1 Thomas Piketty, *Capital e ideologia*, 2020.

Abstraindo-se das décadas perdidas pela “intelligentsia nacional” produtora e reprodutora da ideologia do mito da democracia racial, sabe-se que as desigualdades raciais no Brasil são os elementos críticos para o entendimento mais consequente dos processos socioeconômicos e políticos institucionais que têm caracterizado a pobreza da maioria de nossa população. Assim, a despeito da diversidade de interpretações acerca da ineficácia e da falta de efetividade das quase centenárias políticas desenvolvimentistas brasileiras, acreditamos que são as disparidades raciais, estruturais e estruturantes, causadas pelo racismo-escravismo, os verdadeiros fatores impeditivos de um processo efetivo de progressão econômica, de um amplo e irrestrito amadurecimento político-institucional e racialmente apropriados de aprendizagens e práticas organizacionais e de gestão de políticas públicas compatíveis ao imperativo de transformações socioeconômicas substantivas em prol da igualdade de oportunidades, de forma sustentável e coerente com o caráter pluriétnico e multicultural da nossa peculiar sociedade.

Partindo dos ensinamentos de Myrdal,[2] temos o convencimento de que é a inobservância das questões raciais enquanto elementos explicativos para geração e perpetuação da pobreza e os efeitos deletérios dela decorrentes o vetor determinante tanto para insuficiente performance dos fundamentos de nossa macroeconomia, como para baixa eficácia e efetividade na formulação e implementação de ações concretas voltadas para a superação das péssimas condições materiais e simbólicas em que vive a maioria de nossa população. Ademais, se direcionarmos um olhar mais apurado do ponto de vista das históricas desigualdades raciais no Brasil, a cada dia fica mais patente que as organizações e os arranjos institucio-

2 Gunnar Myrdal, *An American Dilemma*: the negro problem and modern democracy, 1944.

nais criados para superar o processo do subdesenvolvimento brasileiro não têm sido construídos para cumprirem as suas respectivas funções de forma congruente com um tecido socioeconômico marcado pelos efeitos mediatos e imediatos do racismo, das consequências do secular escravismo e da prática cotidiana de preconceitos e discriminações nas relações sociais de produção e trabalho, de consumo e até mesmo da simples convivência social.

De forma muito resoluta, entendemos que o racismo brasileiro é tão perversamente sofisticado que, para além de se capilarizar de forma geral e ampla para todas as dimensões da sociedade, conseguiu se transformar também em um elemento endógeno aos fundamentos de nossa economia causando distorções concretas no nível micro, meso e macroecômicos e, por isso, toda e qualquer política para superar o nosso subdesenvolvimento e a nossa pobreza passa a ser contingente a essa marca profunda da forma que se deu a progressão dos nossos modelos de desenvolvimento socioeconômicos, os quais, ao fim e ao cabo, tiveram sua existência fortemente pautada por um conjunto de características que tão bem foram sintetizadas por Tilly[3] em suas argumentações sobre a existência de Desigualdades Duradouras fortes e persistentes em organizações, instituições e nações, independentes dos vieses ideológicos formais e desejos de suas respectivas lideranças de ocasião.

É diante dessas perspectivas que podemos constatar que, mesmo após a existência de recentes governos autoproclamados como social democratas (1995-2002), ou ainda, a mais longeva experiência brasileira de um governo considerado por muitos como popular, democrático e de esquerda (2003-2016), o saldo acumulado desses 22 anos ininterruptos de gestão pretensamente progressista continuou revelando modos de intervenção econômica e práticas de adminis-

3 Charles Tilly, *Durable Inequality*, 1999.

tração e de planejamento do desenvolvimento pautados por hierarquias e intolerâncias raciais que deram continuidade ao sentimento deformado de nossas elites econômicas e políticas sobre a genuína e estratégica diversidade étnica e cultural do Brasil, em nome da manutenção dos seus próprios privilégios seculares criados e cristalizados pelo perverso "quatrilho" racismo-escravismo-desigualdades--subdesenvolvimento que, ao fim e ao cabo, são os verdadeiros fatores impedidores de um processo efetivo de desenvolvimento.

A PERVERSA INSTITUCIONALIDADE DO RACISMO BRASILEIRO

Considerando a dimensão e a importância da presença capilarizada da população negra brasileira por todo o território nacional e em todos os ramos de atividades produtivas e sociais, acreditamos ser decisivo reproblematizar, neste simbólico momento de bicentenário da nossa independência, que a baixíssima preocupação com a dimensão racial enquanto elemento endógeno aos macroprocessos de concepção e execução de políticas e gestão do desenvolvimento no Brasil resultaram e ainda resultam em fortes efeitos negativos sobre os fundamentos macroeconômicos básicos, como as já muito conhecidas distorções racialmente exacerbadas no mercado de trabalho (elevados níveis de desemprego/subemprego/informalidade, p.e.) e um histórico padrão de renda *per capita* em valores totalmente incompatíveis com a dimensão da riqueza gerada pela maioria da população da maior "economia negra" de toda a América Latina.

Além do subdesenvolvimento econômico *per se*, percebe-se adicionalmente no Brasil a ineficácia de intervenções institucionais no âmbito da criação e da gestão de políticas públicas em geral, as quais têm sido marcadas por uma resistência institucional atávica contra algumas ações de reparações que poderiam ser mais rapidamente consequentes em áreas nas quais a desigualdade racial tem sido vergonhosamente patente, como educação, saúde e de garantia à vida e aos direitos fundamentais. Na verdade, o que se observa são iniciativas de teor afirmativo pontuais que — muito tardiamente — vêm sendo inseridas no setor público e privado através de proposições quase sempre meramente normativas, carentes de profundidade e cujos efeitos concretos sobre a redução das desigualdades raciais estão muito aquém daquilo que se faz necessário e/ou são disseminados pelas narrativas institucionais de plantão.

Isto é, o fato de nosso país sempre ter possuído uma representação mais do que significativa de pessoas negras no cômputo geral de sua população e marca indelével do *ethos* de nossa sociedade, a criação e a manutenção sustentável de arranjos políticos institucionais e de gestão voltados para a superação das travas socioeconômicas que foram criadas e consolidadas em mais de 350 anos de regime de escravidão, as quais ainda hoje impedem o avanço pleno dessa grande maioria de pessoas, é o que se constitui na linha demarcadora que tem determinado o caráter inercial do subdesenvolvimento brasileiro ao longo de nossa história. Logo, no caso muito particular do Brasil — maior país Negro e culturalmente afro-referente fora da África — a equidade racial nos processos micro, meso e macroeconômicos, até mesmo por uma questão de escala, se estabelece, necessariamente, como a condição técnica mínima exigível para garantir mudanças paradigmáticas positivas nos grandes agregados de todo o sistema socioeconômico, os quais, por definição, são a base material que possibilita a progressão e a estabilidade de quaisquer modelos de desenvolvimento, independentemente da matriz teórica ou mesmo ideológica sobre a qual se pretenda fazer esse debate.

Sendo assim, a não superação do nosso processo histórico de subdesenvolvimento e o consequente não atingimento de uma maior capacidade de desenvolvimento socioeconômico nacional não nos parece ser algo fora da base de conhecimento já existente ou que deva ser contingente à necessidade prévia de transformações paradigmáticas nas relações sociais de produção e consumo em que estamos inseridos, para que mudanças significativas sejam operadas. Ao contrário, muito antes disso, o que se faz imperativo revelar, de forma urgente, teórica e tecnicamente objetiva, é em que medida o conjunto das intervenções econômicas, político-institucionais e de gestão do desenvolvimento do país tão desigual e subdesenvolvido em que vivemos deve ser creditada à ineficácia e à falta de efetividade dos modelos de desenvolvimento aqui implantados por deficiências de natureza cognitiva dos pensadores e *policymakers* que hegemonizaram as suas "soluções de prateleira", e/ou, se foi fruto, tão somente, de uma espécie sofisticada de perversão específica do *modus operandi* do racismo brasileiro, que, independentemente do espectro de narrativas político-ideológico ou mesmo das ortodoxias e heterodoxias acadêmicas disponíveis, criou em nosso país uma sofisticada rede daquilo que Acemoglu[4] qualifica de "Instituições Econômicas Extrativistas".

Pior do que tudo isso é constatar que, a partir da inauguração do Governo Bolsonaro em 2018, está havendo uma completa destruição das iniciativas que foram elaboradas para superar o conjunto de entraves institucionais com vistas à implementação de um verdadeiro processo de desenvolvimento com equidade, particularmente aquelas que foram institucionalizadas pelos governos eleitos após a Constituição Brasileira de 1988, especialmente nos

4 Daren Acemoglu; James Robinson, *Por que as nações fracassam*: as origens do poder, da prosperidade e da pobreza, 2022.

períodos 1995-2002 e 2003-2014. De fato, a tomar pelos públicos e notórios registros nacionais e internacionais da *debacle* dos fundamentos da nossa economia e da performance do Governo Federal brasileiro enquanto (anti)gestor da pandemia da Covid-19, que já levou à morte quase 700 mil pessoas no nosso país, pode-se avaliar o caráter nocivo e muito particular dos últimos três anos e meio da gestão pública em nível federal, pelo extremismo, negacionismo e a total falta de organização econômica e política-institucional.

TESSITURAS FINAIS

O que se percebe, e a cada dia de forma mais evidente, é que a era de Bolsonaro à frente de nossa ainda frágil república já pode ser considerada como o mais denso período de desmonte político-institucional, cuja intencionalidade é alcançar e destruir estruturas básicas do nosso Estado-Nação desde os anos primordiais do nosso republicanismo até os dias de hoje, à medida que o seu governo se pauta, claramente, por ideologias racistas, xenófobas, bélicas, genocidas e etnocidas, de uma maneira jamais vista na história de nosso país, cujo *modus operandi* parece indicar um estratégia para implementar no Brasil uma sociedade sem nenhum traço de princípios humanistas e de respeito aos legados civilizatórios dos povos que deram origem à nossa Nação.

É diante de todo esse contexto — registrado diariamente tanto pelos veículos tradicionais de comunicação do Brasil e do Mundo, como pelas próprias ações públicas do próprio presidente e de toda a sua "milícia político-digital-institucional" que fazem uso diuturno das redes sociais e demais arranjos organizacionais em prol da disseminação de suas ideologias — que podemos afirmar ser incontroverso que o regime em implementação pelo "capitão da reserva" busca se constituir numa espécie de catalisador, não apenas para a reversão dos avanços obtidos nos interregnos dos governos e momentos progressistas experimentados pelo Brasil, mas, principalmente, para resgatar, consolidar e dar sustentação às desigualdades raciais e ao subdesenvolvimento enquanto elementos aceleradores para o impedimento do exercício de uma democracia, posto que, a rigor, a existência de uma democracia plena pressupõe um nível de igualdade de oportunidades equânime entre os diversos grupos e classes sociais, o que só é objetivamente possível num ambiente político-institucional de cada vez menos constrangimentos socioeconômicos e cada vez mais liberdade de escolhas, inclusive as de natureza política e política-eleitoral.

Sendo assim, essa nossa breve reflexão busca chamar atenção para a necessidade de aprofundamento de discussões e ações para contribuir para a estruturação de correlações e causalidades entre as desigualdades raciais, o subdesenvolvimento e a fragilidade democrática experimentada atavicamente pelo nosso país desde sua inauguração enquanto Estado-Nação. Nesse diapasão, e de maneira igualmente importante, é um alerta para "estarmos atentos e fortes", porque este ano de 2022 configura-se também como um momento decisivo para o futuro do nosso país, à medida que, no bojo das comemorações do bicentenário de nossa independência, estamos diante de um dos momentos políticos mais delicados para a garantia de nossa ainda frágil democracia e das cambaleantes estruturas da república que vêm sendo covardemente testadas e provocadas pelos ataques e cercos golpistas patrocinados pelo governo eleito em 2018.

AINDA PENDÊNCIAS DO BRASIL

CUTI

Cuti é pseudônimo de Luiz Silva, escritor, formado em Letras pela Universidade de São Paulo (USP), mestre e doutor em Literatura Brasileira pela Unicamp. Foi um dos criadores da série *Cadernos Negros* (1978) e do grupo Quilombhoje (1980). Publicou, dentre outros livros: *Negroesia, Contos Crespos, Literatura Negro-Brasileira, Lima Barreto, Quem tem Medo da Palavra Negro, Contos Escolhidos, Tenho Medo de Monólogo & Uma Farsa de Dois Gumes, Axéconchego, A Pupila é Preta.*

ANTONIO TERRA

verdadeira mesmo
não veio
mas um dia virá
pois território invadido
se consegue ser estado
mais difícil é ser nação
independência de fachada
com desfile
com fanfarra
muito esconde abertas chagas

avermelhando nosso chão
e abertas chamam chamas
consciência
ânimo
e poderosa paixão

há de vir
independência um dia
não essa hipocrisia
fervendo abismos
de ambição
montada em privilégios
desde a partição
do território em sesmarias
propriedade a quem era propriedade
não

se 30%
hoje quase não come
mal tem onde morar
66 anos de corrente
a mais
independência 200 anos
por que comemorar?

66 anos até a abolição
mais que o tempo de bloqueio
do **h**aiti pelas nações
euro-colonialistas
visceralmente assustadas
com vingança escravizada

já na sombra dos quilombos
sempre posta em seus encalços

cofres arrombados
ouro e prata assaltados
gordas naus
de volta segue o rei e sua corja
fica o filho então flertando
com traficantes
e latifundiários
ao poder tão delirantes

o rapazinho pressionado
se escorrendo pelas calças
logo após levanta a espada
o ipiranga dá risada
e centrão daquela época
salivando bate palmas
olhos cobiçosos
para infinitas mamatas

independência de quem, meu povo
se a maioria era moída
seu sangue caldo de cana
pó de ouro
e cafeína?
terra mesmo
nem um palmo nos coube acima
por isso é assédio moral
a quem seja
obrigar exaltação àquela vil realeza

violenta e assassina
consagrada em maquilagem
maquiavélica divina

primeira constituição do país
foi a do imperador
uma palavra sequer
contra dor da escravidão
inspirada bem foi ela
pela santa inquisição
tráfico de gente
perdeu toda estribeira
benzidos os tumbeiros
racismo lei do coldre
e da algibeira

um dia virá
independência humana
proteção ambiental
para o bem viver
mata **a**tlântica
cerrado
amazônia
pantanal
refeição orgânica
nosso prato social
o agro agrofloresta
energia não mais fóssil
sim eólica
elétrica e solar

há de vir
pois o que veio
cruz se fez espada
a espada
pistola e espingarda
canhão
e com o tempo
fuzil
metralha
em todos os cenários
à maioria ludibrio
e a singular
mortalha

independência virá
pois o que veio
maldade à frente
deste país continente
assalto à mão jagunça
crescente desmatamento
queimada
agrotóxico o mais exótico em veneno
deserto tossindo vírus
enfermidades
cada vez mais fortes
milhões de agentes
de um mundo áspero
asqueroso
onde o co2
é cada vez mais poderoso

independência virá um dia
cancelar concentração
de renda e riqueza
partilhar diversidade
alegria, cultura, arte
beleza
nossa maior fortuna
identidade plural
ainda que ameaçada
agredida
viceja

há de vir porque não veio
eis que ouviram
de um déspota mesquinho
aclamado, consagrado, coroado
fitinha verde amarela
contra a outra azul e branca
o grito do arbítrio
que até hoje em nós ressoa
seguimento da rapina
do total da terra indígena e quilombola
pela égide da coroa
não se fez reforma agrária
mas brancas commodities
racialmente hereditárias

um dia há de vir
independência virá
redistribuição das terras
ainda que tardia

ao **j**osé e à **m**aria
preservados os quilombos
respeitada a terra indígena

há de vir
pois o que veio
desde as tantas incursões
que palmares vitimaram
e outras organizações
por safado viés sagrado
dando benção à gente armada
em sucessivos massacres

há de vir
independência um dia
nas asas samba
rap e ginga
mexendo a mente inteira
harmonia com os pés
e as cadeiras
iluminando outras revoltas
e fecundas sementeiras

virá
pois o que veio
foram doenças
violência
manicômios
prisões abarrotadas
proteção ao latifúndio
isenções aos magnatas

independência virá
um dia
com sabor de liberdade
democracia sustentável
em que o povo solidário participe
sempre mais cooperativas
equidade em toda parte
feito elã comunitário
paridade criativa

há de vir
pois o que veio
perverso e tão sem freio
estado escravagista
e de permeio
doutrina de grilagem
cabeças decepadas
corpos mutilados
padrões de crueldade
hierarquias raciais
pelas forças do mercado
do velho continente

independência há de vir
sorridente em melanina
natural sabedoria
da floresta pra cidade
da cidade pra floresta
com ar puro
boa pesca
tecnologia que liberta e emancipa

povo negro
pobre
de toda periferia
no campo, na indústria e no comércio
educação bem refinada
a todos e sadia

virá um dia
independência de corpo inteiro
(ainda não veio)
pois segue a invasão
racismo, misoginia
genocídio, homofobia
cativeiro
o próprio estado
violador de direitos
promotor de prisão

a independência que não veio
um dia virá
com oportunidades iguais
um grande basta
à sociedade de castas
não mais bandeiras e entradas
em discurso ou ato
nem tampouco exército
de capitães do mato

independência
um dia há de vir
pois ainda

comemoram e afrontam
o povo preso
a evidentes ou sorrateiros
libambos contemporâneos
desemprego
precaríssimo salário
delirante desespero
retorno sob vara para o mapa da fome
sempre esmola aviltante
e nas cortes
leite moça, camarão, picanha,
viagra, uísque, espumante

há de vir
independência virá
acabar com o suicídio do país
de forma lenta, gradual, segura
todos os dias
pelas mãos de governantes
e gerentes da usura

virá independência
então teremos
memorial do genocídio brasileiro
povos tradicionais
sacrificados primeiro
depois os quilombolas
os que restam resistentes
de **z**umbis a **m**arielles
tiradentes, **c**onselheiros,
freis **c**anecas, **j**oões **c**ândidos,

marighellas, **c**hicos **m**endes, **s**imãos **b**ororos,
rodolfos **l**unkenbein, **h**erzogs, ângelos **x**avier, **d**oroty's,
amarildos, **k**athleen's, ângelos **k**retã, **c**láudias,
moas do **k**atendê, ágatas, **j**oões **p**edros, **m**oïses, **j**oões **f**reitas,
brunos, **k**iwixi's, **d**om's,
tantos muito mais
e vítimas anônimas
das cruéis mortes individuais e chacinas plurais
carajás, **v**igário **g**eral, **c**andelária, **c**abula,
jacarezinho, **p**araisópolis, **v**ila **c**ruzeiro,
complexo do **a**lemão...
terão seus nomes gravados
na memória da nação
e de outra independência
que no tempo há de ter a conclusão:
- fora! estátuas, monumentos,
nomes de ruas ou praças
de genocidas, ecocidas, ditadores
fake-heróis
benfeitores da desgraça

independência virá
pois o que veio
foi martírio do mercúrio
e do rejeito
contra gente, fauna e flora
rio sangrando pelas margens
e em seu leito

o tal grito principesco
foi somente

para a maioria das gentes
morte
independência nenhuma
apenas corrente
mais violência
campo de concentração
fazenda
trabalho forçado
sangrando o futuro
em abandono e delinquência

ainda não veio
mas independência virá
não com **d**om **s**ebastião
voltando após perdido
o seu lugar
ou com outro salvador
para o povo redimir
independência há de vir
pela consciência e ação
povo organizado
poder de reagir
à dopagem de ilusão

não veio
mas ainda virá
quando juros mais que um dígito
de lesa-pátria for um crime
autocracia escravocrata
dá com uma
com a outra mão retira

ética, fé, moral
faz virar
tudo mentira

virá de onde veio
do país o grande esteio
das raízes que se abraçam
em sofrimento e muito anseio
desde fugas pelo mato
a caminho dos **p**almares
quem mais soube sabe
suar por liberdade
desde sempre a trabalhou
na labuta secular
e agora o ideário
comer toda agonia
banzo e letargia
revolucionar toda reforma
pela base e derrotar
os ladrões da mais-valia

todo povo brasileiro
salve e viva a utopia!

DOS JULGAMENTOS DA INQUISIÇÃO AOS DAS URNAS: A RESISTÊNCIA LGBTI+ NEGRA BRASILEIRA

JAQUELINE GOMES DE JESUS

Professora de Psicologia do Instituto Federal do Rio de Janeiro (IFRJ) e do Departamento de Direitos Humanos, Saúde e Diversidade Cultural da Escola Nacional de Saúde Pública Sérgio Arouca da Fundação Oswaldo Cruz Pós-Graduação em Ensino de História da Universidade Federal Rural do Rio de Janeiro (UFRRJ) e do Programa de Pós-Graduação em Bioética, Ética Aplicada e Saúde Coletiva. Doutora em Psicologia Social do Trabalho e das Organizações pela Universidade de Brasília (UnB), com Pós-Doutorado pela Escola Superior de Ciências Sociais e História da Fundação Getúlio Vargas (CPDOC/FGV). Primeira gestora do Sistema de Cotas para Negras e Negros da UnB, como assessora de Diversidade e Apoio aos Cotistas e coordenadora do Centro de Convivência Negra, entre 2004 e 2008. Foi autora e organizadora do livro *Transfeminismo: Teorias e Prática*, primeiro em língua portuguesa sobre o tema.

ACERVO PESSOAL

O Estado brasileiro fracassou quanto ao projeto social: apesar de progressos passados, localizados principalmente na Era Lula-Dilma, e do avanço das ações afirmativas, continuam monopolizados os meios de comunicação, as lideranças políticas institucionais e os ganhos econômicos, em termos étnico-raciais, de gênero e sexualidade.

Entretanto, a luta dos oprimidos não é inócua, segundo Moscovici.[1] O poder das minorias ativas está em contestar as concepções hegemonicamente condicionadas, transformando-as para que se aproximem do ideal que almejam.

Nesse sentido, o presente capítulo visa a discutir os duzentos anos de Independência do Brasil considerando a colonização e seus impactos na contemporaneidade, no que tange em especial à subcidadania crônica da população negra, a partir da diversidade sexual e de gênero, analisando a resistência da população de Lésbicas, Gays, Bissexuais, Travestis, Transexuais, Intersexo e demais grupos não hegemônicos em termos de orientação sexual, identidade de gênero e conformação anatômica/genital e cromossômica (LGBTI+), particularmente negra, mesmo que episodicamente, à luz de uma proposta de civilização brasileira, a partir de um atravessamento entre resistências individuais, movimentações coletivas e produção acadêmica, imprescindível para se historiar essa população.[2]

TRAVESSIAS NEGRAS DE XICA MANICONGO A MADAME SATÃ

> [...] esta também é uma História, a nossa. A dos opressores e a dos oprimidos. A do pensamento eurocêntrico e a das epistemologias 'amefricanas' (Gonzalez, 1988), que se constituem na complexa reali-

1 Serge Moscovici, *Psicologia de las minorias activas*, 1981.

2 Rita C. C. Rodrigues; Elias F. Veras; Benito B. Schmidt, *Clio sai do armário*: historiografia LGBTQIA+, 2021.

dade psíquica e cultural brasileira, que nos constitui como sujeitos de uma América Africana La(t/d)ina. Um olhar a partir das vidas trans, tão longamente apagadas, violentadas, assassinadas.[3]

Desde o final do século 20, há gerações que vêm construindo caminhos na contramão de realidades que determinam o trabalho informal, marginalizado, particularmente o sexual, como única forma de sobreviver enquanto pessoa trans. Esse momento é fruto complexo de legados, geralmente descontinuados, e ostensivamente silenciados, porém evidentemente potentes.[4]

O resgate da existência e da resistência de personagens históricas LGBTI+ que fazem parte de memórias esquecidas da história e da identidade cultural do Brasil, principalmente quando são pessoas negras, é um desafio historiográfico extremamente complexo, que esbarra em lógicas cisgêneras,[5] heteronormativas[6] e cisnormativas,[7] profundamente internalizadas até mesmo no Movimento Negro,[8] e de branquitude e "gaycentradas" presentes no Movimento LGBTI+.

Para tanto, torna-se necessário o exercício de pesquisas e demais recursos de abordagem e visibilidade das questões do universo de travestis e transexuais e de sua presença no mundo, especialmente um comprometimento com o resgate, registro e divulgação

3 Jaqueline G. de Jesus. Xica Manicongo: a transgeneridade toma a palavra, *Revista Docência e Cibercultura*, 2019, p. 251.

4 Jaqueline G. de Jesus, *Transfeminismo:* Teorias e Práticas, 2014.

5 Referente a pessoas que se identificam com o gênero que lhes foi atribuído quando nasceram.

6 Referente a normas sociais que privilegiam uma forma de vivência e expressão da sexualidade baseada em um modelo único e restrito de heterossexualidade.

7 A cisnormatividade corresponde a um conjunto de crenças de superioridade sobre gênero que fundamentam práticas cotidianas de invisibilização e estigmatização de pessoas trans (Simakawa, 2015).

8 Megg R. G. de Oliveira, 2018.

das memórias de quem foram as *transvestigêneres*[9] no cenário de território brasileiro.[10]

Os dados brutos são encontrados, por exemplo, no arquivo da Torre do Tombo, em Lisboa, Portugal, representando o período inquisitorial que julgava os hoje denominados LGBTI+ enquanto pecadores; nos arquivos policiais, que criminalizavam vidas LGBTI+ mesmo quando não havia código legal que penalizasse orientações sexuais e identidades de gênero; e nos documentos médicos, em instituições de saúde como os manicômios, que consolidavam a patologização das identidades LGBTI+.

Vale comentar que isso persiste, mesmo com a luta antimanicomial, e após a despatologização da homossexualidade pela Organização Mundial da Saúde, em 1990, com práticas deletérias denunciadas, como as falaciosas terapias de "reorientação ou conversão sexual", chamadas de "curas gays", ocorridas em instituições terapêuticas de cunho religioso neopentecostal.[11]

A partir do garimpo nessas fontes primárias, que precisam ser exponencialmente expandidas pelas próximas gerações de pesquisadores, surgiram artigos e livros que identificaram a presença de figuras como a atualmente denominada Xica Manicongo, uma africana do Congo escravizada e vendida na cidade de São Salvador da Bahia de Todos os Santos, capital da colônia portuguesa que se tornaria o Brasil, também conhecida, posteriormente, como Cidade da Bahia ou simplesmente Salvador, então colônia de Portugal, nos idos de 1591,[12] cujo registro se deve à extensa pesquisa de Luiz Mott sobre a perseguição aos "sodomitas" no Brasil:

9 Termo criado pelas militantes Erika Hilton e Indianara Siqueira como sinônimo de transexuais, travestis e demais pessoas trans (Correia, 2022).

10 Megg R. G. de Oliveira, *op. cit.*

11 Conselho Federal de Psicologia, *Em defesa da Resolução 01/99, CFP aciona STF*, 2018.

12 Jaqueline G. de Jesus, Xica Manicongo: a transgeneridade toma a palavra. *Revista Docência e Cibercultura*, 2019, v. 3, n. 1.

> [...] o primeiro caso de travestilidade que se tem notícias em áreas urbanas, também envolve uma africana. Trata-se de Francisco Manicongo, residente em Salvador, que exercia o ofício de "sapateiro" e desafiava as normas de gênero, borrando as fronteiras daquilo que era tido como feminino e masculino e saía às ruas com um pano cingido ao corpo para mostrar aos outros negros que servia de "mulher paciente".[13]

Andava por Salvador vestida conforme a tradição dos quimbanda,[14] tachados pejorativamente como membros de "uma quadrilha de feiticeiros sodomitas",[15] coberta com um pano que prendia com o nó para a frente. Isso incomodou um cristão-velho[16] chamado Matias Moreira, que, após a interpelar mais de uma vez para que se vestisse como "homem", e ante à recusa dela, mesmo sendo escravizada, aproveitou-se da primeira visita da Inquisição Portuguesa ao Brasil, denominada visitação, em 1591, para denunciá-la por sodomia, crime que não se restringia ao que hoje entendemos por homossexualidade ou transexualidade, mas abrangia qualquer prática não reprodutiva classificada como "nefanda", como sexo oral ou anal entre homens e mulheres, mesmo os casados.[17] Para continuar viva, Xica abriu mão de se vestir como quimbanda.[18]

13 Luiz R. B. Mott, Raízes históricas da homossexualidade no Atlântico lusófono negro, *Revista Afro-Ásia*, 2005, n. 33, p. 7.

14 O termo é banto, referindo-se a pessoas que hoje enquadraríamos como LGBTI+, e significa, basicamente, "invertido", tendo adquirido também o sentido de "curador" e, posteriormente, para os umbandistas do século 20, referindo-se a um ramo de sua religião.

15 Quimbanda Dudu, *Boletim do Quimbanda Dudu* — Grupo Gay Negro da Bahia: Direitos Humanos, Diversidade Sexual e Cidadania dos Afro-Brasileiros, 2005, n. 6, p. 27.

16 Ou "cristão puro", era um termo com fins ideológicos, para demonstrar prestígio, designando o cristão que não foi judeu nem tinha antepassados judeus.

17 João S. Trevisan, *Devassos no Paraíso*: A Homossexualidade no Brasil, da Colônia à Atualidade, 2007.

18 Luiz R. B. Mott, *op. cit.*

Importante destacar que outras pessoas LGBTI+ foram denunciadas na primeira visitação, como Felipa de Souza, portuguesa, entre outras 28 lésbicas, tendo sido ela a única condenada, em 1592 (provavelmente por ser a mais pobre ou com menos relações com poderosos da época), ao degredo perpétuo, após torturas e humilhações públicas, vindo a ser obrigada a trabalhar nas galés até a morte.[19]

Ao refletir sobre o impacto da figura histórica de Xica Manicongo na contemporaneidade, principalmente no campo das representações artístico-culturais, destaca-se uma leitura popular não necessariamente anacrônica, mas reflexiva quanto à resistência das lutas de pessoas trans na cultura do Brasil, que persistem há séculos, provocando ressignificações em diferentes aspectos:

> Para termos consciência de quem somos precisamos de memória, de ter conhecimento de nossa história, de onde viemos, de que a nossa população lutou, e morreu, para que tivéssemos os mínimos direitos dos quais hoje gozamos.[20]

Já no século 20, Madame Satã (1900-1976) apresentou-se como uma personagem marcante no cenário da cultura e boemia carioca, principalmente na cidade do Rio de Janeiro dos anos 1930, então capital da República. Fluidamente considerada como gay, outrora como travesti ou mesmo uma pessoa transvestigênere, dependendo da pessoa interlocutora, ela era sobretudo uma pessoa que resistiu às normas da moral e dos bons costumes. Rotulada como malandra, driblou o preconceito e a discriminação racial sofrida,

19 Ronaldo Vainfas, *Trópico dos pecados*: moral, sexualidade e Inquisição no Brasil, 1989; Luiz R. B. Mott, *O lesbianismo no Brasil*, 1987; Luiz R. B. Mott, *Homossexuais da Bahia*: dicionário biográfico (séculos XVI-XIX), 1999.

20 Jaqueline G. de Jesus, Xica Manicongo: a transgeneridade toma a palavra, *Revista Docência e Cibercultura*, 2019, v. 3, n. 1, p. 254.

em meio a cenário de repressões policiais e forte conservadorismo na cidade do Rio desconstruindo padrões da moral e dos bons costumes.

Estudando o chamado "travestismo" na Bahia no século 19, Santos[21] observou que as travestis, enquadradas como homossexuais masculinos, pecha ainda recorrente em alguns espaços menos atentos ou negligentes quanto à identidade de gênero das pessoas trans, mais que serem vigiadas pelo corpo social e julgadas a partir de categorias como despudor, vergonha e ridículo, passaram a ser controladas principalmente pela polícia.

Madame Satã representa um sujeito coletivo desse período, por meio das repressões que vivenciou pelas ruas da Lapa, como segurança de bares e inferninhos, ou nas prisões pelas quais passou, contabilizando décadas, experiência comum a pessoas de expressão de gênero não conforme para a época, como Cintura Fina,[22] que não por acaso também era negra. Essa é uma marca étnico-racial, de gênero e sexualidade sistematicamente ignorada pelos estudiosos dos duzentos anos de independência do Brasil, em especial os que investigam o modernismo, o qual é apresentado de forma embranquecida, higienizada e distante das ruas da malandragem.

Em 1938, segundo Green,[23] amigos de Madame Satã a convenceram a participar do concurso de fantasias do baile de carnaval no Teatro República, próximo da Praça Tiradentes, centro da cidade do Rio de Janeiro. O evento foi promovido por um grupo de carna-

21 Jocélio T. dos Santos, Incorrigíveis, afeminados, desenfreiados: indumentária e travestismo na Bahia do século XIX, *Revista de Antropologia*, 1997, v. 40, n. 2.

22 Luiz Morando, *Enverga, mas não quebra*: Cintura Fina em Belo Horizonte, 2020.

23 James N. Green, O Pasquim e Madame Satã, a "rainha" negra da boemia brasileira, *Topoi*, 2003, v. 4, n. 7.

val de rua antológico, formado principalmente por homens homossexuais e travestis, o "Caçadores de Veados":

> Era realmente um desfile que atraía turistas de todas as partes do Brasil e de países estrangeiros. Todos aplaudiam muito, e as *bichas* concorrentes ganhavam prêmios bons e retratos em alguns jornais e iam ficando famosas.[24]

Desde então participou ativamente do teatro de revista, com períodos afastada devido a décadas sendo presa, até os anos 1950.[25] Apesar de sua atuação concentrar-se no começo do século 20, foi a partir dos anos 1960 que a presença de Madame Satã na vida cultural foi retratada para além das páginas policiais, no contexto da resistência à Ditadura Militar instaurada pelo Golpe de 1964, por meio de publicações como *O Pasquim*,[26] que encontraram em sua personalidade e atitudes uma abertura para a possibilidade de narrativas fora da sisudez e da caretice, insubmissas ao autoritarismo, pela sua necessária transgressão.

Para além de ser conhecida pelas classes populares, das quais advinha e com a qual dialogava (não havia, portanto, a falsa separação, recorrente hoje no pensamento político de dirigentes partidários brasileiros, inclusive de esquerda, entre ser LGBTI+ e ser da classe trabalhadora, tendo base popular), considero que Madame Satã tornou-se uma referência intelectual, e não apenas uma referência *para* os formalmente reconhecidos como intelectuais da época.

24 *Ibidem*, p. 201.
25 Rita C. C. Rodrigues, Artes de acontecer: viados e travestis da cidade do Rio de Janeiro do século XIX a 1980, *Revista Esboços*, 2016, v. 23, n. 35, p. 103.
26 *O Pasquim* foi um semanário editado entre 26 de junho de 1969 e 11 de novembro de 1991, reconhecido pelo diálogo entre contracultura e intelectualidade que se opunham ao regime militar.

DOS TEATROS DE REVISTA À ORGANIZAÇÃO POLÍTICA LGBTI+

Os movimentos culturais supramencionados irão se materializar em empreendimentos coletivos protagonizados por pessoas LGBTI+, por exemplo, na fundação da Turma OK, em 1962, na cidade do Rio de Janeiro, promovendo desfiles de atores transformistas, publicando o boletim Okzinho[27] e existindo até hoje.

Os meados do século 20 testemunharam a efervescência da vida cultural carioca, marcadamente pela cena teatral, em que se destacava a travestilidade enquanto experiência cênica, conhecida como "travestismo artístico", e adotada por travestis como forma de vivenciarem sua identidade de gênero pelo menos quando em cena ou praticada por gays como maneira de expressarem afetos, particularmente durante o Carnaval.[28]

O transformismo era característica marcante para atração do público, por mais que pessoas LGBTI+ continuassem sendo discriminadas no cotidiano (o que reflete ainda na relação de consumo massivo de arte produzida por *drag queens*, principalmente as brancas que não são travestis ou mulheres trans, ao passo em que o Brasil detém os maiores números absolutos de transfeminicídio no planeta), perseguidas pela polícia e estigmatizadas pelo discurso moralista recorrente nos meios de comunicação:

> Ao passo em que havia mais liberações (ou seria libertações?) comportamentais pela cidade, na contramão vinha as duras críticas de jornalistas que usavam de uma moral conservadora para condenar tais atos cometidos por 'vítimas de desarranjos glandulares', como

27 Arquivo Edgard Leuenroth, Turma OK, *Unicamp*, 1995.

28 James N. Green, *Além do Carnaval.* A homossexualidade masculina no Brasil do século XX, 2000.

um jornalista da revista Manchete se referiu a travestis, transexuais e gays da prostituição que viviam em Copacabana, nos anos 1950.[29]

Ora, esse período irá durar e encontrar seu auge nos anos 1970, tendo como destaques artistas como Rogéria, Jane Di Castro, Divina Valéria e Ivaná,[30] entre outras, porém contando também com artistas negras, como Divina Aloma, que me relatou pessoalmente ter sofrido racismo, quando, por exemplo, o seu camarim no Teatro Rival era separado do das artistas brancas e denominado por algumas delas como "senzala", entre outras recorrências e apagamentos contra si, substancialmente decorrentes de racismo.[31]

Já no fim dos anos 1970, marcando a decadência do regime militar que governou o Brasil até 1985, pequenos grupos LGBTI+ começaram a organizar um movimento coletivo, de cunho político, para além do cultural, em prol dos direitos das LGBT, começando a se reunir clandestinamente, até organizarem grupos de conscientização desde os espaços guetificados e semiclandestinos, em consonância com os movimentos feministas e o movimento negro, por mais que houvesse barreiras entre eles, mobilizando-se contra a repressão, inclusive por meio de adesão aos movimentos trabalhistas e sindicais.[32]

Vivendo a redemocratização do país e enfrentando a epidemia do vírus HIV/AIDS sem apoio do Estado brasileiro, a sociedade civil LGBTI+ organizada participou dos debates da Assembleia Nacional

29 Antonio R. C. de Lion, Ivaná: a grande dúvida no teatro de revista dos anos 1950, *Revista de História*, 2015, v. 7, n. 14, p. 105.
30 Alberto Camarero; Alberto de Oliveira, *Divina Valéria*, 2021.
31 Fábio H. Lopes, Subjetividades travestis no Rio de Janeiro, início da década de 1960. Aloma Divina, *Revista TransVersos*, 2019, n. 14.
32 James N. Green; Renan Quinalha; Marcio Caetano; Marisa Fernandes, *História do Movimento LGBT no Brasil*, 2018; Renan Quinalha, *Contra a moral e os bons costumes*: a ditadura e a repressão à comunidade LGBT, 2021.

Constituinte de 1987, registrou as primeiras candidaturas de pessoas LGBTI+,[33] como a de Kátia Tapety, eleita vereadora de Colônia do Piauí em 1992, tornando-se assim a primeira pessoa trans eleita na História do Brasil.

Durante os governos do Presidente Lula e da Presidenta Dilma Rousseff o movimento LGBTI+ encontrou espaço na estrutura estatal, em conselhos nacionais de políticas públicas, nas conferências temáticas e em programas como o Brasil sem Homofobia, de 2004, em uma abertura sem precedentes do Poder Executivo, que foi frustrada com o recrudescimento do fundamentalismo religioso e do conservadorismo no Poder Legislativo,[34] coincidente com a execução, por milicianos, da vereadora Marielle Franco, mulher negra LGBTI+ com origem na Maré, complexo de favelas da cidade do Rio de Janeiro, seguida da eleição do presidente Bolsonaro, conhecido pelos discursos de cunho homofóbico e pela proximidade com as milícias.

Tais retrocessos não impediram um movimento de renovação de quadros políticos com representação LGBTI+, que se potencializou em candidaturas coletivas, com maior incidência após as eleições de 2018. Nomes como os da deputada estadual pelo estado de São Paulo, Erica Malunguinho, da vereadora Erika Hilton pela cidade de São Paulo, da vereadora Linda Brasil, por Aracaju, da vereadora Duda Salabert, por Belo Horizonte, e da vereadora Benny Brioly, por Niterói, multiplicando as vozes LGBTI+ na institucionalidade, destacando-se as trans negras.[35]

33 Cleyton F. Pereira, Diversidade sexual e partidos políticos: uma análise da cidadania LGBT nos estatutos partidários. In: Associação Brasileira de Ciência Política (org.), *Anais do 11º Encontro da Associação Brasileira de Ciência Política*, 2018.

34 Bruna A. Irineu, *Nas tramas da política pública LGBT*: um estudo crítico acerca da experiência brasileira (2003-2015), 2019.

35 Jaqueline G. de Jesus; Julia P. Bueno; Fredson O. Carneiro; Nelson S. C. Neto, Participação política da população LGBTI+ e processo eleitoral. In: Luiz E. Fachin;

CONSIDERAÇÕES FINAIS TRANSAFROCENTRADAS

Entende-se que os territórios ocupados por LGBTI+ brasileiros e a sua cultura não podem ser desconectados de uma ancestralidade, indo além de concepções biologicistas, sendo de fato tradicionais, apesar do senso comum que lhes nega o caráter histórico, principalmente quando nos remetemos à população trans:

> Almejamos então novos caminhos de compreensão da ancestralidade do corpo que não corroborem com os mecanismos dominantes da cisnormatividade e da branquitude e que possam, talvez, a partir de percursos poéticos, reinventar-se. Tendo partido do reconhecimento de matrizes étnico-raciais não-hegemônicas na compositividade do corpo, aventamos a poética transgênera como uma pista de questionamento da genealogia da reprodutividade.[36]

É salutar que uma quimbanda da virada do século 16, Xica Manicongo, gere identificação com a população trans contemporânea, entendida como travesti preta e compreendida no campo do enfrentamento à cisnormatividade[37]: esse é um empreendimento intelectual impulsionado pela apropriação do pensamento transfeminista e que se expressa na prática, por meio de diversas ressignificações da figura histórica, para além do campo cultural.

O conhecimento se torna afeto, e as caminhadas desse sujeito coletivo passam por Madame Satã, as artistas travestis do teatro de

Renísia C. G. Filice; Polianna P. dos Santos; Lorena S. Santos; Vinícius Q. de Oliveira, *Sistematização das normas eleitorais*: eixo temático VII: participação política dos grupos minorizados, 2022.

36 Dodi T. B. Leal, Pesquisa de campo em artes do corpo em cena: o desenho da transcestralidade indígena e as fissuras poéticas na árvore cisgênero-lógica de matriz europeia, *Cadernos do GIPE\CIT*, 2019, n. 42, p. 243.

37 Icaro B. Gaspodini; Jaqueline G. de Jesus, Heterocentrismo e ciscentrismo: crenças de superioridade sobre orientação sexual, sexo e gênero, *Revista Universo Psi*, 2020, v. 1, n. 2.

revista e chegam a figuras políticas dos tempos correntes, e todas, não por acaso, tornadas alvo de violência política de gênero, marcadamente racista.

Os grupos minorizados (tornados "minorias") em função do preconceito contra a sua orientação sexual e/ou identidade de gênero, apropriaram-se de sua identidade coletiva e, na atual conjuntura, buscam uma asserção de sua presença na sociedade por meio da participação política, desse modo questionando as precondições de convivência e possibilitando uma coexistência entre maioria e minorias no Estado democrático que não signifique apagamento de sua diversidade étnico-racial.

Conclui-se que as lutas da população LGBTI+ brasileira negra foram nucleares para essas transformações ao longo dos séculos, mesmo que invisibilizadas, de modo que a sua retomada em termos de resgate da memória e investimento concreto em sua participação política, por meio, por exemplo, de garantia de sua participação no processo eleitoral, como pessoas candidatas efetivamente valorizadas e que recebam investimentos concretos dos partidos a longo prazo, são um caminho fundamental para a consolidação de uma nação que valorize a vida, na sua pluralidade que também é de gênero e sexual, e não a morte.

Os LGBTI+ também são Brasil, e sem eles jamais haverá democracia de fato.

UM CINEMA NEGRO PARA DECOLONIZAR O BRASIL

JOEL ZITO ARAÚJO

DIVULGAÇÃO

Premiado roteirista, produtor e cineasta, conhecido por tematizar o negro na sociedade brasileira, é doutor em Ciências da comunicação pela ECA/USP e fez pós-doutorado no departamento de rádio, TV e cinema na Universidade do Texas, em Austin, nos Estados Unidos, onde também foi professor. Foi criador e coordenador do Curso de Cinema Lato-Sensu no M_EIA Mindelo Escola Internacional de Artes, em Cabo Verde. Sua obra inclui o livro e filme *A Negação do Brasil*, ganhador do É Tudo Verdade em 2001, o longa ficcional *As Filhas do Vento* (2005), ganhador do Festival de Tiradentes e de 8 Kikitos no Festival de Gramado, os documentários *Cinderelas, Lobos e um Príncipe Encantado* (2009), *Raça* (2013) e *Meu Amigo Fela* (2019), prêmio Paul Robeson (melhor filme da Diáspora) no FESPACO (Burkina Faso), o Prêmio Especial do Júri Internacional do Festival É Tudo Verdade 2019 e os prêmios de melhor documentário do The Pan African Film & Arts Festival 2020 (Los Angeles-USA). Seus últimos trabalhos, lançados em 2022, foram o longa ficcional *O Pai da Rita*, baseado em uma música de Chico Buarque, e a série documental realizada para a HBOMAX *PCC — Poder Secreto*, que alcançou já no primeiro final de semana o Top 1 do canal no Brasil e o Top 2 na América Latina.

Algumas obviedades sobre a representação negra nas telas precisam ser ditas neste momento em que se comemora os duzentos anos da Independência do Brasil. Os legados da escravidão e da hierarquização racial que não foram preocupação daqueles que fizeram a independência, e que continuam até hoje, tornaram-se evidentes também no cinema desde que ele começou a prosperar enquanto indústria em nosso país. E hoje o segmento audiovisual é aquele na sociedade brasileira em que o racismo estrutural trouxe os resultados mais dramáticos. Todas as pesquisas existentes demonstram que a telenovela e o cinema brasileiro sempre negaram uma representação da diversidade racial brasileira, em um país de minoria branca com uma população afrodescendente constituída de pretos e pardos que corresponde ao montante de 56,1% do total de uma população de 212,7 milhões de habitantes, conforme a última divulgação da Pesquisa Nacional por Amostra de Domicílios (PNAD) do IBGE, órgão oficial de estatística do Estado brasileiro, em 22 de julho de 2022.

Uma pesquisa do Grupo de Estudos Multidisciplinar da Ação Afirmativa (GEMAA), núcleo de pesquisa com sede no IESP-UERJ, intitulada *A cara do cinema nacional* é bastante ilustrativa da ausência de negros e negras no setor audiovisual brasileiro. Buscando avaliar o conteúdo dos filmes mais vistos a cada ano, no período entre 2002 e 2014, para mapear a diversidade de gênero e racial e compreender o papel que essa diversidade assumiu nos filmes, esse núcleo de pesquisa trouxe os seguintes resultados:

- dos 919 atores e atrizes mapeados na pesquisa, 71% eram do gênero masculino, contra 28% do gênero feminino e 1% de pessoas trans;
- "Desproporção similar de participação se verifica quanto à cor das personagens: branca (65%), preta (18%), parda (14%), não identificada (2%) ou indígena/amarela (1%)";

- Também atrás das câmeras a desigualdade é evidente. Nas obras de longa-metragem lançadas nesse mesmo período, 80% têm como realizadores homens brancos, 14% são mulheres brancas, 2% são homens negros e 0% são mulheres negras.[1]

A Agência Nacional de Cinema (Ancine), em estudo realizado por sua Superintendência de Análise de Mercado, sobre *Diversidade de gênero e raça nos lançamentos brasileiros de 2016*, publicado em 25 de janeiro 2018, confirmou as pesquisas do GEMAA. Trata-se do primeiro estudo com esse recorte realizado pela Ancine. Trabalhando como universo de pesquisa os 142 longas-metragens lançados comercialmente naquele ano, constituído por 97 ficções, 44 documentários e uma animação, o relatório constatou que:

- Os homens brancos assinaram a direção de 107 destes filmes, o que corresponde a 75,4% do total;
- As mulheres brancas dirigiram 28, igual a 19,7%;
- Os homens negros somente dirigiram três, ficando na percentagem ínfima de 2,1%;
- Nenhum deles foi dirigido ou roteirizado por uma mulher negra;
- "A análise apontou o domínio de homens brancos não apenas na direção, mas nas principais funções de liderança no cinema, o que evidencia que as histórias exibidas nas telas do país, produzidas por brasileiros, têm sido contadas maioritariamente do ponto de vista dos homens: 68% deles assinam o roteiro dos filmes de ficção, 63,6% dos documentários, e 100% das animações brasileiras de 2016. Os homens dominam também as funções de direção de fotografia (85%) e direção de arte (59%)";

1 Gabriela Moratelli; Márcia Rangel Cândido, *A cara do cinema nacional (2002-2014)*: o perfil de gênero e cor dos atores, diretores e roteiristas dos filmes brasileiros. Coordenação de Verônica Toste e João Feres Junior. GEMAA-IESP-UERJ, 2016.

- A participação nos elencos das obras também mostra a sub-representação da população negra. "(...) o percentual de negros e pardos no elenco dos 97 filmes brasileiros de ficção lançados em 2016 foi de apenas 13,4%".

Esses dados provocam uma reflexão sobre as razões históricas que tornaram o setor audiovisual tão injusto racialmente. E porque, se compararmos a representação no cinema do segmento populacional negro e negro-mestiço com o segmento branco, do Brasil com os EUA, temos a sensação de que a América do Norte tem mais negros do que o Brasil, quando lá a população negra é apenas 13% da população total do país.

A complexidade da reflexão sobre esse tema demandaria muito mais páginas do que disponho para este artigo, então deixarei parte dela para as dezenas de novos e bons pesquisadores negros e negras que emergiram nas últimas décadas. Por enquanto, gostaria de avançar em algumas interpretações, complementando aquelas que já fiz duas décadas atrás no livro *A Negação do Brasil, o negro na telenovela brasileira.*[2]

Trago regularmente na memória dois exemplos marcantes que me fazem pensar sobre essa complexidade.

Nos primórdios da crítica do cinema brasileiro, no final dos anos 1920, o editor da revista *Cinearte*, preocupado com a imagem do Brasil veiculada pelos filmes produzidos até então, escreveu, indignado:

> Quando deixaremos desta mania de mostrar *índios,* caboclos, negros, bichos e outras "avis-rara" desta infeliz terra, aos olhos do espectador cinematográfico? Vamos que por um acaso um destes filmes vá parar no estrangeiro? Além de não ter arte, não haver técnica nele, deixará

2 Joel Z. A. de Araújo, *A Negação do Brasil*: o negro na telenovela brasileira, 2004.

> o estrangeiro mais convencido do que ele pensa que nós somos: uma terra igual ou pior a Angola, ao Congo.[3]

E propôs, como solução, as bases estéticas do cinema e do audiovisual brasileiros que predominam até hoje:

> Fazer um bom cinema no Brasil deve ser um ato de purificação de nossa realidade, através da seleção daquilo que merece ser projetado na tela: o nosso progresso, as obras de engenharia moderna, nossos brancos bonitos, nossa natureza.[4]

Trinta anos depois, em 1959, um filme de produção franco-italiana-brasileira, rodado no Rio de Janeiro, com mais de noventa por cento de elenco brasileiro, *Orfeu do Carnaval*, ou *Orfeu Negro*, como ficou conhecido no exterior, iria mudar positivamente a imagem do Brasil no mundo. Mas, por aqui, foi rejeitado e objeto de críticas pesadas, sintetizada na expressão "macumba para turistas", tanto pela imprensa como por um segmento que não abraçava o mesmo fervor pela celebração da superioridade branca da revista *Cinearte*, os integrantes do Cinema Novo.

É importante recordar que *Orfeu da Negro* foi inicialmente uma adaptação para o teatro, em forma de peça musical, do mito grego de Orfeu transposto para a realidade das favelas cariocas. A obra marca o encontro artístico de Vinicius de Moraes, autor da peça, com Antônio Carlos Jobim, que musicou todo espetáculo, e marca também a colaboração do mesmo Vinicius com o Teatro Experimental do Negro (TEN). O espetáculo estreou no Teatro Municipal do Rio de Janeiro em 25 de setembro de 1956, e ficou dez dias em cartaz, com cenários de Oscar Niemeyer e com grande parte do seu

3 Revista Cinearte, *apud* Sylvie Debs, *Cinéma et litterature au Brés*il. Les Mythes du Sertão: Émergence d'Une Identité Nationale, 2002, p. 80.
4 *Ibidem*, p. 80.

elenco oriundo do TEN, como Haroldo Costa, Ruth de Souza, Léa Garcia e o seu fundador, Abdias Nascimento. Foi a segunda vez que um elenco de atores negros ocupou o palco do mais famoso teatro brasileiro da época.

O filme, premiado com a Palma de Ouro no Festival de Cannes em 1959 e com o Oscar de Melhor Filme em Língua Estrangeira, em 1960, foi, consequentemente, fruto da associação da criatividade de Vinicius de Moraes com a contemporaneidade e sensibilidade de um cineasta francês, Marcel Camus, com o que acontecia no mundo dos intelectuais da negritude que agitava Paris no período em que ambos se encontraram por lá.

Mas, o detalhe maior dessa história é que o *Orfeu Negro* entrou no prestigiado Festival de Cannes como um filme francês, por recusa da diplomacia brasileira na França em inscrevê-lo como filme brasileiro. Os diplomatas do Itamaraty temiam que um filme com personagens negros e incorporando nossas favelas reforçaria uma má imagem do país no mundo, conforme relatou Vinicius de Moraes numa entrevista que deu em 1967 para a equipe do Museu da Imagem e do Som (MIS).[5]

Eu trago esse caso pitoresco com o intuito de demonstrar até onde vão as marcas e os controles de uma estética baseada na celebração da branquitude e do arianismo que moveram o cinema e a televisão brasileira desde então. Seguramente, esse foi sempre um grande obstáculo para a carreira de atores e diretores negros. Da mesma forma, revela que o racismo no audiovisual tem uma grande sutileza e complexidade por se esconder atrás da celebração e da naturalização de uma ideia colonizada de beleza europeia e de representação subalterna dos outros povos.

5 Anaïs Fléche, Um mito exótico? A recepção crítica de Orfeu Negro de Marcel Camus (1959-2008), *Significação: Revista de Cultura Audiovisual*, n. 32, 2009.

Nossa primeira brilhante geração de cineastas, ao achar que faltava realismo e autenticidade ao filme *Orfeu Negro*, e que aquilo era macumba para turista, não parece ter compreendido o contexto que deu as bases para as escolhas estéticas de Marcel Camus.

Na década que precedeu o lançamento de *Orfeu Negro*, o mundo negro passava por uma grande transformação, por um processo intenso de consciência da necessidade de organizar e celebrar sua força e sua beleza cultural e estética. Décadas do movimento literário conhecido como Negritude, que agregou escritores negros oriundos dos países que sofreram a colonização da França, e que fundou a revista cultural, política e literária *Présence Africaine*, em 1946, associadas aos grandes nomes que surgiram no movimento cultural Harlem Renaissance, nos Estados Unidos da América, confluíram para a realização, em 19 de setembro de 1956, em Paris, do Primeiro Congresso de Escritores e Artistas Negros, também conhecido na época como Bandung Cultural.

Essa designação surgiu em referência à grande Conferência de Bandung, que reuniu as lideranças políticas independentes de 29 países asiáticos e africanos em Bandung (Indonésia), em abril de 1955, com o objetivo de mapear o futuro de uma nova força política global (o Terceiro Mundo).[6]

O Primeiro Congresso de Escritores e Artistas Negros reuniu artistas, intelectuais e ativistas de várias partes do mundo, que pretendiam compilar um inventário das culturas negras do mundo. Entre os participantes estavam Aimé Césaire, Léopold Senghor, James Baldwin, Richard Wright, Josephine Baker,

6 As informações sobre a carreira de Marpessa Down e a movimentação cultural da intelectualidade negra em Paris no mesmo período em que ela viveu lá, que apresento aqui, foram enriquecidas por minhas conversas com Dr. Joseph F. Jordan, Vice Provost for Academic and Community Engagement at University of North Carolina at Chapel Hill (Notes for Joel, 23 June 2019).

Frantz Fanon, Cheikh Anta Diop, Claude Lévi-Strauss, Jean-Paul Sartre e Pablo Picasso.

Simultaneamente, em Paris e em Marselha, estava nascendo o cinema negro africano. Em 1955, um grupo de estudantes africanos do IDHEC, sob a direção de Paulin Soumanou Vieyra, realizaram aquele que é considerado o primeiro filme negro, *L'Afrique sur Seine* (1955). E do grupo participava Marpessa Down, a atriz norte-americana escolhida para interpretar Eurydice no filme *Orfeu Negro*, que vivia em Paris desde o início da década, cantava em boates e tinha intensa participação no meio cultural negro.

Naquele mesmo momento, em Marselha vivia o escritor e cineasta considerado unanimemente como o pai do cinema negro africano, Ousmane Sembène, que vai lançar, em 1959, sua primeira obra literária, e, em 1963, o seu primeiro filme.

Logo depois, em decorrência dessa emergência cultural e política negra, tivemos como frutos a luta anticolonial e as primeiras independências em Gana (1957), Guiné (1958), Mali, Senegal, Congo e Nigéria (1960).

Infelizmente, escapará da percepção de nossa vanguarda cinematográfica toda essa efervescência que vai gerar *Orfeu Negro* e influenciar a sua construção estética específica, que encantará o mundo, e se tornará o filme favorito da mãe de Barack Obama, conforme a biografia do primeiro presidente negro norte-americano. É curioso ver como Glauber Rocha cita e admira o psiquiatra, filósofo e ensaísta nascido na Martinica, Frantz Fanon, como uma das grandes referências da luta pela descolonização contra o sofrimento mental causado pela colonização e como um dos fundadores do pensamento terceiro-mundista, mas não absorve a sua reflexão sobre a questão do racismo e a necessidade de promover a construção de uma identidade negra em solo brasileiro. O livro *Os Condenados da Terra*, de Fanon, foi uma grande referência para a intelectualidade de esquerda no Brasil e citação recorrente em muitos dessa geração, mas parece que *Pele Negra e Máscaras Brancas*, considerada uma interpretação psicanalítica do homem negro e quase uma bíblia do debate sobre a questão do racismo e da identidade negra, não provocou o mesmo interesse e reflexão para ela e o Cinema Novo.

É mais curioso ainda que esse conjunto de atores negros tratados esteticamente como bonitos, como de fato eram, especialmente Marpessa Down, Breno Mello e Léa Garcia, não provocou nenhuma admiração, encanto ou referência posterior para nossa vanguarda cinematográfica e para os brasileiros em geral.

A partir de tudo isso, não surpreende que a hiper-realidade e o realismo mágico derivadas dos trabalhos de Léopold Senghor e Aimé Cesairé e que a presença de motivos cubistas derivados da África, todos ousadamente exibidos como sua assinatura estética em *Orfeu Negro*, tenham sido posteriormente tratados apenas como macumba para turistas. Da mesma forma, a ideia de retratar a encosta do Rio de uma maneira mítica foi quase imediatamente entendida no Brasil como uma compreensão superficial da realidade nacional e como meio de exportar uma imagem pitoresca e exótica do país no exterior.

Lembro aqui de minhas conversas com a querida Ruth de Souza e de meu assombro quando ela mencionou que só percebeu que foi uma mulher jovem bonita quando chegou à maturidade. No seu tempo de juventude, ela não encontrou nenhum reflexo nos olhos dos brasileiros, dos produtores e diretores de cinema que lhe permitisse sentir assim.

É também chocante que a linda e magnética Zezé Motta declare que, depois do sucesso do filme *Xica da Silva*, criado e dirigido por Cacá Diegues, ao contracenar com um galã da época, na telenovela *Corpo a Corpo,* nos anos 1980, foi obrigada a ouvir a mensagem de um racista alucinado gravada na secretária eletrônica do ator Marcos Paulo, protestando porque não entendia como ele podia beijar uma negra "assim tão feia e nojenta como ela". São histórias tristes que teremos que carregar eternamente.

Mas, na parte de trás da cabeça de toda essa geração e mesmo das gerações posteriores, sempre esteve um pensador, considerado como fundamental para compreender o homem e a cultura brasileira, Gilberto Freyre, autor do clássico *Casa Grande e Senzala*. Escapou para a maioria deles que, mesmo um intérprete tão original do Brasil não escaparia das amarras de sua formação. Em sua interpretação de como nós, brasileiros, fomos moldados, Gilberto Freyre, em síntese, afirma que viemos de Portugal e temos um jeito específico de ser por essa herança lusitana. Em sua visão romantizada do colonizador, ele descrevia o português como: "um espanhol sem a flama guerreira nem a ortodoxia dramática; um inglês sem as duras linhas puritanas. O tipo do contemporizador. Nem ideais absolutos, nem preconceitos inflexíveis".[7] Dessas características, que seriam também resultado da formação histórica miscigenada de Portugal, a partir de um longo contato com mouros e judeus na Península Ibérica, nasceria uma colonização benevolente e o aspecto tranquilo de nossa escravidão. Esse conjunto de elementos, por sua vez, possibilitaria no Brasil uma miscigenação mais profunda, fundada em coitos consensuais, safados e sensuais, entre o senhor da casa grande e a escrava negra e indígena, e uma democracia racial *sui generis*. Uma interpretação com um lugar de fala inequívoco de um homem branco nascido na Casa Grande, orgulhoso de suas origens lusitanas.

A geração do Cinema Novo, uma das mais criativas na história do cinema brasileiro, que esteve na linha de frente da reflexão sobre a realidade brasileira, na busca de uma identidade nacional autêntica

7 Gilberto Freyre, *Casa-grande & senzala:* formação da família brasileira sob o regime de economia patriarcal, 1933/1983. p.191.

do cinema e do brasileiro e à procura de sua revolução, não acompanhou e nem buscou compreender o que se passava com a vanguarda negra na África, na Europa e nos Estados Unidos nos anos 1950 e 60. Seguramente acreditava que éramos um país *sui generis* e um grande exemplo de democracia racial, assim como ensinava Gilberto Freyre. Mesmo que tenhamos para celebrar as grandes obras que vieram logo depois, como aquelas de Cacá Diegues, *Ganga Zumba* e, depois, *Xica da Silva*. Mesmo que tenhamos *Omuleto de Ogum*, do querido Nelson Pereira dos Santos, mesmo que tenhamos *Ladrão de Cinema*, de Coni Campos, somente no meio dos anos 1980 é que, em *Quilombo*, de Cacá Diegues, veremos um filme brasileiro celebrando a nossa beleza negra. E mesmo assim acabaríamos aí por rever o mesmo tipo de crítica feita a *Orfeu Negro*. O filme *Quilombo* foi duramente acusado de estar carnavalizando a história da resistência negra.

Creio que já temos elementos para dar novos passos na reflexão do porquê até hoje, duzentos anos depois da independência de um país europeu, o audiovisual brasileiro tem a branquitude como paradigma hegemônico. Por que continua equivocadamente reforçando nas telas essa desigualdade tão brutal entre brancos, negros e indígenas no país, mantendo uma representação irreal sobre a composição racial dos brasileiros e promovendo uma estética distorcida, colonizada, celebrativa da beleza ariana como superior.

Duzentos anos de independência ainda não foram suficientes para descolonizarmos nossas mentes e rompermos com a imposição da civilização branca como superior a todas as outras. Mas, seguramente, a emergência que vivemos de um cinema negro nacional será o grande fator na decolonização do cinema brasileiro.

(Este artigo é uma adaptação da palestra que proferi na Academia Brasileira de Letras, integrando o Ciclo de Conferências "Vozes d'África na cultura brasileira", a convite do Acadêmico Domício Proença Filho, no dia 27 de junho de 2019.)

A RESISTÊNCIA NEGRA AO PROJETO DE EXCLUSÃO SOCIAL

PADRE JOSÉ ENES DE JESUS

Nasceu em Nacip Raydan (MG). Mestre em História da Igreja, graduado em Filosofia e Teologia. Assistente eclesiástico das Pastorais Sociais e pároco da Paróquia São Gonçalo, ambos no Centro Histórico de São Paulo. Exerce atualmente o cargo de Secretário Nacional da Pastoral Afro Brasileira (PAB) e membro do Secretariado de Pastoral Afro Latino Americano e Caribenho (Sepalac.)

O processo de Independência do Brasil nunca foi abolicionista. O país *autodeclarado livre,* em 1822, não libertou seus escravos. Ao contrário, manteve a estrutura perversa de dominação racial, subjugando negros a brancos.

Esse viés supremacista, conduzido pela família imperial, particularmente por Pedro I, atendeu aos interesses de governantes, latifundiários e até do clero, como um verdadeiro "consórcio" de exploração do trabalho escravo, aceito como qualquer atividade econômica regulada pelo mercado e pela própria legislação.

O Brasil da "Independência" continuou a enxergar o homem e a mulher como no período em que foi colônia de Portugal, isto é, da perspectiva de superioridade racial, sem o menor constrangimento em tratar como “negócio” a compra e venda de pessoas. Essa prática anômala, passada de pai para filho, trouxe ao Brasil mais de 5 milhões de africanos acorrentados desde o século 16. E uma das vergonhas, durante o processo de Independência do país, foi a barganha entre Assembleia Constituinte (eleita para escrever a Carta Magna do Brasil) e os homens mais ricos da jovem nação.

Os senhores de terras barganharam — ao melhor estilo do que faz hoje o “Centrão” — o apoio à Independência com a condição de terem o respaldo constitucional à sua atividade econômica mais rentável, baseada na escravidão.

Tamanho descompromisso com o futuro foi revelador da incapacidade das elites de pensar o desenvolvimento do Brasil e acolher princípios de igualdade racial nas relações humanas e na distribuição de renda.

Políticos, clero e nobreza recusaram o projeto de lei que propôs combater aos poucos (bem aos poucos!) o tráfico de escravos no país. A Igreja Católica de então acompanhou esse pensamento, inclusive foi um membro do clero que instalou a Assembleia Constituinte em maio de 1823: o Bispo capelão-mor José Caetano da Silva Coutinho.

A Igreja teve um papel determinante na organização do novo Estado brasileiro. Coube a ela, por exemplo, uma competência extraordinária no estabelecimento do sistema eleitoral: as paróquias tiveram o direito de compor as zonas eleitorais para a eleição da Assembleia Constituinte e, de 100 deputados eleitos para o parlamento, nada menos do que 22 eram padres.

Esses números nos fazem deduzir que a Igreja atuou ativamente para a Independência do Brasil. Arcebispos presidiram as juntas governativas provisórias em São Paulo, Rio de Janeiro, Mato Grosso, Maranhão e Pará, como nos lembra o historiador Ítalo Santirocchi.[1] E a Carta Magna, promulgada em 1824, começava simplesmente com a frase: "Em nome da Santíssima Trindade..."

O CLERO AFEITO À CASA GRANDE

A contradição entre a leitura do Evangelho nas missas e a ação dos padres na política já vinha soando muito alto, quase duzentos anos antes da Independência, desde que o padre Antonio Vieira escreveu ao rei de Portugal, em 1648: "Sem Angola não há Brasil", isto é, sem o carregamento de escravos vindo de Angola não existe engenho para gerar riqueza aos colonizadores.

O pesado corpo dessa contradição na vida religiosa nunca se mostrou despido aos olhos da opinião pública, nem transpirou dos debates entre o clero afeito à casa grande e os padres que passaram a defender ideais republicanos "sem frequentar a senzala", como dizia Dom José Maria Pires na Missa dos Quilombos, ao lado de Dom Hélder Câmara, na década de 1980. Nem o clero da "Casa Grande" e nem os padres neo-republicanos (contrários à escravidão) defenderam um posicionamento explícito em favor dos 5 milhões (!) de negros sequestrados na África para virar mercadoria no Brasil.

A escravidão não indispôs clero e Estado, nem motivou conflitos mais graves entre ambos no período pós-Independência. O fuzilamento de Frei Caneca, em Recife, dia 13 de janeiro de 1825, deveria tensionar essas relações, mas isso não aconteceu. Com três anos incompletos, a pátria recém-independente, governada por Pedro I, comete uma série de assassinatos para evitar o avanço da doutrina liberal (pré-republicana).

1 Ítalo D. Santirocchi, Religião e política no século XIX: o Brasil pós-proclamação da Independência. *Temporalidades*: Revista de História da UFMG, v. 13, n. 2, 2021.

No período, o Estado mata 22 pessoas (dez em Pernambuco, três no Rio de Janeiro, quatro em Icó e cinco em Fortaleza), acusando-as de conspiração. O "Brasil independente" de 1822 extermina quem pensa diferente com um recado para o futuro: vai aprimorar, desde cedo, o aparelho repressor que perseguirá irmandades negras, religiões de matriz africana, oposicionistas e, a seguir, os nossos jovens, duzentos anos depois, nas periferias. Não há dúvida de que até hoje a libertação do povo preto está inconclusa. Ainda continuamos em luta contra as mesmas forças de um "7 de setembro" sombrio, mal contado em nossas escolas e livros.

É de se imaginar que um jovem de hoje, confrontando esses antecedentes históricos com as imagens das manifestações antidemocráticas, lideradas pelo presidente atual, talvez perguntasse:

— O "7 de setembro" convocado pelo presidente da república se assemelha àquele, de Dom Pedro I?

O que é possível responder?

Não há dúvida de que o mito atual quer nos confundir no tempo e no espaço.

A Independência "atualizada" pela fala racista provoca em nós, negros e negras, a necessidade de crescer, não apenas como maioria (somos mais de 50% da população brasileira), mas também como influenciadores de opinião, aumentando o espaço conquistado em todos os setores.

É hora de reavivar a resistência aprendida nas irmandades que perduram ao longo do tempo, fundadas bem antes da Independência, e que abrigaram não apenas negros e negras católicos, mas irmãos de outras religiões, bem como remanescentes de insurreições como a dos Alfaiates (Conjuração Baiana, de 1797) e, minoritariamente, dos Malês (1835) — ambas ocorridas na Bahia.

Há registro de irmandades negras do século 17, com destaque para a Irmandade de Nossa Senhora do Rosário dos Pretos, que desceu de Salvador por inúmeras cidades da costa litorânea brasileira. Até hoje há muita coisa a se pesquisar sobre a diversidade étnica que marcou as irmandades negras.

Embora tivessem o "consentimento" dos portugueses, apenas para introduzir os africanos na fé católica, sabemos que elas abriram espaço para que diferentes povos preservassem os idiomas originários do continente africano e inclusive celebrassem ritos tradicionais de suas diferentes etnias. E o dado curioso é que a primeira autorização para atuarem veio com o pedido de negros libertos para realizarem cultos de sepultamento dos escravos mortos em Salvador.

A Irmandade do Rosário já existia quando muitos de nossos irmãos morreram na Revolta dos Malês. O nome "malê" deriva de "imalê", que significa muçulmano. Tal era a origem religiosa de cerca de 600 escravos que se insurgiram contra seus senhores em Salvador (BA), em janeiro de 1835. A maioria deles sendo nagôs (ou iorubás), e uma parte de haussás, fixavam-se em área urbana, desempenhando funções como sapateiros, ferreiros e carregadores de cadeiras (transporte da elite senhorial).

A revolta, sufocada pelo governo no momento em que 40% (!) da população de Salvador era formada por escravos, aumentou a repressão contra esse segmento tão numeroso. Dos 5 mil libertos que viviam na capital baiana, logo depois da Independência do Brasil, 20% foram deportados para a África,[2] acusados de algum envolvimento com a Revolta dos Malês.

E novamente pluriétnica foi a herança da Revolta dos Alfaiates, de onde nos vem o sentimento forte de comunhão entre os mais pobres, incentivados por um médico chamado Cipriano Barata, que

2 Luciana Brito, Retornados Africanos. In: Lilia M. Schwarcz; Flávio Gomes (org.), *Dicionário da escravidão e liberdade*, 2018.

aspirava a ideais de uma Independência que libertasse os escravos e emitisse títulos de terras para trabalharem na região do Recôncavo Baiano — ponto de partida dessa insurreição. Os líderes João de Deus Nascimento e Manuel Faustino dos Santos eram alfaiates, daí a origem do nome dado à revolta.

Além da Irmandade de Nossa Senhora do Rosário, muitas outras nasceram em meio à perseguição e aos sofrimentos impostos ao povo preto no Brasil, constituindo comunidades de inter-relação com as ordens religiosas, à medida que escolhiam nomes de santos e santas de pele negra como seus padroeiros e padroeiras. Assim, fundaram as irmandades de São Benedito, Santa Ifigênia, Santo Elesbão, Santo Antônio de Categeró, Nossa Senhora das Mercês e Nossa Senhora dos Remédios, entre outras.

O legado dessas irmandades adentrou, com o tempo, o espaço cultural e de relações sociais que traz para os dias de hoje as festas religiosas de componente africano nas Igrejas em honra aos santos e santas mencionados acima. Todo ano, no dia 8 de outubro, a irmandade de Nossa Senhora do Rosário celebra na Bahia a memória dos irmãos islâmicos que fizeram a Revolta dos Malês. O festejo inclui até comidas típicas, sob a influência da cozinha trazida de uma parte da África muçulmana.

O CASO EMBLEMÁTICO DE TEBAS

A influência religiosa nas esferas de poder no Brasil contribuiu para que os mosteiros e seminários ficassem lotados de jovens querendo se preparar para o sacerdócio. Ao mesmo tempo, cresceu também o número de escravos, pois, com a demanda por serviços de limpeza e conservação do mobiliário, as ordens religiosas foram às compras de seres humanos traficados para o Brasil, para faxinarem, cozinharem e fazerem reparos.

Dentro desse cenário desumano, de trabalho insano, ainda emergiu o talento do povo preto, surpreendendo as autoridades eclesiásticas, principalmente no que se refere aos artesãos com dons para a arte sacra e para a construção e reforma arquitetônica. Esses escravos eram os mais valorizados nas províncias.

O caso de Joaquim Pinto de Oliveira, o Tebas, é emblemático.[3] Ele conheceu as técnicas de talhar blocos de rocha bruta para a construção de edifícios e, exercendo o ofício de pedreiro, desenvolveu talentos que o tornaram artesão e arquiteto dos mais solicitados em São Paulo, chamado pelas ordens religiosas para construir, por exemplo, as fachadas da Igreja da Ordem Terceira do Carmo, da Igreja das Chagas e do Seráfico Pai São Francisco. Suas exéquias foram celebradas na paróquia São Gonçalo, próxima à Catedral da Sé (que o próprio Tebas ajudou a erguer).

Em meu projeto de estudo de mestrado, na década de 1990, já me antecipava aos historiadores de agora, que só em 2019 descobriram a importância de Tebas para a arquitetura sacra da cidade de São Paulo. Minha pesquisa levantou farta documentação e conheceu estudiosos como o ativista Valtinho, do Movimento Negro de Cidade Tiradentes, e assim encontrou o itinerário de Tebas pelo que hoje é o Centro de São Paulo. Dessas "pegadas" do século 18 surgiu o roteiro da Marcha Silenciosa do 13 de Maio, uma caminhada de denúncia contra o falso conceito de democracia racial timbrado por Gilberto Freyre.

Não dá para imaginar quantos artistas negros e negras surgiram no período da escravidão, pois o próprio Tebas teve seu nome apagado da história pela sociedade dos séculos 19 e 20. Para citar outros nomes, é justo lembrar o padre maestro José Mauricio, Dom

3 A biografia assinada pelo escritor Abílio Ferreira, no livro *Tebas, um negro arquiteto na São Paulo escravocrata*, está disponível para download no site: https://www.geledes.org.br/biografia-de-tebas-disponivel-para-download/

Silvério Pimenta, arcebispo de Mariana e membro da Academia Brasileira de Letras (ABL), entre tantos que não foram "redescobertos", como comenta o professor Helio Santos, a respeito do desperdício de talentos: "O Brasil nunca fez as contas de quanto perde por desvalorizar talentos. A periferia brasileira é ouro, mas continuamos buscando em outros lugares".

Por isso, é tão bom rever a memória dos que venceram as tentativas de apagamento, como os abolicionistas negros Luiz Gama, José do Patrocínio e André Rebouças, entre outros. No caso de Gama, que estudou como autodidata para ser jornalista e advogado, foi só em 2010 que a OAB iniciou processo para reconhecê-lo formalmente como membro da Ordem.

Este é um momento especial para enfatizar o que fizeram os nossos batalhadores, e dentro da Igreja muitos entusiastas têm se movido nessa direção, ao resgatar os 40 anos de trabalho da Pastoral Afro-Brasileira (a PAB). Embora nascida dos encontros de reflexão na CNBB, seus artífices beberam das fontes do Movimento Negro. Cabe nomear algumas lideranças: Dom José Maria Pires, chamado de "Dom Zumbi" pelo querido Dom Pedro Casaldáliga, e o Padre Antonio Aparecido (Toninho) são figuras inesquecíveis.

Nas assembleias da recém-fundada PAB, o Padre Toninho insistia na urgência de preparar agentes de pastoral negros, atuantes, conhecedores dos problemas relacionados à exclusão do nosso povo. A cada vocação manifestada nas comunidades, toda atenção se voltava a Dom José Maria Pires, às ideias trocadas entre Padre Toninho e Irmã Corina, como uma fagulha que acendia um farol.

Essas pessoas não acreditavam que bastaria resolver as questões sociais para que a desigualdade racial estivesse superada.

As lideranças trabalhavam por uma agenda afirmativa do negro na Igreja e pela necessidade de levar as nossas demandas por inclusão para dentro dos documentos oficiais da Igreja. A CNBB encorajou Dom José Maria Pires a apresentar algumas reflexões na Conferência de Medellín, na Colômbia, mas do texto robusto que foi produzido restou somente uma nota de rodapé no documento final do encontro.

Mesmo assim, as portas começaram a se abrir na década de 1980 à participação mais ativa do negro na Igreja do Brasil. Das articulações que também tiveram a presença do Padre Laurindo Batista (fundador do Instituto do Negro em 1987) e de seu xará, Padre Mauro Batista (primeiro padre negro e professor da PUC), vieram propostas inovadoras para formar jovens agentes de pastoral negros, em cujo trabalho lidaram cotidianamente com o sofrimento psicossocial de tanta gente golpeada pelo racismo estrutural em sua autoestima.

Os integrantes da PAB deram os primeiros passos na reflexão inter-religiosa com os irmãos e irmãs do candomblé e de outras tradições afro-religiosas, um diálogo que há muito tempo já devia ter começado.

A essa altura, Dom Paulo Evaristo Arns pôs o Padre Toninho como primeiro professor e diretor negro da Faculdade da Assunção do Ipiranga (FAI) e usou desse status para motivar os negros do Brasil a refletirem sobre ações afirmativas durante encontros realizados duas vezes por ano, em janeiro e julho, com estudantes que vinham de todas as regiões do país.

"MACARRÃO E FEIJOADA"

A mistura entre massa e feijão foi uma metáfora criada pelo Padre Toninho para se referir ao diálogo intercultural, que introduziu indumentária, cantos e instrumentos musicais de origem africana nos ritos da Igreja Católica, e isso não aconteceu em qualquer paróquia... foi logo em bairros de forte influência italiana e em três igrejas!

Padre Toninho foi nomeado pároco no Bixiga, na centenária Nossa Senhora Achiropita, enquanto fui trabalhar na Igreja Nossa Senhora de Casaluce, no Brás, e o Padre Batista, em San Gennaro, na Mooca. Eram três padres negros em comunidades essencialmente brancas.

Todos aprenderam muito com essa experiência, e o Padre Toninho conseguia falar de racismo com uma leveza inacreditável, provocando reflexões profundas. Por sua vez, o Padre Batista se notabilizou pelo trabalho com crianças em situação de rua, pessoas que hoje têm de 30 a 40 anos de idade e que sobreviveram à pobreza e à violência policial, a uma política de extermínio que relutou em aceitar o Estatuto da Criança e do Adolescente (ECA), tal como lembra o professor Helio Santos ao afirmar que "a oitava economia do mundo exporta tecnologia, mas não é capaz de saciar a fome, oferecer educação, saúde e trabalho aos seus filhos".

Essa mesma questão da violência no contexto do racismo fez o Padre Batista fundar o Instituto do Negro, que leva o seu nome, em 1987. O INPB tornou-se referência no atendimento jurídico a vítimas de crimes raciais, deu assistência à jovem Simone Diniz, cujo caso foi o primeiro levado a uma corte internacional, a Organização dos Estados Americanos (OEA), com acusação formalizada contra o governo brasileiro.

O INPB atuou ainda na área educacional com programa de custeio aos estudos de jovens negros e negras para acesso à universidade.

Passados quarenta anos de caminhada com a Pastoral Afro-Brasileira, ainda não existe um documento oficial da CNBB que responda à urgência que Dom Hélder já acentuava, há sessenta anos, ao dizer que "a CNBB deve entrar em cheio na questão do negro no Brasil". O objetivo da PAB é fazer com que o Documento de Estudos nº 85 venha a preencher essa lacuna, pois tem o potencial de iluminar as próximas décadas com vistas à formação de novas lideranças negras, atendendo a um apelo de Francisco, quando convida na encíclica *Laudato Si*: "Vivemos numa casa comum, é necessário cada um respeitar o espaço compartilhado".

A Pastoral Afro-Brasileira é resultado de uma caminhada feita junto, por muitos irmãos e irmãs, que construíram essa história e aprenderam a não esquecer o ponto de partida.

QUAL É O LUGAR DO NEGRO NO BRASIL DEPOIS DE 200 ANOS DE INDEPENDÊNCIA?

DIVULGAÇÃO

KABENGELE MUNANGA

É professor titular e emérito da Universidade de São Paulo. Autor de mais de 150 publicações entre livros, capítulos de livros e artigos científicos concentrados na área da Antropologia da África e da População Afro-Brasileira. Recebeu vários prêmios, entre os quais a Comenda da Ordem do Mérito Cívico, pela Presidência da República do Brasil (2002); Troféu em Comemoração aos 120 anos da Abolição da Escravatura no Brasil, pela Ordem dos Advogados do Brasil - Seção de São Paulo (2008); Prêmio Benedito Galvão 2012, pela Ordem dos Advogados do Estado de São Paulo (2012); Grau de Oficial da Ordem de Rio Branco (Decreto de 16 de maio de 2013), pelo Ministério das Relações Exteriores — Palácio Itamaraty (2013); Título de Cidadania Baiana, pela Assembleia Legislativa do Estado da Bahia (2016); Prêmio de Direitos Humanos, pela Universidade de São Paulo (2017); Medalha Roquette Pinto, pela Associação Brasileira de Antropologia, ABA (2020); Título de Doutor Honoris Causa, pela Universidade Federal do Rio de Janeiro (2021); Prêmio Gilberto Velho de Excelência Acadêmica em Antropologia, pela Associação Nacional de Pós-Graduação e Pesquisa em Ciências Sociais (ANPOCS) (2021); Título de Pesquisador Emérito do CNPQ, 2022; Título Honorário em Direitos Humanos pela UNICAMP - Instituto Vladimir Herzog, pelo reconhecimento de sua contribuição na defesa das políticas afirmativas e de sua luta pela inclusão da questão racial na educação brasileira (2022).

Quem somos, de onde viemos e por onde vamos? O Brasil é um país do encontro das culturas e civilizações. Povos originários, invasores portugueses que colonizaram o Brasil, africanos deportados e aqui escravizados, imigrantes europeus de vários países, imigrantes dos países árabes, imigrantes dos países asiáticos, todos participaram de uma maneira ou de outra da construção deste país certamente em condições históricas desiguais. Cada um desses povos deu a sua contribuição ao trazer novos aportes culturais.

Certamente, os sangues se misturaram, os deuses se tocaram e as cercas das identidades vacilaram. Isso faz parte da história da humanidade, pois mesmo onde houve leis proibindo uniões e casamentos interraciais, como no sistema Jim Crow, no Sul dos Estados Unidos, e no regime do Apartheid, na África do Sul, nasceram mestiços. Mas ter mestiços não é prova da inexistência do racismo nessas sociedades, como se tentou ludibriar o povo brasileiro através da chamada democracia racial. Apesar de tudo isso, houve resistência por parte dos povos mais oprimidos, como os povos indígenas e afrodescendentes.

O cotidiano mostra como os povos indígenas estão resistindo em defesa dos territórios que sobraram, de suas vidas e de suas identidades culturais. Os afrodescendentes, apesar do processo de alienação cultural e de negação de sua história, que se abateu também no próprio continente africano durante a colonização, resistiram e estão resistindo. As religiões de matrizes africanas são provas incontestáveis dessa resistência, sem deixar de lado as resistências nas artes visuais e não visuais, entre outras. Essas resistências culturais fazem parte da diversidade cultural brasileira, que deveria ser considerada como uma grande riqueza e um patrimônio coletivo. Infelizmente, nem todo mundo tem essa consciência.

Os afrodescendentes representam hoje, de acordo com o censo demográfico, cerca de 56% da população brasileira. Em alguns

Estados, como a Bahia, eles são cerca de 80% da população. Mas onde estão em termos de representatividade? Dizem que entre os pobres os negros são os mais pobres; entre os analfabetos são os mais analfabetos; entre os jovens brasileiros vítimas da violência letal policial, os jovens negros são os mais numerosos; entre a população carcerária do Brasil, que é a terceira do mundo depois da China e dos Estados Unidos, a população negra, sobretudo de jovens negros, é a mais numerosa.

Há cerca de vinte anos, graças às políticas afirmativas, os negros começaram a entrar significativamente nas universidades públicas. Alguns já estão querendo tirar essas políticas das leis federais, como se fosse possível resolver em apenas dez anos um abismo em matéria de educação que tem uma história de cerca de quatro séculos. Todas essas desigualdades têm uma explicação histórica: o racismo, que durante muitos anos foi negado pelo mito de democracia racial brasileira. O que teria atrasado a implementação das leis contra as práticas racistas, a inclusão na educação e a implementação das políticas públicas afirmativas em todos os setores da vida nacional.

Três caminhos clássicos são conhecidos: o primeiro são as leis, que demoraram para ser implementadas. Depois da abolição da escravatura, em 1888, a primeira lei contra as práticas racistas, a Lei Afonso Arinos, foi promulgada em 1953, ou seja, 65 anos depois da abolição. Mas essa lei considerava as práticas racistas apenas uma contravenção penal e não como um crime, e praticamente de nada adiantou. Depois de 35 anos da Lei Afonso Arinos, veio a nova Constituição de 1988, que considera as práticas racistas flagrantes como um crime imprescritível, inafiançável e sujeito à reclusão. Essa lei também não funcionou como se esperava, pois muitos crimes racistas foram transformados nos tribunais em simples injúrias raciais, que não eram crimes sujeitos à reclusão. Agora, com a nova Lei que considera as injúrias raciais como sujeitas à reclusão, vamos ver se ela vai funcionar efetivamente.

O segundo caminho clássico é a educação, pois as leis, quando funcionam, reprimem apenas as práticas racistas observáveis e mensuráveis, mas não penetram no terreno dos preconceitos raciais, que são introjetados nas cabeças das pessoas pela educação que começa no lar e se aprofunda na escola. E de que educação estamos falando, pois há tantos modelos de educação quantos modelos de família, tantos modelos de escola quantos modelos de educação. Como disse Nelson Mandela, nenhuma criança no mundo nasceu odiando outras crianças por causa das diferenças somáticas. Se o fazem é porque receberam dos adultos uma educação preconceituosa que a própria escola poderia corrigir.

Mas tem que ser uma educação antirracista. E o que seria isso? Eis a maior dificuldade para educadoras e educadores que também receberam uma educação racista. Muitos não sabem nem o que é racismo. Quando escuto expressões tais como “racismo dos próprios negros contra negros” ou “racismo dos negros contra os brancos”, fica claro que as pessoas que dizem essas coisas não sabem exatamente o que é racismo. Se essas pessoas fossem educadoras, me pergunto como elas iriam trabalhar uma educação antirracista em suas aulas sem ter uma ideia nítida sobre as expressões e manifestações do racismo em sua sociedade. Por isso, é preciso reeducar ou formar os educadores e as educadoras através dos cursos de formação permanente ministrados por estudiosas e estudiosos especialistas no assunto. Além desses cursos de sensibilização e conscientização, é preciso produzir livros e materiais didáticos de qualidade, que são ferramentas de trabalho. O que envolve pesquisas de qualidade.

As leis 10.639/03 e 11.645/08, que tornam obrigatório o ensino da história e da cultura da África, dos negros e povos originários no Ensino Fundamental, oferecem uma alternativa para uma educação antirracista. As duas leis quebram o monopólio de uma educação eurocêntrica dominante que havia eliminado por muito tempo da formação da cidadania brasileira outras histórias, culturas e ancestralidades brasileiras consideradas inferiores. Os brasileiros têm que ter a consciência de que sua ancestralidade é múltipla. É importante que a história e a identidade dos outros não brancos sejam reconhecidas e tratadas igualmente na educação cidadã, pois isso impacta positivamente na construção de sua autoestima e consequentemente o processo de aprendizagem escolar.

Finalmente, o terceiro caminho articulado num projeto conjunto com os dois a que já me referi, ou seja, as leis que funcionam e a educação antirracista, diz respeito às políticas públicas que visam, justamente, à inclusão dos discriminados e excluídos, no caso específico dos povos originários, dos afrodescendentes e dos pobres em geral. Essas políticas podem ser macrossociais ou universalistas, como foi o exemplo do programa Bolsa Família ou do projeto Minha Casa, Minha Vida, que, infelizmente, foram destruídos pelos governos subsequentes. Mas, além das políticas macrossociais que alguns chamam de universalistas, o que precisamos mesmo é de políticas específicas ou focadas que se encaixam na expressão "políticas de ação afirmativa".

As políticas de cotas ou reservas de vagas para ingresso de estudantes negros, isto é, pretos e pardos, e de estudantes originários, constituem apenas uma modalidade das políticas de ação afirmativa que devemos continuar a inventar e reinventar. Muitos ignoram que esse modelo de reserva de vagas com porcentagens representativas previamente estipuladas veio da Índia, e não dos Estados Unidos. Com efeito, a Índia se tornou independente da Inglaterra em 1947 e, em 1950, ou seja, três anos depois, adotou esse modelo de reserva de vagas em sua Constituição para garantir a inclusão dos dalits, ou castas dos intocáveis, como eram chamadas pelos colonizadores ingleses, instituindo 13% a 14% de reservas de vagas nas escolas públicas de todos os níveis e em todos os setores políticos da sociedade (executivo, judiciário, legislativo, entre outros). Os dirigentes e políticos indianos se deram conta de que o simples fato de declarar o sistema de castas como ilegal não resolveria a forte discriminação com raízes profundas numa religião milenar baseada em princípios de pureza e impureza de sangue. Os conflitos e revoltas dos dalits liderados por seu líder, o advogado formado na Inglaterra Bhimrao Ramji Ambedkar, que reclamava a separação do escrutínio eleitoral, levaram Ghandi, depois de uma greve de fome, a defender a união do povo indiano contra a separação dos dalits, que ele considerou também como filhos de Deus. A melhor saída que os indianos encontraram foi a reserva de vagas ou cotas que até hoje estão na Constituição da Índia, 70 anos depois. No Brasil tem gente que acha que em dez anos de experiências nas universidades públicas já podemos acabar com essas políticas, como se fosse possível erradicar em dez anos um abismo acumulado durante quase quatro séculos separando brancos de negros e povos originários.

Alguns defendem a supressão da categoria das cotas para negros e indígenas e sua substituição pelas cotas sociais. A oposição entre cotas sociais e cotas raciais é uma falsa oposição, pois todos os problemas da sociedade são sociais. No entanto, o social é complexo e diverso, e, consequentemente, as políticas sociais têm de ser específicas para incluir os desiguais e os diferentes. O que pode acontecer se amanhã o Brasil suprimir as cotas ditas raciais é que os negros e indígenas não vão poder entrar representativamente nas vagas sociais para todos. É uma questão de probabilidade matemática agravada ainda pelo fato de que, entre jovens brasileiros que terminam o ensino médio, a taxa de abandono de estudantes negros é mais alta comparativamente a seus compatriotas brancos.

Outros continuam a defender a supressão das reservas de vagas para negro e indígenas em nome da meritocracia, um princípio do darwinismo social que estipula que, na luta pela competição na vida, são os melhores que ganham. Mas a questão é saber: quem são os melhores? Certamente os que nasceram nos berços de ouro e estudaram nas melhores escolas particulares. Colocá-los na mesma linha de partida para concorrer igualmente com negros, indígenas e pobres é considerado democrático, pois, perante a lei, somos todos iguais, nos dizem.

Se o Brasil está decidido a diminuir esse abismo acumulado tem que continuar a tratar desigualmente os desiguais. A menos que não queira realmente diminuir o abismo. Não é uma questão de ignorância, pois há pessoas inteligentes e racionais tanto na esquerda como na direta, mas trata-se de uma questão que implica uma grande vontade política para diminuir as desigualdades entre brasileiros e brasileiras.

Os discursos em si não são suficientes e hoje já temos políticos que sabem dizer o que agrada à inteligência e à consciência dos negros e das negras, mas depois as coisas ficam no mesmo lugar de antes. Todas essas questões fazem parte da evolução e da dinâmica da sociedade brasileira que devem ser acompanhadas por pesquisas sociais atualizadas em busca de melhores caminhos para mudanças.

O Brasil completou neste ano 200 anos de sua independência da Coroa portuguesa. Mas essa independência foi conquistada ou outorgada em plena escravidão. O que subentende que ela não podia beneficiar os negros ainda escravizados. Da independência em 1822 à abolição da escravatura em 1888, esperou-se 66 anos.

Hipoteticamente, os negros libertos se tornaram cidadãos livres para participar igualmente dessa independência. Infelizmente, isso não aconteceu, pois não foram incluídos nessa independência por causa do racismo camuflado no ideal de democracia racial. As desigualdades raciais vividas no cotidiano, as violências físicas e simbólicas, a não representatividade dos negros e povos originários na estrutura do poder são provas de que a independência não os contemplou. Fala-se hoje de uma segunda e verdadeira abolição. Podemos analogicamente falar também da verdadeira independência diante das novas roupagens do capitalismo e do imperialismo que ronda nossas vidas. Não é por acaso que os modismos tais como "decolonial" e "decolonialidade" se repetem fortemente na literatura da geração mais jovem que a minha.

O ESQUEMA RACISTA DE FRAUDES: UM GOLPE NA POLÍTICA DE COTAS

VIRGÍNIA ANDRADE

MARCILENE GARCIA DE SOUZA

É doutora em Sociologia pela UNESP; pesquisadora sobre ações afirmativas e heteroidentificação racial; professora de sociologia e Diretora de Políticas Afirmativas e Assuntos Estudantis do IFBA.

Um dos grandes desafios para a efetividade dos programas de ações afirmativas por meio de cotas raciais para a população negra (pretos e pardos) tem sido a construção de estratégias que formulem, consolidem e aperfeiçoem métodos de avaliação e monitoramento para melhor compreender os impactos efetivos da consolidação desse projeto. Em paralelo a isso, o combate às fraudes, gerando assim uma interferência positiva na ampliação de políticas, a partir dos objetivos fundantes das ações afirmativas para negros.[1]

1 Marcilene G. de Souza, *Ações afirmativas e inclusão de negros por "cotas raciais" nos serviços públicos do Paraná*, 2010; Marcilene G. de Souza, *Ações afirmativas e cotas raciais nos concursos públicos do município de São Paulo*: dois anos, 2016; Marcilene G. de Souza, *Avaliação do formato da banca presencial de aferição de pessoa negra do concurso público para servidor técnico da Universidade Federal da Bahia-UFBA*, 2018; Marcilene G. de Souza, Bancas de aferição, fraudes e seus desafios na educação superior e nos concursos públicos, *Revista Educação em Debate*, v. 42, n. 83, 2020.

Sendo assim, é preciso:

- atentar para as nuances do racismo antinegro no Brasil e seus impactos na participação e no significado da população negra nos serviços públicos federais, estaduais e municipais, assim como nas instituições de ensino superior e nos partidos políticos;
- identificar os principais desafios para garantir efetividade das políticas focadas em negros, na medida em que o conceito de ação afirmativa pressupõe ações alargadas e não estáticas para além do processo seletivo;
- aprimorar metodologias, técnicas e tecnologias no controle das fraudes, da produção de indicadores de resultados e de análises qualitativas sobre a "qualidade" da permanência da população negra nesses espaços;
- impulsionar medidas que favoreçam mudanças na cultura organizacional da(s) Instituição(ões) e de seus órgãos no enfrentamento ao racismo.

Em outras palavras, chama-se atenção para as responsabilidades da administração pública em se contrapor às formas de manutenção e estruturação do racismo institucional. Assim, trago o contexto de fraudes nas cotas raciais contra a população negra e suas possíveis relações com 200 anos de Independência do Brasil, analisando os impactos das ações afirmativas por meio de cotas focalizadas na população negra conquistadas nos últimos tempos.

As ações afirmativas para a população negra, ao considerar a necessidade de reparação devido a injustiças históricas (efeitos da escravização), especialmente por meio de cotas fixadas de vagas (cotas raciais), protagonizadas pelo movimento negro, traduzem-se em experimentos revolucionários na contraposição das desigualdades, dados os impactos sociais e simbólicos na educação, ampliando o acesso a Institutos Federais (IFs), Centros Federais de

Educação Tecnológica (Cefets), Universidades Federais e Estaduais; também nos concursos públicos federais, estaduais e municipais e, nos últimos tempos, nos partidos políticos, na distribuição do Fundo Eleitoral e no tempo de propaganda.

Essas políticas afirmativas possibilitaram, de forma geral, o reconhecimento do racismo pelo Estado brasileiro; contribuíram para alargar os processos democráticos na sociedade quando focalizam a população negra (preta e parda), que é o maior contingente populacional do Brasil (56%, IBGE, 2020), garantindo igualdade de oportunidade de participação em espaços de poder, fundamentais ao enfrentamento das desigualdades raciais que são estruturais e estruturantes para o desenvolvimento do país; permitiram o aumento expressivo da participação de negros nas universidades públicas e IFs; valorizaram a diversidade como sendo estrutural nos processos pedagógicos, na administração pública e nos partidos políticos; fortaleceram a democracia e seus anseios; selecionaram talentos negros desperdiçados por condicionantes sociorraciais; desconstruíram estigmas e estereótipos sobre a população negra, provocando mudanças de mentalidades sobre o grupo beneficiado.

As estratégias de luta do movimento negro por cotas raciais na educação protagonizaram uma grande revolução na história da educação brasileira. Nunca entraram tantos negros nas universidades públicas, beneficiando de forma direta, por cotas, outros grupos na graduação e pós-graduação, como é o caso de indígenas, quilombolas, pessoas com deficiência, pessoas trans, refugiados etc. E também beneficiaram negros e outros grupos nas instituições de ensino superior privadas por meio do Programa Universidades para Todos (Prouni).

Contudo, é pertinente reconhecer os processos de resistência e os desafios das juventudes negras no contexto dos 200 anos de Independência. Foi a juventude africana, oriunda de vários povos do continente "mãe", sequestrada de seu território, aprisionada no Brasil na condição de escravizada, assim como seus descendentes (também na maior parte jovens), que construiu as bases sociais e econômicas do Brasil com seus pés, mãos, mentes e corações. Esses consolidaram estratégias de resistência às políticas institucionalizadas pelo Estado brasileiro na escravização que legitimou a violência, as torturas, os maus-tratos, as humilhações, a separação de famílias, a proibição de uso de língua materna e de culto à sua religião, os impedimentos de acesso à escola e a submissão à pena de morte.

O escravismo criminoso que marca a maior parte do tempo da história deste país não pode ser naturalizado como sendo antigo ou mal lembrado no contexto do bicentenário da independência do Brasil. Por isso, a pauta das políticas reparatórias, traduzidas pelas ações afirmativas e seus impactos, se tornam centrais para alargar os processos democráticos.

A EDUCAÇÃO SUPERIOR NA REDE FEDERAL

Após a conferência de Durban (2001), o Brasil impulsionou ações afirmativas por meio de cotas raciais fixadas nos processos de seleção iniciados na década de 2000: nos concursos públicos municipais (2001), estaduais (2003) e federais (2014); nas Instituições de Ensino Superior (IES), estaduais (2002), federais (2003) e IES do setor privado pelo Prouni (2005). Ainda, dada a expressiva participação de Universidades públicas na aprovação de programas de cotas raciais entre 2002 e 2010, em 2012 foi sancionada a Lei Federal 12.711/12 — Lei de Cotas — na rede federal, com reserva de 50% das vagas para estudantes oriundos de escolas públicas com recorte de renda e subcotas para pretos, pardos e indígenas (PPI); para o grupo não PPI (em geral brancos oriundos de escolas públicas) e para pessoas com deficiência (PCD). Essa normativa tem regrado as IES públicas, de forma geral.

De acordo com o Censo da Educação Superior de 2020, há, no Brasil, 2.457 Instituições de Educação Superior (304 IES públicas e 2.153 IES privadas); as privadas representam 87,6% e as públicas, apenas 12,4%. Em relação às IES públicas: 42,4% são estaduais (129 IES); 38,8% federais (das 118 há universidades, IFs e Cefets); e 18,8%, municipais (57). Do total de "universidades" no país, a maioria são públicas (55,2%). Nas graduações, foram ofertados 41.953 cursos e 25 sequenciais sendo a maior parte dos estudantes jovens — ingresso com 19 anos e conclusão com 21 anos (cursos presenciais); proporcionalmente, 23 e 31 anos nos cursos EAD.

O total de "vagas e ingressantes" na educação superior no Brasil (2020) soma 19.626.441 (IES Públicas: 863.520 e IES Privadas 18.762.921). Na última década (2010-2020), as matrículas nas IES aumentaram 35,5%, juntamente com a aprovação da Lei 12.711/12, mas também com o impulsionamento do Prouni nas IES privadas desde 2005. Nessa década aumentaram as matrículas nas IES privadas em 42% e 19% nas públicas. A educação a distância (EAD) teve o aumento de 233,9% para 2,3% na modalidade presencial. Ainda refletindo sobre as IES federais (118), que ofertam educação superior, 33,9% são de IFs e Cefets e 66,1% são Universidades.

No caso das Instituições Federais, conforme a Plataforma Nilo Peçanha (PNP) 2022, com base em 2021, muitas IES Federais apresentaram desafios na coleta de dados sobre renda e cor dos estudantes. Por exemplo, do total de 1.523.346 estudantes na rede federal (incluindo cursos técnicos), ao menos 372.543 (24,11%) não apresentam informação de cor ou raça e de 42,19% não consta informações sobre renda. Essas informações são fundamentais para medir os impactos das políticas de cotas, do mesmo modo para a sua permanência e seu êxito com qualidade. Entre os estudantes declarantes de cor/raça na rede federal, o grupo branco representa 41,18% e os negros, 56,90% (11,70% de pretos + 45,20% de pardos). Entre os declarados, houve equilíbrio proporcional de estudantes por cor nas instituições federais. Justamente no critério de menor renda (0 até 0,5 salário mínimo) é maior a ausência de informações e cor/raça dos estudantes (baseado no PNP 2022).

Entre os estudantes que declararam sua cor/raça, uma minoria percentual apresenta renda (por pessoa) de "acima de 3,5 salários-mínimos" ou "entre 2,5 até 3,5 salários-mínimos". Porém, os estudantes brancos alcançam quase o dobro dos negros nesse perfil de renda. No grupo branco, 11,72% possuem essa renda contra 6,40% dos negros; entre "2,5 a 3,5 salários-mínimos" a diferença em favor dos brancos é de 9,26% para 4,70% entre os negros. Entre os mais pobres, chama atenção a maior concentração de estudantes pretos que possuem renda de "0 até 0,5 salário-mínimo" seguida dos pardos. O grupo dos estudantes negros (pretos e pardos) são os mais vulneráveis social e economicamente na rede federal quando estão destacadamente com mais incidência nessa variável de renda — "entre 0 e 0,5 salários-mínimos" em 34% para 19% entre os brancos. Assim, de cada 3 negros, 1 se encontra nesse condicionante de renda, o qual, no caso dos brancos, seria de 5 para 1. Com os maiores indicadores de renda (acima de 3,5 salários mínimos), entre os brancos seria de 10 para 1,1 e para os negros de 10 para 0,6 (baseado na PNP, 2022).

Considerando essas realidades na rede federal e a expressiva "oferta" de vagas nas IES da rede privadas (95,6% — Censo Educação 2020), destacamos a necessidade de fortalecimento das ações afirmativas por meio de cotas para a população negra, priorizando também as IES privadas. É notório que as produções acadêmicas, a tensão dos movimentos negros e os meios de comunicação de forma ampla têm se atido, de forma direta, aos programas de cotas raciais nas universidades públicas e não nas IES privadas.

O setor privado na educação superior, pelo perfil de atuação, tamanho e presença nos diversos municípios, inclusive com enorme expansão dos cursos EAD, tem incluído mais a população negra em números absolutos e percentuais, especialmente quando se observa o perfil racial dos prounistas ou não. A análise acerca dos impactos sociais da consolidação do Prouni que, pelo seu perfil, virou Lei Federal em 2004, criada no bojo da luta pelas cotas raciais nas universidades públicas, com quase 20 anos de existência, merece atenção estratégica dos segmentos antirracistas no enfrentamento às desigualdades raciais na educação superior, porque garante bolsas de estudos nos cursos de graduação de IES privadas, de forma integral ou parcial, com cotas incluindo negros, indígenas e pessoas com deficiência.

AS FRAUDES X AÇÕES AFIRMATIVAS PARA NEGROS

As formas de avaliação e monitoramento das cotas raciais nas IES estão conectadas às nuances do racismo no Brasil e em seus impactos na participação e no significado da população negra nos serviços públicos, na educação superior e, por último, nos partidos políticos. É necessário perseguir a finalidade da política, que é a de incluir pessoas negras (pretas e pardas); identificar os principais desafios para garantir efetividade das políticas de cotas raciais, considerando o alargamento do conceito de ação afirmativa para além do processo seletivo; aprimorar tecnologias no controle e produção de indicadores de resultados e de análises qualitativas sobre a "qualidade" da permanência da população negra nesses espaços e no enfrentamento às fraudes nas cotas raciais; impulsionar medidas que favoreçam mudanças na cultura organizacional da instituição e de seus órgãos no enfrentamento ao racismo.

Noutras palavras, criar condições de contraposição às formas de manutenção e estruturação do racismo institucional na administração pública, especialmente enfrentando as fraudes que sempre existiram desde 2001. Coube muitas vezes à juventude negra estudantil e aos movimentos negros a realização do controle da política de cotas raciais por meio de denúncias.

As fraudes acontecem quando candidatos, notadamente brancos, inscrevem-se nas cotas raciais, declaram-se normalmente da cor parda com propósito de usufruir de um direito indevidamente. A evidência da existência de fraudes nas cotas raciais está relacionada com a persistência do racismo na sociedade brasileira como estratégia de contrapor as cotas negras.

Do ponto de vista legal, muitos programas com cotas raciais foram geridos de forma atomizada, sem conferência da sua autodeclaração racial, sem legislação para proteger, sem avaliação de impactos, sem plano de metas, sem gerenciamento.[2] Esse tipo de *modus operandi* de instituições (públicas) e partidos políticos, ao não assumir suas responsabilidades administrativas, tem garantido que os sujeitos de direito da política, a população negra, em diversos processos seletivos, tenha seus direitos negados, individualmente e em grupo, comprometendo a finalidade das cotas raciais.

A previsão legal de que as IES pudessem fiscalizar as fraudes nas cotas raciais somente por meio de denúncias permitiu o silenciamento dos órgãos na prevenção das fraudes por mais de uma década. Atualmente, é possível identificar instituições que ainda não conseguiram institucionalizar suas Bancas de Heteroidentificação Racial (BHR). No caso dos partidos políticos, nas eleições passadas

2 Marcilene G. de Souza, *op. cit.*, 2010; Marcilene G. de Souza, *op. cit.*, 2016.

e neste ano, não se cogitou ainda a existência dessas bancas, o que permitiria a exposição do candidato fraudador e do partido. Partidos esses que, espera-se, estejam monitorando as autodeclarações raciais na proteção dos direitos da população negra.

A tensão do Movimento Negro e da Juventude Negra por meio de denúncias impulsionou a institucionalização das BHR e, consequentemente, mais transparência e controle das cotas raciais. A não fiscalização, para além da reprodução do racismo institucional, possibilita a legitimação das fraudes, mas também corrobora para a ideia de democracia racial ao permitir, indiretamente, a inclusão de brancos em políticas focalizadas para negros de forma natural e aceita.[3]

Os representantes do grupo branco que se inscrevem como sendo negros, após denúncias, são tratados, muitas vezes, pelas instituições, como pessoas "ingênuas", sem a intenção de fraudar, aparentemente confusos na sua identidade racial quando notadamente, pelos traços fenotípicos, nunca foram tratados como negros. Quando as IES públicas conseguem evitar a continuidade da matrícula do estudante comprovadamente branco nas cotas negras, já foi um grande feito. Contudo, o estudante negro que teve sua vaga usurpada fica excluído duplamente do processo: quando foi preterido por um branco no processo seletivo e quando a instituição, mesmo detectando a fraude, não lhe devolveu a vaga. No dizer de Helio Santos,[4] (2015), "ocorrem os dois atributos, pois, além de obter um direito indevido, o criminoso impede que o legítimo destinatário da política afirmativa se beneficie dela".

É sabido que existem vagas "visadas" nas "fraudes raciais", como é o caso dos cursos de medicina, assim como nos concursos públicos são os cargos de maior *status* social e remuneração. Apesar

3 Marcilene G. de Souza, op. cit., 2016; Marcilene G. de Souza, *op. cit.*, 2020.
4 Helio Santos, *Cotas Raciais*: o acinte das fraudes, Blog Brasil de Carne e Osso, 2015.

do esforço de algumas instituições em acompanhar as denúncias de fraudes raciais (sem bancas), estatisticamente elas são raras. E, mais raras ainda são as punições aos estudantes quando detectadas as fraudes. Segundo o jornal *Folha de S. Paulo* (16/08/2020), dados de 26 instituições revelaram 1.188 denúncias, 729 processos instaurados e 163 estudantes expulsos de universidades desde 2017.

A Portaria Normativa nº 4, de 6 de abril de 2018, "regulamentou o procedimento de heteroidentificação nos concursos públicos federais e é também utilizada nos processos seletivos das IES públicas. A Portaria sofreu uma mudança em 2021, permitindo que os candidatos indeferidos na heteroidentificação não sejam excluídos do certame e, sim, encaminhados para as vagas da ampla concorrência. Dessa forma, o critério fenotípico, que apregoa o direito às cotas para negros, passa a ser maleável para quem faz essa opção e não é negro; reproduz racismo institucional e tende a onerar os cofres públicos quando permite ao candidato branco, seja nas IES ou concursos públicos, realizar cálculos estatísticos sobre a probabilidade de ser aprovado no processo seletivo e "tentar" a entrada pelas cotas para negros se for vantajoso e, em caso de recusa da BHR, migrar para as vagas da ampla concorrência tranquilamente. Ao candidato branco que tentou burlar o sistema de cotas para negros, intencionalmente ou não, não recairá nenhum estigma de fraudador nem do ponto de vista legal, nem social ou simbólico.

Acerca dos partidos políticos, de igual modo, acredita-se, há candidatos brancos se declarando negros da cor parda para usufruir do percentual de reserva do Fundo Eleitoral e de tempo de campanha. Vê-se que, conforme o Tribunal Superior Eleitoral (TSF), em 2022, pela primeira vez os negros são maioria das candidaturas e representam 14.015, sendo 3.936 de pretos (13,92%) e 10.079 de pardos (35,65%). Os brancos somam 13.814 (48,86%). A situação se apresenta como sendo singular, porque, apesar do reconhecimento legal da necessidade de fiscalização em IES e concursos públicos, não foram institucionalizadas as bancas de heteroidentificação racial para os optantes por candidaturas negras.

A título de exemplo, com a institucionalização das bancas de heteroidentificação racial, observado por estudos realizados em amostras de universidades federais (2018) e concursos públicos (2020), em média, os candidatos indeferidos como sendo "não negros" têm chegado de 10% a 15%. Os dados são expressivos, considerando que muitas universidades federais e estaduais, IFs e Cefets, mesmo tendo aderido às cotas raciais em meados de 2005, somente em 2018, 13 anos depois, iniciaram seus processos de heteroidentificação. Ou seja, 13 anos depois.

DESAFIOS CONTEMPORÂNEOS PARA FORTALECER AS COTAS RACIAIS

No início dos anos 2000, um dos grandes estigmas construídos por intelectuais racistas e por alguns meios de comunicação era o de que as cotas raciais seriam inconstitucionais, criariam o "ódio racial" e baixariam a qualidade do ensino. Na década de 2010, o STF confirmou a constitucionalidade das cotas raciais nas IES e nos concursos públicos federais, e as pesquisas revelaram o sucesso e ganho das cotas raciais para toda a sociedade.

Contudo, desde 2002, pouquíssimas IES públicas e órgãos responsáveis por gerir concursos públicos com cotas raciais apresentavam alguma forma de fiscalização para proteger os direitos da população negra. Bastava se declarar negro que negro se tornava no ingresso dos processos seletivos.

Ou seja, a derrota no STF não cessou as estratégias anticotas negras por parte de instituições e de seus gestores que, ao silenciar por mais de uma década sobre as fraudes, alimentavam suas próprias justificativas para não fiscalizar, com novos estigmas e estereótipos anticotas. Entre os estigmas estaria a crença de que as BHRs constrangeriam os candidatos negros; que, no Brasil, não é possível saber quem é negro; ou na imprecisão da categoria "parda" pelas categorias do IBGE e pela mestiçagem brasileira. Entretanto, IES públicas, do ponto de vista racial, até os anos 2000, sempre foram de maioria branca entre seus estudantes, técnicos e docentes.

Assim, somente em meados de 2017 aumentou a institucionalização das BHRs como etapa fundamental dos processos seletivos das IES públicas. Por em média 13 anos, essas IES mantiveram a situação confortável de permitir aos brancos (exceto em caso de denúncia), se fosse vantajoso, "optar" por ser negro temporariamente, adentrar e permanecer nas universidades públicas de preferência nos cursos de alto *status*, burlando o sistema de cotas.

Essas estratégias atentam para a singularidade do racismo brasileiro, que tem permitido a esta sociedade olhar com naturalidade para o fato de que jovens brancos que nunca foram vítimas de racismo, sem traços negros, sem compromisso com a história de escravização e com as injustiças cometidas contra os negros no país, sejam vistos como meros "equivocados" ou "abobalhados", sem a mínima intenção de fraudar as cotas raciais, quando, mesmo tendo uma reserva de vagas de escola pública (não PPI), muitas vezes, fazendo cálculos estatísticos, acreditam ter mais chances de aprovação nas vagas reservadas aos negros.

Assim, acreditando que as fraudes nas cotas raciais, em média, podem ter sido maiores que 15% do montante das vagas destinadas aos negros, certamente teríamos um rombo de milhares de vagas usurpadas da população negra ano a ano ao longo de 13 anos (2005 até 2018) nas IES públicas que totalizam 304 (em 2020).

Se ainda considerássemos as vagas ofertadas, no Prouni, nas IES privadas, que representam 2.153 instituições (87,6% de toda a oferta de educação superior), e o percentual de cotas para negros sem fiscalização por meio de BHRs de 2005 a 2022, portanto, 17 anos, acredita-se que o rombo em milhares de vagas, possivelmente fraudadas, é demasiadamente maior na graduação.

É importante reforçar que as pesquisas quantitativas e qualitativas realizadas por estudos anteriores têm revelado que a população negra sabe a importância das bancas de heteroidentificação e elogia as instituições que fiscalizam a política de cotas para enfrentar as fraudes; não se sentem constrangidos em comparecer a uma banca e preferem uma metodologia mais humanizada de heteroidentificação racial.[5]

Historicamente, os sujeitos envolvidos consubstanciaram um acordo tácito de silêncio e apatia sobre o esquema de fraudes construído no Brasil em todas as regiões, focadas em cursos de graduação, pós-graduação e nos concursos públicos. Esse pacto de silêncio tentou construir narrativas persistindo na ideia de imprecisão de quem é negro, publicizando a ideia de existência de bancas "coloristas" que incluem somente as pessoas negras mais escuras em detrimento das negras mais claras (as pardas). Consequentemente, a briga estaria entre os próprios negros, que hierarquizavam outros.

Contudo, o que estaria em jogo seria a certeza e a legitimidade do privilégio branco, que mesmo tendo, no caso da Lei 12.711/12, opção de concorrer nas vagas de cotas para não PPI (não preto, pardo ou indígena), preferem as cotas de negros a partir do cálculo estatístico, reproduzindo estereótipos: pobreza, baixa concorrência, baixa qualidade educacional. Os fraudadores acreditam ter mais chances de disputa nas vagas que não pertencem ao seu grupo: os brancos.

Mesmo assim, com a existência de BHRs nas instituições, cresce o número e o percentual de candidatos que buscam confundir a banca e se transfiguram de negro, forjando uma cor mais escu-

5 Marcilene G. de Souza, *op. cit.*, 2018.

ra, cabelo ou estética que não são seus. Outros alegam parentesco com negros, querendo reinventar um racismo de origem no Brasil, enquanto sabemos que "pessoas brancas descendentes de negros" não são sujeitas das cotas raciais[6] porque não são afetadas por discriminação na aparência, no fenótipo negro.

Esses perfis de tentativas de fraudes têm exigido das instituições o investimento em mais técnicas e aprimoramentos, especialmente na utilização de tecnologias para detectar as fraudes. Reconhecemos que o direito racial precisa avançar nessas questões, quando, mesmo com imagens adulteradas de candidatos transfigurados de negros, as instituições apresentam dificuldades de excluir o candidato do certame ou tipificar como crime de falsidade ideológica.

Por último, para fortalecer as ações afirmativas para negros nestes 200 anos de Independência, é fundamental ampliar as políticas de cotas raciais em tempo e tamanho; exigir gerenciamento e plano de metas das IES e o compromisso de cada uma delas em revelar para a sociedade o tamanho das fraudes que aconteceram nas últimas décadas, nas IES públicas ou privadas, nos concursos públicos e partidos políticos.

A população negra e a sociedade como um todo têm o direito de saber, de cada instituição, quantos negros deixaram de sonhar em adentrar nessas cotas ou entraram tardiamente porque seus sonhos e esperanças foram usurpados pelo grupo branco. Esse "baú da verdade sobre as fraudes nas cotas raciais" precisa ser aberto, revelado e reparado.

6 Marcilene G. de Souza, *op. cit.*, 2016.

A SOCIEDADE DESIGUAL: DEMOCRACIA OU AUTORITARISMO

MÁRIO THEODORO

É economista graduado pela Universidade de Brasília (UnB), com Mestrado em Economia no Programa de Mestrado em Economia e Sociologia (PIMES) na Universidade Federal de Pernambuco (UFPE) e concluiu o Doutorado na Université Paris I — Sorbonne também em Ciências Econômicas. Atualmente é professor visitante do Programa de Pós-Graduação em Direito Humanos (PPGDH) da UnB e consultor legislativo aposentado do Senado Federal. Foi, de 2007 a 2011, diretor da área Internacional do Ipea — DINTE, e, de 2011 a 2013, secretário adjunto da Secretaria de Políticas de Promoção da Igualdade Racial (SEPPIR). Foi professor associado do mestrado em Política Social (1999 a 2011) e do Mestrado e Doutorado em Sociologia (2014 a 2016), ambos na Universidade de Brasília. É Conselheiro da Anistia Internacional — seção brasileira. Recentemente lançou o livro *A Sociedade Desigual: racismo e branquitude na formação do Brasil*.

ACERVO PESSOAL

A busca pela construção de uma sociedade igualitária é um desiderato que nasce no século 18, com a Revolução Francesa, e se acirra no ideário socialista do século 19. Num e noutro casos, sua consecução mantêm-se como uma utopia, um horizonte de referência, um ideal, ainda que inalcançável. De fato, a realidade cotidiana diferencia a condição de existência pela própria natureza e diversidade do campo social. A qualidade de vida do trabalhador regular de um escritório é bem diversa daquela do trabalhador responsável pela limpeza da neve nas noites de inverno de cidades como Estocolmo ou Oslo, mesmo em se tratando de países, Suécia e Noruega, reconhecidamente entre os mais iguais do mundo.

O mito da igualdade permanece assim como inatingível em sua plenitude, mas, sem dúvida, norteia o projeto de nação de grande parte dos países, sobretudo aqueles tidos como mais desenvolvidos. O exemplo europeu do pós-Guerra assume aqui primazia. O chamado Estado de Bem-Estar, experiência vivenciada pelas nações europeias do bloco não socialista, forjado em resposta ou alternativa ao projeto dos países do bloco soviético, trouxe grandes resultados no que tange à melhoria do padrão de vida da população, em prol de uma sociedade mais igualitária. Não por acaso, esse período, cujo cerne se dá entre 1945 e 1975, é chamado *les trente glorioeuses*, ou seja, três décadas de crescimento, erradicação da miséria e de aumento da renda em geral.

Na esteira do sucesso dessa experiência, outros países, notadamente na América Latina, direcionaram seus esforços para o então denominado projeto desenvolvimentista. Teorias do Desenvolvimento, em seus diversos matizes, proliferam em busca de uma nova etapa de conformação social. Etapa associada à mudança econômica que, segundo as expectativas, estaria diretamente ligada ao crescimento e, indiretamente, à redução da miséria, da pobreza e da desigualdade. O desenvolvimentismo, corrente teórica que se hegemoniza a partir dos anos 1950, preconizava um caminho, uma trilha a ser seguida que, pela via do crescimento econômico e da modernização, levaria ao progresso e ao desenvolvimento nos moldes do ocorrido nos países da Europa Ocidental.

Sem pretender aqui entrar no mérito da temática do desenvolvimentismo e do seu real alcance, é importante assinalar que, a partir dos anos 1950-1960, os principais países da América Latina experimentam um processo de modernização sem precedentes, em alguns casos com a consolidação de parques industriais e a consequente urbanização. Talvez a maior diferença entre o projeto de reconstrução europeu e o projeto desenvolvimentista resida na centralidade dada à questão da Igualdade, no primeiro caso. Já do outro lado, predominava a ideia de que a modernização via industrialização traria como resultante um cenário de maior igualdade, como um subproduto natural e, de certo modo, automático. E, de fato, alguns países lograram a melhoria de seu perfil distributivo, mas nem todos. Na maioria dos casos, o crescimento econômico resultou em maior concentração de renda e de riqueza, fazendo das grandes cidades da América Latina repositórios de pobreza e miséria, conforme percebera já naquela época Milton Santos.[1]

Este artigo vai discutir a situação atual do Brasil, em vias de escolher seu novo presidente. Para isso, é dividido em três partes, além desta introdução. Na primeira são apresentadas as principais características da Sociedade Desigual, bem como suas consequências, que vêm a se constituir em verdadeiros entraves à consecução de uma trajetória na via da inclusão e da igualdade. Na segunda parte, são destacados dois elementos que se entende como cruciais para a manutenção e a perpetuação da Sociedade Desigual, quais sejam, a Justiça e a Segurança Pública, na forma como se apresen-

1 Milton Santos, *A cidade nos países subdesenvolvidos*, 1965.

tam. Esses dois segmentos da vida institucional funcionam como verdadeiros mantenedores da Sociedade Desigual. É com o beneplácito da Justiça, com sua legitimação mesmo ao arrepio da legislação, que os organismos de Segurança exercem sua função muito mais de sustentáculo e arrimo da sociedade desigual. O desmonte dessa Sociedade Desigual passaria assim, necessariamente, pelo resgate das funções constitucionais e legais tanto da Justiça quanto da Segurança. Isso vale tanto para o nível das microrrelações como para os embates políticos em nível nacional, cuja sucessão de golpes e soluções de continuidade política têm como pano de fundo a resistência tenaz das elites em abrir mão de seus privilégios. Na parte final, discute-se brevemente as consequências da solução autoritária ou, alternativamente, da solução democrática, objetos da escolha na próxima eleição. No contraponto final uma certeza: em face da importância histórica e numérica da população afrodescendente, o fim da Sociedade Desigual só se dará com o protagonismo negro.

A SOCIEDADE DESIGUAL

Resumidamente, o que aqui está se chamando "Sociedade Desigual" é a conformação social com algumas caraterísticas e especificidades bem marcantes, a saber:

I. Alto grau de desigualdade que é perene e secular, em prejuízo de um determinado grupo racialmente definido e, muitas vezes, majoritário, sendo que tal situação não logra produzir, por parte do Estado e das elites, políticas de enfrentamento, ou seja, a desigualdade extrema, antes de se constituir como um problema social, é vista como algo natural, parte da paisagem sociológica;

II. Tais diferenças se apresentam nas diversas esferas da vida social, como no caso do mercado de trabalho, do sistema educacional, da saúde, da própria forma como se distribui espacialmente a população; e cada um desses ambientes funciona como um dínamo, como elemento potencializador das desigualdades, compondo um mosaico de assimetrias que se acumulam e reforçam a situação desfavorável aos grupos discriminados;
III. Há intrinsecamente à estrutura de sustentação da Sociedade Desigual uma engenharia institucional que funciona como anteparo jurídico, uma aura protetora do sistema de segurança e do próprio sistema jurídico, que assim podem agir, muitas vezes ao arrepio da Lei, fazendo dessas duas instâncias, a da Segurança e da Justiça, elementos estabilizadores e de preservação do quadro de iniquidade;
IV. Nesse contexto, projetos e ideias de cunho distributivo que venham a se contrapor ao cenário de desigualdade sofrem desqualificação, suscitando, por parte das instituições e de forma reiterada, sua criminalização; algumas dessas temáticas, cujo debate normalmente deveria se dar na esfera política; questões eminentemente políticas, como as da reforma agrária, das demarcações territoriais quilombolas, reinvindicações por moradia, entre outras, no âmbito da sociedade desigual, viram caso de polícia, dificultando a organização e o crescimento de movimentos sociais de oposição.

Essas características contribuem para a sedimentação de barreiras que se acumulam e impedem mudanças substanciais, bem como para o secular imobilismo. A conformação de uma sociedade sobejamente refratária a mudanças, que convive há séculos com a iniquidade, naturalizando-a, faz com que a sociedade desigual acumule algumas singularidades, consequências diretas desse processo histórico. Dentre essas consequências, destacam-se:

1. As deformações do perfil produtivo, que segmentam a demanda e precarizam o mercado de trabalho.
2. A desigualdade que forja e modela as instituições e o arcabouço jurídico-administrativo, fazendo com que estes se adequem à realidade perversa, reforçando-a.
3. A impossibilidade de se gerar uma agenda política minimamente unificada, em função da diversidade de interesse dos diferentes agrupamentos sociais em um contexto de profunda desigualdade.
4. A disseminação da cultura da violência como estratégia de enfrentamento dos conflitos e a prática deliberada da coerção protagonizada pelos órgãos do Estado contra os grupos vulneráveis e discriminados, ambos atuando como elemento estabilizador e mitigador dos embates.
5. A substituição da arena política pela coerção e pela violência, o que debilita e reduz o debate público a um conjunto de temas que de modo algum põem em risco os limites da sociedade desigual.[2]
6. E como consequência síntese, a Sociedade Desigual desenvolve características intrínsecas inatas como a de uma sociedade, ao mesmo tempo, violenta, elitista, autoritária e profundamente medíocre.[3]

Na base desse processo encontra-se o racismo como ideologia, conjunto de crenças e valores dominantes, que faz do biótipo europeu ariano o polo positivo de uma escala virtuosa na qual o elemento negroide africano se coloca como a contraparte mais negativa. O racismo em sua centralidade na sociedade desigual vai se

2 Mario Theodoro, *A sociedade desigual*: racismo e branquitude na formação do Brasil, 2022, pp. 338-339.
3 *Ibidem*, pp. 340-361.

corporificar, no dia a dia, em preconceito e discriminação contra as populações negras, práticas que findam por se desdobrar também em direção a outros grupos, como LGBTs, sem-teto, sem-terra, quilombolas, indígenas, entre outros.

Do mesmo modo, em uma perspectiva mais estrutural, o racismo transveste-se na forma de biopolítica, que confere ao Estado o papel discricionário na melhoria das condições de vida da população, mediante adoção ou não de políticas públicas básicas.[4] Mais contundente é a prática da necropolítica que transforma o Estado, por omissão ou por ação direta, em sujeito responsável pela morte de milhares de negros e negras.[5] Finalmente, o racismo se concretiza na prática da branquitude, integral valorização de tudo que concerne à população branca (cultura, moral, estética, histórica etc.) em detrimento de tudo que se associa ao negro. A branquitude é a quintessência do racismo, transformando em positivo o referencial branco em detrimento de todo o resto. A branquitude é a perversidade da valorização de uma parte em detrimento da diversidade. O que não é branco ou o que não esteja de algum modo associado ao ideário de brancura, é visto como negativo, mal, ruim. No Brasil, com seus 56% de negros, a vivência da branquitude é a sociedade negando-se a si mesma.

A despeito da historiografia reconhecer períodos de normalidade democrática, como na vigência do Império, na República Velha, na restauração democrática do pós-Guerra (1945-1964) e a partir de 1985, da ótica da população negra é possível afirmar, sem medo de errar, que esse ambiente de democracia e liberdade jamais foi plenamente compartilhado. Mesmo nesses momentos, os afrodescendentes, em sua grande maioria, mantiveram-se submetidos

4 Foucault, 1999.
5 Mbembe, 2016.

a situação de penúria social. Na verdade, em poucos momentos as benesses da vida democrática, bem como do crescimento econômico, chegaram de forma integral aos negros. E a alternância entre períodos autoritários e democráticos pouco tem afetado a vida dessa comunidade. É necessário, no entanto, reconhecer que, na vigência de uma ordem constitucional e democrática, como no caso dos governos de Getúlio Vargas (este em sua segunda passagem), João Goulart e, mais recentemente, os governos do PT, as ideias de um país mais igualitário enriqueciam o debate político, ao mesmo tempo em que incomodavam sobremodo as elites. Nesses momentos, organizações negras florescem, trazendo consigo o sonho do país mais igual, em contraponto ao Brasil das elites.

Trata-se, em última análise, de projeto de país que, na concepção das elites brasileiras se dá justamente no açodamento da desigualdade. Nosso crescimento não é inclusivo. Na época do chamado Milagre Brasileiro, quando obtivemos taxas anuais da ordem de 11%, produzimos, ao mesmo tempo, pobreza e miséria, como foi constatado pelos dados da pesquisa do ENDEF-IBGE de 1974, censurada então pelo regime militar e só parcialmente disponibilizada no período da Abertura Política, em 1979. E se tomarmos o século 20 como um todo veremos que o Brasil está entre os países de maior crescimento, mas, ao contrário de outros, não reduziu a pobreza.

Essa dinâmica econômica que destina os ganhos a determinados segmentos em detrimento de uma maioria, dinâmica secular, conjugada à dinâmica política de concentração do poder nas mãos dessa elite perene e medíocre é a essência do que está se chamando Sociedade Desigual. E os grupos majoritários mais prejudicados são justamente as populações negras, demonstrando a centralidade do racismo na conformação e na consolidação da Sociedade Desigual. Além disso, há uma zona de conforto muito grande em ambientes desiguais, sobretudo para as elites e para as classes médias urbanas, que dispõem de serviços pessoais de baixo custo, isso sem mencionar o fato de estarem submetidos a uma menor concorrência no que diz respeito a oportunidades de trabalho, por exemplo. Por isso a tentativa recente de uma política redistributiva, de valorização do salário-mínimo, de incremento dos programas sociais e de ampliação das políticas públicas tenha desagradado tanto os segmentos mais abastados. Há um conforto na desigualdade para os extratos mais bem situados na escala social.

No Brasil, via de regra, as soluções de força têm se dado em contraposição ao fantasma redistributivista, associado, no discurso político golpista, a uma guinada em direção à ditadura comunista. Esse fantasma até hoje é central na fala da extrema direita e foi largamente utilizado na eleição de Bolsonaro. E tem sido assim ao longo de nossa história política. Mais recentemente, houve momentos em que a população negra foi contemplada, como no caso dos governos Lula e Dilma, com as políticas de cotas, o aumento de salários e benefícios, entre outros, mas mesmo ali, não se logrou mudanças significativas do ponto de vista econômico e social.[6] Isso se dá talvez pela própria ausência da população negra como ator político. Nunca o foi. E a verdadeira transformação, o fim da sociedade desigual, virá justamente do engajamento do Movimento Negro, da causa negra e da militância negra como ator de peso. Daí a importância da vigência dos períodos não autoritários, onde se torna possível a organização e o fortalecimento da pauta racial.

No atual momento, em que o país está por decidir, nas urnas, qual projeto político deverá nortear a vida da nação nos próximos quatro anos, é importante o aprimoramento da organização, o fortalecimento e o empoderamento do Movimento Negro, que se dará com muito mais intensidade e rapidez nos governos democráticos.

6 Mario Theodoro, *op. cit.*

AS BASES DA SOCIEDADE DESIGUAL

A desigualdade secular e perene é o resultado de um projeto de país arquitetado por uma elite que, como já dito, não possui qualquer compromisso com a igualdade como valor. Ao contrário, as hierarquias e as diferenças são fortemente demarcadas pelo racismo e seus desdobramentos já aqui apresentados. Em cenários diversos, como o mercado de trabalho, a educação, a saúde, a própria conformação espacial da população, além de outros tantos, como a mídia corporativa, a produção de cultura de massa e as artes em geral, esses impulsionadores, esses motores, determinam a intensidade e a densidade da produção das desigualdades. O Brasil foi um dos países de maior crescimento econômico no século 20, mas, ao contrário de outras nações, não reduziu sua pobreza e menos ainda sua desigualdade. Como uma sociedade desigual, institucionaliza e consolida potentes mecanismos de preservação de sua condição.

Nesse sentido, destacam-se dois elementos ou duas instâncias cruciais, de que depende a perpetuação da Sociedade Desigual: o sistema de justiça e os mecanismos de segurança pública. De forma sincrônica, o chamado aparato da segurança pública, que envolve as polícias militares e civis estaduais e demais órgãos responsáveis pela ordem interna, contribui para uma dada estabilidade social, ainda que à custa de muita repressão e supressão de direitos e garantias. E essa atuação dos órgãos de segurança tem uma sustentação institucional proporcionada pelo Judiciário em suas diferentes instâncias. É essa sinergia que forja a legitimidade da sociedade desigual e sem a qual o regime não lograria alcançar tamanha estabilidade e longevidade. As ações do aparato de segurança pública no sentido da pacificação e da ordem social são assim escudadas pelas decisões da Justiça, muitas das quais a despeito do preceito legal. A discricionariedade da polícia, a virulência no tratamento das populações pobres e, principalmente, pretas, reforça os estereótipos de uma polícia dos ricos. Excrescências judiciais como o Mandado Coletivo de Busca e Apreensão, emitido pelo Judiciário e só utilizado pela polícia nas favelas e áreas de periferia, a leniência da magistratura com a profusão de mortes ocasionadas pela ação policial que, via de regra, são classificadas como resistência seguida de morte, a própria conduta do Judiciário, cujas penas são sempre mais duras para o réu negro,[7] são parte de uma lógica de preservação da realidade de desigualdade em detrimento dos afrodescendentes. Essa ação sincronizada do binômio segurança e justiça funciona em geral como o elemento-chave, o garantidor da Sociedade Desigual.

É curioso notar que na Sociedade Desigual tais práticas historicamente desenvolvidas contra a população negra, com o tempo, passaram a direcionar-se a outros segmentos tidos como indesejáveis ou incômodos, como LGBTs, sem-terra, sem-teto, indígenas, dependentes de drogas, entre outros. E em momentos de maior radicalismo, como na vigência de regimes ditatoriais, a própria oposição passa a ser tratada como os negros. A prática da tortura, comum nas cadeias de todo o Brasil, estende-se aos adversários políticos, como ocorrido na ditadura Vargas entre 1937-1945 e, posteriormente, no período militar entre 1964-1985. Nesses momentos, a própria população branca, sobretudo da classe média, de oposição ao regime, sofre como os negros as agruras da violência institucionalizada. A diferença é que, findo o período de exceção, a tortura e os maus tratos voltam a ser direcionados apenas às po-

7 Helder R. S. Ferreira; Marco A. C. Natalino; Maria. P. G. Santos, "Produção e reprodução de desigualdades pela política criminal" In: Roberto R. C. Pires, *Implementando desigualdades*: reprodução de desigualdades na implementação de políticas públicas, 2019.

pulações mais pobres e mais negras, bem como às minorias, como sói ocorrer.

Essa prática, discricionária, ilegal, mas respaldada institucionalmente pelas elites e instituições da própria justiça, foi novamente utilizada, desta feita em um sentido mais amplo, em um momento particularmente conturbado, e que levou à destituição do governo da Presidenta Dilma Rousseff, culminando com a ascensão pela via eleitoral do candidato da extrema direita, Jair Bolsonaro. Um dos motivos para a queda de Dilma foi a expressa tendência inclusiva e redistributivista de seu governo. Dando continuidade à gestão de Lula, manteve a política de aumento real do salário-mínimo, incrementou os programas de transferência de renda, institucionalizou as cotas raciais nos concursos e nas Universidades Públicas, reduziu significativamente a pobreza e a miséria, dando um perfil menos desigual à sociedade. Enfim, tratava-se de uma gestão que desafiava, ainda que pelas bordas, a Sociedade Desigual e exatamente por isso passou a sofrer uma impiedosa oposição, não apenas nas hostes parlamentares, mas nos demais segmentos da vida pública. O empresariado, o setor financeiro, os órgãos de comunicação, muitas entidades classistas, além dos tradicionais nichos do conservadorismo, como as forças armadas e parcela significativa dos evangélicos, se juntaram em uma cruzada contra o governo eleito.

Um dos instrumentos desse projeto foi a atuação do então juiz Sérgio Moro e a sua Operação Lava-Jato. Englobando ações coordenadas de membros do Ministério Público, do Judiciário em suas diferentes instâncias, inclusive a Corte Suprema, bem como a Polícia Federal, e com forte apoio da mídia corporativa, as ações da Lava-Jato (prisões, cerceamentos, perseguições entre outros) constituíram um paroxismo dessa leniência em favor da Sociedade Desigual. O governo Dilma expunha o incômodo das elites com um projeto mais progressista de governo, que buscaram assim seu enfraquecimento. A prática persecutória lavajatista, ao arrepio da Lei, era reconhecida por todos, inclusive por seus apoiadores, e mesmo assim era respaldada por segmentos institucionais, instâncias do Judiciário, Ministério Público, pela mídia corporativa. Nesse caso, ao contrário dos movimentos sociais progressistas, trouxe-se para a arena política práticas e ações ilegais, que deveriam ter sido tratadas na esfera criminal.

Tudo isso reforça a ideia de que a Sociedade Desigual é um construto social de uma elite que, através da História, nunca perdeu, nunca teve que ceder, nunca se deteve diante de um impasse político, sempre tendo resolvido os problemas utilizando-se da violência, ou, em alguns casos, incorporando novos membros. Mas a conjugação de esforços de segurança (repressão) e justiça (arbitrariedade) sempre foi a peça principal, que possibilita a livre prática do racismo e de seus desdobramentos: o preconceito, a discriminação, o biopoder, a necropolítica e a branquitude.

Mas, do que foi exposto até aqui, depreende-se que o projeto inclusivo e igualitário, ou seja, o fim da Sociedade Desigual e a efetivação de políticas de cunho afirmativo, só se dará com a quebra do aparato de estabilização composto pelo binômio segurança e justiça. Seu desmonte, de outra parte, vem significar a construção de um sistema de justiça republicano e de uma segurança para a plena cidadania e dirigida ao bem-estar de todo cidadão, sem arbitrariedade nem racismo. Instituições protegidas por mecanismos de controle, corregedorias e supervisão da sociedade, que teriam a incumbência de proteger, sanar problemas, fazer funcionar a sociedade de forma mais democrática e republicana, atuando pela busca da igualdade nos demais segmentos da vida social. Esse parece ser o ponto de partida essencial para as mudanças necessárias ao fim da Sociedade Desigual.

De outro lado, é importante observar que os anos acumulados na organização e no fortalecimento da pauta racial fizeram com que o Movimento Negro já viesse a construir um leque importante de propostas de programas, políticas e ações para a população negra, algumas já implantadas, como as de cotas no ensino público técnico e superior e no preenchimento de cargos públicos. Outras propostas ainda estão por serem efetivadas, caso do fortalecimento das mídias negras, do estímulo governamental às empresas para que tenham programas de ação afirmativa, maior participação das entidades negras nos conselhos e em outros espaços de decisões políticas, entre outros. Esse cabedal já existe e sua efetivação passa pelo crescimento do protagonismo negro.

CONCLUSÃO

O advento, em 2013, de uma extrema direita que, até então, se punha sempre a reboque dos partidos conservadores foi a grande novidade política dos últimos anos. Não que ela, a extrema direita, não existisse. Ao contrário, ao longo da história política, sobretudo em momentos cruciais, se fazia presente, em casos como o da bomba no Rio Centro e dos atentados contra bancas de revistas que vendiam imprensa alternativa, isso no período da redemocratização.

A diferença foi que em 2013 essa extrema direita ganha protagonismo e, em face da perda de força dos demais segmentos, conseguiu eleger Bolsonaro. As insatisfações de parcela significativa da elite econômica, sobretudo em face à perspectiva de consolidação do projeto inclusivo e redistributivo iniciado pelos governos do PT, fizeram com que esses importantes segmentos se engajassem na aventura Bolsonaro. Parte não desprezível do eleitorado de classe média, também incomodada com a ascensão social de pobres e de negros, se juntam ao projeto perverso. O sonho de uma sociedade mais igual se desvanece, como de resto ocorrera na deposição de Vargas, bem assim, anos mais tarde, na queda de Jango e, mais recentemente, com a deposição de Dilma Rousseff.

A Sociedade Desigual também tem seus ardis no campo da política. Toda e qualquer ameaça à sua preservação é alvo de represálias, por vezes violentas e ao arrepio da Lei, com Golpes de Estado, processos de impeachments forjados etc. É a versão macro do binômio justiça-segurança que, no dia a dia, garante sua perenidade.

Há hoje no ar um clima geral de apoio a Lula. Acaba de sair uma carta de grandes empresários e banqueiros em favor de sua candidatura. Os próprios meios de comunicação estão menos refratários à gestão petista. O apoio do empresariado e das elites em geral significa que essas forças acreditam em um governo que não vai tocar na estrutura perversa e desigual, como aliás foi do feitio do primeiro governo Lula que, com rara habilidade, conseguiu melhorar a vida da população em geral sem fazer com que as classes superiores sofressem perdas. Ao contrário, como o próprio Presidente afirmou, nunca o empresariado ganhou tanto quanto em seu governo. Já Dilma Rousseff enfrentou uma nova situação, na qual o projeto redistributivo não beneficiaria as classes abastadas. Essas, ao contrário, perderiam (ou deixariam de ganhar) com as pautas da queda dos juros, da partilha do Pré-Sal, entre outros.

A experiência recente demonstra que as elites não abrirão mão de sua posição. Em outras palavras, lutarão com unhas e dentes pela preservação da sociedade desigual. O governo Lula, apoiado por todos esses segmentos, será, portanto, uma arena de disputa, na qual as forças progressistas, e, principalmente o Movimento Negro, deverão melhor se organizar, em termos de pautas estratégicas e do empoderamento político. A mudança de patamar, o fim da Sociedade Desigual, só se dará com o protagonismo negro.

9 EGUNS DANÇAM ENTRE NECRO&IKUPOLÍTICAS: HINO ABOLICIONISTA PARA O BICENTENÁRIO DA "INDEPENDÊNCIA" DO "BRASIL"

PERFORMANCE AFRORITUAL DE DENISE CARRASCOSA

Professora associada de Literatura da Universidade Federal da Bahia, doutora em Teoria e Crítica Literárias, escritora de diversos artigos e livros, dentre os quais o fruto de sua tese de doutorado "Técnicas e Políticas de Si nas Margens: literatura e prisão no Brasil Pós-Carandiru" (2015). Coordena, há 12 anos, um projeto extensionista de remição de pena por leitura, estudos e escritos literários na Penitenciária Feminina de Salvador, no Complexo Penitenciário Lemos Brito, na Bahia. Carrascosa é Filha de Oyá e Feminista Negra Abolicionista.

ACERVO PESSOAL

TRANÇA ENREDADA

8 vozes e uma quase voz — sequestradas dos corpos de pessoas negras que morreram vitimadas pela violência da empresa colonial escravista — consolidada na história de constituição racista-genocida-feminicida do estado-nação brasileiro — entre um navio negreiro que sai da Costa da Mina em direção a um porto de Salvador em 1810 e a chacina da Vila Moisés no Cabula, em 2015.

Os 9 Eguns, filhos da violência de uma vontade imperiosa, que tiveram seus corpos descarnados de suas vozes, flutuam em espaços liminares — entre a *Necropolítica* (Achille Mbembe) e a *Ikupolítica* (Uã Flor do Nascimento). Este espaço limítrofe é agonístico e cotidiano: encerra o drama que se encena nas vísceras e na psique de cada corpo negro desterrado da Cosmópolis Ocidentalizada — nas favelas, nos presídios, nas vielas sem saída, nos transportes públicos e policiais — em todas as instituições sociais que a edificam.

Os oito primeiros foram emudecidos no ato violento de fecundação de sua morte. **O último dos 9** carrega a memória sonora do início dos tempos, os sons da criação do mundo, as memórias traumáticas seculares e transgeracionais, irreconhecíveis para o ouvido humano.

As vozes descoladas dos corpos se projetam entre música e imagem e atravessam tempos e espaços diferentes, entre eras e esferas cosmológicas, **em uma busca por seus destinos perdidos**. O espaço, tempo e linguagem desses corpos são feitos dos materiais dos "espaços de confinamento" e dos dramas do momento histórico que separaram as vozes dos corpos pela política da Morte e da Desmemória — violenta e imputada pelo Estado-Nação.

Iku reclama os corpos ao Orum. As vozes jorram sangue negro, que precisa voltar aos corpos para que os Eguns possam dançar no Orum e entre nós, humanos, quando os chamarmos em nossas festas no Aiyé.

Seus corpos precisam antes ser lavados e ter suas feridas cicatrizadas pela força aquático-telúrica de **Nanã Buruquê**, sob a lua minguante, em lagoas, lagos, mangues, deltas e fossas oceânicas abissais.

RITORNELO

A Voz do corpo negro — emitida pela "*oralitura*" (Leda Maria Martins) da liturgia ritual que reterritorializa diversas nações africanas — transmite Axé. Só há Vida se há axé transmitido por cânticos, danças, orações, narrações. Só há Vida Afro-Ancestral se há VOZ.

Os 9 Eguns reclamam o direito às suas vozes nas "*performances do tempo espiralar*" (Leda Maria Martins), para que a cabaça que guarda o Aiyé-Orum realinhe seus pontos de força: ao nascente, ao poente, à direita e à esquerda, por sobre a terra, por baixo da terra e no seu centro da respiração, onde a dinâmica da criação principia.

Tempo — jogo disruptivo com a historicidade colonial linear. As experiências humanas narradas, lembradas-esquecidas, performam trânsitos subjetivos que hibridizam personagens históricos, mesclando e ficcionalizando suas biografias. Não há perspectiva afrofuturista ou afropessimista. **Nossos olhares entre-tempos** dimensionam a permanência do jogo de violências contra comunidades negras ao longo dos séculos, inclusive no assim chamado "futuro", para exercitar a cartografia das estratégias criativas de luta política pela Vida que ainda haverão de se gestar nas zonas de guerra por vir. Não propomos a catarse do futuro. Visualisamos "*Afrotopias*" (Fellwine Saar).

Música — uma dimensão fundante desta cartografia reelabora infinitamente os nossos sonhos para uma **Vida em Júbilo** entre--tempos-espaços (Letieres Leite). Xangô, com seus olhos de guerreiro estrategista desbravador de territórios, finge não ver a Morte. Por isso, para lutar à sua frente, convoca a Dança de Oyá, aquela que aprendeu a cuspir fogo, conhece Iku e é Mãe dos 9 Eguns. A música realiza o trânsito dos tempos, dos espaços e das emoções, re--fundando os laços entre Ayiê e Orum, apaziguando as dores, fertilizando as memórias afro-ancestrais.

Espaço Liminar entre Necro&IkuPolíticas — **Lugares de Confinamento Trans-históricos** — que atravessam os séculos reatualizando seus dispositivos de opressão e morte sobre os corpos negros; tensionados por **Lugares de Desejo Abolicionista** que potencializam a existência em liberdade e alacridade (Muniz Sodré). Espaço de Jogo entre o público e o privado, o confinado e o aberto, o orgânico e o inorgânico, o fim e o começo, o luto e a alegria: entre porão de navio negreiro e fundo do mar em ampla espera, quilombo na mata fechada em fuga sobre copa das árvores; voo para fuga de cela-castigo de prisão; tanque de guerra em viela com saída de voz projetada em praça pública; entre tronco e senzala na moita de amores possíveis, entre sala de aula na universidade e mergulho suicida no ar; quarto de reza pelo retorno de filho pra casa; entre cova rasa sob a terra e esteira de pele de cobra brilhante no rio.

Dramaturgia Ritual — o peso e a centralidade dramáticas do texto (materializado nos resíduos de memórias traumáticas das vozes) se espiralizam com os deslocamentos produzidos por imagens e sonoridades dissonantes — elementos rituais da cena que desmontam a fatalidade de personagens, falhas e destinos trágicos da nação brasileira. O rito de encenação lava o texto pré-escrito. As vozes ensaiam saídas tonais inesperadas. A ausência-presença de quem participa-assiste traz corpo-terra-caminho para o rito.

CORO

Vozes dos Eguns: jogo entre pessoas reais e ficcionais, mortas na realidade das notícias impressas e mortas porque são representações de papel nos livros, mas pessoas cujas trajetórias humanizadas fazemos sobreviver à violência emudecedora do Estado, através deste **Hino Abolicionista** — *trança entre denúncia da violência; recuperação da memória sobre o destino e a reivindicação do direito ao esquecimento do trauma para a construção ética-estética de um projeto de vida comunitária ancestralmente enraizada.*

As vozes cruzam a linha entre "mortos" e "vivos" e existem para materializar em narração como seus corpos foram violentados. Contam as histórias que nunca poderiam ter sido passadas adiante. De forma lenta, meticulosa e detalhada, descrevem as máquinas de tortura, punição e morte do Estado (tumbeiros, presídios, polícias, porões, senzalas, troncos, afogamentos, aparelhos de castigos corporais).

No contrafluxo da necropolítica, emergem dessas sensações corporais da hora da morte suas memórias, desejos de reações e projetos abortados de futuro — suas humanidades descarnadas da vida, sem lugar, sem destino, em itinerância.

As vozes costuram as peles descarnadas aos corpos para que seu sangue negro retorne a Iku. Para que possam dançar os Eguns, a fim de que nós, humanidade negra, possamos também cultuar nossos antepassados, receber a transmissão de asè, de geração a geração, de boca a orelha e com nossos ancestres dançarmos.

O Egum é Mudo e sua Quase Voz é a **música** trans-temporal: sua presença Afro-Ancestral (Mateus Aleluia).

8 VOZES E UMA QUASE VOZ

Em volta de Iroko, uma mulher negra anciã vestida de roxo dança, ao som de 3 tambores de mulheres guerreiras em círculo.

Irmã Ibeji de Kehinde — levada por correntes marinhas ao fundo abissal do Mediterrâneo; funde-se à imigrante forçada, exilada em águas profundas de esquecimento de si (voz lenta, rouca e grave — faz longas pausas) (música: Banzo 1º movimento — *A saga da travessia*)

Sob as Ilhas de Malta, respiro inerte de memórias. De meu nome não sei, apenas da irmã que deixei, no deserto. Para além da travessia, Kehinde — o duplo de mim mais antigo. A que nasceu primeiro e segurou minha mão, trêmula e magra, no porão daquele tumbeiro. Entre odores de vômito e urina, a Avó Nossa. Patuá de Crispina e Crispiniana pendia do seu pescoço descarnado. Nossa alma estirada sobre os mares revoltos.

Os ventos uivavam. Ainda os posso ouvir quando lançaram seus ossos rangentes da escotilha. A mão de irmã espiava o ar que ainda expirava por minhas narinas, quente ainda, lutava, tentando derreter o aço da corrente que prendia seu pulso ao meu. Dentro de nossos pequenos ventres, em silêncio, curtas orações cantadas guardávamos para o antes e o depois da fome. Lutávamos contra o esquecimento de nossas imagens. Nanã, Oxum, Xangô... Ibeji... Às nossas imagens...

Sob as belezas milenares da mediterrânea Malta, respiro inerte de memórias. De meu rosto não sei, apenas do grito que deixei, no deserto. Entre minhas pernas abertas ficou a passagem para o bote que nos libertaria da guerra, da fome, do desamparo. Éramos em 8. Tento lembrar um nome qualquer. Atravessamos o mar revolto com água pelas narinas, frias, exaustas. *Os nomes dos homens que nos chamavam a pular para uma barca ainda menor eram pavor e coragem. Da morte e pela morte. Olhá-la nos olhos. Reivindicar uma humanidade qualquer no limite do tempo que finda. Digna ou não.*

As águas gélidas precisam de algum fundo cálido, em algum instante da vertigem do naufrágio. Um seio que nos amamente plácido, sóbrio e venenoso. A história.

Esta face da tua história bem contada de deuses e templos com tesouros mal roubados, contemplo desde o fundo do espelho mediterrâneo. Suas galés navegadas por sequestradores mal pagos. Pilhagens da sabedoria egípcia, africana, nossa realeza antiga.

Desde o fundo dos meus glóbulos descarnados, diviso os restos da gigantesca cruz de sua conversão paulina, engasgada nas guelras de um peixe-dragão.

Dentre as fossas abissais, sob as garras desta malta, respiro inerte de memórias. De meu destino não sei, apenas do corpo que deixei no deserto. As transparências azuis desta mortalha em que me movo zombam da voz que busco para narrar. Tal voz, qual alga, insossa, pegajosa e lamacenta, ainda vive.

Sobre estas pedras de fundo deitam-se a meu lado as almas de gerações e gerações de desterrados, sequestrados, afogados, lançados... suicidas que, plácida e sobriamente, amamentam as submersas eras de retorno do espírito de Tempo.

TRANSIÇÃO: MÚSICA - BANZO 1º MOVIMENTO — ÁLBUM *A SAGA DA TRAVESSIA*

Joana — em quilombo na Mata Fechada sobre copa de uma árvore, após sua morte em fuga sob perseguição de capataz. Caçadora da Liberdade. (Voz pausada, baixa e sussurrada, como quem conta um segredo ao ouvido, as frases são lançadas de forma assertiva, como flechas) (música: *Floresta Azul* — Álbum Vermelho).

Por trás desta máscara de aço, a história por que morri, amarro-a de pano branco à copa desta gameleira. Daqui do alto a vejo, altiva e digna. Joana.

"— Minha mãe era africana, meu pai de raça índia; mas eu de cor fusca. Era livre, minha mãe era escrava.

Eram casados e desse matrimônio, nasci eu. Para minorar os castigos que este homem cruel infligia diariamente à minha pobre mãe, meu pai quase consumia seus dias ajudando-a nas suas desmedidas tarefas; mas ainda assim, redobrando o trabalho, conseguiu um fundo de reserva em meu benefício.

Um dia apresentou a meu senhor a quantia realizada, dizendo que era para o meu resgate. Meu senhor recebeu a moeda sorrindo-se — tinha eu cinco anos — e disse: A primeira vez que for à cidade trago a carta dela. Vai descansado.

Custou ir à cidade; quando foi demorou-se algumas semanas, e quando chegou entregou a meu pai uma folha de papel escrita, dizendo-lhe:

— Toma e guarda com cuidado, é a carta de liberdade de Joana. Meu pai não sabia ler; de agradecido beijou as mãos daquela fera. Abraçou-me, chorou de alegria, e guardou a suposta carta de liberdade.

Então furtivamente eu comecei a aprender a ler, com um escravo mulato, e a viver com alguma liberdade.

Isso durou dois anos. Meu pai morreu de repente, e no dia imediatamente posterior, meu senhor disse a minha mãe:

— Joana que vá para o serviço, tem já sete anos, e eu não admito escrava vadia.

Minha mãe, surpresa, e confundida, cumpriu a ordem sem articular uma palavra.

Nunca a meu pai passou pela ideia que aquela suposta carta de liberdade era uma fraude; nunca deu a ler a ninguém; mas, minha mãe, à vista do rigor de semelhante ordem, tomou o papel, e deu-o a ler, àquele que me dava as lições. Ah! Eram umas quatro palavras sem nexo, sem assinatura, sem data! Eu também a li, quando caiu das mãos do mulato. Minha pobre mãe deu um grito, e caiu estrebuchando.

Sobreveio-lhe febre ardente, delírios, e três dias depois estava com Deus.

Fiquei só no mundo, entregue ao rigor do cativeiro." (Maria Firmina dos Reis)

Por trás desta máscara de aço, a história por que morri, pela qual meus filhos ainda viveram, amarro-a de pano branco à copa desta gameleira. Daqui do alto a vejo, altiva e digna.

"— Ah! Se pudesse, nesta hora extrema ver meus pobres filhos, Carlos e Urbano!... Nunca mais os verei!

Tinham oito anos.

Um homem apeou-se à porta do Engenho, onde juntos trabalhavam meus pobres filhos — era um traficante de carne humana. Ente abjeto, e sem coração! Homem a quem as lágrimas de uma mãe não podem comover, nem comovem os soluços do inocente.

Esse homem trocou ligeiras palavras com meu senhor, e saiu.

Eu tinha o coração opresso e pressentia uma nova desgraça.

A hora permitida ao descanso, concheguei a mim meus pobres filhos, extenuados de cansaço, que logo adormeceram. Ouvi ao longe rumor, como de homens que conversavam. Alonguei os ouvidos; as vozes se aproximavam. Em breve reconheci a voz do senhor. Senti palpitar desordenadamente meu coração; lembrei-me do traficante... Corri para meus filhos, que dormiam, apertei-os ao coração. Então senti um zumbido nos ouvidos, fugiu-me a luz dos olhos e creio que perdi os sentidos.

Não sei quanto tempo durou este estado de torpor; acordei aos gritos de meus pobres filhos, que me arrastavam pela saia, chamando-me: mamãe! Mamãe!

Ah! minha senhora! abriu os olhos. Que espetáculo! Tinham metido adentro a porta da minha pobre casinha, e nela penetrado meu senhor, o feitor, e o infame traficante.

Ele e o feitor arrastavam sem coração os filhos que se abraçavam a sua mãe.

— Por Deus, por Deus, gritei eu, tornando a mim, por Deus, levem-me com meus filhos!

— Cala-te! gritou meu feroz senhor. — Cala-te ou te farei calar.

— Por Deus, tornei eu de joelhos, e tomando as mãos do cruel traficante: — meus filhos!... meus filhos!

Mas ele dando um mais forte empuxão, e ameaçando-os com o chicote, que empunhava, entregou-os a alguém que os devia levar..." (Maria Firmina dos Reis)

Por trás desta máscara de aço, a história por que morri, pela qual minhas netas ainda hão de viver, amarro-a de pano branco à copa desta gameleira. Daqui do alto a vejo, altiva, digna e livre.

TRANSIÇÃO: MÚSICA — FLORESTA AZUL — ÁLBUM *VERMELHO*

Esperança Garcia — mulher grávida que morreu no parto algemada, depois de sofrer torturas físicas, morais e espirituais na penitenciária (voz aguda, às vezes em gritos de desespero, vezes ofegante, outras chorosa) (música: Banzo 2º movimento — *A saga da Travessia*).

Escrevo esta carta-testamento em desespero, a quem quer que tenha ouvidos de ouvir e coração forte de ler. Não segue endereçada à Coroa Portuguesa fodida! Ao Vice-Rei de Merda! Aos Jesuítas dos Direitos Humanos! Ao Corno do Capitão! À Porra do Governo do Estado! (gritos crescentes).

Estava eu grávida! Eu, Esperança, carregava meu segundo filho e estava cativa. Sequestraram meus pertences. Roubaram minha liberdade. Arrancaram de você meu seio direito pingando leite.... e meu coração por sua boca! Meu filho! Estava acorrentada à maca quando você nasceu... e eu morri... (choro ofegante).

De barriga, me meteram tranca! Me meteram esculacho! Me jogaram no chão do lado do boi! Me tiraram sol e essa comida bichada!

E essa água imunda! Bomba de efeito moral de cu é rola! 'Um colchão de pancadas' - nós somos! 'Grandes trovoadas de pancadas' é o lanche de hoje, suas putas! Algema de 3 pontas! E cachação! Quer comer? Aqui seu choque elétrico, sua vadia! (risada histérica)... Pomba--suja! Toma! Tem droga, não? Então aqui, toma, a droga *toda tá aqui e é sua! (longo choro desesperado).*

(Chorosa) Meu filho não pôde vir me ver hoje. Mainha não teve dinheiro pra passagem. De meu companheiro, nem sei. Minhas contas dela quebraram, meu banho de folha tiraram, mas Mãe Oyá não me esquece. Me leva quente em suas asas...

TRANSIÇÃO: MÚSICA - BANZO 2º MOVIMENTO — ÁLBUM *A SAGA DA TRAVESSIA*

Marielle Franco — em tanque de guerra em viela com saída de voz projetada em praça pública (voz grave, assertiva, empostada, para ser projetada em plenárias e a largas multidões) (música: Banzo 3 — *A saga da Travessia*).

"Nós somos violentadas e violada há muuuuuito tempo. Neste período, por exemplo, onde a intervenção federal se concretiza na intervenção militar, quero saber como ficam as mães e familiares das crianças revistadas. Como ficam as médicas que não podem trabalhar nos postos de saúde. Como ficam as mulheres que não têm acesso à cidade? Essas mulheres são muitas. São mulheres negras. Mulheres lésbicas. Mulheres Trans. Mulheres Camponesas. Mulheres que constroem esta cidade!

As mulheres negras, por exemplo, quando passam na rua, ainda tem homem que tem a ousadia de falar do quadril largo, da bun-

da grande, do nosso corpo como se a gente estivesse no período de escravidão. Não estamos, querido! Nós estamos no processo democrático! Vai ter que aturar mulher negra, trans, lésbica, ocupando a diversidade dos espaços!

Gostaria de dizer das mulheres negras que são nossas referências. Vou citar Audre Lorde: uma mulher negra, lésbica, escritora com origem caribenha, feminista e ativista pelos direitos civis: 'Eu não sou livre enquanto outra mulher for prisioneira. Mesmo que as correntes dela sejam diferentes das minhas'. Por isso, nós vamos juntas. Lutando contra toda forma de opressão..." (Marielle Franco).

(Voz acadêmica em defesa de tese) "O objetivo central deste trabalho é demonstrar que as Unidades de Polícia Pacificadora (UPPs), como política de segurança pública adotada no estado do Rio de Janeiro, reforçam o modelo de Estado penal, absolutamente integrado ao estado neoliberal. Ainda que tenham diferenças, centradas na substituição das conhecidas incursões policiais por um modelo de controle e ocupação de território por armas oficiais, esse fato não significa necessariamente uma alteração profunda da política em curso. Cabe destacar que a política estatal de combate às drogas e à criminalidade violenta, nesses territórios das favelas, é caracterizada por estratégias de confronto armado contra o varejo do tráfico, em que as incursões policiais ou a sua permanência nesses locais reforçam a iminência de confrontos e o cerceamento da vida cotidiana.

Para tanto, incorpora-se aos objetivos específicos desta pesquisa a demonstração de que o discurso de 'guerra contra as drogas' e de controle dos territórios são iniciativas para conquistar o apoio do conjunto da cidade com uma alusão à paz, sobretudo por meio de recursos ideológicos, usados como instrumentos fundamentais para conquistar a opinião pública e o senso comum, a fim de sustentar as contradições desta política.

Outro objetivo específico a ser apresentado neste estudo é o de evidenciar que não há 'guerra' nesse processo. O que de fato existe, ou está indicado, é uma política de exclusão e punição dos pobres, escondida por trás do projeto das UPPs.

Buscamos, ainda, apontar, que a administração da segurança pública não contribuiu com qualquer alteração qualitativa. Ao contrário, atuou como força auxiliar no fortalecimento de um modelo de cidade centrado no lucro privado, e não na sua população, sustentado pela política hegemônica do Estado, marcada pela exclusão e punição." (Marielle Franco).

"Não vem me interromper agora, né? Mas homem fazendo homice... meu deus do céu...(irônica). As rosas da resistência nascem do asfalto. A gente recebe rosa, mas vamos estar com o punho cerrado também buscando nosso lugar contra os mandos e desmandos que afetam nossas vidas.

(exaltada) Não serei interrompida! Não aturo interrupções dos vereadores desta casa! Não aturarei um cidadão que vem aqui e não sabe ouvir a posição de uma mulher — (enfática) *ELEITA!"* (Marielle Franco).

TRANSIÇÃO: MÚSICA - BANZO 3º MOVIMENTO — ÁLBUM *A SAGA DA TRAVESSIA*

Xica Manicongo — Pessoa Trans detida por policial que morreu asfixada dentro do fundo do camburão (voz em trânsito entre grave e aguda) (música: Banzo 1 — *A saga da travessia*)

"Ofício de fêmea"! Foi do que me acusaram pela primeira vez. Um cativo irmão meu de senzala — belo gentio da guiné, corpo alto e atlético, sempre disposto — querendo me tomar por esposa, foi o dono do mal-feito. Queria-lhe. Queria-lhe todo dentro de minha alma. Não nego. E cada vez mais. Aquele formoso pau sempre lambuzava em meus lábios. Mas toda vida no escuro, entre uma moita e outra do engenho. À luz do dia, tratava-me com desdém atroz.

Chegou a (hesitando)... veja bem... chegou a levantar o azorrague para mim. Veja... não o acuso... excitou-me a princípio o que imaginei ser uma brincadeira de homens enamorados. Olhou-me dentro dos olhos, bafejando o hálito de cachaça depois do samba... aquele onde me desbundei toda, requebrando a não poder mais... Ele vidrado nos meus quadris... aquela música... aqueles rodopios... entre desejo e fúria...

Veja... não o culpo...provoquei tudo que pude... trouxe-me à moita e encostou o pau duro no meu... aquele que amarrava pra trás. Roçando no meu monte, olhava-me dentro dos olhos, bafejando hálito de cachaça. Agachou-se. Pensei que ia tirar minhas roupas de baixo. Tirou de trás da moita o vira-mundo. Mole, não tive pernas para correr... JIMBANDA (gritando)!!!

Depois da primeira chibatada, desmaiei e só acordei virada do avesso... o sangue da boca escorria terra adentro, esquentava forte minha raiva... raiva de mim... não o culpo... veja... sua função era contabilizar nossos crimes... quanto mais empilhasse o inferno com nossas almas pecadoras, mais a Inquisição poderia comprar terras. No céu e aqui... sobre nosso suor desesperado... carente de amor...

Minha conta com Deus paguei com o seguinte crime:

dada. João ia gostar de ver. Parecia meu casamento com ele. Aquele palácio parecendo igreja... O padre esperando...

E você está fazendo o quê aqui? (gaguejando) — o padre... o professor... perguntou.
Tem certeza que este é seu curso?
Era pra dizer sim? Era pra dizer não?

"O relacionamento entre o ego e o ideal do ego é vivido sob o signo da tensão. E como não ser se o superego bombardeia o ego com incessantes exigências de atingir um ideal inalcançável? (...) No negro, do qual falamos, essa relação caracteriza-se por uma acentuada defasagem traduzida por uma dramática insatisfação, a despeito dos êxitos objetivos conquistados pelo sujeito" (Neusa Santos).

"O negro que elege o branco como ideal do ego engendra em si mesmo uma ferida narcísica, grave e dilacerante, que, como condição de cura, demanda ao negro a construção de um outro ideal do ego" (Neusa Santos).

"Lutar, lutar mais ainda por encontrar novos caminhos. Um deles passa pela busca do objeto amoroso. Um objeto que, por suas características, possa ser o substituto do ideal irrealizável. Um parceiro branco, com quem o negro — através da intimidade da relação afetivo-sexual — possa se identificar e realizar o ideal do ego inatingível" (Neusa Santos).

Eu, formada médica, de um alto Centro Médico em Salvador, decido voar no espaço... em direção à terra, de volta... Meu mergulho, quilombola, entendam, é minha fuga e minha rebelião.

TRANSIÇÃO: MÚSICA - BANZO 2º MOVIMENTO — ÁLBUM A *SAGA DA TRAVESSIA*

José Mateus João Mandingueiros — 3 meninos, trigêmeos que morreram na Chacina do Cabula. Sua história é contada em Reza de Mãe. (voz de mãe que reza para o filho voltar pra casa à noite) (música: Banzo 3 — *A saga da travessia*)

06 de fevereiro de 2015. Ponho meu joelho calejado no chão do barraco e rezo. Rezo pra José, Mateus, João, Mandingueiros — de alcunha: os três filhos de Maria — chegarem logo da rua. Subirem logo a ladeira. Despontarem logo na viela. Largarem de brincadeira. Mania de bola esses meninos. Preparados já estavam seus ovos cozidos.

Reza de mãe é terço forte. Intuição também. Terno de reis. Os 12 reis de nossa terra. Sertão de Jacobina. Já deu muicho ouro. Já deu muicho olho. Muicho crime. Muicha prisão. Os antigos diziam, ouro de gente e de tolo. A gente de Congo não ficava com quase nenhum. Quase nenhum sobrou. Um sim outro não.

Mas os 12 carregavam as bolsinhas de mandinga, que ajudavam no fechamento do corpo e no encontrar o destino de riqueza. As minas. Eram procurados os doze. Por gente de bem e por não. Tocavam Cabula. Mas o povo maldava que faziam avião. Ricos que estejam. Das graças de nosso senhor Jesus Cristo, para sempre louvados sejam.

Fugiram pra Vila Moisés, onde o profeta dizia que a liberdade viria. Naquele vasto campo de fartura, de muita laranja-da-bahia. Mas os 12 ricos meninos, com quem brincaram de capitão, foram sendo derrubados, uma pedrinha sim, outra não.

Na contramão da profecia, tava feita a chacina: carne suína cortada, salgada e curada.

Reza de mãe é terço forte. Intuição também. Sendo por divina advertência prevenidos em sonho para não voltarem à presença de Herodes, regressaram por outro caminho à sua terra.

E foi Procissão. Terno de reis. Os 12 reis de nossa terra hão de vingar vocês.

TRANSIÇÃO: MÚSICA - BANZO 3º MOVIMENTO — ÁLBUM *A SAGA DA TRAVESSIA*

O Velho Epílogo. Sobre esteira, em posição fetal (voz de um ancião moribundo) (música: Temporal — Álbum *Vermelho*)

Sobre os frágeis ossos de minhas memórias da Costa, relembro o canto soprado dos pássaros à beira do rio de olhos negros e boca grande de segredos. Cobra brilhosa encantada donde sugávamos o leite da vida, crua, simples e duradoura.

De quando em vez, as pernas queriam caminhar até kalunga. Os pés faziam suas travessias nos terrenos lamacentos, nas caminhadas pantanosas, entre matos, morros e cantigas de rezar a sorte.

Alumiada a visão pelo sem-fim de kalunga azul, uma alegria....

E uma tristeza: o tumbeiro que engolia uma multidão de fantasmas acorrentados. Uma procissão de almas vestidas do negrume das noites sem estrelas adentrava o portal do não retorno para o porão

— um monstruoso útero onde eram infligidas as memórias de horror mais medonhas que alguém poderia ter pensado testemunhar.

Minha Irmã se foi... minhas netas ibeji com ela... As três de mãos dadas por correntes se curvavam ao não-destino, talvez. Soluar cuide de seus Oris, dia e noite flutuando perdidos.

"Iberè ki ikeji eni ko sina, enitti ko lé bere, ni npón ara rè loju. As perguntas livram os homens dos erros; aquele que não pergunta entrega-se aos problemas". (Mãe Stella de Oxóssi).

Que não se esqueçam de perguntar a Ifá seus caminhos de retorno.

Depois de 70 anos de espera, sobre os frágeis ossos de minhas tristes memórias da Costa, relembro a esteira em que me deitei, já sem as forças da esperança, para ouvir o canto-chamado dos pássaros. Minha alma estava à beira do rio, carregava olhos negros e boca grande de segredos. Meu corpo já era uma cobra brilhosa encantada, donde a minha vila poderia sugar o leite da vida, doce, simples e duradoura.

TRANSIÇÃO: MÚSICA — TEMPORAL — ÁLBUM *VERMELHO*

CODA

Quase Voz — O último dos 9 (em cova rasa tenta emitir sons sob a Terra).

O mudo carrega a memória sonora do início dos tempos, os sons da criação do mundo, as memórias traumáticas seculares e transgeracionais, irreconhecíveis para o ouvido humano.

Os 9 corpos precisam antes ser lavados e ter suas feridas cicatrizadas pela força aquático-telúrica de **Nanã Buruquê**, sob a lua minguante, em lagoas, lagos, mangues, deltas e fossas oceânicas abissais.

No centro da cena, IROCO, árvore-Tempo. Em volta de Iroko, uma mulher negra anciã dança vestida de roxo, em silêncio.

A Terra Dança, Treme, Chove, Trovoa, Relampeja, entre Sol, Lua e Arco-Íris. As vozes se espiralizam e migram para o centro da Terra ao pé de Iroco (dissolvem-se); a Terra vai acolhendo, em seu útero, cada uma Vozes.

(música: *Temporal* — Álbum *Vermelho*).

Música no Escuro

A Grande Mãe (saída) — Álbum *Vermelho*.

DE PAI PARA FILHO, A MERITOCRACIA HEREDITÁRIA

MICHAEL FRANÇA

Ciclista, doutor em Teoria Econômica pelo Instituto de Pesquisas Econômicas da USP, coordena o Núcleo de Estudos Raciais do Insper e também é colunista do jornal *Folha de S.Paulo*. Em 2011, ganhou o diploma de mérito de melhor aluno da turma de graduação em economia da UNESP e, em 2015, terminou o mestrado em Economia pela Universidade de São Paulo. Neste mesmo ano, Michael foi convidado e aceitou representar a USP no Econometric Game em Amsterdã. Em 2018-2019, foi Visiting Scholar na Universidade Columbia pela Fundação de Amparo à Pesquisa do Estado de São Paulo (Fapesp). Possui experiência em microeconomia do desenvolvimento e econometria aplicada.

ACERVO PESSOAL

Desigualdade nem sempre é algo injusto. Para pensar um pouco sobre isso, imagine um cenário em que existam dois irmãos gêmeos. Eles saem de um ponto de partida semelhante, pois passaram grande parte de suas vidas convivendo no mesmo ambiente familiar. Entretanto, depois de se graduarem em uma conceituada universidade localizada na cidade de São Paulo, suas escolhas profissionais são distintas.

Espedito nasceu dez minutos à frente de seu irmão Espeditiano, mas, no que diz respeito à opção de carreira, demorou um pouco mais para decidir.[1] No fim da graduação, escolheu trabalhar em uma promissora startup da capital paulista. Poucos anos depois, com muita dedicação, ele passou a ocupar uma importante posição na diretoria da empresa.

Apesar da riqueza acumulada ao longo dos anos, Espedito não se considera bem-sucedido em outros aspectos da vida. Ele chegou à velhice se sentindo infeliz e com a saúde debilitada devido a alguns maus hábitos, porém orgulhoso pelo único filho que teve em um de seus casamentos.

No caso de Espeditiano, sua trajetória foi tão diferente que o fato de ele ser irmão gêmeo de Espedito é até curioso. Ele também se formou no curso de Economia, mas preferiu outra trajetória. Resolveu ir para Itacaré vender suas artes na praia. Diferentemente do irmão, ele não conseguiu acumular riqueza. Contudo, a opção pela vida simples trouxe vários outros retornos além do financeiro.

Espeditiano conseguia se exercitar todo dia na praia e isso contribuiu para que chegasse à velhice com pouco dinheiro no bolso, mas com saúde e satisfação. Pode-se dizer que soube aproveitar os prazeres da vida. Como resultado, teve quatro filhas. Seu casamento, como todos os outros, é marcado por altos e baixos. Mas a disponibilidade de tempo para dedicar à família e aos amigos fez com que seus relacionamentos fossem estáveis e profundos. Nem as dificuldades diárias de uma vida de baixa renda conseguiram tirar seu sorriso do rosto.

1 A escolha dos nomes Espedito e Espeditiano aqui não foi por acaso, pois são os nomes de dois irmãos gêmeos baianos próximos a mim, ou seja, respectivamente, meu pai e tio. Já o título é uma referência à música "A vida de viajante", interpretada por Luiz Gonzaga e Gonzaguinha. No final de um show, Gonzaguinha pergunta para seu pai: "E como é a história?", Luiz Gonzaga responde: "De pai para filho". Gonzaguinha retribui: "Deixa que eu levo para frente".

É interessante notar o quanto as trajetórias dos gêmeos foram distintas. Eles partiram de uma mesma situação socioeconômica, contudo, no final, suas escolhas fizeram com que seus resultados na vida fossem diferentes. Surgiu desigualdade nos rendimentos, saúde, satisfação com a vida e até mesmo na quantidade de filhos. Essa desigualdade pode ser considerada justa, pois é fruto das escolhas e dos esforços que cada irmão teve para atingir seus objetivos. O maior desafio, porém, começa na geração seguinte.

DA DESIGUALDADE JUSTA À INJUSTA

A desigualdade justa pode levar a uma injusta. Para pensar nisso, podemos aproveitar a história anterior. Por meio dela, percebemos que as oportunidades que o único filho de Espedito terá serão bem diferentes daquelas que as quatro filhas de Espeditiano vão ter. Vários são os fatores que contribuem para isso, sendo, um deles, a localização geográfica.

Como é de conhecimento geral, São Paulo é uma cidade cara, mas oferece diversas possibilidades de desenvolvimento. Para aqueles que têm dinheiro, encarar o cotidiano da selva de pedra não é tão desafiador assim.

O trem e o metrô lotados são um dos desafios da mobilidade urbana de uma grande metrópole. No entanto, os intermináveis deslocamentos pela cidade podem ser encurtados quando se mora em uma região bem localizada. Esse é exatamente o caso de Diego, único filho de Espedito, fruto de uma noite esquecida com Zila.[2] Em certo sentido, o dinheiro do seu pai abrirá para ele diversas portas ao longo de sua vida.

2 O leitor atento deve ter percebido uma referência à música "Nunca Mais", de Odair José. Além disso, Zila é o nome da minha mãe e Diego, do meu irmão. No final, me empolguei e resolvi aproveitar o texto para homenagear toda família.

Escola de boa qualidade. Cursos de idiomas. Viagens internacionais. Acesso a uma rede de contatos privilegiada. Várias são as vantagens adquiridas por aqueles que nascem em uma família com melhores condições financeiras. Tudo isso faz parte do cotidiano de Diego, mas está muito distante da realidade das filhas de Espeditiano. Em Itacaré, além das lindas praias da Bahia, não há muitas possibilidades de desenvolvimento. Logo de manhã, elas acordam para ir trabalhar e ajudar no orçamento familiar. As escolas são de baixa qualidade e os alunos, desmotivados.

Diferentemente de Diego, cuja mãe é branca e, assim, ele nasceu com um tom de pele claro, as filhas de Espeditiano são negras de pele retinta. Dada a discriminação de raça, gênero e classe social que opera de forma direta e indireta na sociedade brasileira, essas meninas terão um tratamento diferenciado vida afora.

A literatura acadêmica é repleta de estudos empíricos que procuram investigar a influência do pertencimento aos mais distintos grupos sociais nas trajetórias dos indivíduos. Em um interessante experimento realizado por Yan Chen e Sherry Li,[3] publicado em uma das mais conceituadas revistas de economia do mundo, as pesquisadoras encontraram que os participantes recompensavam mais e puniam menos os membros de seu próprio grupo.[4] Dado que o grupo dominante é marcado por homens brancos de alta renda, mesmo que de forma não consciente, é comum eles criarem formas de favorecer seu grupo. Com isso, tendem a alcançar determinados objetivos empregando menor esforço do que o restante da população.

Deste modo, existe um conjunto de circunstâncias que estão fora do controle do indivíduo e que criarão um conjunto de opor-

3 Infelizmente, as pesquisadoras Yan Chen e Sherry Li não fazem parte da minha família.

4 Yan Chen; Sherry Xin Li. Group identity and social preferences. *American Economic Review*, v. 99, n.1, 2009.

tunidades diferentes para o descendente de Espedito e as filhas de Espeditiano. Em certa medida, no presente contexto, as futuras gerações acabam sendo afetadas pelas escolhas e esforços dos pais, assim como pelas crenças que foram historicamente constituídas na sociedade em que elas estão inseridas. Aqui chegamos a uma desigualdade considerada injusta.

Tal cenário fica mais claro quando olhamos para a Figura 1. De acordo com os dados da Pesquisa Nacional por Amostra de Domicílios (Pnad) de 1996, a probabilidade de uma mulher negra atingir o ensino superior dado que o pai também possuía este nível de escolaridade era de 37,2%. No caso dos homens branco, esse valor subia

FIGURA 1 — Chance de os filhos terem ensino superior dado que o pai possui este nível de escolaridade

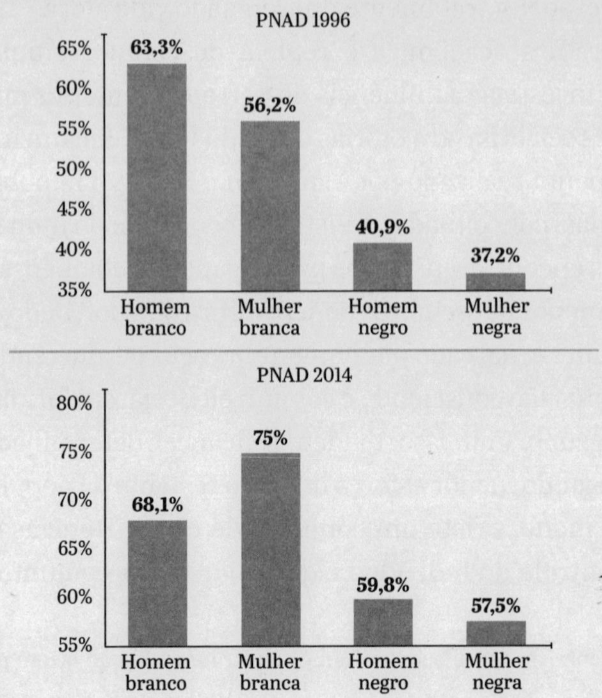

FONTE: Elaboração própria a partir dos dados fornecidos pelo Instituto Mobilidade e Desenvolvimento Social

"recusava a trajar o vestido de homem que lhe dava seu senhor". (Luiz Mott, Ronaldo Vainfas).

TRANSIÇÃO: MÚSICA - BANZO 1º MOVIMENTO — ÁLBUM *A SAGA DA TRAVESSIA*

Banzeira de Todos os Santos - Mulher negra, quilombola, imigrante, suicida — ela se joga do alto de um centro médico, depois de uma violência na universidade pública, na faculdade de medicina (voz de menina que se transforma em voz de mulher) (música: Banzo 2 — *A saga da travessia*)

Banzeira, este é meu primeiro nome. 'De Todos os Santos' é alcunha de anonimato que me deram no Vale do Iguape, no meu quilombo... Você só vai saber se eu disser que é Cachoeira.

Vó me benzeu forte na saída. Mãe fez trouxa com tudo que podia. Paçoca de cará com torresmo; 2 ostras frescas; roupa branca rendada e abraço farto. Tudo rico. Rico mesmo. Vó dizia que não era mãe de santo. Nenhum filho dela era santo. Mas Mãe disse, fazendo sinal da cruz: vai com Deus e Todos os Santos, filha. Vai ser gente, mais que a gente, na vida.

Eu, Neusa, primeira médica que ia ser da família. Ia poder enfrentar os grileiros, que diziam não ser nossa a terra nossa de sempre. Os médicos podiam tudo. Mas antes, 100 km de terra pra chegar. Rio, chão batido, asfalto. E cheguei. No palácio. Na residência universitária da Universidade Federal da Bahia. Tão bonita igual ao nome.

No dia primeiro de aula, dei de atrasar, mas entrei na sala bonita. Orgulho eu tinha daquele vestido branco em cima da pela preta, ren-

para 63,3%. Houve uma melhora significativa em 2014, com grande destaque para as mulheres brancas. Entretanto, as chances dos negros ainda são menores do que as dos brancos. Essas e outras estatísticas só ilustram que o Brasil ainda está muito distante de atingir alguma coisa que possa ser considerada uma democracia racial.

Além disso, estima-se que cerca de 37% da desigualdade de renda do país pode ser explicada por alguns fatores que estão fora do controle do indivíduo, como, por exemplo, escolaridade e ocupação dos pais.[5] Adicionalmente, estima-se que cerca de 50% da variabilidade dos ganhos entre as pessoas é devida às habilidades que são desenvolvidas até os 18 anos de idade.[6]

Nesse cenário, deve-se lembrar que os brasileiros mais pobres têm acesso a uma educação de pior qualidade, e que a formação do indivíduo não começa na escola, mas sim na estrutura familiar e no local onde ela está inserida. Os pais e as pessoas no entorno de uma criança são seus primeiros professores e, deste modo, as pobres acabam herdando o legado da miséria educacional do ambiente em que ela convive e daqueles que estão em seu meio social.

DA DESIGUALDADE INJUSTA AO MÉRITO

A desigualdade injusta acaba criando uma espécie de crise de legitimidade em relação ao mérito. Durante anos, vendeu-se uma ideia de que tudo era possível a partir do esforço individual. Isso tem sido profundamente contestado ao redor do mundo. Atualmente, há maiores possibilidades de confrontar algumas narrativas enviesadas e, muitas vezes, difundidas por uma parcela da elite.

5 François Bourguignon; Francisco H. G. Ferreira; Marta Menéndez, Inequality of opportunity in Brazil, *Review of Income and Wealth*, v. 53, n. 4, 2007.

6 James J. Heckman; Stefano Mosso. The economics of human development and social mobility, *Annual Review of Economics*, v. 6, 2014.

As competências de um indivíduo não surgem espontaneamente. Esforço é uma condição necessária para que isso ocorra, mas não é suficiente. É preciso investir nas pessoas para que elas tenham as condições de atingir todo o seu potencial. A combinação de esforço e investimento faz o talento. Entretanto, não são todos que possuem disponibilidade de tempo e recursos para aprimorar suas habilidades individuais.

No caso dos mais pobres, uma série de privações faz com que muitos potenciais talentos fiquem perdidos pelo caminho. Deve-se lembrar que em muitos lugares desse país nem se tem saneamento básico. Crianças malnutridas brincam, sem perspectivas, por ruas não pavimentadas, enquanto o cheiro do esgoto a céu aberto contribui para que a miséria entorpeça todos os sentidos responsáveis pela percepção da realidade na qual elas estão inseridas.

Com dinheiro, o cenário muda. Uma alta renda familiar amplia as oportunidades de desenvolvimento e, em última instância, as condições financeiras podem até acabar comprando o que se convencionou chamar de mérito. É importante recompensar os indivíduos a partir de suas escolhas e esforços. Entretanto, alguns ricos ainda têm dificuldade de reconhecer que o esforço individual não é suficiente. Além disso, não é raro encontrar no Brasil aqueles que acreditam que suas conquistas foram obtidas somente por meio de suas competências individuais e que a interferência de fatores externos em suas trajetórias foi irrelevante.

Curiosamente, vários daqueles que defendem uma visão enviesada da meritocracia são os mesmos que não querem abandonar o privilégio e o nada meritocrático recebimento de heranças. Se o objetivo for procurar solidificar um sistema que recompense pelo esforço, por que receber uma riqueza que foi construída pelos pais? Aliás, tem-se que muitos de seus familiares foram privilegiados pelo recebimento de heranças de outras gerações.

No Japão, existe o ditado: "Uma fortuna não dura três gerações". A taxação da herança por lá é de cerca de 55%. Vários países desenvolvidos do mundo têm taxas acima de 50%. No Brasil, a alíquota média não passa de 4%. Isso faz com que o trabalho de terceiros seja facilmente repassado para as futuras gerações e contribui para aumentar o abismo socioeconômico entre ricos e pobres. Nesse cenário, é muito difícil definir o que é resultado do esforço individual daquilo que é derivado do trabalho dos outros.

Se não mudarmos a forma como lidamos com as heranças e criarmos medidas para diminuir a quase automática transmissão do status socioeconômico entre as gerações, ficaremos presos a um sistema injusto, que contribui para uma alta acumulação de riqueza por poucas famílias e que, ao mesmo tempo, lhes confere enorme poder político.

Nesse contexto, temos que parte da elite, além de relativamente hipócrita, não está muito interessada em conquistar seus objetivos a partir do esforço próprio. Essa parcela da sociedade sempre foi altamente perspicaz em trabalhar para manter e ampliar suas vantagens. Talvez a bolha de superficialidade em que muitos estão inseridos atrapalhe eles quererem se esforçar para desenvolver seus talentos produtivos. Muitos deles vivem apenas de privilégios herdados.[7]

Mas não se pode generalizar. Parte das famílias de alta renda investe pesadamente na formação de seus filhos. Eles crescem em um ambiente profícuo para o desenvolvimento de um ser humano e adquirem diversas competências ao longo da vida. Essa é uma par-

7 "Oh, uô, gente estúpida; oh, uô, gente hipócrita" diz a canção "Nos barracos da cidade", de Gilberto Gil. Lembro-me de quando ficava cantando essa música quando morava na favela do São Remo e estudava Economia na Universidade de São Paulo, uma instituição pública que, naquele momento, ainda era predominantemente branca e elitizada.

cela da elite altamente competente, que aproveita suas oportunidades e cujos filhos, com dedicação, conseguem avançar significativamente os limites alcançados por seus pais.

Além disso, parte dessa elite é esclarecida em relação aos desafios sociais e luta para a construção de um país mais justo e próspero. Contudo, até para esse grupo, não raramente, a concordância com políticas que podem transformar positivamente a sociedade vai somente até o ponto em que não comece a mexer com seus privilégios.

As desigualdades são inerentes à condição humana, mas a perpetuação de injustiças e da miséria é uma escolha. Há um conjunto de ações que podem ser tomadas com o intuito de gerar melhores condições para a população brasileira. A loteria do nascimento define parte expressiva dos resultados alcançados nas vidas dos cidadãos e o Brasil precisa avançar na direção de intervenções que diminuam o peso da origem familiar nas conquistas dos indivíduos.

Não há culpa em nascer em uma família rica e usufruir das vantagens que o dinheiro pode comprar, assim como os mais pobres não deveriam ser sistematicamente penalizados pelo legado da miséria. A construção de uma sociedade mais justa e próspera passa pelo processo pelo qual aqueles que tiveram a possibilidade de desenvolver seus talentos comecem a usá-los não só para aumentar a satisfação individual, mas também que comecem a contribuir com maior intensidade para o bem coletivo. Mas esse não parece ser o nosso caso. Apesar da suposta cordialidade do brasileiro, há uma insensibilidade assustadora com as causas sociais na nossa sociedade. Parece que todos estão surdos.[8]

8 Aqueles da "velha guarda" devem ter acertado essa última referência musical: "Todos estão surdos", de Roberto Carlos.

MINHA COMUNIDADE É PIRAJÁ: INDEPENDÊNCIA OU MORTE?

NIVIA LUZ

Nascida Nivia Luzia Silva de Santana, é brasileira, natural de Salvador (BA). Mestra em Cultura pela Universidade Federal da Bahia (UFBA). Graduada em Turismo pela Fundação Visconde de Cairu. É ativista cultural. Coordena o Instituto Oya de Arte Educação, organização sem fins lucrativos fundada em 1994 que tem como missão transformar vidas a partir de uma educação plural e antirracista, que promove ações voltadas para inclusão social de crianças e adolescentes em situação de vulnerabilidade social. Compõem o conselho administrativo do Instituto Brasileiro da Diversidade — São Paulo (IBD). Conselheira consultiva do Pacto de Promoção da Equidade Racial. Tem atuação no campo da educação e cultura afro-baiana, tendo participado de ações e movimentos sociais e culturais em prol da causa racial e educacional.

ACERVO PESSOAL

O que é ser brasileiro? O que nos conecta como cidadãos? A pergunta é uma provocação para pensar o Brasil e as histórias de desigualdades que traçam e definem o estado presente em que vivemos.

Convido-vos a refletir acerca do que nos sustenta como brasileiros em um país cuja colonização ainda não foi resolvida, decorridos cinco séculos de contínua exploração, saques, apropriações culturais e desmantelos correlatos. O Estado brasileiro, como tão bem definido pelo professor Helio Santos em seu livro *A busca de um caminho para o Brasil* (que reflete sobre o racismo e as particularidades de seus efeitos), funciona em seu cotidiano como uma máquina de moer cidadania — é o "Brasil de carne e osso".

Portanto, a escrita deste artigo, em um momento tão extremado da política partidária, e tendo o Bicentenário da Independência como pano de fundo, é um exercício necessário para a promoção do debate social e sobre o amanhã. Pode parecer pretencioso falar de futuro em meio a tantos retrocessos, todavia se faz necessário diante da redução dos direitos básicos e do ímpeto pela luta por cidadania. Porém, antes de desbravar este texto, sinto a necessidade de colocar uma pergunta. Em uma publicação anterior já havíamos observado:

> O que me, nos move? Observar a conjuntura política nacional, as relações entre os poderes, o papel de atores estratégicos legitimados pelo voto; atuar para consolidar o processo democrático participativo, o controle social e o exercício do direito à cidadania, até alcançar uma tal cidadania plena, e ter a consciência de que o meu direito, a minha cidadania estará fragmentada, enquanto a do outro, o diferente, o pluri, o multi, não estiver plenamente realizada. Portanto, o compromisso na ação é do respeito, da ética e da solidariedade. O outro é o meu eu ampliado e, seja qual for a sua singularidade — de gêneros, orientação sexual, identidade, étnico-racial, religiosidade, deficiência, condição material, lugar, território, e das interseccionalidades a partir de diferentes identidades e realidades, seja vista, respeitada e valorizada; a sua dimensão existencial incorporada como atributo essencial à superação das desigualdades e à consolidação da justiça social.[1]

1 Extraído do relatório anual do Instituto Oya ano 2021.

O que nos mantêm unidos como povo, comunidade, nação? Caro leitor, essa conversa não é sobre certezas, mas sim sobre desvelar um futuro possível e acessível para todos nós. E, para entender que futuro é esse, começaremos desvendando a comunidade de Pirajá, o bairro no qual eu cresci e fui criada, que possui uma herança histórica para o Brasil e retrata um pedaço importante da sociedade brasileira.

PIRAJÁ: "INDEPENDÊNCIA OU MORTE?"

A história de Pirajá remonta aos primórdios do Brasil. Seu nome tem origem indígena e o bairro foi palco da batalha pela independência do Brasil na Bahia. O levante que se deu em cidades de Cachoeira a Salvador contribuiu para a conquista da independência do Brasil colônia sobre Portugal.[2]

Em 2 de julho de 1823, o sol nasceu novamente para o deleite dos baianos e dos pirajaenses que, como canta o hino da Independência, "Com tiranos não combinam/Brasileiros, brasileiros corações", "Salve, oh rei das campinas - De Cabrito a Pirajá...". O rito que conhecemos até hoje na Bahia durante a data comemorativa, e que se repete há duzentos anos, é uma cartografia do que aconteceu no período de enfrentamento nas ruas de algumas cidades baianas. Os festejos se iniciam na cidade de Cachoeira, como nos lembra a tratativa do português Madeira de Melo:

> Em 25 de junho de 1822, a Câmara de Cachoeira, com aprovação dos habitantes da vila, aclamou D. Pedro como Regente e Perpétuo Defensor e Protetor do Reino do Brasil. Ato contínuo, foi marcada uma missa e oferecido o Te-Deum na Igreja Matriz Nª Sª do Rosário a D. Pedro, em reconhecimento à sua autoridade como Príncipe Regente. Após a

2 Henrique D. Tavares, *História da Bahia*, 2020.

> celebração a população de Cachoeira saiu às ruas para manifestar sua alegria diante dos acontecimentos. Isso provocou uma aglomeração nas ruas e na antiga Praça da Sé (atual Praça da Aclamação) quando soaram tiros tanto da canhoneira (enviada dias antes por Madeira de Melo) quanto de residências de portugueses. É nessa ocasião que o soldado tambor Soledade foi morto. As milícias que estavam sendo formadas se colocaram a postos, contando com o auxílio da população, contra-atacam e obrigam as tropas lusitanas a recuar dois dias depois.[3]

De Cachoeira percorre outras cidades, como Santo Amaro da Purificação, São Francisco do Conde, Saubara, até encontrar no caminho pessoas que seguem o cortejo até Salvador.

Em meio a essa andança, uma tocha acesa (fogo simbólico) vai sendo conduzida ao seu destino, o bairro de Pirajá, onde estão os restos mortais do general francês Pedro Labatut, que foi enviado do Rio de Janeiro pelo então Príncipe Regente D. Pedro para comandar o Exército Pacificador e expulsar os portugueses das terras brasileiras. Um personagem da história da Bahia que para alguns historiadores é controverso, mas que, no bairro de Pirajá, está imortalizado como nome de rua e com seus restos mortais resguardados em um mausoléu na praça principal do bairro, nesta que é uma grande ode à Bahia.

Das lutas travadas na Bahia, a localização de Pirajá era estratégica para a defesa brasileira, pois o controle da região determinou o bloqueio da Estrada das Boiadas. Essa estrada ligava o Sertão — desde o Piauí — a Salvador, uma via que era muito utilizada para transportar o gado que era comercializado na cidade de Salvador. Na Estrada das Boiadas, no trecho próximo a Pirajá, é que foram

3 Henrique D. Tavares, *Independência do Brasil na Bahia*, 2005, p. 37.

organizadas operações de guerrilha contra as forças portuguesas (praticamente sitiadas em Salvador).

Um dos marcos da Independência que se deu em Salvador é, sem dúvida, a luta de mulheres como Maria Felipa, Joana Angélica, Maria Quitéria e a presença dos povos negros e originários — aqui, cabe ressaltar o quanto o país deve a esses dois povos todo reconhecimento e reparação pelos anos de usurpação de suas terras (indígenas) e pela escravização e retirada forçada do continente africano.

Os festejos do 2 de julho, que ocorrem desde 1824, são populares e contam a história de personagens como o corneteiro Luis Lopes, que ficou conhecido pela participação na batalha de Pirajá e que se torna figura central por errar o toque da corneta: em vez do toque de "recuar" sinalizou para cavalaria "avançar e atacar". A sua "trapalhada" é reconhecida e/ou questionada por historiadores, porém seu nome está no imaginário popular dos baianos. Outra figura ilustre nesse marco foi Maria Felipa, mulher negra, marisqueira que ganhou o título de heroína do povo — algumas pessoas contam que ela comandou quarenta mulheres que atacaram com galhos de casacão uma embarcação portuguesa.

O ano de comemoração que dá início ao bicentenário da independência do Brasil tem em muitos de seus significados as heroínas e heróis brasileiros que compuseram a história deste país, que reconstruíram e alicerçaram os pilares desta nação e que foram vítimas do descaso, da violência e da negação, ao passo que depositaram sua brasilidade para que hoje pudéssemos chamá-la de independente.

PIRAJÁ E A FLORESTA DO PARQUE SÃO BARTOLOMEU

O parque São Bartolomeu é considerado um dos maiores remanescentes de Mata Atlântica em área urbana. Está inserido na Bacia Hidrográfica do Rio do Cobre e integra a Área de Proteção Ambiental Bacia do Cobre/São Bartolomeu[4] como medida de preservação do manancial hídrico da represa do Cobre e de suas matas. Nessa localidade existem espécies em risco de extinção, além de nascentes, cachoeiras, manguezal e pântanos.

A floresta em Pirajá possuía características ideais para prover e resguardar os povos originários devido à abundância de água e alimentos da região, além de uma topografia que favorecia a ocupação. O parque, antes de ser rebatizado como São Bartolomeu, se chamava floresta dos Ourubus ou Urubu, e nos primórdios foi morada dos originários da tribo dos Tupinambás, da nação Tupi-Guarani, segundo Serpa.[5] De acordo com o autor, "a floresta do Urubu — hoje conhecida como Parque São Bartolomeu — também abrigou escravos fugitivos que ali encontraram proteção e refúgio, organizando-se por volta de 1826 no chamado Quilombo do Urubu..."[6]

O quilombo, chefiado por Zeferina, mulher negra oriunda de Angola, tornou-se referência na Bahia e é também a partir dessa constituição de força que é possível compreender as lutas por permanência e sobrevivência nos mais diversos territórios do Brasil. Reis aponta que "a repressão à cultura negra, à religião em particular, foi um fato comum na vida dos escravos".[7] O Urubu foi o principal quilombo soteropolitano que merece ser celebrado, sobretudo por ter como heroína uma mulher negra que não sucumbiu às mazelas do regime escravagista e opressor. O Parque São Bartolomeu é esse espaço de referência na cidade de Salvador, de uma memória

4 Criada pelo Decreto estadual 7.970 de 5 de junho de 2001.

5 Ângelo Serpa, Ponto convergente de utopias e culturas: o Parque São Bartolomeu. In: Ana Lucia M. Fomigli (org.), *Parque metropolitano de Pirajá: história, natureza e cultura*, 1998.

6 *Ibidem*, p. 3.

7 João José Reis; Eduardo Silva, *Negociação e Conflito: a resistência negra no Brasil escravista*, 1989, p. 37.

ancestral e subversiva que cumpre até hoje sua função como terra que abrigou tantas batalhas.

A floresta, que foi morada dos povos originários, depois se tornou o quilombo que representa o berço da ancestralidade cultural do povo brasileiro. O Parque de São Bartolomeu se compreende desde a nascente do Rio do Cobre até a Lagoa da Paixão, e o Parque Florestal da Represa do Cobre/Pirajá detém o maior fragmento de floresta do bioma Mata Atlântica inserida na metrópole Salvador — são mais de 653 hectares de floresta e em vários estágios de regeneração. Alguns fragmentos estão totalmente regenerados, como nos informam estudos recentes realizados pelo Ministério Público da Bahia.

Num contexto mais amplo, o Parque São Bartolomeu foi indicado como uma das três Áreas Piloto da Reserva da Biosfera da Mata Atlântica, no Estado da Bahia, na década de 1970. Originalmente foram concebidas como áreas voltadas para conservação de biodiversidade, sustentabilidade, fomento à pesquisa, monitoramento e educação ambiental: atividades recomendadas pelo *Man and the Biosphere Programme* (MaB), da Organização das Nações Unidas para a Educação, a Ciência e a Cultura (UNESCO).

Ser um morador de Pirajá é ser um defensor do Parque São Bartolomeu. Uma floresta que trava uma luta constante com o capital e a ganância humana, um local cuja beleza é singular, pois dessas matas temos a compreensão de territórios, identidades, patrimônio, biomas e vida. Da floresta retira-se alimento. Extrativistas sobrevivem do que a Natureza lhes oferta: frutas, folhas e ervas medicinais, marisco e pescado na perspectiva dos seres "que guardam as florestas". É nessas matas que se encontra a cura para muitos males.

Em relação a outras modificações introduzidas na região e que irão afetar o meio ambiente está o mercado imobiliário. Pirajá, por sua extensa área verde, tornou-se fruto da cobiça. O bairro, que integra a APA Parque São Bartolomeu/Bacia do Cobre, está na rota de projetos e investimentos públicos e privados que colocam em risco todo esse importante bioma, território sagrado e histórico da Bahia.

A ancestralidade, cujas energias movem essa floresta, esse complexo de Mata Atlântica, morada sagrada dos Orixás, aqui cultua e respeita o Caboclo, entidade das Matas, mesmo quando não era possível ser preto livre e celebrar a cultura e a religião dos ancestrais africanos no Brasil.

Atualmente, está em curso um projeto de concessão dos parques brasileiros, dentre eles o Parque São Bartolomeu. Projetos como esses devem ser entendidos como um exercício higienista e racista, nesse caso, ligado ao meio ambiente, que vem "disfarçado" de projeto para "proteção da floresta". Há muito tempo a área do subúrbio, onde está localizado o Parque São Bartolomeu, é alvo de especulação imobiliária. A quem serve a entrega da floresta, uma área tão rica em recursos hídricos, com considerável bioma de Mata Atlântica, localizada na periferia de Salvador? Para nós de Pirajá, aqui cabe outra pergunta: neste século do Bicentenário da Independência, conquistamos a independência ou a morte?

Estamos presenciando a retirada de direitos: o de viver da floresta, dos bens que ela proporciona, o de ser livre. A concessão/privatização do São Bartolomeu à iniciativa privada é um insulto à capacidade de centenas de associações e coletivos de desenvolver e apresentar propostas reais e efetivas de conservação da Natureza. Nós sabemos que a floresta em pé e protegida não gera prejuízos, ao contrário! Há um falso dilema entre conservação e desenvolvimento: é possível conservar a natureza, gerar renda, criar sistemas agroecológicos, produzir alimentos em interação com as florestas, proteger as águas e, acima de tudo, garantir a sobrevivência das pessoas.

DA LUTA PELA INDEPENDÊNCIA, A LUTA PELA VIDA

Pirajá está localizado na periferia de Salvador e é uma região histórica do Brasil e da Bahia pelo fato de a independência ter acontecido aqui. Apesar disso, a independência para muitos ainda não chegou.

Sua população está estimada em 33.341 mil habitantes, a maioria autodeclarada preta ou parda, de acordo com os dados de 2010 do IBGE, que vivem em condições desiguais em que as políticas públicas tardam a chegar. A comunidade de Pirajá vive entre dois extremos: o da beleza das suas matas exuberantes e o das mazelas sociais existentes. No local, temos a pobreza, a fome, a violência, a falta de saneamento básico e o carente sistema de saúde.

O sistema público educacional se divide entre escolas municipais e estaduais. As escolas, geralmente, funcionam nos três turnos. Esses espaços escolares, em sua maioria, são compostos por pessoas negras e pobres residentes no próprio bairro. Espaços em que faltam professores, merenda ou estão depredados e carentes de manutenção.

Os dados sobre evasão escolar no Brasil são alarmantes. Houve um aumento de 171,1% em relação 2019, segundo o IBGE. As consequências do abandono escolar são refletidas, diretamente, na sociedade, e seus impactos são incomensuráveis, como o aumento das desigualdades, o aumento do desemprego ou dos subempregos, além das baixas remunerações, do aumento da violência e da marginalização.

O bairro de Pirajá possui postos de saúde, mas nenhum hospital. Toda assistência médica no bairro tem que ser regulada por outros hospitais. As filas para o atendimento são longas e, dependendo da comorbidade ou do caso de saúde, o paciente não chegará a ser atendido.

É bastante irônico que Pirajá tenha sido palco da independência da Bahia e que hoje as pessoas não sejam nada independentes, pois aqui o Estado não chegou. Portanto, para nós, negros, esses duzentos anos não representaram cidadania. É importante que o Estado, a partir deste bicentenário, demarque uma nova posição em territórios como Pirajá com escolas de excelência, saúde adequada, segurança alimentar, cuidado e proteção ambiental.

O bairro de Pirajá é uma região cuja violência atravessa o cotidiano dos/das moradores/as e tem sido definido como território violento, estigmatizado e de imensa desigualdade. A pouca ou nenhuma estrutura para equipamentos culturais, de lazer e educação favorecem a constituição de subpolíticas de banditismo. A situação socioeconômica também define a estrutura social comunitária composta por desempregados e assalariados que contam, no máximo, com rendimento mensal de até 1 salário-mínimo, perfil que perfaz a maioria do bairro.

Outro importante dado a ser observado é a atuação do tráfico de drogas na comunidade que, se valendo das fragilidades sociais, como o pouco acesso aos direitos humanos básicos de acesso a alimentação, educação, saúde, moradia, bens culturais e segurança, recruta pessoas entre faixa etárias distintas, sabotando o seu direito à vida e a um futuro digno.

É importante, em um debate sobre educação no Brasil, considerar os dados e toda a complexidade que atravessa os muitos espaços escolares, sobretudo nas escolas públicas. O racismo tem como um de seus mais cruéis reflexos a exclusão e situações de violência, que naturalmente irão desfavorecer o aprendizado e/ou a integração entre sujeitos, desvelando as diferenças e favorecendo as desigualdades. Este país ainda não se deu conta de que a riqueza dessas terras é a pluralidade do seu povo. Temos um longo caminho a percorrer na garantia de direitos básicos e da cidadania.

CONCLUSÃO

Espera-se que a comemoração do Bicentenário da Independência do Brasil se torne um marco na direção de mudanças positivas necessárias para transformar o país em um lugar mais justo e igualitário. Que as políticas públicas, sobretudo os investimentos em educação, sejam incentivadas e realizadas com mais vigor pelos mandatários. A ideia de nação precisa ser um exercício prático para a cidadania de carne e osso.

Que este seja o ano em que as pautas políticas estejam alinhadas às necessidades dos brasileiros. O ano de 2022 tem sido um ano de reafirmação da (re)existência para muitos grupos sociais: pessoas pretas, mulheres, indígenas, LGBTQIA+. Esses grupos são classificados como minorias, porém essas milhares de vozes juntas têm o poder de se fortalecer e remover as mazelas. Somadas a tantas outras vozes, ecoarão novos tempos — é o que sonho.

É preciso re-fundar o Brasil, entretanto da maneira correta: com projetos de inclusão, de investimentos em áreas essenciais (saúde, educação, meio ambiente e proteção às florestas em particular), de geração de emprego, de oportunidades para as pessoas, de incentivo para a juventude, de fomento para políticas públicas que contribuam para a melhoria de vida da sociedade como um todo, e finalmente de projetos de combate à corrupção e a todo tipo de violência, projetos de acolhimento para pessoas em situação de vulnerabilidade social. Assim, construiremos uma base sólida e um projeto de futuro em que o entendimento e a empatia sejam a maior riqueza deste país onde todos possamos ser brasileiros em paz.

O Brasil, país de beleza étnico-racial e plural singular, tem uma capacidade de regeneração e um potencial produtivo que pode se tornar um exemplo para o mundo. Mais que um ano comemorativo, que este ano seja um divisor de águas para a garantia de direitos. A educação é uma porta transformadora, é preciso investir nas pessoas: elas são o maior tesouro do Brasil — todas elas.

INDEPENDÊNCIA: LIBERALISMO NA LEI, CATIVEIRO NA RAÇA — A LUTA POR JUSTIÇA RACIAL NO BRASIL

RENATO FERREIRA

Advogado formado pela Pontifícia Universidade Católica do Rio de Janeiro (PUC-Rio). Pós-graduado em Direito Empresarial pela Escola Brasileira de Administração Pública e de Empresas na Fundação Getúlio Vargas (FGV/EBAPE). Professor universitário. Mestre em Políticas Públicas e Formação Humana na Universidade do Estado do Rio de Janeiro (UERJ). Doutorando em Sociologia e Direito na Universidade Federal Fluminense (UFF).

ACERVO PESSOAL

Em nós, até a cor é um defeito. Um imperdoável mal de nascença, o estigma de um crime. Mas nossos críticos se esquecem que essa cor é a origem da riqueza de milhares de ladrões que nos insultam; que essa cor convencional da escravidão, tão semelhante à da terra, abriga sob sua superfície escura, vulcões, onde arde o fogo sagrado da liberdade.

Luiz Gama, 1830-1882

A colonialidade deve ser interpretada como a continuidade do modo de exploração colonial mesmo depois do processo de independência. Vale dizer que as complexas e injustas relações de poder não foram extintas com a formação do Estado nacional. Nesse sentido, a colonialidade se reifica como pilar da modernidade caracterizada pelo desenvolvimento do modo de produção capitalista que se alimenta da opressão e da desumanização violenta de pessoas racializadas.

No continente latino-americano, de um modo geral, a modernidade é impulsionada pela independência com a criação do Estado-nação — tendo, ao menos formalmente, o primado do liberalismo como razão —, materializado aparentemente na racionalidade constitucional com a separação dos poderes e atribuição de direitos universais aos cidadãos. Contudo, sabemos que a modernidade representou também, em muito, a continuidade do eurocentrismo colonial no poder, no ser e no saber.[1]

No Brasil o processo colonial legou uma lógica pseudo-racional, moderna/eurocêntrica, branca e patriarcal, que, para construir ordem e desenvolvimento para uns, impôs desordem e exclusão social para outros.[2] Assim, os principais fatos sociais para a formação de nossa modernidade nacional (independência, abolição, república e imigração) foram construídos mantendo-se as relações raciais de poder praticamente inalteradas. A ordem e o progresso foram

1 Aníbal Quijano. Colonialidade do poder, eurocentrismo e América Latina. In: Edgardo Lander (Org.). *A colonialidade do saber*: eurocentrismo e ciências sociais: perspectivas latino-americanas, 2005.

2 Como afirma Boaventura Santos, "A modernidade ocidental foi, na sua origem, simultaneamente um processo europeu, dotado de mecanismos poderosos como a liberdade, igualdade, secularização, inovação científica, direito internacional e progresso, e um processo extra europeu, dotado de mecanismos não menos poderosos como o colonialismo, racismo, genocídio, escravatura, destruição cultural, impunidade, não-ética da guerra. Um não existiria sem o outro." Veja em: http://www.ces.uc.pt/opiniao/bss/163.php. Acesso em: 20 jan. 2021.

também pactos das elites para a consolidação do que se convencionou chamar de racismo estrutural, o *apartheid* que nos coube.

A QUESTÃO RACIAL NO TEMPO DA INDEPENDÊNCIA

O Brasil é o país com maior herança africana nas Américas não só em quantidade, já que aqui se localizava o Cais do Valongo no Rio de Janeiro (um dos maiores portos de desembarque de escravizados do mundo), mas também em diversidade étnica e cultural, pois, para cá, vieram africanos de vários povos, como Angola, Congo, Benin, Moçambique, dentre outros. Assim, nossa história, hábitos e costumes denotam África por toda parte.

Uma pesquisa feita pelo *The Trans-Atlantic Slave Trade Database,* instituição que produz dados sobre a escravidão, mostrou que, entre 1500 e 1866, as colônias espanholas receberam 1,3 milhão de africanos escravizados; já o Brasil, no mesmo período, recebeu 4,9 milhões.[3]

A maioria da população colonial era composta por escravizados. Do ponto de vista jurídico, eles não eram considerados humanos, tinham mais *status* de coisa animal. O *dominus* exercia sobre o *servus* o direito de propriedade, assim, poderia usar, gozar e dispor de seus corpos e de suas forças de trabalho, pois não eram sujeitos de direito. Dessa forma, a condição de escravizado impactava muito as relações econômico-jurídicas, principalmente nas áreas cível, criminal e tributária.

3 Como se sabe, sobre a compra e venda de pessoas escravizadas (consideradas mercadorias à época) incidiam tributos e muitas informações ficavam registradas nos portos. Assim, com base nestes dados, o levantamento foi possível. Veja em: https://plataforma9.com/investigacao/slave-voyages-2-0-the-trans-atlantic-slave-trade-database.htm. Acesso em: 17 jul. 2022.

5% (metade da porcentagem da siza, que era de 10%) sobre compra e venda, arrematação e adjudicação de escravizados.[6]

Por conta do grande contingente de população negra, não é difícil afirmar que sobre o corpo do escravizado pesava a maior força do Estado juiz punitivo e arrecadador.[7] Em costas negras se desenvolvia a economia. Era a principal *commodity* colonial.

Como se sabe dos livros de História, a pressão inglesa pelo desenvolvimento do sistema capitalista culminou num processo político jurídico para acabar com o tráfico no Atlântico e promover o fim da escravidão nas colônias. Nesse contexto, nos países latino-americanos, de um modo geral, o processo de independência (1810-1825) culminou com o fim da escravidão. Poucos países, como Estados Unidos (1865) e Brasil (1888), não seguiram essa lógica.[8] Contudo, a independência entre nós foi um pacto entre as elites para libertar a colônia mantendo as estruturas de poder praticamente inalteradas. Deste modo, independência não significa liberdade: a escravidão continua como principal motor da economia e mediação social violenta.

6 De acordo com Guilherme Vilela Fernandes: "Em 1699 a Coroa criou uma taxa de 1000 réis sobre cada escravo que passasse pela Ilha de São Tomé para auxiliar a Igreja. Duas décadas mais tarde, com a necessidade de oferecer mais escravos às minas brasileiras, Portugal estabeleceu a Feitoria da Ajuda, na Costa da Mina e, junto com ela, uma nova taxa de 1000 réis por escravo, destinada à proteção do tráfico africano e prevenção do contrabando ao longo da costa. Outro imposto foi introduzido em 1714-1715, aplicado sobre os escravos que, de Pernambuco, Bahia e Rio de Janeiro, eram destinados a Minas Gerais e também sobre o comércio de escravos nascidos no Brasil." Veja em: https://www.revistas.usp.br/alb/article/view/11622/13391. Acesso em: 20 jul. 2022.

7 Um estudo publicado pelo Senado afirma que, durante o período colonial: "Os juízes dos distritos em que os escravos eram desembarcados passavam a receber comissões regulares, referidas como sendo fixadas em 10,8% do valor de cada africano desembarcado. Veja em: https://www2. senado.leg.br/bdsf/bitstream/handle/id/180818/000350195. pdf?sequence=1&isAllowed=y. Acesso em: 15 jul. 2022.

8 Sobre isso, veja a matéria "Por que o Brasil continuou um só enquanto a América espanhola se dividiu em vários países?". Disponível em: https://www.bbc.com/portuguese/brasil-45229400. Acesso em: 14 jul. 2022.

Os proprietários rurais, a elite de então, estavam fortemente vinculados com a manutenção do sistema escravista por motivos econômicos, de prestígio social e de poder político. Desse modo, a independência, contraditoriamente, não muda em nada o status de *res* semelhante a um semovente que era relegado aos escravizados.

INDEPENDÊNCIA, DIREITO LIBERAL E ESCRAVIDÃO

Numa perspectiva jurídica, a independência marca o início de uma ordem nova. O Brasil se torna uma monarquia constitucional e surge a necessidade de modernizar as leis e o sistema de justiça. Contudo, essas mudanças coexistiram com a manutenção das normas produzidas em Portugal (somente em 1917, quase 100 anos após a independência, o país terá um código civil próprio) e com a Justiça como legitimadora de um sistema violento de opressão social e racista.

Eunice Prudente, em sua dissertação de mestrado, afirma que a Constituinte de 1823 tinha caráter liberal, eliminando restrições econômicas e certos monopólios, sem alterar, contudo, a estrutura escravocrata. O projeto determinava que a Assembleia deveria cuidar da catequese e da civilização dos índios e da emancipação lenta dos negros.[9]

O processo de independência em 1822, além de uma nova Constituição (1824), exige a instalação de faculdades de Direito no Brasil, porque era necessário criar na ex-colônia portuguesa certa autonomia nacional e uma identidade institucional. Podemos destacar que os juristas eram formados fora e depois veiculavam aqui as teses e ideologias estrangeiras, mas, a partir da criação das primeiras faculdades de Olinda e São Paulo, começa a surgir uma

9 Naira Juliana da Silva, *Preconceito racial e igualdade jurídica no Brasil*, 2022.

tecnocracia com inteligência própria brasileira.[10] Buscava-se formar uma elite jurídica intelectual independente das escolas portuguesas e francesas.

A Constituição da Independência (1824) não foi produto das lutas do liberalismo da burguesia para limitar o poder do rei. Aqui a Lei Maior é feita pelo próprio monarca, que se coloca acima dela, com seu Poder Moderador. A questão racial aparece poucas vezes de forma expressa no texto. Observemos o Art. 6. daquela Lei que classificava os cidadãos brasileiros em ingênuos e libertos: "São Cidadãos Brazileiros - I. Os que no Brazil tiverem nascido, quer sejam ingênuos, ou libertos, ainda que o pai seja estrangeiro, uma vez que este não resida por serviço de sua Nação."[11] Além disso, pela leitura do art. 94, §2º, percebe-se que o liberto possui a condição de cidadão de segunda classe, pois não poderia participar do processo eleitoral, por conta do voto censitário. Do mesmo modo, os negros não poderiam ter acesso a cargos públicos cujo requisito fosse a condição de eleitor.[12]

Note-se ainda que há um silêncio eloquente em relação ao escravizado, justamente por seu status de coisa. Conforme assenta o

10 Antes da implementação das universidades de Direito no Brasil (período colonial), qualquer brasileiro que desejasse, porventura, ter tal curso em nível de graduação, deveria seguir para a faculdade de Coimbra, em Portugal. Isso delimitava o número de brasileiros que poderiam estudar Direito.

11 Chama-se ingênuo o que nasce livre; liberto, o que, tendo nascido escravo, veio a conseguir a liberdade.

12 Esta Constituição deveria ter abolido a escravidão. Conforme aponta André Emmanuel Batista Barreto Campello em "A escravidão no império do Brasil: perspectivas jurídicas": "se a Constituição política, que deveria servir de fundamento para a defesa de direitos fundamentais, não declara (ao menos expressamente) a existência da escravidão, não tolerando a violação do direito à liberdade (art. 179, I e VII, da Charta de 1824, por exemplo), não haveria razão para, de forma tácita, inferir que este abominável instituto civil viesse a prosperar no nosso solo. Evidente que não era desta forma que se interpretava a Charta imperial." Disponível em: https://www.sinprofaz.org.br/artigos/a-escravidao-no-imperio-do-brasil-perspectivas-juridicas/. Acesso em: 20 jul. 2022.

professor Paulo Eduardo Cabral: "o exercício da Cidadania era bem limitado para o negro durante o império. O escravo era a propriedade, por isso destituído de cidadania, logo não era brasileiro mesmo sendo Criolo, isto é, o nascido em território nacional."[13]

A Constituição outorgada recebeu muita influência liberal da Europa, mas manteve o escravismo, mesmo não tendo esse instituto previsto, expressamente, em nenhum dos seus dispositivos. Ela conseguiu conciliar, como queriam as elites, a aparente contradição entre escravidão e liberalismo, ou seja, política e juridicamente a independência busca e consegue normalizar padrões antigos de exploração: é liberalismo na lei e cativeiro na raça.

Para Raymundo Faoro:

> O Liberalismo não conseguiu alterar a estrutura do Estado, instituindo um Estado protetor de direitos. Conseguiram os liberais, só eles, agregar camadas populares e urbanas aos seus objetivos, sempre frustradamente. O ponto de dissídio na Assembleia Constituinte será a precedência do rei sobre a Constituição. Mesmo com o malogro do compromisso dos liberais, não prosperou sua política para um sistema republicano e federativo.[14]

A Constituição de 1824, como se disse, não declarou expressamente a existência do escravismo, mas o legitimou no ordenamento jurídico. Posteriormente, várias leis foram editadas ressignificando a escravidão que durou até a lei Áurea de 1888. As normas aprova-

13 Segundo esse professor, os escravos não eram cidadãos, logo não tinham a obrigação de ir para a guerra. Contudo, por conta do artigo 145 da Constituição, que determinava que todo brasileiro tinha o dever de lutar, muitos escravos tinham alforria concedida por seus senhores, em troca de títulos honoríficos, ou eram comprados pelo governo. Assim se tornavam libertos e poderiam ir aos campos de batalha. Veja em: https://www2. senado.leg.br /bdsf /bitstream /handle/ id/180818/000350195.pdf?sequence=1&isAllowed=y. Acesso em: 20 de jul. 2022.

14 Raimundo Faoro, *Existe um pensamento político brasileiro?*, 2022.

das, bem como o sistema de justiça, conferiram poderes políticos à aristocracia rural. O liberalismo à brasileira coexistiu e legitimou a violência colonial e a desumanização das pessoas negras.

Os outros fatos sociais importantes que sucederam a independência mantiveram as relações raciais de poder praticamente inalteradas. A abolição da escravidão foi inconclusa. A Lei Áurea não trouxe um artigo sequer no sentido de criar políticas públicas antirracistas ou de inclusão. Foi pouco para romper com os séculos de atraso que nos prenderam e nos prendem até hoje aos grilhões de uma pré-modernidade legada pela injustiça de nossos colonizadores e seus herdeiros.

A Proclamação da República (1889), que também se deu por conta da insatisfação da elite rural com a abolição — já que os proprietários rurais não tiveram direito a indenização —, trouxe uma nova Constituição que reifica a igualdade formal perante a lei e permite a desigualdade material na raça.[15]

Já a imigração como política começa a se desenvolver de modo mais efetivo na medida em que o processo abolicionista ganha força. Tratou-se de modernizar o país com forte incentivo, principalmente, à vinda de europeus. Muitos imigrantes foram contemplados com políticas que visavam integrar a família no Brasil e garantir a dignidade humana. A esses grupos foram destinadas várias leis de proteção do Estado, com terras, direito ao trabalho, educação etc. Não é por acaso que as elites brasileiras — jurídica, políticas,

15 Rui Barbosa, ministro da Fazenda da Primeira República, negou pedido de indenização a um grupo de ex-senhores de escravos, que queriam a criação de um banco público para serem ressarcidos "dos prejuízos causados pela lei Áurea", que de um ponto de vista jurídico foi também uma expropriação. Em resposta, Rui Barbosa disse: "Mais justo seria e melhor se consultaria o sentimento nacional se se pudesse descobrir meio de indenizar os ex-escravos não onerando o Tesouro". Assim se demonstra que grandes juristas sabiam do dever de indenizar os negros. Disponível em: https://theintercept.com/2018/12/16/rui-barbosa-quadrinho/. Acesso em: 15 jul. 2022.

econômicas, acadêmicas etc. — são, em grande parte, descendentes de imigrantes.[16]

Mas, para os negros, nesse mesmo período, eram relegadas as leis de caráter punitivo e depreciação cultural, como se deu com o Código Penal de 1890.[17] Abdias Nascimento, por muitas vezes, ressaltou que as legislações imigratórias visavam o embranquecimento da população e denunciava o que chamou de *genocídio do negro brasileiro*.[18]

Os ideais racistas pregados por eugenistas, por exemplo, foram bem desenvolvidos por importantes intelectuais e juristas brasileiros que sustentavam a tese de raças inferiores — negros, índios e mestiços — e argumentavam que estes não poderiam ter o mesmo tratamento legal, pois essas raças teriam a mentalidade de crianças e, portanto, não poderiam ser responsabilizadas pelos seus atos ou, pelo menos, não da mesma forma como pessoas descendentes de uma raça superior.

Na realidade, a independência e os importantes fatos descritos acima não significam um rompimento com as estruturas sociais e econômicas racistas. Numa perspectiva jurídica, eles não trouxeram uma revolução de direitos liberais nem sociais para a população negra. As leis e o sistema de justiça ressignificaram um Estado autônomo e conservador diante de uma imensa população excluída.

As Constituições que se seguiram, a partir da independência, tiveram a mesma toada, trazendo um complexo de normas jurídico-políticas com o objetivo de garantir a propriedade fundiária. Pos-

16 Eunice Prudente, em obra já citada, ressalta que a primeira legislação da República referente à imigração é o decreto 528 de 1890, que permite a entrada de imigrantes europeus e proíbe a entrada de indígenas da Ásia ou da África.

17 O código Penal de 1890 criminalizou a capoeira e a "vadiagem", permitindo que grupos culturais negros fossem reprimidos e até mesmo presos. Assim, durante muitos anos, o sistema de justiça também reprimiu a prática de cultos afro-brasileiros.

18 Abdias Nascimento, *O genocídio do negro brasileiro*: processo de um racismo mascarado, 1978.

teriormente, afirmaram juridicamente uma liberdade sem cidadania e uma democracia com racismo.[19] Somente por força da atuação do Movimento Negro na Constituinte de 1988 o direito começa a ter uma participação mais positiva com o enfrentamento ao racismo e a promoção da igualdade racial.

O MOVIMENTO NEGRO E A LUTA POR DIREITOS

O racismo se desenvolveu como uma espécie de pilar ideológico na formação e na estruturação da sociedade brasileira. A discriminação racial mediou por centenas de anos e diversas gerações as relações estabelecidas em nossa sociedade, hierarquizando-as injustamente com base na desumanização da população negra.

A questão racial não era debatida adequadamente no sistema de Justiça e nas faculdades de Direito. Construíram-se muitas teses coloniais que permearam o debate jurídico sobre escravidão, independência, abolição e imigração (final do séc. 19/início séc. 20). Assim, o Direito não teve uma participação efetiva antirracista, funcionando na maioria das vezes como legitimador de uma ordem injusta. Como explica Dora Lúcia Bertúlio: "O racismo e todas as agressões e violações aos direitos dos povos coexistem com os mais puros e rígidos critérios de direito justo, igualdade jurídica, princípios de humanidade, legalidade, legitimidade etc."[20]

A secular inércia pública contra a discriminação, a baixa densidade do Estado de Bem-Estar Social brasileiro, somados à falácia da "democracia racial", consolidaram uma abolição inconclusa e, por

19 Ressalte-se a Constituição de 1934, que trazia expressamente no artigo 138 que a União, aos Estados e aos Municípios, nos termos das respectivas leis caberia "Estimular a educação eugênica".

20 Dora Lúcia de Lima Bertúlio, *Direito e relações raciais*: uma introdução crítica ao racismo, 2019.

essa narrativa histórica, cristalizaram o *apartheid que nos coube*: disfarçado, sinuoso, mas terrivelmente eficaz, não só para permitir que muitas desigualdades continuassem baseadas nas diferenças, mas também para sustentar uma enorme invisibilidade político-jurídica do problema. Dessa forma, estabeleceu-se uma profunda letargia nos governantes, impedindo a construção de normas e políticas públicas que nos teriam feito romper com desigualdades incompatíveis com o Estado democrático de Direito.[21]

Nesse sentido, a produção de políticas antirracistas para superar o *apartheid que nos coube* é relativamente recente. Somente a partir dos anos 1980, os Movimentos Sociais Negros conseguiram paulatinamente sensibilizar o Estado para essa agenda. Dois marcos históricos merecem destaque na luta antirracista nesse processo: o primeiro é o período de elaboração da Constituição de 1988, que contribui significativamente para iniciar a criação de normas que criminalizam o racismo, valorizam a diversidade racial e cultural afro-brasileira, dando mais efetividade ao combate à discriminação e promovendo direitos.

Já o segundo período remonta à Conferência das Nações Unidas, em Durban na África do Sul em 2001.[22] Ela abriu campo para construção e efetividade das normas de promoção da igualdade racial. Assim, avançamos, e no que tange à instituição das políticas afirmativas no sistema de Justiça, por exemplo, as cotas raciais foram adotadas na Magistratura, no Ministério Público e nas Defensorias Públicas. Re-

21 Renato Ferreira, 10 anos de promoção da igualdade racial, balanços e desafios. In: Emir Sader (Org.), *10 anos de governos pós neoliberais*, 2014.

22 É importante registrar que a Organização das Nações Unidas criou a Década Internacional dos Afrodescendentes (2015-2024) afirmando que a comunidade internacional reconhece os povos afrodescendentes como um grupo distinto, cujos Direitos Humanos precisam ser desenvolvidos e protegidos. Nesta semana de lutas contra o racismo é fundamental entender que a promoção da igualdade racial é questão de Estado e não de Governo, independentemente de quem esteja no poder, não podemos permitir retrocessos.

centemente, a Ordem dos Advogados do Brasil adotou as cotas para composição do Conselho Federal e seccionais, mas ainda há muito para ser feito no combate ao racismo institucional no Judiciário.

CONCLUSÃO

A desigualdade racial é a mais cristalizada das injustiças brasileiras. Por toda nossa história, a colonialidade moderna promoveu desenvolvimento com exclusão e cidadania com discriminação. Desse modo, o racismo tornou-se estrutural e superá-lo é nosso maior desafio republicano. É importante consolidar que não há desenvolvimento econômico sem justiça social e nem sistema democrático com discriminação. É preciso promover a igualdade racial nas elites culturais, econômicas, políticas e jurídicas.[23]

Nesses duzentos anos da Independência, vivemos tempos de crise e resistência. A igualdade racial sofreu arrefecimento político, mas também grande difusão na mídia e nas redes sociais. Temos independência crítica para dizer que a longa trajetória de ativismo negro é um processo de lutas democráticas que, ao ressignificar a relação entre discriminação racial/desigualdade social, politizou o racismo e foi fundamental para o avanço social que tivemos. Mas o Movimento Negro não pode atravessar mais um século sendo protagonista da principal luta para democratizar o Brasil.

Esse é o nosso maior desafio republicano! A verdadeira independência está em construir, como políticas de Estado, as ações específicas para dignidade e promoção da cidadania das pessoas afro-brasileiras.

23 O professor Hédio Silva Jr. ressalta uma concepção negativa e positiva da igualdade. Dessa forma, o sistema constitucional veda a discriminação injusta, ao mesmo tempo que promove a desigualação positiva necessária para promover direitos. Veja em: Hédio Silva Jr. *Direito Constitucional*: aspectos constitucionais, civis e penais. Doutrina e Jurisprudência, 2002.

UMA DENÚNCIA PROFÉTICA CONTRA 200 ANOS DE POLÍTICAS RACISTAS DE "SEGURANÇA PÚBLICA"

RONILSO PACHECO

É teólogo pela PUC-Rio, mestre em religião e sociedade pelo Union Theological Seminary (Columbia University). Atualmente é professor assistente do departamento de Filosofia da Universidade de Oklahoma, onde também desenvolve pesquisas no campo da Filosofia Política, com interesse em intersecção entre política, raça, religião e esfera pública. É autor dos livros *Ocupar, Resistir, Subverter: igreja e teologia em tempos de violência, racismo e opressão* (2016) e *Teologia Negra: o sopro antirracista do Espírito* (2019).

ACERVO PESSOAL

Naquele instante diversos disparos, que soavam como trovoadas incidindo sobre as casas de teto de zinco, tomaram a cidade. O som das armas era tão aterrorizante que nos confundiu. Em questão de segundos, as pessoas começaram a gritar e correr em todas as direções, empurrando e tropeçando em quem estivesse caído no chão. Ninguém teve tempo de levar nada consigo. Só corriam para salvar as próprias vidas. Mães perderam seus filhos, cujos gritos confusos, desespera-

Em termos cíveis, os escravizados podiam, como coisa, ser objeto de inúmeros contratos. Eram vendidos, comprados, alugados, dados em garantia e, como tais, ensejavam muitos processos judiciais. Os chamados *escravos de ganho* ou *negros de ganho*, por exemplo, trabalhavam e repassavam parte do valor arrecadado para o senhor.[4] A partir da Lei do Ventre Livre, escravizados poderiam comprar sua liberdade, independentemente da vontade do seu dono. Nesse sentido, são inúmeras as chamadas "ações de liberdade".[5]

No âmbito criminal, mesmo com a natureza jurídica de coisa, o escravizado não era inimputável, ou seja, poderia sofrer castigo, poderia ser punido legalmente pelas leis portuguesas aplicadas no Brasil e posteriormente pelo Código Penal de 1830. Não havia o princípio da isonomia, a lei distinguia as punições de escravizados e dos cidadãos livres, ainda que diante da mesma conduta.

Já na esfera tributária, estudos apontam que o Estado muito arrecadava sobre negócios da escravidão, que produziam vários fatos geradores. Um dos impostos mais importantes era a *meia siza*. Criada por D. João VI em 1809, a *meia siza* consistia numa taxa de

4 No livro *Escravo da religião família e comunidade na fazenda do Iguassú. Recôncavo do Rio de Janeiro no Século XIX*, o autor conta que "a partir da década de 1850, a Ordem de São Bento, no Rio de Janeiro, criou uma tabela de preços para casos de compra de alforria. Pelo documento, o preço dos escravizados variava conforme saúde, idade e sexo. O valor ia aumentando de acordo com a idade até a fase mais produtiva. A partir da adolescência, eles passam a entender que um homem pleno de saúde vale mais do que uma mulher".

5 Como se afirmou nesta matéria: "A Lei do Ventre Livre deu às pessoas escravizadas o direito de juntar dinheiro — fosse fruto de doações, do próprio trabalho ou de economias — e, com ele, comprar sua própria alforria, independentemente da autorização do seu proprietário. Essa alteração legal multiplicou nos tribunais as chamadas ações de liberdade (...) movidos por pessoas escravizadas contra seus senhores. A ação de liberdade quebra a autoridade senhorial, porque passa a existir uma forma de se libertar da escravidão independentemente da vontade do senhor." Veja em: https://www.bbc.com/portuguese/geral-43078878. Acesso em: 20 jul. 2022.

dos, coincidiam com os disparos. Famílias se separaram e deixaram para trás tudo por que haviam trabalhado a vida inteira.[1]

O depoimento de Ishmael Beah ganhou o mundo com a publicação de seu livro *Muito Longe de casa: memórias de um menino-soldado*. Enquanto narrativa, pertence a um contexto de guerra civil e confronto entre etnias e grupos rebeldes, políticos e paramilitares, na Serra Leoa da década de 1990. No entanto, como uma espécie de discurso comparado, temos o relato:

> *Moradores da Cidade de Deus retiraram da mata sete corpos de jovens da comunidade, na manhã deste domingo. Eles foram colocados pelos pais em uma praça próxima ao condomínio Itamar Franco, na localidade do Karatê. Familiares começaram a denunciar o sumiço das pessoas no sábado após ação da polícia militar no local.*
>
> *"Quando chegamos lá dentro, vimos quatro corpos, todos de bruços. Todos eles com tiro na nuca", diz o pastor Leonardo Martins da Silva, pai de uma das vítimas. De acordo com Simone Carvalho, viúva de Rogério Alberto, os corpos tinham também marcas de facada e até membros arrancados. "Pra gente eles foram executados. Eles estavam na rua. A gente só ouvia tiro, muito tiro. Foram 12 horas de tiros. A Cidade de Deus parou".*[2]

A diferença de tempo e geografia entre os dois relatos não é suficiente para atenuar sua principal semelhança: a exposição do corpo negro à violência homicida, independentemente de onde essa violência vem ou é gerada. Seja como fruto de uma guerra civil-étnico-política histórica, seja como efeito do exercício de uma

1 Ishmael Beah. *Muito longe de casa*, 2015, p. 28

2 A matéria completa pode ser acessada aqui: http://g1.globo.com/rio-de-janeiro/noticia/2016/11/mortos-na-cidade-de-deus-tinham-marca-de-tiro-na-nuca-dizem-parentes.html

política de segurança, como descrita no trecho da reportagem do site de notícias G1 de novembro de 2016, a equação sempre funciona tendo como resultado suas vítimas em massa sendo negras e negros. E, quase sempre, assassinatos e genocídios que marcam a história do corpo negro têm por detrás uma gestão branca na concepção ou no marco fundador.

A diferença entre a história de Beah e as crianças da Cidade de Deus no Rio de Janeiro é o contexto em que se aplicam. Agravante no contexto da Cidade de Deus é que se trata de um território integrante e participante de um Estado que se orgulha de observar o estado democrático de direito, a preservação da justiça e da cidadania. Mas, como expressam os relatos da Cidade de Deus em comparação ao de Ishmael Beah, nossas crianças convivem, sempre conviveram, com o sangue derramado, com a violência, com os corpos abatidos.

Num mundo marcado pelo código da violência e da violência levada muitas vezes a horrores extremos, é verdade que crianças brancas também tiveram de conviver, e convivem, com os riscos mortais que um mundo bélico e marcado por disputas de poder (seja lá qual for o poder em jogo) proporciona. Mas, coletivamente, esses riscos se mostraram, e se mostram, de maneira pontual na história. Um milhão e meio de crianças foram mortas no Holocausto. Sim, e o diário de Anne Frank, ou a presença permanente da menina de casaco vermelho no filme *A Lista de Schindler* está para nos mostrar isso. As crianças vítimas na Guerra da Bósnia, um horror no coração da Europa, que não pode ser esquecido, estão aí para mostrar isso também. As crianças vítimas do atentado em Nice, na França, em 2016. Crianças e adolescentes no Manchester Arena, Inglaterra, em 2017. E, mesmo nas escolas dos Estados Unidos, anualmente e com frequência, crianças e adolescentes brancas veem a face da violência da maneira mais triste possível.

Entre elas mesmas ou com um "lobo solitário" à solta, o porte de armas segue colocando a vida da infância branca também em risco em solo americano.

Mas eventualidade, risco calculado de tensão política ou acaso não são permitidos às crianças negras. O que a história que segue o rastro da expansão marítima europeia e a consequente colonização deixou como legado foi um ambiente permanente de exposição, vulnerabilidade e violência para o povo negro. E inclusive para as nossas crianças negras. Se o relato de Ishmael Beah pode equivaler ao de Anne Frank, as semelhanças param por aí, porque, embora tenha sobrevivido para contar, Beah simboliza as vozes que morreram e morrem sem ser ouvidas até hoje. Beah encontra cada adolescente negro, cada jovem negro, nas favelas do Rio de Janeiro, Salvador, São Paulo. Se o Holocausto é hoje, publicamente, motivo de constrangimento e arrependimento na comunidade internacional, a *colonização* ainda não o é totalmente.

A *escravidão* ainda não causa arrependimento de fato entre as nações comprometidas com séculos de escravização. Então nossas crianças foram criadas, e forjadas, em meio à Colonização, à escravidão, ao apartheid, à segregação, à condição de vida nas ruas, aos orfanatos, ao trabalho infantil na cidade e no campo, nas fábricas e nas lavouras, ao sistema prisional cruel e brutal, ávido por adolescentes que tenham "ferido a lei". Nossas crianças foram jogadas para nascer e crescer nas favelas que foram transformadas em lugares estigmatizados, nos morros, nas periferias onde violência, sangue e corpos se misturam com educação precária, serviços de saúde ruins e falta de alternativas para sonhar com caminhos diversificados.

Quando Ishmael Beah faz seu relato na ONU sobre o processo pelo qual passa uma criança como ele para se tornar soldado ou sobre processos tão violentos quanto, entregues à vingança, não há diferença significativa para o que ouvimos e temos cotidianamente ouvido no Brasil e, em particular, no Rio de Janeiro, em muitas de nossas periferias. Ou, ainda, a imensa violência e as condições desumanizadas de nosso sistema prisional. Qual a diferença entre testemunhar corpos assassinados em meio a uma guerra civil e uma rebelião em que 30, dos 60 presos mortos, tiveram suas cabeças arrancadas, no presídio de Manaus, em 2017? Ou ter 24 corpos decapitados e dois queimados vivos, entre os 26 mortos de uma rebelião no presídio do Rio Grande Norte, no mesmo ano? Invariavelmente, corpos negros decapitando e incendiando corpos negros. Racismo estrutural eficiente mesmo é o racismo estrutural brasileiro, que torna isso cotidiano e lugar-comum, seja nos presídios, seja nas favelas.

A TEOLOGIA NEGRA BRADA AO BRASIL

Como homem negro, pastor, um sujeito da Teologia, interessa-me também pensar o que estamos discutindo aqui a partir do meu lugar de fé e a partir de irmãs negras e irmãos negros que me ajudaram a destrinchar uma narrativa que disputa o sentido da Bíblia para o nosso povo. Em outras palavras, entender que, do mesmo "lugar textual" em que o sofrimento do povo negro, a escravidão e os efeitos do racismo encontraram (e, infelizmente ainda encontram) forte e sacralizada sustentação no cristianismo branco hegemônico, pode fazer surgir (e verdadeiramente surge) o poder para fazer o caminho inverso, a saber: de denúncia, resistência, esperança, liberdade com justiça, inconformidade e coragem.

Eu evoco Kelly Brown Douglas, teóloga mulherista, e seu livro *Stand Your Ground: The black bodies and the Justice of God*. Aqui, Douglas chama a atenção para o papel do "Cristo Branco", como fundamento que permite que, lá nos Estados Unidos, estadunidenses brancos durmam com a consciência tranquila diante da escravidão. É o "Cristo Branco" quem *permite (I) a justificação da escravidão; (II) cristãos serem escravos; e (III) a compatibilidade do Cristianismo com a violência e a crueldade da escravidão.*[3] O "Cristo Branco" nasce daquilo que ela chama de *Excepcionalismo Anglo-Saxão*, ou, como os anglo-saxões, na construção do seu mito cristão, se apropriaram da ideia da "Lei Eterna" e da consequente "Lei Natural" de Tomás de Aquino.

De maneira resumida, a Lei Eterna em Santo Tomás é a maneira como Deus criou e ordenou o mundo. Por sua vez, a Lei Natural é a resposta humana para a Lei Eterna, é como nós "naturalmente" respondemos ou devemos responder a essa ordem. O que acontece é que o *Excepcionalismo Anglo-Saxão* "personifica" a Lei Natural nos corpos brancos e, neles, a identificação com a ordem, com o que é correto, o bem, e, por isso, a responsabilidade de conduzir o destino da nação rumo ao "bem comum". Nesse momento, segundo Douglas, Deus se torna um "supremacista branco".[4]

Agora, essa teologia — que é ideologia — dará a "justificação sagrada" para a escravização e o uso dos corpos negros como mercadoria. Uma das formas de fazer isso é "desenraizar" Deus e Jesus da história. Esse "desenraizar" Jesus da história impede e invisibiliza a compreensão de que o Jesus das narrativas dos Evangelhos é, na verdade, um Cristo Negro. Sim, Cristo é negro. Sem reconhecer a "negritude do Cristo", o evangelicalismo branco conservador americano foi incapaz de reconhecer a conexão entre a morte de Jesus, crucificado no Calvário, e a de Trayvon Martin, assassinado numa calçada de Sanford, Flórida, em 2012. Diz-nos Douglas:

3 Kelly Brown Douglas. *The Black Christ*, 1994, p. 12.
4 *Idem*, *Stand your ground*: Black body and the justice of God, 2015, p. 60.

> Tanto Jesus quanto Trayvon eram membros de minorias desprezadas. Ambos eram temidos por causa de quem são. Ambos estavam "além do alcance da segurança cidadã". Ambos ofenderam os "senhores da terra". Ambos foram acusados de sedição. Ambos foram mortos pelo estado de "lei e ordem". Ambos foram vítimas de uma cultura de linchamento. Ambos foram considerados culpados de suas próprias mortes. Ambas as mortes abalariam uma nação. Ambas as mortes dizem algo sobre Deus.[5]

Jesus e Trayvon. Jesus e Amarildo. Jesus e Mike Brown. Jesus e Claudia Ferreira. Jesus e George Floyd. Jesus e Rafael Braga. O que Douglas está a chamar a nossa atenção é o fato de que há um vínculo histórico entre Jesus, sua morte, a criminalização e morte dos corpos negros ao longo da história e o papel da Lei ou da política de segurança pública. A cruz, e assim a crucificação, é instrumento de punição, humilhação, tortura e morte aos que "perturbavam a ordem". Os métodos das políticas de segurança pública que chegam aos corpos negros também têm como destino os perturbadores da ordem. Há 200 anos, essa ação de controle e violência foi concebida assim neste país. Fosse para os escravizados, fosse para os que se confinaram buscando formas de sobreviver na precariedade das favelas.

Aqui, o corpo negro de Trayvon Martin e seus 17 anos é abatido com "apoio legal" de uma lei de autodefesa. No Brasil, o corpo negro de Douglas Rodrigues e seus 17 anos foi abatido por um agente da lei, que não soube responder a pergunta do adolescente: "Por que o senhor atirou em mim?" Por isso, para Kelly Brown Douglas, e para James Cone, Jesus estava para a classe dos *crucificáveis* tanto quanto Emmett Till. Eu digo que Jesus estava para a classe dos *crucificáveis* assim como Claudia Ferreira estava para a classe dos

5 *Ibidem*, p. 171.

arrastáveis. Jesus estava para a classe dos *crucificáveis* tanto quanto Rafael Braga estava para a classe dos *encarceráveis*. Jesus estava para a classe dos *crucificáveis* tanto quanto o menino João Pedro, mesmo tão menino, estava para a classe dos *matáveis*.

Douglas nos ensina a perceber como as duas mensagens, a da Cruz e a do linchamento, são duas fortes demonstrações do poder branco, elitista, governante e proprietário do "uso legítimo (e legal) da força", sempre responsável pela gestão da violência.

> A mensagem do linchamento é clara: ou você segue o branco anglo-saxão, lamentando "usos sociais e costumes do dia" ou isso também pode acontecer com você. (...) A crucificação era reservada para aqueles que ameaçavam a "paz"do dia. Foi uma morte torturante que também pretendia enviar uma mensagem: se perturbar a ordem romana de qualquer maneira, isso também acontecerá com você.[6]

Dialogando com Kelly Brown Douglas, *The Cross and the Lynching Tree* (A cruz e a árvore do linchamento, em tradução livre), do professor James Cone, é uma das mais importantes obras sobre essa relação sacrificial e racista que se impõe sobre o povo negro, marcando seu corpo, perseguindo e demonizando sua religião. Entre a cruz e a árvore do linchamento, no desenrolar da história, o povo negro conheceu a tortura, o desaparecimento, a deserção, o encarceramento em massa, as execuções em nome da Guerra às Drogas, a criminalização pelos estereótipos criados e sustentados pela mídia, a marginalização, o desprezo, a falta de acesso à justiça, a "crucificação" apoiada pela opinião pública em nome de uma suposta sensação de segurança na sociedade.

Citando, ela mesma, a conexão com a obra de Cone, Douglas diz, ainda lembrando Trayvon:

6 *Ibidem*, pp. 173-174.

> A cruz afirma a fé de sua mãe de que sua morte não estava nos planos de Deus. O absurdo da cruz revela o "ridículo" da afirmação de que Deus teve algo a ver com a morte de Trayvon.[7]

A tentativa de construir uma narrativa, religiosa ou política, que justificasse a morte do jovem Trayvon é um recurso do estado e da sociedade, presente também entre nós, no Brasil. Um dos métodos preferidos da política de segurança pública no Brasil é buscar algum nexo possível para "justificar" o assassinato, a execução deliberada. Seja pelos chamados "autos de resistência" (que seria o nosso *stand your ground law*), seja pelas notícias sempre acompanhadas pela afirmação "suspeitos de envolvimento com o tráfico". Não há mistério quanto a isso. Afinal, a Polícia Militar é instituição no Brasil que surge não por conta do crescimento das cidades e para proteger e estabilizar o convívio social entre os cidadãos. Ela surge para proteger a elite branca, e, consequentemente, sua propriedade, sua integridade, afastando os corpos pretos e pobres pelos quais se sente ameaçada. Sábia é a conclusão de Audre Lorde: "As ferramentas dos senhores nunca desmantelarão as casas dos senhores". Há 200 anos é perigoso ser negro no Brasil.

Exemplo disso pode ser observado nos casos das mortes do pedreiro Amarildo na Favela da Rocinha, em 2013, e dos cinco jovens do bairro Costa Barros, periferia do Rio, em 2015. No primeiro caso, houve a tentativa de associar o homem negro aos traficantes locais. Amarildo estaria a serviço de criminosos e, portanto, seu desaparecimento e morte não mereceriam muita importância. No caso dos jovens (entre 13 e 17 anos), que foram fuzilados com 111 disparos de policiais que perseguiram o carro em que eles estavam, a tentativa foi de encontrar, entre os cinco, quem tivesse algum envolvimento

7 *Ibidem*, p. 172.

com atos ilegais, drogas ou passagem pela polícia. Nada encontrado, a estratégia passou para o julgamento. Os advogados de defesa dos policiais queriam insistir no perigo que havia no território onde os jovens foram perseguidos, o que justificaria dispararem 111 vezes diante do risco de haver alguém armado no carro.

No Brasil, racismo e segurança pública são mais bem compreendidos e percebidos quando se tem a oportunidade de ouvir as muitas histórias das mães, vítimas que perderam seus filhos. Está tudo ali, e mesmo assim elas resistem. Muitas dessas mães resistem a partir da fé. E isso me colocou em um lugar especial junto a elas. Compartilhar de um lugar da fé. Não apenas a fé cristã, do Cristo Negro. Aqui eu me refiro mais amplamente a um lugar de fé. As mães católicas, as mães da umbanda, as mães evangélicas, as mães do candomblé. As mães e a espiritualidade que as ajuda a seguir. Por vezes, tive oportunidade de celebrar cultos de memória e atos ecumênicos em que as mães expressavam fé, pranto e luta.

Durante várias segundas-feiras, fiz parte de um culto ao ar livre na Cinelândia, principal praça do centro da cidade do Rio, em que diversas mães chegavam com o nome de seus filhos e filhas que foram vítimas de violência, quase todos mortos em decorrência de operações policiais ou disputa entre facções nos territórios. Ali, desejavam apenas oração, lembrança, memória, falar sobre eles, abraço. Queriam ouvir o que a Bíblia tinha a dizer sobre aquela dor e como seguir e lutar. É o que, nas palavras da teóloga colombiana Maricel Mena López, a Hermenêutica Bíblica Negra Feminista pode dar para essas mães. Porque uma das contribuições da HBNF é, segundo Maricel, “interpretar a realidade como uma fonte para a emancipação e buscar repensar a experiência da Divindade em sua corporeidade”. E ela pretende ainda “desconstruir os sistemas políticos que escravizam, protestando inclusive no silêncio, no toque, nas canções, poesias, comidas".[8] Essas mães transformaram a sua fé (e acolheram, inclusive, as que não confessam qualquer fé) em uma potência de esperança e luta, resistência e afeto.

CONCLUSÃO

Racismo e segurança pública, aqui, se misturam e apresentam as suas consequências mais perversas. As redes dessas mães formam, hoje, algumas das organizações mais fortes e potentes na denúncia da violência do Estado, do racismo estrutural que orienta a política de segurança pública. Inspiraram-se nas Mães da Praça de Mayo, mas os seus filhos e filhas não desapareceram apenas durante um período de impedimento da democracia. Seus filhos e filhas nunca deixaram de desaparecer, de ser encarcerados ou assassinados. Para as mães de Favela, desde sempre, o *estado de exceção* foi regra. E eu gostaria de ilustrar isso recorrendo a um de meus trechos preferidos em *Ponciá Vicêncio*, de Conceição Evaristo, pela força e resumo do Brasil que insiste em existir, duzentos anos depois.

> Quando os filhos de Ponciá Viêncio, sete, nasceram e morreram, nas primeiras perdas ela sofreu muito. Depois, com o correr do tempo, a cada gravidez, a cada parto, ela chegava mesmo a desejar que a criança não sobrevivesse. Valeria a pena pôr um filho no mundo? Lembrava-se de sua infância pobre, muito pobre na roça e temia a repetição de uma mesma vida para os seus filhos. (...) A cana, o café, toda a lavoura, o gado, as terras, tudo tinha dono, os brancos. Os negros eram donos da miséria, da fome, do sofrimento, da revolta suicida. Alguns saíam da roça, fugiam para a cidade, com a vida a se fartar de miséria, e com o coração a sobrar esperança. (...) Um barraco no morro. Um ir e vir

8 O texto completo de Maricel Mena López pode ser encontrado aqui: http://centroafrobogota.com/attachments/article/8/Hermeneutica%20Biblica%20negra%20feminista_MARICEL%20MENA.pdf

para a casa das patroas. Foi bom os filhos terem morrido. Nascer, crescer, viver para que? O que adiantara? A vida escrava continuava até os dias de hoje. Sim, ela era escrava também. Escrava de uma condição de vida que se repetia.[9]

Não é possível falar em segurança pública no Brasil sem que essa trajetória, muito bem ilustrada na narrativa de Conceição Evaristo, seja levada em consideração. Sem que o racismo, em vez de ser visto como extrínseco e distante, seja visto como intrínseco e presente, permanente, orientador de políticas e alvos. No bicentenário da independência deste país, o povo negro ainda espera o básico: viver com dignidade.

9 Conceição Evaristo. *Ponciá Vicêncio*, 2003, pp. 82-83.

RACISTOCRACIA: O VERDADEIRO NOME DA DEMOCRACIA QUE SE ALIMENTA DO RACISMO

SAMUEL VIDA

Ogan de Xangô do Terreiro do Cobre, professor da Faculdade de Direito da UFBA, coordenador do Programa Direito e Relações Raciais (PDRR), cofundador do Afro Gabinete de Articulação Institucional e Jurídica (AGANJU).

ACERVO PESSOAL

> O escravo é o inimigo inconciliável, [...] o colono é um braço amigo, um companheiro de armas, com cuja lealdade se pode contar na ocasião da luta: os interesses são comuns.[1]
>
> Comissão de fazendeiros de Vassouras, 1854

1 Segundo Flávio Gomes (1995:288) "A aparente guerra declarada podia não ser somente entre senhores, agregados (no caso os colonos) e escravos, mas também entre brancos e negros ou entre 'europeus e africanos'. Os colonos poderiam ser providenciais aliados dos senhores, não só porque eram 'pessoas livres', mas igualmente brancos, já que se falava dos colonos imigrantes europeus".

O que fazer? Ora, fazer política. Deter o fascismo. Destituir Bolsonaro. Combater a mentira e o fanatismo. Defender o mínimo da democracia que nos resta — uma democracia desigual, racista, injusta, classista, mas melhor do que a selva autoritária, obscurantista e violenta que o porta-voz das milícias quer impor à sociedade.
Eugênio Bucci,[2] 2020

A saída de Bolsonaro e seu governo da direção do país é condição primeira para se restabelecer a democracia.
Diretório Nacional do PT, 2020

Esse fenômeno tem um nome, branquitude, e sua perpetuação no tempo se deve a um pacto de cumplicidade não verbalizado entre pessoas brancas, que visa manter seus privilégios.
Cida Bento,[3] 2022

Nossa democracia tem dado provas seguidas de robustez. Em menos de quatro décadas, enfrentou crises profundas, [...] superando essas mazelas pela força de nossas instituições. Elas foram sólidas o suficiente para garantir a execução de governos de diferentes espectros políticos. Sem se abalarem com as litanias dos que ultrapassam os limites razoáveis das críticas construtivas, são as nossas instituições que continuam garantindo o avanço civilizatório da sociedade brasileira.
Manifesto em Defesa da Democracia e da Justiça — FIESP e FEBRABAN, 2022

2 Professor titular da Escola de Comunicação e Artes da USP, ex-Presidente da Radiobras na gestão Lula.

3 Doutora em Psicologia, autora de *O pacto da branquitude*, 2022.

> Sabemos deixar ao lado divergências menores em prol de algo muito maior, a defesa da ordem democrática. [...] No Brasil atual não há mais espaço para retrocessos autoritários. Ditadura e tortura pertencem ao passado.
> Carta às Brasileiras e aos Brasileiros em Defesa do Estado Democrático de Direito — USP, 2022

> Eu conheço toda a crítica que se faz à miscigenação e ao mito da democracia racial, mas eu sempre respondi ao longo dos anos que a democracia em si é um mito, nunca realizada em lugar nenhum, e o pouco que se experimenta dela é muito importante.
> Caetano Veloso, 2022

O país completa 200 anos de história oficial mergulhado na perplexidade política com a "democracia em vertigem". Possivelmente, "nunca antes na história deste país" falou-se tanto em ameaça à democracia. No vocabulário do cotidiano político, expressões como fascismo, golpe, ameaça ao estado democrático de direito, militarização da política, estado de exceção, escalada autoritária, desconstitucionalização, genocídio, violência política, discursos de ódio, dentre outras, passaram a ser frequentes e circulam amplamente nas redes sociais, na imprensa, nas análises de cientistas políticos, nos discursos parlamentares da oposição, nas manifestações dos movimentos sociais, em pronunciamentos institucionais, nas abordagens eleitorais em curso. Em regra, essas expressões pretendem descrever o bolsonarismo e seu projeto político. Como reação, cogitam-se "consensos antifascistas", notas de repúdio, manifestos em defesa da democracia e, mais recentemente, uma tardia reação institucional esboçada pelo Supremo Tribunal Federal (STF). Cresce também a movimentação eleitoral da oposição que busca aglutinar as maiores expressões institucionais da esquerda, avançando para a centro-direita, o que se materializa na chapa Lula-Alckmin para a disputa das eleições presidenciais de 2022.

Nesse cenário tumultuoso e heteróclito se insinua um consenso: a democracia encontra-se em perigo e é necessário um esforço extraordinário para salvá-la. Ocorre uma surpreendente convergência entre sujeitos que guardam entre si grandes diferenças ideológicas, partidárias, classistas e adotam uma espécie de "anistia" para envolvidos com o golpe e as escolhas políticas que conduziram à situação atual. Nesse esforço de "salvação nacional", chama a atenção uma simbólica ausência: o racismo está fora das pautas em defesa da democracia e das agendas de "reconstrução democrática". É preciso interrogar esse silêncio e buscar respostas às seguintes questões: qual o papel do racismo na ascensão do bolsonarismo e nas ameaças à democracia? Como nomear a ausência do racismo no centro da agenda política atual? O que significará para os negros retornar à democracia pré-Bolsonaro?

A busca por respostas exige recuar no tempo e resgatar elementos que ficaram pelo caminho. O golpe contra Dilma Rousseff colocou em xeque o legado da transição democratizante iniciada no final da ditadura civil-militar imposta em 1964. A crise que originou o impeachment deve ser compreendida como um fenômeno de alta complexidade, visto que mobilizou múltiplos fatores, tanto de origem histórica, quanto de origens conjunturais. Neste breve ensaio, são apresentadas pistas para dar visibilidade a algumas dimensões desprezadas, salientando o significado do negacionismo do racismo como expressão da persistência da Racistocracia[4] e suas implicações políticas bloqueadoras da concretização da democracia.

4 Para Vida (2020a), Racistocracia, como sistema político, se expressa historicamente de forma maleável e dinâmica, comportando flexibilidades e alterações morfológicas, desde que se mantenha intacto seu objetivo fundamental: o controle do Estado e dos recursos materiais e simbólicos nas mãos da minoria branca.

O golpe assumiu aparência legal mediante a distorção de normas e procedimentos institucionais por setores políticos, midiáticos, empresariais, com a conivência do Poder Judiciário e a cumplicidade criminosa do Poder Legislativo. Cavalgando a vaga moralista anticorrupção da Operação Lava-Jato, verificou-se uma onda de perseguições político-jurídicas (*lawfare*), o que culminou na criminalização do Partido dos Trabalhadores, apresentada por autoridades do Ministério Público e do Poder Judiciário como Organização Criminosa (ORCRIM), e na prisão ilegal do ex-presidente Lula, alijando-o das eleições de 2018.

Essa tecnologia política de mimetizar a legalidade não pode ser apresentada como novidade na história brasileira. Tampouco se sustenta a interpretação que qualifica o ocorrido como a emergência do Estado de Exceção no país. Sob o ponto de vista das relações raciais assimétricas e iníquas que vertebram a sociedade e as instituições, o Estado de Exceção, para os negros e indígenas, é a regra vigente há 200 anos.

O campo de estudos Direito e Relações Raciais,[5] ecoando as denúncias formuladas pelo movimento negro, vem demonstrando a parcialidade do direito brasileiro e sua função organizadora e mantenedora do racismo nestes dois séculos. Essa parcialidade se expressa já nos Poderes Legislativo e Executivo pela exclusão da representação negra e indígena, justificada na origem do Estado brasileiro pelo projeto de invenção de nacionalidade à imagem e semelhança da branquitude. Essa escolha fundacional preside a seleção da repre-

5 Dora Lúcia de Lima Bertúlio, em sua dissertação de mestrado defendida na UFSC, em 1989, intitulada "Direito e Relações Raciais: uma introdução crítica ao racismo", dá início a uma série de estudos que, ao longo das últimas décadas, vêm se institucionalizando através de Grupos de Pesquisa e Extensão, a exemplo do Programa Direito e Relações Raciais, da Faculdade de Direito da UFBA, e o MARÉ — Cultura Jurídica e Atlântico Negro, na Faculdade de Direito da UnB, bem como através de disciplinas destinadas a curricularizar a abordagem.

sentação política e o credenciamento para a ocupação do poder estatal. Condicionada por critérios raciais implícitos impregnados de requisitos excludentes, a seleção normaliza a interdição de negros e indígenas. Para os poucos indivíduos desses grupos que a alcançam, é exigida uma renúncia identitária e programática que anula ou limita drasticamente sua presença e atuação. Na mesma direção excludente se desenvolve o Poder Judiciário, desde sempre integrando o butim do Patrimonialismo Racial[6] da branquitude. O passaporte da branquitude determinou o recrutamento de seus quadros pela nomeação de magistrados no passado e segue definindo a composição atual pela aparente imparcialidade e universalidade que cerca o procedimento do concurso público. Esse modelo, organizado e realizado sob condições que excluem a possibilidade de competição justa para as pessoas negras, atualiza o Patrimonialismo Racial sob a retórica da meritocracia. Novamente, a presença das poucas pessoas negras que conseguem ultrapassar os obstáculos inerentes ao modelo é amortecida pela institucionalidade racializada. Isso garante o cinismo institucional que permite operar as maiores injustiças sob a aparência de legalidade e sob o argumento do funcionamento normal das instituições. O *lawfare*, a criminalização de pessoas negras e indígenas e seus movimentos sociais integram as "melhores tradições institucionais" do sistema político brasileiro. Mesmo quando o governo foi ocupado por setores progressistas, houve tolerância e cumplicidade com esse *modus operandi*.

6 Patrimonialismo Racial designa a normalização da ocupação dos espaços e funções de poder e prestígio pela branquitude e o desenvolvimento de variados estratagemas para a perpetuação desta situação. Através da manipulação de normas e procedimentos de seleção viciados por premissas e condicionalidades racializadas é produzida uma normalização da presença branca nas funções e cargos do poder com forte impacto no imaginário coletivo. Uma das expressões mais evidentes deste fenômeno se manifesta na sabotagem às políticas afirmativas em concursos públicos e na fraude à destinação de recursos eleitorais para candidaturas negras nos partidos políticos.

A novidade desses fenômenos na conjuntura recente consiste na extrapolação da clientela habitual, avançando para atingir sujeitos políticos brancos, recém-incorporados aos circuitos do poder, e empresários, também brancos, velhos operadores e financiadores do sistema político. Nesse sentido, a condução coercitiva televisionada é uma expressão atenuada das rotineiras prisões ilegais e vexações públicas de pessoas negras transmitidas diariamente nos programas sensacionalistas. Do mesmo modo, as prisões sem provas determinadas pelo então juiz Sergio Moro são uma variante branda das rotineiras prisões inconsistentes e das habituais execuções sumárias de cidadãos negros, legalizadas pelos indecorosos kits flagrantes, pelo reconhecimento fotográfico e pelos famigerados autos de resistência. Tampouco faltam paralelos entre o uso abusivo das delações premiadas arrancadas sob pressão psicológica e promessas de abrandamento das penas, com as delações e confissões arrancadas sob tortura policial nos porões de delegacias e nos fundos de camburões-navios-negreiros.

Para ir além do excepcionalismo na interpretação dos acontecimentos desde 2013, se faz necessário incorporar outras variáveis e análises. Um bom ponto de partida é o reconhecimento de que neste período aprofundou-se o processo de desconstitucionalização e invalidação prática da ordem constitucional construída como arranjo possibilitador da transição, em diálogo com passivos mal administrados durante a lenta e titubeante transição.

As forças progressistas apostaram na acomodação institucional, aceitaram as regras viciadas do jogo e a manutenção da ordem sociorracial desigual e violenta. Diante do desafio de reconstrução institucional e política, acompanhada do fortalecimento da cidadania para todos que integram a comunidade brasileira, optou-se pela conciliação com os setores que sempre estiveram no poder e o estabelecimento de pactos da branquitude para o compartilhamento de privilégios raciais. Alianças extravagantes, sob a ótica das distinções programáticas, ideológicas e de trajetórias, se justificaram em nome da governabilidade e de outras figuras retóricas diversionistas, todas representativas de uma característica irredutível: tratou-se de "pactos da branquitude". Esses acordos raciais mantiveram a exclusão das pessoas negras e indígenas dos espaços de poder e o consequente silenciamento sobre a centralidade do racismo na dinâmica social e institucional do país.

Nessa opção conciliatória pós-ditadura, dentre os elementos preservados de qualquer abordagem reformista, chama a atenção o tratamento dispensado às Forças Armadas e aos aparatos de segurança pública militarizados. Permitiu-se o prosseguimento da versão soft de "militarização da política" desdobrada em sucessivos atos: não responsabilização dos militares envolvidos com torturas e assassinatos; interpretações constitucionais ambíguas do artigo 142 da CF; indevido emprego das Forças Armadas na missão de ocupação racista e neocolonial no Haiti; replicação local da injustificável intervenção militar no Rio de Janeiro; chantagem ameaçadora do Twitter do general Eduardo Villas Bôas às vésperas de decisão do STF, em 2018. Desse modo, alimentou-se o "partido militar", fundamental na eleição e no governo Bolsonaro. Na seara da segurança pública, destacam-se a manutenção da militarização e a normalização da violência policial contra as comunidades e pessoas negras e indígenas, além da persistência da criminalização dos movimentos sociais. Também aqui verificou-se a pavimentação do caminho trilhado pelo bolsonarismo, colhedor dos frutos de longa semeadura.

Fora das dinâmicas conciliatórias da institucionalidade, verificou-se um significativo impulso democratizante conduzido pelo movimento sindical, na promoção dos direitos sociais e defesa do patrimônio público, e pelo movimento dos sem-terra, na luta pela reforma agrária. Nessas frentes prevaleceram leituras sobre a realidade brasileira minimizadoras da dimensão central do racismo, as quais elegeram a categoria classista homogeneizante dos "trabalhadores" como a bússola organizacional e política. Desprezaram a possibilidade de desenvolvimento de interlocuções capazes de firmar sólidos laços políticos com as massas negras confinadas no mercado informal ou incorporadas de forma discriminatória nos mercados formais do trabalho, bem como não firmaram sólidas conexões com as comunidades negras rurais e quilombolas.

A desconsideração sistemática das formas organizativas das comunidades negras e suas agendas específicas de cidadania extra-trabalhista produziu um fosso entre esses movimentos e a maior parte do povo negro. A análise formulada pelos intelectuais esquerdistas dedicados à economia transitou pela desconsideração da variável raça, desnomeando-a por meio de construtos extravagantes, como o formulado por Paul Singer, "sobrepopulação trabalhadora superempobrecida permanente",[7] ou menosprezando sua capacidade de agência política e de formulação de agenda própria. Neste último aspecto, merece transcrição um trecho da análise de André Singer sobre as classes no Brasil:

> A singularidade das classes no Brasil consiste no peso do subproletariado, cuja origem se deve buscar na escravidão, que ao longo do século 20 não consegue incorporar-se à condição proletária, reproduzindo massa miserável permanente e regionalmente concentrada.[8]

Na frente antirracista, ocorreu um vigoroso impulso produzido pelos movimentos negros, desde a recomposição dos anos 1970, numa relação de proximidade e tensão com a esquerda e os movimentos sociais tradicionais, que insistiam em resistir à te-

7 André Singer, *Os sentidos do lulismo*: reforma gradual e pacto conservador, 2012, p. 19.
8 *Ibidem*, pp. 20-21.

mática do racismo e da organização negra. Nas últimas décadas verificou-se um movimento profundamente paradoxal: de um lado, mesmo enfrentando um relativo isolamento e a manutenção de frágeis alianças com o campo progressista, tivemos o fortalecimento da identidade negra coletiva e a construção de um ousado programa político parcialmente constitucionalizado em 1988; de outro lado, um processo de reposicionamento da dominação racista, sob novas feições.

O saldo positivo da mobilização negra foi muito além da criminalização do racismo, destacada como a maior conquista do período. Através do "constitucionalismo negro",[9] parte da agenda política negra repercutiu na Constituição Federal. Conforme estudo de Natália Néris,[10] a mobilização negra constituinte, com o "auxílio luxuoso" de competente bancada negra (Carlos Alberto Oliveira, Benedita da Silva, Paulo Paim, Edmilson Valentim), juridicizou o horizonte de enfrentamento político ao racismo, criando as condições para a sua institucionalização. Merecem destaque o reconhecimento do caráter pluricultural da sociedade brasileira, a modulação antirracista da política internacional, a condenação da discriminação racial no mercado de trabalho, a eliminação das restrições à liberdade religiosa, o estabelecimento da obrigatoriedade de incluir no ensino da História do Brasil o legado de todos os grupos formadores

9 O Constitucionalismo Negro vem sendo resgatado na pesquisa jurídica e descreve a mobilização negra por liberdade e redução ou controle do poder racista do estado ao longo da modernidade. De modo sucinto, se expressa em três dimensões: mobilização político-jurídica; conquista de normas constitucionais; disputa hermenêutico-constitucional do sentido e alcance das normas positivadas. A mobilização negra na constituinte de 1987/1988 expressa exemplarmente o Constitucionalismo Negro, em sua configuração mais recente no contexto brasileiro.

10 Natália N. S. Santos, *A voz e a palavra do movimento negro na assembleia nacional constituinte (1987/1988)*: um estudo das demandas por direitos. apresenta as intervenções do movimento negro e suas repercussões junto à assembleia nacional constituinte, 2015.

da nacionalidade e a obrigação de titulação dos territórios quilombolas. Esse conjunto de conquistas abriu os caminhos para o reconhecimento da emergência institucional de "sujeitos constitucionais insurgentes"[11] como protagonistas jurídico-políticos negros, a exemplo do povo de santo, dos quilombolas, das trabalhadoras domésticas e das mulheres negras. Entretanto, esse deslocamento constitucional foi esmaecido pela sistemática desconsideração de seu conteúdo e pela determinação em não assegurar sua efetivação por parte dos sujeitos centrais no jogo institucional da transição.

Em 1995, um novo ciclo de mobilizações negras se apresentou, nucleado por formulações normativas infraconstitucionais e proposição de políticas afirmativas. Essa agenda construída pelo movimento negro encontrou forte resistência em todos os setores da vida política, sendo conduzida marginalmente, com escassas relações de aliança. Mesmo assim, provocou significativa fissura na farsa da democracia racial ao alcançar ampla repercussão no seio da sociedade e iniciar deslocamentos institucionais. O reconhecimento formal do racismo e o esboço de iniciativas voltadas à reparação foram o principal saldo dos anos 1990.[12] Na década seguinte,

11 Sujeitos Constitucionais Insurgentes são os protagonistas imprevistos das disputas jurídico-constitucionais que ultrapassam as barreiras excludentes do constitucionalismo canônico, concebido e operado pela branquitude à revelia dos interesses de negros e indígenas, e se inscrevem como demandantes e intérpretes da constituição.

12 Em 1995, em diálogo com a Marcha Zumbi de Palmares contra o Racismo, pela Cidadania e a Vida, o presidente FHC inaugura o reconhecimento estatal do racismo, na história institucional brasileira. Em seguida, edita Decreto instituindo Grupo de Trabalho Interministerial (GTI) de Valorização da População Negra, vinculado ao Ministério da Justiça, indicando a abordagem de 16 eixos: (1) Informação; (2) Trabalho e emprego; (3) Comunicação; (4) Educação; (5) Relações Internacionais; (6) Terra (Remanescentes de Quilombo); (7) Políticas de Ação Afirmativa; (8) Mulher Negra; (9) Racismo e Violência; (10) Saúde; (11) Religião; (12) Cultura Negra; (13) Esportes; (14) Legislação; (15) Estudos e Pesquisas; e (16) Assuntos Estratégicos.

segundo Vida,[13] ocorreram experiências disruptivas em espaços tradicionais do Patrimonialismo Racial, através da adoção inicial das cotas nas universidades, da aprovação da Lei 10.639/2003, credenciando a inclusão da história do negro e da África no currículo, e da aprovação do Estatuto da Igualdade Racial,[14] em 2010. No início da segunda década, no primeiro governo Dilma, após a conquista das cotas raciais em diversas universidades públicas, via autonomia universitária, foi aprovada a Lei Federal 12.711/2012, que converteu essa política em obrigatória para o sistema de ensino federal. Finalmente, foi aprovada a Lei 12.290, de 9 de junho de 2014, que estabeleceu Cotas no Serviço Público Federal. Registre-se, portanto, que, diferentemente da versão propagandística corrente que atribui a criação das políticas de cotas raciais aos governos do PT,[15] estas foram construídas nas margens da institucionalidade estatal pelo movimento negro, sem contar com apoio de partidos e governos durante a maior parte do tempo.

As principais reações do supremacismo branco em face das mobilizações negras em ascensão se apresentaram na intensificação do terror racial genocida e na adoção de mecanismos antirracistas "pra inglês ver", combinados com variadas formas de sabotagem das normas de promoção da igualdade racial.

13 Samuel S. Vida, *"Sei que nada será como antes"*: cotas raciais e o amanhã na universidade, 2006.

14 O Projeto de Lei originário dispondo sobre o Estatuto da Igualdade Racial foi protocolado em 2000, pelo Dep. Paulo Paim. Após uma década de tramitação e intensas controvérsias (incluindo, em 2006, Manifesto de professores universitários, intelectuais, políticos, artistas, sindicalistas etc. contrários às cotas e ao Estatuto), finalmente foi aprovada uma versão bastante modificada pelo esvaziamento de importantes dispositivos.

15 Esta versão é tão fake News quanto a afirmação que atribui a adoção de cotas raciais na UERJ, em 2001, ao PDT, da gestão Anthony Garotinho, ou a versão que atribui a adesão da UNEB, em 2002, ao PFL, do governo estadual carlista.

Verificou-se a agudização do genocídio negro com o aprofundamento da exposição das comunidades negras à violência policial racista cotidiana, com a militarização dos territórios negros urbanos por meio de UPPs e Bases Comunitárias, além da intensificação das ações genocidas mediante a adesão à falácia da guerra às drogas e com o recrudescimento da legislação penal, produzindo o superencarceramento das pessoas negras no país. Essas políticas genocidas contaram com o apoio dos governos progressistas.[16] A explosão do superencarceramento, que levou o país à vergonhosa terceira colocação no ranking mundial, se desenvolveu durante a era governamental petista, na esteira da aprovação da nova lei de drogas.[17] Dentre as polícias mais violentas e letais do país encontram-se as dos estados governados pelos partidos progressistas. Essa convergência em torno do populismo punitivista colocou recentemente na mesma trincheira de defesa da violência racial o governador petista baiano Rui Costa, o governo Bolsonaro e seu ministro Sergio Moro, defendendo o famigerado e inconstitucional pacote anticrime.[18]

16 "O presidente Luiz Inácio Lula da Silva afirmou nesta sexta-feira que o modelo das Unidades de Polícia Pacificadora (UPPs), implantado pelo governo estadual em comunidades dominadas pelo tráfico de drogas no Rio de Janeiro, pode ser levado para o restante do País." Disponível em: https://www.terra.com.br/noticias/brasil/policia/lula-diz-que-sucesso-das-upps-no-rio-pode-ser-nacionalizado,2d7970e46f6ea310VgnCLD200000bbcceb0aRCRD.html

17 Dez anos depois, Lei de Drogas é apontada como responsável por prisões superlotadas. Especialistas indicam imprecisões na lei em separar usuário de traficante como principal causa. País pode ter a maior população carcerária do mundo se mantiver atual ritmo de encarceramento. Disponível em: https://www.redebrasilatual.com.br/cidadania/2016/09/lei-de-drogas-e-apontada-por-especialistas-como-responsavel-pelo-encarceramento-em-massa-8656/#:~:text=Dez%20anos%20depois%2C%20Lei%20de%20Drogas%20%C3%A9%20apontada,do%20mundo%20se%20mantiver%20atual%20ritmo%20de%20encarceramento

18 Defensor do pacote "anticrime", apresentado pelo ministro Sérgio Moro, o governador da Bahia, Rui Costa (PT), afirmou que em muitos Estados os policiais militares "cruzam os braços" por medo de processos judiciais. Em entrevista à imprensa, Rui disse ser favorável "a princípio" das propostas apresentadas pelo governo Bolsonaro. Disse ainda que irá "trabalhar para que seja aprovada". Dis-

A hegemonia branca produziu novo artefato para fingir tratar do combate ao racismo, pela incorporação parcial das propostas de criação de órgãos especializados na atuação antirracista. Fingindo atender às reivindicações negras, inauguraram a fase das secretarias especializadas (esvaziadas de poder e orçamento!), isoladas na periferia dos núcleos duros das gestões administrativas, cumprindo papel de álibi antirracista. Essas frágeis estruturas delimitaram o lugar do negro nos governos progressistas. Raramente encontram-se negros no primeiro escalão fora dessas secretarias.

O simulacro de políticas públicas por meio dessas instâncias esvaziadas pode ser percebido em torno de questões básicas, como: a persistência da sub-representação nos cargos de prestígio e poder político, nos mandatos parlamentares e nas secretarias valorizadas do Executivo; a não efetivação de disposições normativas em vigor, como a titulação do território quilombola, transformando as leis antirracistas em letra morta; a privação do acesso aos recursos financeiros das agências públicas de fomento para o desenvolvimento econômico das pessoas e comunidades negras; a manutenção da compreensão limitada do sentido e alcance do racismo como fenômeno individual de prática de ódio. Nesses órgãos, o enfrentamento ao racismo institucional segue sendo ignorado ou tratado irrisoriamente com cursos de capacitação de servidores públicos. Uma triste constatação é reveladora do lugar desprestigiado dessas estruturas governamentais: nenhum ocupante dessas pastas se viabilizou em candidaturas parlamentares ou na disputa pela indicação a cargos majoritários.

Por fim, também integra a reação do supremacismo branco as ações de sabotagem das políticas afirmativas. Um dos exemplos

ponível em: https://www.metro1.com.br/noticias/politica/68402,em-defesa-de--pacote-anticrime-rui-diz-que-pms-cruzam-os-bracos-por-medo-de-processos mais escandalosos vem das universidades que persistem fraudando a legislação e impedindo a aplicação da lei de cotas nos concursos docentes, além da tolerância com as fraudes da falsa autodeclaração nos processos seletivos. Ocorre usurpação das vagas nas universidades e concursos públicos, estendendo-se à cota racial para acesso aos recursos do fundo eleitoral. Neste último caso, segundo Vida,[19] tem ocorrido uma "transracialização eleitoral" que se manifesta em partidos de esquerda e de direita, provocando distorções estatísticas nas classificações.

Durante a transição tivemos um cínico "negacionismo do racismo" e de seus efeitos. Optou-se por não levar a sério o racismo como problema fundamental brasileiro. Sob diferentes retóricas cosméticas e em diferentes modalizações de forma e intensidade o negacionismo do racismo foi amplamente compartilhado pela branquitude de direita e de esquerda, ignorando deliberadamente a abundância de dados sobre as iniquidades raciais e sobre o genocídio negro, desconsiderando as conquistas constitucionais antirracistas e as múltiplas propostas de enfrentamento ofertadas pelo movimento negro. Essa tradição negacionista produz e alimenta o silenciamento do tema e recentemente atualizou-se pela desqualificação da luta e organização negra como "identitarismo".[20]

O clímax desse roteiro de sabotagem da lenta transição e de sua "crônica da exclusão racial compartilhada" verificou-se com a eleição de Bolsonaro, em 2018. Tivemos eleições viciadas pela ma-

19 Samuel S. Vida, 2020.

20 Dirigentes do PT reconhecem que a exploração da chamada pauta de costumes afastou da legenda uma parcela de seus eleitores — mesmo aqueles identificados com Luiz Inácio Lula da Silva. (...) No PDT de Ciro Gomes, pré-candidato de lastro esquerdista que tem feito acenos à centro-direita, a disposição é a mesma. Campanhas de Lula e Ciro querem menos pautas identitárias e mais economia. Disponível em: https://www1.folha.uol.com.br/poder/2021/07/campanhas-de-lula-e-ciro-querem-menos-pautas-identitarias-e-mais-economia.shtml

nobra judicial da exclusão do candidato líder nas pesquisas, marcadas por explícita ameaça militar, impactadas pelo obscuro episódio da facada e pela introdução de novas estratégias e técnicas de disputa eleitoral. O uso intensivo das redes sociais e a disseminação de *fake news* inaugurou a entrada do país na rota das estratégias eleitorais da nova direita e seu projeto de supremacismo racial em desenvolvimento no mundo. O cenário moralista produzido pela Lava-Jato e pela cobertura parcial da grande imprensa possibilitou a fraudulenta apresentação do velho integrante do baixo-clero como candidatura antissistema e anticorrupção, anabolizada pelo reavivamento dos discursos anticomunistas e conspiracionistas sobre as ameaças do "marxismo cultural" e do "globalismo". Como toque final, a campanha bolsonarista explorou o ressentimento racial da branquitude e a afirmação de seus predicados identitários exclusivistas e intolerantes. Vocalizou seu incômodo com as pequenas alterações insinuadas nas hierarquias raciais decorrentes das políticas de cotas nas universidades e no serviço público, do avanço no reconhecimento dos direitos trabalhistas das trabalhadoras domésticas, da pequena redistribuição de renda via programas sociais, da visibilidade das agendas quilombolas, indígenas e LGBTQIA+ e provocou uma espécie de catarse liberadora do profundo imaginário racista antinegro e anti-indígena, homofóbico, misógino e patriarcal.

Bolsonaro recolocou no centro da política institucional a velha versão do supremacismo branco. O estilo violento e agressivo do mandatário e seus acólitos borrou a maquiagem de polidez do negacionismo soft, desdenhou as formas de dominação racial mais sutis e sofisticadas, elegeu como alvos as recentes conquistas derivadas da insurgência negra e indígena. Tratou de restabelecer a impermeabilidade institucional nas estruturas atingidas por frágeis fissuras provocadas na blindagem do arcabouço político estatal racializado, interrompeu o incipiente processo de reconhecimento político e delineamento de políticas públicas.

Recusando o papel de coadjuvante discreto que mantivera nas últimas décadas, a Casa-Grande retomou a cena principal, devidamente repaginada: o agronegócio, como versão atualizada dos Senhores de Engenho, embalado por trilhas sonoras sertanejas; no lugar dos escravistas urbanos, o empresariado pós-reforma trabalhista das relações precarizadas e as "pessoas de bem" do trabalho análogo à escravidão em suas residências; as armas de fogo no lugar das chibatas e a normalização da violência contra indígenas, negros, mulheres, LGBTQIA+ nos pelourinhos virtuais e físicos; uma safra de digital influencers exibicionistas de músculos, ignorância e preconceitos, protegidos por mandatos parlamentares ou cargos comissionados, como porta-vozes do novo regime, no lugar dos franzinos boêmios sinhozinhos bacharéis de outrora; militares-políticos cumprindo os papeis de neo-feitores e de novos capitães-do-mato, ávidos por cargos e superfaturamentos, leis mais duras, mais armas letais e mais poder para exorcizar fantasmas da desordem; o filhotismo, na melhor versão do Patrimonialismo Racial, organizado como "Gabinete do Ódio" e escritório de negociatas juvenis; pastores evangélicos representantes do "negocionismo" religioso, estabelecendo nova versão do padroado e da promiscuidade entre religiosidade e Estado; desprezo à vida e banalização da morte, representados pelo negacionismo científico no enfrentamento da pandemia do coronavírus, produzindo cerca de 700 mil mortes, até este momento.

A conexão entre a forma de enfrentamento à pandemia e o racismo foi ressaltada por Milanez e Vida[21]: "as políticas de combate à pandemia adotadas estão centradas num eixo supostamente ge-

21 Felipe Milanez; Samuel Vida, Pandemia, racismo e genocídio indígena e negro no Brasil: coronavírus e a política da morte. In: Peter P. Pelbart; Ricardo M. Fernandes (org.), *Pandemia crítica*, 2021, p. 106.

ral e universal que, no fundo, toma como medida as circunstâncias de vida e os recursos acessados pelos segmentos brancos da sociedade brasileira." Ainda sobre a pandemia, o racismo e o genocídio, observou Vida:

> Aqui, o racismo se mostrou imune à pandemia e a todos os deslocamentos realizados em seu combate. Das políticas de enfrentamento ao covid-19, baseadas nas condições do homem médio branco, urbano, letrado, vinculado a tarefas laborais que comportam a manutenção de atividades em home office e com acesso garantido aos produtos sanitizantes necessários à higienização recomendada como medida primária para a prevenção. Em todos os estudos feitos até aqui, as vítimas preferenciais da pandemia se contabilizam junto às camadas mais vulneráveis, especialmente entre negros e indígenas, concorrendo para a aceleração do histórico genocídio que abate anualmente parcela destes grupos raciais em escala de letalidade equiparável à de guerras de alta intensidade destrutiva.[22]

Bolsonaro concentrou ataques aos direitos conquistados desqualificando-os como expressões de vitimismo, divisionismo nacional, ameaça ao desenvolvimento etc. Um dos focos centrais se articulou em torno do apoio incondicional às ações policiais violentas e na propagação do armamentismo. Outro importante eixo se desenvolveu no desmonte da proteção ambiental e estímulo ostensivo às práticas criminosas do agronegócio, do garimpo ilegal e do desmatamento, intensificando o genocídio indígena. Também ocupou o centro das iniciativas destrutivas a desqualificação e o estrangulamento financeiro das universidades, especialmente por terem se constituído num exemplo de modificações no panorama das relações raciais.

22 Samuel S. Vida, *Democracia não combina com racismo*. Estado de S.Paulo, 27 dez. 2020b.

Sem o devido reconhecimento do papel central das relações raciais violentas na edificação e no funcionamento das instituições políticas do país, a oposição ao bolsonarismo segue bancando a interpretação excepcionalista que traduz o agravamento e a exacerbação do racismo como característica exclusiva do atual regime. Afasta suas responsabilidades pela manobra de transferi-las para seu adversário, utilizando a adjetivação "racista" como desqualificador moral e político, ao tempo que advoga o retorno à "normalidade democrática" sem assumir qualquer compromisso efetivo com a agenda negra por direitos e cidadania. Dessa forma, a adjetivação "genocida" passou a ser atribuída difusamente a Bolsonaro pela criminosa sabotagem diante da pandemia, contribuindo para desracializar o genocídio. Insinua que o racismo é atributo exclusivo do bolsonarismo e que com sua derrota, seria afastado da centralidade das relações políticas nacionais. Insiste na manutenção do negacionismo do racismo, na medida em que continua negando o caráter genocida da ação racista estatal em todos os governos, inclusive naqueles de esquerda, como o da Bahia,[23] que comanda uma impiedosa máquina de moer gentes negras.

Todas as concepções de democracia cogitadas desde a transição até este momento de vertigem autoritária não consideram o combate

23 Em 2020, 1.137 pessoas foram mortas pela polícia baiana. Todas as vítimas eram homens negros, apontam os dados do Fórum Brasileiro de Segurança Pública. O estudo indica ainda que houve um aumento de 47% no índice de letalidade policial, com relação a 2020 — quando 773 pessoas morreram em decorrência de ações das forças do Estado. A Bahia ultrapassou em números absolutos São Paulo — que teve 814 mortes — e se aproximou do Rio de Janeiro, unidade federativa que tem a polícia mais letal do país, com 1.239 mortes registradas. Disponível em: https://www.metro1.com.br/noticias/bahia/112544,todas-as-vitimas-de-violencia-policial-na-bahia-em-2020-eram-homens-negros-aponta-estudo
Em 2020, estado comandado por Rui Costa alcançou 1.137 mortes pelas polícias, o maior número da série histórica desde 2008; perpetuação de modelo de "guerra às drogas" e falta de transparência são causas para índice elevado, dizem pesquisadores. Disponível em: https://ponte.org/por-que-o-governo-da-bahia-nao-reduziu-a-violencia-policial-mesmo-com-15-anos-de-pt-no-poder/

ao genocídio e as violações racistas à dignidade humana das pessoas negras como elemento central que bloqueia a construção democrática no país. Pelo contrário, se alimentam do racismo e cogitam uma democracia sem igualdade racial e com a perpetuação dos privilégios da branquitude num pluralismo político monorracial.

O breve extrato das últimas quatro décadas de história política e jurídica brasileira é representativo desse fenômeno de longa duração que faz dos debates sobre democracia "um lamentável mal-entendido". Há 200 anos o Brasil funciona articulado a partir desse lastro comum da intangibilidade dos privilégios raciais da branquitude, compartilhado amplamente pelas pessoas brancas, e pela manutenção da dominação racial contra negros e indígenas, através do terror racial e do genocídio gerenciados pelo estado.

É necessário nomear esse fenômeno complexo, dinâmico, que se reelabora no tempo, mas de efeitos gerais inalteráveis, para colocá-lo definitivamente em evidência e deslocá-lo da zona de conforto do silenciamento cúmplice para o centro das problematizações políticas sobre democracia. Racistocracia é o verdadeiro nome desse sofisticado sistema político que se alimenta do racismo, organiza as instituições, define e habilita seus operadores políticos e lhes dá régua e compasso para perpetuar a dominação racial como a normalidade institucional. O racismo, com suas múltiplas e mutantes faces, é tão abominável nas formas de ódio quanto nas formas de desprezo ou ainda nas formas de tutela paternalista. Por isso, torna-se ilegítimo e insustentável qualquer projeto de "futuro democrático" que mantenha negros e indígenas nos locais indignos da subalternidade racial e da perpetuação do genocídio. No debate público em curso, o Movimento Negro atualizou sua denúncia e contribuição para o horizonte de democratização do país através do manifesto lançado pela Coalizão Negra por Direitos, pondo acertadamente o dedo na ferida ao afirmar: "enquanto houver racismo, não haverá democracia."

INDEPENDÊNCIA OU MORTE!

SUELI CARNEIRO

Doutora honoris causa pela Universidade de Brasília (Unb), é filósofa e escritora, doutora em Educação pela USP e fundadora do Geledés — Instituto da Mulher Negra. Homenageada do Prêmio Jabuti em 2022, recebeu diversos prêmios e homenagens por sua atuação em prol dos direitos da população afrodescendente.

CHRISTIAN BRAGA

Helio Santos, organizador deste livro, nos convoca a refletir sobre o que têm sido os 200 anos de Independência do Brasil da ótica de pessoas negras que vêm se dedicando a compreender a complexidade das relações raciais no Brasil, o que se expressa nos indicadores chocantes de desigualdades e de violências raciais das quais os negros padecem em nossa sociedade.

Resolvi revisitar velhos escritos nos quais procurei descrever o que tem sido essa *via crucis* de ser pessoa negra no Brasil; as lutas permanentes que temos travado para defender a nossa dignidade humana, sistematicamente violada pelo racismo, as conquistas alcançadas, os retrocessos, dilemas e paradoxos que nos desafiam e impulsionam contemporaneamente.

Como advertência inicial, afirmamos que a resistência negra começa com o primeiro navio negreiro que aqui aportou, embora essa resistência tenha sido negada e invisibilizada sistematicamente por uma historiografia oficial que nos ensinou a pensar a abolição da escravidão como resultado de um gesto isolado de uma princesa generosa, condoída do sofrimento daquela raça impotente, testemunha muda e inoperante na história! Minha geração ouviu largamente isso nos primeiros anos de escola.

Tenho dito e escrito que, na conjuntura atual, o racismo e o sexismo recrudescem na sociedade brasileira. A "licença para matar" que o fascismo emergente autoriza tem por alvo prioritário a negritude. Em nenhum outro momento do pós-abolição o projeto de extermínio da nossa racialidade indesejada se tornou tão evidente, alcançou tanta legitimidade e/ou indiferença social, expondo negras e negros a toda sorte de iniquidades sociais, dentre as quais destacam-se a mortandade de jovens negros, o feminicídio e as mortes preveníveis e evitáveis das quais o impacto da pandemia de covid-19 sobre a população negra é exemplar.

Paradoxalmente, o crescimento dessa violência racial ocorre quando se supunha que o país enfim estava adentrando um círculo virtuoso de reconhecimento das desigualdades raciais e da aplicação dos remédios que elas requerem para sua superação, que nas últimas quatro décadas vem sendo objeto de reivindicação constante dos movimentos negros ao Estado brasileiro. Um processo que tem por marco temporal a luta pela redemocratização de 1982, no interior da qual assiste-se aos primeiros resultados em âmbito governamental do revigoramento dos movimentos sociais, entre eles o feminismo e o movimento negro, a partir da década de 1970.

Em São Paulo, em 1982, Franco Montoro, primeiro governador eleito nesse processo de redemocratização, criará os primeiros órgãos governamentais voltados à elaboração e à implementação de políticas públicas para a promoção da igualdade racial e de gênero, impulsionados pela militância feminista e antirracista da época. O decreto n° 20.892, de abril de 1983, cria o Conselho Estadual da Condição Feminina de São Paulo como resposta governamental às demandas das feministas brancas por políticas públicas para as mulheres, no interior do qual as mulheres negras, pela primeira vez, e com intenso protagonismo, inscreveram suas demandas nas políticas públicas. E, o decreto nº 22.184, de 11 de maio de 1984 cria o Conselho de Participação e Desenvolvimento da Comunidade Negra (CPDCN) do Estado de São Paulo, como resposta governamental às reivindicações empreendidas pelo protagonismo negro.

Esses dois Conselhos vão inspirar a adoção de outras iniciativas semelhantes em outros estados, municípios e na administração federal, como a criação da Fundação Cultural Palmares no governo de José Sarney, em 22 de agosto de 1988, pelo projeto de lei Nº 7.668, com a missão de preservação e valorização da cultura negra. A Fundação Palmares antecipará as vitórias que viriam com a Constituição Cidadã como resultado da intensa mobilização social que antecede o processo constituinte de 1987/1988 e culmina na criação da Secretaria de Políticas de Promoção da Igualdade Racial (SEPPIR), com *status* de ministério, em 21 de março de 2003, com o objetivo de implementar políticas de promoção da igualdade racial.

Além dos órgãos governamentais de promoção da igualdade racial nas diferentes esferas da administração pública, que se tornaram modelo para outros países da América Latina no trato da questão em nível regional, mesmo com todas as contradições e complexidades do processo de enfrentamento das desigualdades raciais, nos últimos 40 anos os movimentos sociais negros e de mulheres negras obtiveram uma série de conquistas:

- a criminalização do racismo na constituição Cidadã de 1988, que tornou o racismo crime inafiançável e imprescritível;

- a inscrição, na mesma Constituição, do direito de propriedade aos remanescentes das comunidades dos quilombos;[1]
- o agravamento da pena do crime de injúria no Código Penal quando ele ocorrer por motivação racial;
- a lei n° 12.288, de 20 de julho de 2010, que institui o Estatuto da Igualdade Racial;
- a lei 10.639/2003, que instituiu a obrigatoriedade do ensino da história da África e da cultura afro-brasileira nas escolas do país;
- a expansão dos direitos trabalhistas das empregadas domésticas, prioridade de todos os mandatos parlamentares da deputada Benedita da Silva, em parceria com lideranças de empregadas domésticas;
- e, em agosto de 2012, temos a Lei 12.711/12, a Lei das Cotas, com amplas consequências na sociedade brasileira.

Pode-se afirmar que as cotas nas universidades têm se constituído nos principais remédios para o enfrentamento das desigualdades de gênero[2] e raça. As cotas raciais são a joia da coroa desse processo de luta por igualdade de direitos e oportunidades. Com elas, promovemos a democratização do acesso ao nível universitário e tornamos os campi universitários um espetáculo inédito de diversidade racial e étnica.[3]

1 Título X — Ato das Disposições Constitucionais Transitórias. Nele o Art. 68. estabelece que "aos remanescentes das comunidades dos quilombos que estejam ocupando suas terras é reconhecida a propriedade definitiva, devendo o Estado emitir-lhes os títulos respectivos."

2 Neste contexto, é importante destacar que, na última década, as mulheres negras constituíram o grupo social que apresentou as taxas mais aceleradas de escolarização. Porém, quando analisamos os dados de desemprego, rendimento e condições de trabalho, enxergamos com nitidez que os avanços educacionais das mulheres em geral e das negras em particular ainda pouco estão refletidos no mundo do trabalho.

3 A Universidade do Estado do Rio de Janeiro (UERJ) foi a primeira instituição de ensino no Brasil a adotar o sistema de cotas raciais, em 2003, por meio de uma

Apesar dos desafios para permanência e conclusão dos cursos e da diversificação da presença negra, sobretudo nos cursos mais disputados, as cotas raciais são a mais exitosa das demandas colocadas pelos movimentos negros ao Estado brasileiro. Mas seu impacto não se esgota na diversidade dos corpos negros incluídos nas universidades; a presença negra tem repercussões também na produção de conhecimento e sobre o repertório acadêmico tradicional.

Outro aspecto a destacar é o fato de as cotas para negros terem colocado a universidade no imaginário das famílias negras. Fazer uma faculdade não era uma ambição da minha geração. O máximo que as famílias negras ousavam sonhar, como a minha, era ter uma filha normalista, o que, para as expectativas de minha geração e de minha realidade social, já era algo bastante ambicioso.

Depois das cotas, fazer uma faculdade foi ideia que penetrou nas famílias negras e essa nova consciência de que a universidade não é experiência a ser vivida exclusivamente para os filhos das classes médias e altas, brancas, naturalmente, é um dos melhores subprodutos da luta que travamos pelo acesso a ela, sobretudo a pública. Note-se, por fim, a importância também das cotas raciais no serviço público que, malgrado as dificuldades e resistências para a sua implantação, ainda assim vêm impactando carreiras em que a presença negra era quase inexistente, como, por exemplo, a magistratura.

Em contrapartida, as cotas raciais ensejaram resistências aguerridas na sociedade brasileira; tiraram os brancos racistas de sua zona de conforto, e o racismo se manifestou com toda a sua virulência. O poder de reação da branquitude se revelou quando ameaçado de perder os seus 100% de direito, que eles mesmos se

lei estadual aprovada em 2001. Já a Universidade de Brasília (UnB) foi a primeira federal a adotar as cotas, em junho de 2004.

outorgaram, de cotas nas universidades. Saíram a campo em uma articulação inusitada, de diferentes forças políticas dos segmentos racial e economicamente hegemônicos, para impedirem a adoção de tais políticas pelo Estado brasileiro. A possibilidade de aprovação de dispositivos legais que institucionalizariam a política de cotas e de promoção da igualdade racial motivou editoriais beligerantes, artigos raivosos de um exército de articulistas dos principais veículos, que se revezaram na mídia hegemônica para combater a política de cotas raciais e de ações afirmativas em geral. Um manifesto assinado por parcela da *intelligentsia* nacional, endereçado ao Congresso Nacional, inclusive pedia aos parlamentares que recusassem o PL 73/1999 (PL das Cotas) e o PL 3.198/2000 (PL do Estatuto da Igualdade Racial). Alegavam que o Estatuto e as cotas raciais romperiam com o princípio da igualdade, da meritocracia e ameaçavam a República e a democracia. Em 2022, ano de comemoração dos dez anos da implementação da lei de cotas, a luta em defesa dessa política permanece na ordem do dia diante do risco evidente de retrocesso.

Com a descrição dessas conquistas, procurei demonstrar que o Movimento Negro Brasileiro tem sido vitorioso em sua ação política se cotejarmos as condições em que esse enfrentamento se dá historicamente, num cenário em que têm sido negados à população negra direitos básicos de cidadania em todas as dimensões da vida social: no acesso à educação, à saúde, ao mercado formal de trabalho, à presunção de inocência e, consequentemente, ao direito de ir e vir sem ser molestado, à participação política, ao desenvolvimento econômico e, sobretudo, submetido a uma ideologia oficial do Estado brasileiro que é o mito da democracia racial, cujo principal efeito é o de negar o racismo e as discriminações que ele engendra, bem como impedir, com essa negação, que a questão racial se torne crucial na arena política.

Operando nesse contexto tão adverso e, na maior parte do tempo, sem apoio ou solidariedade de outras forças políticas, considero um feito extraordinário do Movimento Negro brasileiro conseguir pautar uma agenda de políticas públicas de promoção da igualdade racial a um Estado que exaustivamente apregoou ser uma democracia racial em que todos são iguais perante a lei, sem distinção de qualquer natureza!

No entanto, no âmbito da implementação das políticas públicas, há avanços, fracassos e recuos. O exemplo mais emblemático das ambiguidades governamentais em relação à questão racial está no tratamento da questão no Plano Plurianual - o PPA. Em sua análise *O recorte de raça no plano plurianual 2004/2007 com transversalidade de gênero e geração*, Iradj Eghrari nos traz como primeira observação a "ausência generalizada da transversalidade de raça nas políticas públicas brasileiras". Observa que o PPA 2000-2003 incluiu dentre os seus 28 macro-objetivos apenas um, definido como "cultura afro-brasileira", o que, para o autor, reflete a visão governamental de tratar "as características da população afrodescendente como mera peculiaridade cultural". Ressaltando que a "promoção da cidadania dos afrodescendentes extrapola qualquer valorização restrita ao campo da cultura, permeando os campos da segurança pública, prevenção e superação da violência, acesso a serviços de educação, saúde, lazer, esporte, transporte, moradia, entre outros"[4].

No artigo *Os dois níveis do racismo institucional*[5], de Mário Theodoro, como o título já anuncia, o autor identifica o próprio Estado brasileiro como agente reprodutor de desigualdades raciais em dois níveis: pela ação e pelo funcionamento da máquina estatal.

4 Iradj Eghrari, *O recorte de raça no plano plurianual 2004/2007 com transversalidade de gênero e geração*. Paper, 2006.

5 Mário Theodoro, *Jornal Irohin*, ano IX, n. 6, ago./set. 2004, pp. 15-16.

No plano da ação, apesar dos movimentos negros conseguirem inscrever a redução das desigualdades raciais entre os grandes desafios do PPA 2004-2007, adverte o autor que, ao contrário do que ocorre com outros desafios, este "não se traduziu em programas finalísticos e ações específicas. Manteve-se como Programa de Gestão o que, na prática, o engessa como intenção e inação".[6]

A visão de Theodoro, bem como os desafios por ele arrolados, dão uma dimensão daquilo que se coloca para os movimentos negros realizarem uma ação política eficaz no campo das políticas públicas de corte racial. O gesto concreto de vontade política em relação a um problema social, além do reconhecimento do problema, é a alocação de recursos para a viabilização dessas políticas, pois, tal como conclui Theodoro, o que tivemos foi:

> um desafio norteador da ação do governo. Falta-lhe, no entanto, conteúdo. Deveria se desdobrar em diferentes programas finalísticos com indicadores fixados, e esses programas devem ser desmembrados em ações setoriais com metas especificadas. Metas e indicadores que tenham uma dimensão maior, do tamanho do desafio. Propor programas e ações — indicadores e metas — implica em direcionamento de recursos para o desafio já existente. A briga é por recursos e sua alocação com base. Já temos essa base. Falta a briga.[7]

Portanto, se é verdadeiro que nas últimas décadas os movimentos sociais negros conseguiram inserir, em algum nível, a questão racial na agenda dos poderes públicos, por outro lado, mesmo depois da criação da SEPPIR, as ações governamentais para a promoção da igualdade racial e de gênero têm sido marcadas por descontinuidade e falta de recursos e, na atual conjuntura, o quadro se

6 *Ibidem.*
7 *Ibidem.*

agrava com a clara disposição do atual governo de eliminação dessas políticas, em particular, e das políticas sociais, em geral.

Portanto, estamos diante de um cenário temerário que clama pela resistência vigorosa das forças progressistas da sociedade brasileira na defesa intransigente do ambiente democrático, indispensável para a promoção da igualdade de direitos e oportunidades, com reconhecimento e justiça social, que desejamos para todas e todos.

É nesse contexto que surge a incidência política da Coalizão Negra por Direitos em 2019; uma nova organização nacional do movimento negro brasileiro que agrega, em seu interior, mais de 200 organizações negras do país.

A Coalizão surge em resposta à descontinuidade das políticas de promoção da igualdade racial, em resposta à ascensão do fascismo, em repúdio à democracia de baixa intensidade que nos caracteriza, afirmando peremptoriamente que "com racismo não há democracia".

Que:

> não há democracia sem enfrentar o racismo, a violência policial e o sistema judiciário que encarcera desproporcionalmente a população negra. Não há cidadania sem garantir redistribuição de renda, trabalho, saúde, terra, moradia, educação, cultura, mobilidade, lazer e participação da população negra em espaços decisórios de poder. Não há democracia sem garantias constitucionais de titulação dos territórios quilombolas. Não há democracia sem o respeito à liberdade religiosa. Não há justiça social sem que as necessidades e os interesses de 55,7% da população brasileira sejam plenamente atendidos.[8]

Diz ainda o Manifesto da Coalizão:

8 Manifesto da Coalizão Negra por Direitos: https://comracismonaohademocracia.org.br/

> Em nosso passado, formamos quilombos, forjamos revoltas, lutamos por liberdade (...) Hoje, lutamos por uma verdadeira democracia, (...) e conclamamos aqueles e aquelas que se indignam com as injustiças de nosso país. Porque a prática é o critério da verdade.[9]

Essa exigência ética tem angariado adesões fora da bolha dos movimentos negros e da racialidade negra, impulsionando um antirracismo branco, solidário às pautas dos movimentos negros nacionais, que, embora ainda tímido, manifesta potencial de crescimento se afirmando como não signatário do pacto perverso instituído pelo racismo e pelos privilégios que ele assegura para o grupo racial hegemônico, em detrimento da oferta de cidadania para todas e todos.

Do avanço da consciência negra, emerge essa nova geração de negras e negros apta a dar saltos qualitativos no processo de organização política; na formulação de políticas públicas de promoção da igualdade e equidade de gênero e raça; e nas estratégias de combate ao racismo e ao sexismo. São tarefas políticas que sustentam reivindicações que essa geração apresenta para a radicalização da democracia brasileira, cujo sentido é a inclusão real e efetiva da população negra nos direitos de cidadania. É o que se afirma na fala de Manuela Morais, estudante negra, presidente do Centro Acadêmico XI de Agosto da Faculdade de São Francisco (USP) em 11 de agosto de 2022, por ocasião da leitura da " Carta às Brasileiras e aos Brasileiros em defesa do Estado Democrático de Direito", ato político da sociedade civil brasileira contra as ameaças de ruptura institucional do atual governo. Disse ela naquela oportunidade:

> (...), é preciso ousar sonhar e caminhar no sentido real da luta por uma democracia ainda inexistente nesse País. Não queremos a demo-

9 *Ibidem.*

cracia da fome, a democracia das chacinas e tampouco a democracia dos ricos. Queremos a antítese da democracia que temos hoje: a democracia da diversidade, dos trabalhadores, uma democracia real. Queremos a democracia dos povos, e todos os povos na democracia![10]

"Se antes as universidades eram para poucos, hoje, novos rostos, cores e saberes diversificam os espaços de poder político, intelectual, no Brasil", disse a estudante. E arrematou, em meio a aplausos: "Nós, que éramos os outros, agora fazemos parte dessa nova Carta. Somos jovens, das quebradas, das favelas".

Essa é a Independência ou Morte pela qual a população negra clama, excluída, desde sempre, do projeto de cidadania reservado exclusivamente à branquitude. Esse é o Contrato Racial em vigor, que exige a nossa insurgência para que possamos ser, enfim, independentes!

A plataforma política que impulsiona o ativismo negro atual faz dos movimentos negros brasileiros agentes civilizatórios da sociedade brasileira. Não fugiremos à luta!

10 Manuela Morais. Disponível em https: //www.youtube.com/watch?v=7GuDKl-mJRmg. Acesso em: 15 set. 22.

REVOLTA DAS LUCINDAS

ELISA LUCINDA

DIVULGAÇÃO

Poeta, atriz, intérprete, jornalista e professora. Tem publicados 19 livros. É também autora da coleção infantil *Amigo Oculto*, pela qual ganhou o prêmio Altamente Recomendável da FNLIJ. Através da Casa Poema, instituição cultural em sociedade com a atriz Geovana Pires, a multiartista desenvolve projetos que popularizam a poesia para todas as idades, como "Versos de liberdade", que ensina a palavra poética a jovens que cumprem medidas socioeducativas, além de cursos de poesia falada para professores e profissionais de áreas diversas. Vencedora do Prêmio Especial do Júri do Festival de Cinema de Gramado, pelo conjunto da obra no ano de 2020. No ano seguinte, a atriz e escritora tomou posse na Academia Brasileira de Cultura, ocupando a cadeira de Olavo Bilac e figurando entre nomes como: Zeca Pagodinho, Elza Soares, Christiane Torloni, Ana Botafogo, Carlinhos de Jesus, entre outros. O espetáculo que deu origem ao livro *Parem de falar mal da rotina*, que em 2022 recebe uma edição revisada, está fazendo 20 anos de estrada com milhões de expectadores e leitores, fervorosos fãs e seguidores.

Data da independência do Brasil?
Não há muito o que escrever.
Um século que abrigou o Quilombo de Cariterê liderado por Tereza de Benguela,
a Revolta do Engenho de Santana,
a Revolução Pernambucana,
a Revolta das Carrancas,
a Revolta dos Malês,
a Balaiada,
a Greve Negra,
a Revolta de Queimado,
a Revolta de Cantagalo
e o Levante dos Jangadeiros do Dragão do Mar,
o Chico da Matilde que se negou a transportar a carga traficada
que eram nossos próprios irmãos,
quero eu lá chamar isso de independência?
A cena do Pedro português sobre o cavalo,
a espada, a aparente bravura, a aventura,
tudo não passa de engodo, propaganda enganosa, pintura.
A África que construiria o Brasil estava sendo sequestrada em navios,
entregue à chibata e à crueldade da tortura.
Bebês negros arrancados dos peitos de suas mães
para darem lugar às boquinhas brancas
que formariam a nova casta que mais tarde nos oprimiria.
Por muito tempo amamentamos e ninamos com amor e dor
aqueles que seriam nossos algozes.
O país pegava fogo em insurreições,
e não estava longe a fundação da república,
que se daria um ano só depois da abolição da escravatura.
Passado o império, ainda não passou para nós a vida dura,
o jogo roubado,

a concentração da riqueza na mão branca e europeia,
a negação de nossos feitos,
a inviabilização de nossos talentos,
as usurpações de nossa dignidade feitas pelas autoridades,
pela polícia, pela burguesia de toda cidade.
Não há o que escrever!
Há uma história torta escrita por quem sangrou,
comprou, roubou e matou gente
num escandaloso esquema internacional de tráfico humano
que manchou de vermelho o azul do oceano,
a ponto de mudar a rota dos tubarões em busca de nossa carne.
Enquanto escrevo, cruzam os céus mil aviões,
satélites digitais me comunicam com o mundo
nos planetários salões.
Mas ainda não tem teatro, biblioteca, balé
e orquestra na favela,
essa nova senzala transmutada em quilombo
a cada vez que um rapper vence, fala e ganha o mundo vindo dela.
É uma vergonha a história não contada
a história escondida,
a história mudada.
Seguimos comemorando bravatas,
versões combinadas homenageando vilões
e omitindo nossas balaiadas.
Nunca foi sem luta!
Mesmo depois da independência e depois da abolição,
estamos nós aqui, envolvidos na mesma injustiça bruta.
Ainda governa o Brasil a cabeça colonial,
ainda governa o Brasil a hipocrisia da república!
Quero nossos verdadeiros heróis
contados em praça pública:

os abolicionistas,
os guerreiros inteligentes,
acadêmicos,
ou ainda que sem toga ou túnica.
Quero o estudo das estratégias do Quilombo dos Palmares,
os bastidores do império promíscuo
que fez riqueza com nosso suor e sangue.
Vim com Nãnã, reclamar a riqueza desse mangue,
Chamei Exu, Iemanjá, Ogum, Oxóssi, Iansã, Xangô, Oxumaré, Oxum e Oxalá
para nos livrar da bala dita perdida,
para estancar o bang bang.
A história não contou ainda
para todo estudante dessa nação
o que veio com nossas mãos:
as sabedorias dos orixás,
da cura,
do garimpo,
do cultivo da cana e toda nossa tecnologia que gerou grandes fortunas
nos campos de algodão.
Sem contar o que o Egito,
primeira civilização, deu:
a medicina, a arquitetura, a geometria,
a escrita, o papel, eu.
A história real do Brasil
ainda não foi contada,
os representantes da grande mafiosa jogada
transmitem o racismo de geração em geração,
até hoje,
impondo suas narrativas
como verdades

garantindo nossa exclusão para lhes preservar o poder.
Data da independência do Brasil?
Não há o que comemorar.
Há muito o que escrever.

sexta de Oxalá, 2022

A DÍVIDA HISTÓRICA DO ESCRAVISMO

VALDIRENE ASSIS

Procuradora do Trabalho, coordenadora da Coordigualdade do Ministério Público do Trabalho de São Paulo (MPTSP), coordenadora do Projeto Nacional de Inclusão de Jovens Negras e Negros do MPT, docente da Escola Superior do Ministério Público da União (ESMPU), membra do Grupo de Enfrentamento ao Racismo do Conselho Superior do Ministério Público (CNMP), mestre em Ciências Jurídico-políticas pela Universidade de Lisboa. Pós-graduada em Human Rights pela Universidade de Coimbra. Integrante da delegação brasileira, na qualidade de perita técnica nas Convenções Internacionais do Trabalho nos anos de 2018 e 2019, em Genebra/Suíça, participando do processo de elaboração e aprovação da Convenção pela Eliminação da Violência e Assédio no Mundo do Trabalho (109) da OIT.

ACERVO PESSOAL

A história da humanidade revela que o processo de escravização de pessoas é prática de muitos povos, caracterizada pela dominação de vencedores de guerras na conquista de territórios. O Código de Hamurabi já dispunha sobre o trabalho escravo, na civilização babilônica (artigos 16 a 20).[1] Assírios, egípcios e hebreus também

1 Disponível em: http://www.dhnet.org.br/direitos/anthist/hamurabi.htm. Acesso em: 1 ago. 2022.

usavam mão de obra escrava. Na Grécia antiga, os escravizados trabalhavam no ambiente urbano, doméstico e rural. Eram fundamentais à estrutura daquela sociedade, conferindo tempo à aristocracia fundiária para se dedicar às funções de Estado e intelectuais, tais como a filosofia.[2]

O Império Romano também contava com escravizados, que se ativavam nas terras dos patrícios (elite romana). Mas, assim como na Grécia, podiam comprar sua liberdade. Rebeliões motivaram a lei romana a conferir proteções aos escravizados, notadamente garantia a alimentação e vestimentas adequadas, bem como a vedação de castigos que pudessem resultar em morte.[3]

Na Idade Média, com o avanço da Igreja Católica, a escravidão foi restringida na Europa, limitando-se a criminosos que não pudessem pagar a multa por seus crimes. Teve início, então, o regime de servidão. Enquanto os escravos davam ensejo a um mercado de tráfico humano, pois eram propriedade de seus senhores, os servos tinham com esses uma relação de dependência, não sendo possível seu comércio.

Mas, até seu banimento, Inglaterra, Itália e outros países europeus realizaram tráfico de europeus cristãos. A proibição da Igreja Católica, dirigida a cristãos, levou à busca de outros grupos que pudessem ser escravizados quando os eslavos passaram a ser vítimas dessa prática. Os italianos e nórdicos eram grandes traficantes de escravos, nesse período. As vítimas eram da Europa ocidental (anglo-saxões, originários da Península Ibérica, francos e outros), bem como do leste europeu (russos, romenos, poloneses etc.). Judeus também eram importantes traficantes de pessoas.[4]

2 Emanuel I. C. da Silva, *O Conceito do Trabalho:* da antiguidade ao século XVI, 2019.
3 Fábio D. Joly. *A escravidão na Roma antiga:* política, economia e cultura, 2005.
4 Jukka Korpela. Medieval slave trade routes in Eastern Europe extended from Finland and the Baltic Countries to Central Asia, *University of Eastern Filand*, 2014.

Esse breve histórico nos revela que, na história mundial, a escravização de seres humanos deu-se contra povos de diversas etnias, notadamente europeus. Contudo, ao estudarmos a escravização de pessoas, no Brasil, só temos como referência a que se deu contra pessoas negras. Esse intencional silêncio sobre a história da escravização na história mundial só tem o objetivo de plasmar na mente de brasileiros e brasileiras a associação racista: pessoas negras/escravidão. Mas a história desmente essa tentativa de imposição de uma narrativa racista brasileira contra pessoas negras, demostrando que, pelo maior período da história, esse crime vitimou pessoas brancas.

Assim, se você associa a palavra escravo a pessoas negras, isso é decorrente da supremacia de uma narrativa branca e eurocentrada, que impera nos livros didáticos usados pelas escolas brasileiras e ignora a história mundial, destorce os fatos históricos contra si e, intencionalmente, impõe uma narrativa de superioridade racial e de pretensa natural associação da figura do negro a uma pessoa escravizada.

NARRATIVA DESUMANIZADORA E RACISTA

Esquecendo a história da escravização na história mundial, a sociedade brasileira construiu uma narrativa para buscar legitimar esse *crime lesa-humanidade*, tentando forjar razões supostamente científicas para a supremacia branca com a difusão de ideias eugenistas, para enfrentar uma maioria populacional preta, parda e indígena contra uma minoria branca, notadamente no período pós-"abolição".

Não apenas pessoas negras foram alvo dessa narrativa, embora fossem os destinatários principais. Os indígenas também foram vítimas dessa distorção histórica. Nas escolas ensinam que indígenas não foram escravizados, como os africanos, pois seriam preguiçosos. Na verdade, até o século 18, há registro de indígenas escravizados. Se não houve mais, foi por pressão da Igreja, que ignorava as pessoas negras, e investia de forma intensa na evangelização de indígenas, papel exercido pelos chamados jesuítas.[5] Essa escolha da igreja não guardava relação com hipotéticas diferenças e/ou preferências entre negros e indígenas, mas sim com uma questão econômica. Os negros eram muito mais lucrativos (remuneração dos traficantes, pagamento de impostos pelo comércio, desenvolvimento de embarcações e de armamento e comércio de alimentos e outros produtos).

ESCRAVIZAÇÃO BRASILEIRA: TRAGÉDIA HUMANITÁRIA MAIOR QUE O HOLOCAUSTO

O Holocausto ocorreu durante a Segunda Guerra Mundial. Já o tráfico e a escravização de africanos, no Brasil, perduraram por quase quatro séculos. A atrocidade ocorrida durante a Segunda Guerra vitimou 9 milhões de pessoas. Já o tráfico de pessoas negras atingiu mais de 12 milhões de pessoas e seguiu vitimando seus filhos, netos e demais gerações.[6]

As vítimas da escravização começavam a ser torturadas durante o percurso da África para o Brasil. Todos ficavam confinados em porões de navios, sem direito a ver a luz do sol, obrigados a ficar meses convivendo em um ambiente absolutamente insalubre, em que todos precisavam defecar, urinar e seguir vivendo nesse espaço, inclusive com corpos de quem não sobrevivia: cerca de um terço morria durante o trajeto. Muitos definhavam (banzo), outros cometiam suicídio e mulheres praticavam aborto (para não ver seu filhos sujeitarem-se a terrível destino anunciado).

5 Maria H. B. Paraíso, De como se obter mão-de-obra indígena na Bahia entre os séculos XVI e XVIII, *Revista de História*, n. 129-131, 1994.

6 Laurentino Gomes. *Escravidão*: do primeiro leilão de cativos em Portugal à morte de Zumbi dos Palmares, v. 1, 2019.

No Brasil, os escravizados eram separados de suas famílias e compatriotas, recebiam novos nomes, não podiam falar sua língua, praticar sua religião ou manter suas tradições culturais. O senhor sujeitava essas pessoas às piores condições de trabalho e habitação, violentando sexualmente mulheres e submetendo todos a castigos bárbaros, muitas vezes torturando-os até a morte. Esse processo desumano tinha um fim comercial: garantir o lucro dos traficantes, a riqueza dos senhores e a pujança do Estado.

No advento da chamada abolição, dois parágrafos teoricamente sepultavam o regime escravagista. Contudo, isso seguiu ocorrendo de forma ilegal, foi mascarado em outras formas de exploração de mão de obra e a exclusão racial foi consagrada com a restrição dos direitos humanos dos herdeiros desse período.

RIQUEZA EUROPEIA X EXPLORAÇÃO DE MÃO DE OBRA ESCRAVA AFRICANA

Hoje muitas pessoas têm uma profunda relação de admiração pela Europa e tudo que dela provém. O chamado Velho Mundo é um desejado destino de turismo, havendo muitos brasileiros e brasileiras que não conhecem seu país, mas dizem com grande orgulho que já estiveram na Europa. Importante entender que toda a riqueza europeia foi construída com o sangue de africanos e indígenas, na exploração de países como o Brasil e nossos vizinhos. Portugal dilapidou nossa nação.

De toda sorte, Holanda, França, Espanha, Inglaterra, Bélgica e outros tiveram — e alguns ainda têm — colônias, inclusive em nosso continente. Esses territórios foram explorados ao máximo, com o envio de suas riquezas naturais para a Europa. O ouro da América, por exemplo, segue circulando pela Europa e irrigando aquelas economias, do que se convencionou chamar "primeiro mundo".

Mas, a América, a África e muitos países da Ásia respondem pela riqueza atual europeia.

Ter essa perspectiva histórica não impede ninguém de viajar pelo Velho Mundo, nem de se admirar com sua exuberância. Mas o senso crítico é fundamental para que se tenha conhecimento do que se é e do que o outro significa, isto é, conhecer a verdadeira história do mundo e ser capaz de compreender a geopolítica atual.

14 DE MAIO: DIA MAIS DESOLADOR PARA A POPULAÇÃO NEGRA BRASILEIRA

Com o advento da abolição formal, negras e negros ficaram à margem. Não houve pelo Estado brasileiro a adoção de qualquer medida que conferisse a essas pessoas condições de realizar a transição entre a condição de escravizado e a cidadania. Assim, as mulheres continuaram exercendo sua função essencial, permanecendo no serviço doméstico.

Ademais, os terreiros de candomblé também foram espaços de resistência, acolhendo a todos, não só do ponto de vista religioso, mas também garantindo alimentação, moradia, cultura e lazer. Daí entender-se que o terreiro de candomblé é o berço, por que não dizer o útero, da resistência negra brasileira. Ele permitiu que muitas(os) de nós chegássemos até os dias atuais. Garantiu a sobrevivência da história, religiosidade, culinária e da cultura africanas trazidas para o Brasil.[7]

Enquanto a população negra era alijada das oportunidades de trabalho livre e remunerado, o Estado brasileiro inaugura essa nova forma de trabalho no país com mão de obra de imigrantes

7 Abdias Nascimento, *O genocídio do negro brasileiro:* processo de racismo mascarado, 2016.

brancos. Inicia-se, no período pós-abolição (formal), uma política de incentivo à vinda de imigrantes para o Brasil. Contudo, o perfil pretendido era muito definido. O escopo foi trazer mais pessoas brancas, especialmente europeus, já que após a abolição a maioria populacional era negra. A consequência dessa decisão de Estado foi o embranquecimento do país, obtido com a manutenção dessa política por décadas.

O Decreto-Lei nº 7.967, de 18 de setembro de 1945, previa:

> Art. 2º Atender-se-á, na admissão dos imigrantes, à necessidade de preservar e desenvolver, na composição étnica da população, as características mais convenientes da sua ascendência europeia, assim como a defesa do trabalhador nacional.

Maria Luiza Tucci Carneiro sustenta que a política de imigração brasileira era orientada pela busca do "trabalhador ideal", representação forjada em bases preconceituosas. As correntes migratórias eram admitidas, desde que assegurassem o branqueamento da população. No período do Estado Novo, para alcance de tal escopo, segundo Carneiro: "A solução estava em impedir a entrada de negros, judeus e japoneses, principalmente, de forma a não aprofundar o abismo provocado pela 'má-formação étnica' herdada do passado escravocrata e do liberalismo republicano".[8]

DA SENZALA À FAVELA

Carolina de Jesus, em sua obra, *Quarto de Despejo*, nos diz que a favela é o quarto de despejo de todos os que são pobres.[9] O avanço da

8 Maria L. T. Carneiro, A biotipia do imigrante ideal: nem negro, nem semita, nem japonês. In: Maria L. T. Carneiro; Márcia Y. Takeuchi (org.), *Imigrantes japoneses no Brasil*. Trajetória, imaginário e memória, 2010, pp. 64-96.

9 Carolina M. Jesus, *O Quarto de Despejo*: diário de uma favelada, 2014.

expansão imobiliária fez com que a população pobre e negra fosse empurrada para as periferias das cidades brasileiras. Quilombos foram destruídos em favor desse processo e, mais uma vez, nenhuma compensação por essa remoção forçada foi conferida aos pobres e negros desalojados.

Essa dinâmica, identificada por Carolina de Jesus, ocorreu em todos os estados brasileiros. Antigos quilombos foram demolidos e seus moradores despejados, para dar lugar a empreendimentos imobiliários destinados à elite. Isso nos revela que quanto mais há o avanço do processo de urbanização e a valorização de áreas mais centrais das cidades, tanto mais a população pobre e negra é deslocada para as periferias de tais regiões.

AÇÕES AFIRMATIVAS

Todos entendemos que as vítimas do trabalho escravo contemporâneo são credoras de reparação por esse crime. Contudo, a mesma razão legal não foi adotada para as vítimas da escravização em nosso país. A abolição rompe formalmente a relação de domínio de um homem pelo outro. Mas o Estado não estabelece normas que possam assegurar às vítimas da escravização condições de existir fora do regime escravocrata. Os negros não foram elevados à condição de empregados. Esse lugar foi destinado a imigrantes europeus, com subsídios que compreendiam até a destinação de terra para essa nova classe trabalhadora brasileira.

Os negros não eram empregados, tiveram o direito à terra negado por lei, assim como o direito à educação. O Estado colocou fim à escravização, em um plano legal formal, inaugurando um regime oficial de marginalização de pessoas. A expressão "resistência", invocada pelo movimento negro, está intimamente relacionada à forma como o povo negro conseguiu sobreviver após a abolição da escravatura, enfrentando um estatuto de marginalização negra no Brasil.

Nosso país chega à Constituição de 1988 plasmando direitos e liberdades fundamentais. É o momento em que os movimentos sociais exercem grande pressão para que suas realidades e reivindicações sejam consideradas. Vemos, pois, no texto da Constituição Federal, o repúdio à discriminação, o dever de promoção da igualdade, a previsão do crime de racismo e a busca da realização do princípio da justiça social.

Contudo, a chaga do crime de lesa-humanidade da escravização da população negra não foi considerada na inauguração dessa nova ordem legal, momento em que se daria a renovação do pacto social. Não se aproveitou esse importante momento de reafirmação do compromisso nacional com o regime democrático e a justiça social para o trato do grave estado de exclusão social da população negra que historicamente foi legitimado por medidas estatais. A discussão e a implementação de medidas que permitam o enfrentamento desse quadro de estruturação do racismo em nossa sociedade é a única resposta possível para a retirada dos negros da zona de marginalidade.

A herança da escravização faz-se sentir na constituição e manutenção das elites brasileiras. É inegável que a riqueza de nosso país foi construída com a exploração da força de trabalho de pessoas negras. Daí porque, por uma noção básica de justiça, para que ninguém possa se locupletar com a exploração de mão de obra escrava, as medidas de reparação e enfrentamento do racismo estrutural devem ser de responsabilidade da sociedade e, sobremaneira, do poder público. No que atina ao mundo do trabalho, isso significa que são devidas ações afirmativas, medidas de realização material do princípio da igualdade, pela administração pública e também pela iniciativa privada.

Importante destacar a atuação do Ministério Público do Trabalho no enfrentamento ao racismo no mundo do trabalho, podendo-se citar as seguintes iniciativas: 1) Projeto Nacional de Inclusão de Jovens Negras e Negros Universitários (estratégia institucional do MPT); 2) Conexão Negra (capacitação); 3) Canal Preto (sistema de redes sociais); 4) Observatório Sustentabilidade Racial (observatório de inclusão racial no trabalho); 5) Fórum Contra o Racismo (instância nacional); e 6) Movimento e Evento Afro Presença (evento anual de conscientização, capacitação e inclusão racial no trabalho)[10]. Essa referência faz-se necessária, pois demostra que as instituições têm importante papel na promoção da inclusão social da população negra e que, quando a atuação se dá pela realização de parcerias com organismos internacionais e a iniciativa privada, as ações ganham envergadura nacional e importante alcance social.

Importa sublinhar que a reserva de vagas de trabalho para pessoas negras deve ser assegurada no setor público e privado, com o entendimento de que esta é uma estratégia compreendida no conceito maior de ações afirmativas. Essa é uma reparação estatal e social tardia. Contudo, enquanto o Brasil não enfrentar o racismo estrutural e o estado de marginalização da população negra, nosso pacto social não terá validade. Não teremos um Estado Democrático de Direito, pois estaremos caminhando em sentido contrário à realização do princípio da justiça social.

10 Iniciativas coordenadas pela Procuradora do Trabalho Valdirene Silva de Assis (mulher preta), a maioria ativa desde 2018 e que pode ser acompanhada em suas redes sociais e websites próprios.

ESTELIONATÁRIOS DE SONHOS

VALTER SILVÉRIO
Professor titular do Departamento e Programa de Pós-Graduação em Sociologia da Universidade Federal de São Carlos (UFSCar). Pesquisador do CNPq e Vice-presidente do International Scientific Committee for Volume IX, X and XI of the General History of Africa - GHA - UNESCO

ACERVO PESSOAL

> Em todo o mundo [...] minorias étnicas continuam a ser desproporcionalmente pobres, desproporcionalmente afetadas pelo desemprego e desproporcionalmente menos escolarizadas que os grupos dominantes. Estão sub-representadas nas estruturas políticas e super-representadas nas prisões. Têm menos acesso a serviços de saúde de qualidade e, consequentemente, menor expectativa de vida. Estas, e outras formas de injustiça racial, são a cruel realidade do nosso tempo; mas não precisam ser inevitáveis no nosso futuro.[1]

Convém situar a transição de um sonho possível sintetizado na Carta Constitucional de 1988, na qual pela primeira vez na história do Brasil expressamos de forma plural nossas aspirações democráticas, e, enquanto país, nos encontrarmos após 30 anos em

1 Fala de Kofi Annan, ex-Secretário-Geral da ONU, em março de 2001.

meio a um grande pesadelo. Como educador e consciente do papel nuclear da política pública educacional centrada em valores morais orientados pelo princípio da sensatez, meu argumento é que a ampliação do acesso de negros e indígenas ao sistema de ensino superior público por meio de ações afirmativas (conhecidas como cotas), acompanhada por um pequeno aumento de vagas e a possibilidade projetada pelo Fundo Social do Pré-Sal, é parte constitutiva da reação conservadora que tem retomado imagens de um país que nunca existiu, ancorada no ilusionismo da chamada "democracia racial".

Dito de outra forma, a possibilidade de ampliação quantitativa e qualitativa (percentual de jovens com educação de qualidade) e de uma distribuição mais equitativa entre os grupos étnico-raciais do país, que contra todos os prognósticos pessimistas têm demonstrado o acerto da proposta, representa uma ameaça para a continuidade da profunda desigualdade entre os grupos que constituíram o país. Nesse sentido, enquanto nação, passamos de um sonho de inclusão social centrado na mobilidade educacional de nossos jovens para um estelionato de seus (e de nossos) sonhos enquanto educadores comprometidos com a mudança social.

No enfrentamento desse contexto desalentador e destruidor de perspectivas e esperanças, no qual desaparecem programas como Ciência sem Fronteiras e não se fala mais sobre o Fundo do Pré-Sal, o qual prometia 10% do PIB investido nos diferentes níveis de educação, na saúde e habitação, nos deparamos com a seguinte pergunta: Qual é o impacto desse desmonte, ou, mais precisamente, da passagem do patrimônio público (construído pela sociedade) para o setor privado (transnacionalizado) nas expectativas de formação educacional dos jovens negros, indígenas e pobres?

Entre 2001 e 2010, tivemos um ciclo de aprovações de programas de ações afirmativas, especialmente para pobres, negros e indígenas, que culminou com o reconhecimento pelo Supremo Tribunal Federal (STF) da constitucionalidade do princípio que orienta a implementação de reserva de vagas em universidades públicas para os grupos supracitados em 2012 e, posteriormente, consolidado na forma de lei nº 12711/2012.

A partir da base de dados da Pesquisa Nacional por Amostra de Domicílios Contínua (Pnad Contínua), do Instituto Brasileiro de Geografia e Estatística (IBGE), estudo de Tatiana Dias Silva[2] contabiliza que, em 2017, 22,9% de pessoas brancas com mais de 25 anos tinham curso superior completo. A proporção de negros com a mesma escolaridade era de 9,3%.

Outro levantamento, também a partir dos dados do IBGE, feito pelo site Quero Bolsa,[3] informa que — entre 2010 e 2019 — o número de alunos negros no ensino superior cresceu quase 400%. Os negros chegaram a 38,15% do total de matriculados, percentual ainda abaixo de sua representatividade no conjunto da população, de 56%.

A valorização da educação chegou também à pós-graduação. Nos últimos 12 anos, houve um aumento de 187% na concessão de bolsas de pós-graduação, segundo a Coordenação de Aperfeiçoamento de Pessoal de Nível Superior (CAPES). Somente para cursos de mestrado, as bolsas concedidas pela Capes passaram de 13 mil, em 2002, para mais de 43 mil, em 2012. Para os cursos de doutorado, a oferta passou de pouco mais de 10 mil bolsas, para mais de 27 mil, em 2012, quando foram oferecidas mais de 127 mil bolsas de pós-graduação pela Capes, em todas as modalidades.

2 Disponível em: https://agenciabrasil.ebc.com.br/geral/noticia/2020-11/cresce-total-de-negros-em-universidades-mas-acesso-e-desigual. Acesso em: 1 set. 2022.
3 Disponível em: https://querobolsa.com.br/revista/cotas-raciais-o-que-mudou-na-decada-da-lei-de-cotas. Acesso em: 1 set. 2022.

O DESMONTE EM MEIO À PANDEMIA[4]

De acordo com as projeções do Instituto Nacional de Estudos e Pesquisas Educacionais Anísio Teixeira (INEP-MEC),[5] em 2019, os gastos com educação deveriam representar algo em torno de 6,87% do PIB (mas não passamos dos 5,6% em 2019) e em 2024 devem chegar a 7,6% (o que está muito distante dos 10% projetados com o Fundo do Pré-Sal). Para complicar um pouco mais, o Senado aprovou, em novembro de 2018, um projeto que permite o redirecionamento de parte das verbas do fundo social, garantidas para a educação e saúde, para um Fundo de Expansão dos Gasodutos — ainda a ser criado — e para os Fundos de Participação dos Estados e Municípios (FPE e FPM). Esse projeto tramitou, em 2019, na Câmara de Deputados, em regime de urgência. De acordo com o texto, 20% do produto da comercialização de petróleo, de gás natural e de outros hidrocarbonetos fluidos da União passarão a ser destinados ao novo Fundo e outros 30% ao FPE e FPM. O Fundo Social, que antes contava com 100% desses recursos, passaria a receber apenas 50% a partir da aprovação do projeto. Esse desvio da verba anteriormente garantida, que já se concretizou, poderá dificultar ainda mais a implementação, ou pelo menos uma aproximação, da meta estabelecida no PNE 2014-2024.

O que está transformando-se em uma triste realidade é a aprovação pela Câmara, no dia 26/06/2019, do Projeto de Lei

4 A Organização Mundial da Saúde (OMS) declarou, em 30 de janeiro de 2020 que o surto da doença causada pelo novo coronavírus SARS-CoV-2, a Covid-19, constitui uma emergência de saúde pública de importância internacional, o mais alto nível de alerta da Organização, conforme previsto no Regulamento Sanitário Internacional. Em 11 de março de 2020, a Covid-19 foi caracterizada pela OMS como uma pandemia. Disponível em: https://www.prefeitura.sp.gov.br/cidade/secretarias/saude/vigilancia_em_saude/doencas_e_agravos/coronavirus/index.php?p=291766. Acesso em: 1 set. 2022.

5 Disponível em: https://download.inep.gov.br/acoes_internacionais/eag/documentos/2019/Panorama_da_Educacao_2019.pdf. Acesso em: 1 set. 2022.

10.985/2018,[6] que determina a criação de um fundo para financiar a expansão da rede de gasodutos de transporte e escoamento de gás natural. O texto já foi aprovado pelo Senado,[7] mas sofreu modificações e voltou para análise dos senadores.

> O projeto altera a Lei 12.351, de 2010,[8] que determina, no artigo 46, que toda a receita "advinda da comercialização de petróleo, de gás natural e de outros hidrocarbonetos fluidos da União" seria destinada ao Fundo Social — destinado a programas nas áreas de combate à pobreza, como educação, cultura e saúde pública.[9]

Pelo novo texto, os recursos passam a ser divididos da seguinte maneira: 30% dos recursos continuarão no Fundo Social; 20% ficam com o Brasduto; 30% com Estados e municípios para investirem em educação e saúde; e outros 20% com a União, para aplicar nas mesmas áreas. De acordo com os próprios técnicos da Câmara, serão retirados R$ 16 bilhões de programas sociais para custear a produção de dutos nos próximos dez anos.

Dito de outro modo, nós nos encontramos em meio a um ataque que retira definitivamente a educação, em seus diferentes níveis e modalidades, do centro de um projeto de democratização da sociedade brasileira que colocava como possibilidade a ampliação de oportunidades para crianças e jovens, negros, indígenas e pobres, criando um novo horizonte de expectativas.

6 Disponível em: https://www.camara.leg.br/proposicoesWeb/fichadetramitacao?idProposicao=2186621. Acesso em: 1 set. 2022.

7 Disponível em: https://www.poder360.com.br/congresso/senado-aprova-criacao-de-fundo-para-expansao-de-gasodutos/. Acesso em: 1 set. 2022.

8 Disponível em: http://www.planalto.gov.br/ccivil_03/_Ato2007-2010/2010/Lei/L12351.htm. Acesso em: 1 set. 2022.

9 Marlla Sabino. *Câmara aprova criação de fundo para expandir gasodutos*. Poder 360, 2019. Disponível em: https://www.poder360.com.br/congresso/camara-aprova-criacao-de-fundo-para-expandir-gasodutos/. Acesso em: 1 set. 2022.

No meu entender, o desvio legalizado de recursos da educação, em vista das aprovações do Congresso Nacional (Câmara e Senado), para criação de infraestrutura que viabilize a exploração de petróleo, gás etc., para atrair o capital estrangeiro (ou nacional), pouco importa, é coetânea com o aparecimento da proposta governamental, que teve seu início com o Future-se e chegou atualmente no corte de bolsas e de recursos para a política pública educacional.

Os projetos do atual governo, quaisquer sejam suas modificações e versões, são programas que invertem a lógica de tratamento da educação como investimento nas novas gerações de crianças e jovens brasileiros de todas as classes sociais, gêneros e cores para vê-los como gasto e espaço de veiculação ideológica. Isto é, as crianças e jovens brasileiros em geral, em especial os negros, indígenas e pobres, estão condenados a não sonharem com um futuro promissor e democrático. Tanto é assim que:

1. Não sabemos mais se as 20 metas do Plano Nacional de Educação serão cumpridas até 2023, tratando desde formas de acesso na educação infantil, passando pelo ensino superior e chegando à qualificação e valorização dos professores;
2. A meta de sair dos 5,3%, em 2012, passando a investir o equivalente a 10% do PIB em educação, como vimos anteriormente pelas aprovações do Congresso Nacional, pode estar comprometida;
3. A permanência de todos os jovens que entraram nas universidades públicas pelas cotas está profundamente comprometida, e as desistências e interrupções aumentam cotidianamente, frente a ausência de qualquer programa de emergência;
4. A pandemia aprofundou a desigualdade social, aumentando o número de pessoas em situação de extrema pobreza, segundo dados do Cadastro Único para programas sociais (CadÚnico). Em março de 2020, início da pandemia no Brasil, havia cerca

de 13,5 milhões de pessoas nessa condição, contingente que, em março deste ano, havia aumentado em 784 mil pessoas, o que representa um crescimento de 5,8%. Destaca-se, ainda, que o número de pessoas na extrema pobreza já havia aumentado entre 2019 e 2020, portanto antes da pandemia, em 3,0%. Isto é, entre o início de 2019 e o início de 2021, quase 1,2 milhão de pessoas ingressaram na extrema pobreza no Brasil, o que corresponde a um aumento de 9,0%.

Assim, na sequência do impeachment da presidenta Dilma, observamos três dinâmicas destrutivas dos sonhos das juventudes pobre, negra e indígena no Brasil: a não consolidação do Fundo do Pré-Sal voltado para políticas públicas de educação, saúde e habitação; a crescente diminuição de recursos destinados à manutenção do sistema federal de ensino; e cortes sistemáticos no orçamento do ministério da educação agravados no último período pela pandemia.

Com base nos dados divulgados pelo jornal *O Globo* e a revista *Carta Capital*, os impactos visíveis são os seguintes:

1. A primeira queda de matrículas nas universidades federais brasileiras desde 1990. No período entre 2019 e 2020, o número de estudantes que entraram caiu de 1,3 milhão para 1,2 milhão. Ao lado da diminuição de matrículas, também se sobressaíram os trancamentos. Segundo dados levantados pelo jornal *O Globo*, citados na revista *Carta Capital*,[10] cerca de 270 mil estudantes suspenderam a graduação por tempo indeterminado no período da pesquisa.

10 Disponível em: https://www.cartacapital.com.br/educacao/apos-30-anos-em-alta-matriculas-em-universidades-federais-caem-pela-primeira-vez/. Acesso em: 1 set. 2022.

2. A queda de matrículas é, em parte, explicada pela queda dos investimentos nas instituições. No mesmo período, as federais receberam apenas R$ 5,7 bilhões para despesas essenciais, como água, luz, segurança e limpeza. A título de comparação: em 2011, foram destinados a essas mesmas despesas R$ 12 bilhões.
3. A verba aplicada para o auxílio permanência, que envolve custos com transporte, alimentação e moradia dos estudantes, inclusive os cotistas, diminuiu de R$ 213 milhões para R$ 197 milhões. Esse foi o menor valor desde 2015 e o número de alunos com algum tipo de apoio social também despencou, passando de 311.246 para 233.029, o menor desde 2014.

Assim, a mensagem que nos deixaram nos 200 anos da independência do país é a seguinte: se nós enquanto grupo não construirmos estratégias no âmbito da política e da economia para assegurarmos o direito à educação com qualidade, ao exercício das práticas culturais com liberdade e com condições de moradia e saúde adequadas ao bem viver, ninguém fará por nós.

#FIQUE E LUTE/TAMOS JUNTOS

INDEPENDÊNCIA SEM ESCRAVIDÃO: COMO SERIA?

ZÉLIA AMADOR DE DEUS

ACERVO PESSOAL

É professora emérita da Universidade Federal do Pará (UFPA), militante do Movimento Negro, cofundadora do Centro de Estudos do Negro do Pará (CEDENPA), membro do Grupo de Trabalho Interministerial de Valorização da População Negra, cofundadora do Grupo de Estudos Afroamazônicos do Pará (GEAM), doutora em Ciências Sociais, atriz e diretora de teatro, ex-vice-reitora da UFPA, pesquisadora das relações étnico-raciais, ex-Presidente da Associação Brasileira de Pesquisadoras e Pesquisadores Negros. Foi premiada, 2019, na XXII Feira Pan-Amazônica do Livro e das Multivozes, com a publicação da obra "Ananse tecendo teias na Diáspora: uma narrativa de resistência e luta das herdeiras e dos herdeiros de Ananse". Publicou, em 2020, pela Editora Autêntica, a obra "Caminhos trilhados na luta antirracista". Foi tema na dissertação defendida por Ceci Bandeira, no Programa de Pós-Graduação em Artes da UFPA, intitulada "Zélia Amador, uma atriz da Diáspora Negra". Foi tema do curta-metragem, dirigido por Glauco Melo e Ismael Machado, "Amador, Zélia" (2021).

A democracia racial que se supõe existir no Brasil, cuidadosamente urdida pelas elites brancas e laboriosamente inscrita e arraigada no imaginário social, foi, provavelmente, um dos mais poderosos mecanismos de dominação ideológica já produzidos no mundo, inclusive com a colaboração de eminentes cientistas sociais.

Apesar de toda a crítica que vem sendo feita, desde o final da década de 1970, pelo movimento negro brasileiro, essa crença na democracia racial, embora abalada, continua presente no senso comum da sociedade brasileira. Então, permanece atual. Por meio desse mecanismo, ressalto o aludido caráter miscigenante e miscigenado da sociedade brasileira: "somos um povo mestiço, misturado, tolerante, aberto aos contatos inter-raciais".

No fim do século 18 (por volta de 1790), o abolicionismo tenta chamar a atenção do mundo para os horrores da escravidão do povo negro. Alguns abolicionistas chegam a desenvolver uma ideia quase humanística dos escravizados. Em contrapartida, os defensores do trabalho dos escravizados o faziam com base no direito de propriedade que lhes concedia o aval de continuar tirando proveito do trabalho de "peças" que, por direito, lhes pertencia. Nesse sentido, há uma relação direta entre o avanço dos movimentos abolicionistas e o desenvolvimento das teorias racistas, pois a aplicação do raciocínio científico para a compreensão de raça e do surgimento das tipologias raciais ocorreu a partir de 1790.

A cor da pele branca foi imbuída de novos significados como instrumento de controle. A crença na superioridade dos brancos era comprovada na prática, pois os europeus dominavam, naquele momento, grande parte do mundo. É nesse período que se inventa o conceito de "brancura" ou de "branquidade", que significava superioridade. A ausência da qualidade de "brancura" ou de "branquidade" passou a implicar inferioridade.

Aqui, faço uma pequena digressão para destacar que, se houve um abolicionismo do ponto de vista do branco, houve também a sua contraparte que, se não propriamente um abolicionismo da parte dos escravizados, foi um conjunto de ações em busca de liberdade. A formação de quilombos é uma dessas ações que, a despeito do desmantelamento pelo uso da força, como no caso do quilombo de Palmares, não deixaram de acontecer em todo o território colonial. Inúmeros mocambos no Pará, por exemplo, datam desse período.[1]

A ABOLIÇÃO NECESSÁRIA

O pensamento abolicionista, como toda doutrina reformadora no Brasil, nasceu do liberalismo europeu do século 19, que, na Europa, contou com o suporte da Revolução Industrial. A urbanização acelerada e o crescimento econômico propiciaram mudanças que se tornaram possíveis pela aplicação da ciência e da tecnologia. Entretanto, o liberalismo, no Brasil, surgiu como resultado de tendências, de ideias desprovidas do respaldo de qualquer mudança econômica mais profunda.[2]

Após o fim do tráfico, com o corte de suprimento de africanos — embora o tráfico clandestino permaneça por algum tempo — e com as inúmeras alforrias, é natural que a população servil, aos poucos, fosse decrescendo. Dessa forma, houve certa reorganização interna e a escravatura deixou de ser, por um tempo, uma questão política. Silêncio sobre a questão. Sai da cena a população negra. A grande tônica passa a ser a invisibilidade.

Um manifesto de abolicionistas franceses foi enviado por carta a D. Pedro II.[3] O referido documento, dirigido ao imperador, solicitava que exercesse sua autoridade para acabar com a escravidão.

1 Vicente Salles, *O Negro no Pará, sob o regime da escravidão*, 1971.
2 Roberto Schwartz, *Um mestre na periferia do capitalismo*: Machado de Assis, 2000.
3 Thomas E. Skidmore, *Preto no branco:* raça e nacionalidade no pensamento brasileiro, 1925.

Em resposta ao grupo, o imperador assumiu o compromisso, e esse é o primeiro compromisso formal de abolição de um sistema que vai entrando em falência, cuja derrocada será apenas uma questão de tempo.

ABOLE-SE A ESCRAVIDÃO. BRANQUEIA-SE A SOCIEDADE. OS AFRICANOS E "CRIOULOS" VIRAM NEGROS

O que pensavam os abolicionistas brancos sobre a questão de raça?

Os abolicionistas brancos, via de regra, eram intelectuais com formação na Europa,[4] portanto, eram conhecedores das teorias racistas engendradas naquele continente ou na América do Norte. A escravidão impunha limites epistemológicos para o desenvolvimento pleno do país. No que diz respeito aos rumos que o desenvolvimento do país devia seguir, a população negra não era levada em consideração.

Significa que os escravizados (população negra) ficam fora de cena por não fazerem parte da preocupação das elites. Essa situação só vai se modificar com o advento do movimento abolicionista, que traz à cena os negros — não para defendê-los, mas para evidenciar que a convivência próxima com a raça negra degenera e corrompe a raça branca.

A ordem, portanto, era injetar o "sangue branco" e cada vez mais branquear a população. Imbuídos dessas ideias, ao mesmo tempo em que clamam pelo fim da escravidão, os abolicionistas, intelectuais pertencentes à elite urbana, começam a pensar no *branqueamento* do Brasil,[5] pois acreditam na supremacia da raça branca.

4 Monserrat Gobineau, *Nacionalismo:* o estado nacional e o nacionalismo no século XX, 1997.

5 Célia M. de Azevedo, *Onda negra, medo branco:* o negro no imaginário das elites do século XIX, 2004; Thomas E. Skidmore, *Preto no branco:* raça e nacionalidade no pensamento brasileiro, 1976.

Raríssimas vezes de forma direta, como se pode observar nas palavras de Joaquim Nabuco, em 1883, ao se referir ao que desejavam os abolicionistas: "um país em que, atraída pela fraqueza de nossas instituições e pela liberdade de nosso regime, a imigração europeia traga sem cessar para os trópicos uma corrente de sangue caucásico vivaz enérgico e sadio, que possamos absorver sem perigo".[6]

Logo, a crença na democracia racial foi construída em conjunto com o ideal de branqueamento da sociedade. E a crença vai sendo estimulada na medida em que alguns mulatos ascendem, o que serve para comprovar a tese de que o Brasil seria uma sociedade multirracial e que, ao contrário dos Estados Unidos da América, não possuía barreira de cor institucionalizada.

No entanto, o que não é dito é que a população negra estaria fadada à extinção pelo processo de "branqueamento", via miscigenação.

BRANQUEAMENTO

O desejo de branqueamento da população brasileira possui assente na história do país, desde o Brasil colônia. O catolicismo, que se impunha como a religião "civilizadora", já trazia consigo valores positivos associados à cor branca e, em contrapartida, valores negativos associados à cor negra. A cor branca era ligada à pureza, à bondade divina, enquanto a cor preta era ligada ao pecado, ao mal, às trevas.

PROCESSO DE BRANQUEAMENTO

Embora o branqueamento só tenha se tornado um paradigma no século 19, a transformação do negro em branco ou o processo de

6 Joaquim Nabuco, *O abolicionismo*, 1999, p. 14.

branqueamento, como observa Andréas Hofbauer, "*é um ideário que tem acompanhado, desde seus primórdios, a história do Brasil*".[7]

No campo racial, o projeto era transformar o branqueamento em política de Estado.

Nessa perspectiva, o debate sobre o processo de branqueamento adquire certo consenso entre as elites dominantes e os letrados, muitos deles, inclusive, antiescravagistas. Para que a nação cresça, o negro tem que desaparecer, disso depende o desenvolvimento social e econômico do país, e mais.

Manuela Carneiro da Cunha[8] registra, em sua obra *Negros, Estrangeiros: ou os escravos libertos e sua volta à África,* que Frederico Leopoldo César Burlamaque, diretor do Museu Nacional em meados do século 19, defendia que os africanos libertos ou escravizados fossem, após serem substituídos por trabalhadores livres de raça branca, mandados de volta para qualquer lugar da África, pois eram "pragas".

José Júlio Chiavenato afirma que, em alguma medida, a participação do negro na guerra do Paraguai contribuiu para o processo de branqueamento do Brasil: "De forma programada ou não — mas com o uso consciente do negro como bucha de canhão, refletindo a ideologia da época — a guerra do Paraguai serviu para arianizar o império, fazendo cair a população negra em 57% imediatamente após a guerra".[9]

Discursos de natureza eugênica serão engendrados em solo europeu sobretudo após a publicação, em 1859, de *A origem das espécies*, de Charles Darwin. Tais discursos, mesmo que desenvolvidos

7 Andreas Hofbauer, *Uma história de branqueamento ou o negro em questão*. Tese de Doutorado em Antropologia, Faculdade de Filosofia, Letras e Ciências Humanas, Universidade de São Paulo, 1999, p. 158.

8 Manuela C. da Cunha, *Negros, estrangeiros:* ou os escravos libertos e sua volta à África, 1985.

9 Júlio J. Chiavenato, *O negro no Brasil:* da senzala à guerra do Paraguai, 1986, p. 184.

em outros solos, no brasileiro sempre encontram eco e justificam, internamente, a obsessão pela "brancura" com tudo e por tudo que ela pode representar como elemento de superioridade.

Após a abolição, o ideário de arianização permanece vivo e continua a dialogar com propostas eugênicas advindas de outros lugares. Pietra Diwan[10] recupera a história da eugenia no Brasil e no mundo, chamando a atenção para a existência de ideólogos da eugenia em solo brasileiro até o período pós-segunda guerra mundial, quando, após os horrores do holocausto, o tema se transforma em tabu.

Logo, a branquidade adquire *status* de superioridade e valor civilizatório de grande monta, pois conta com a crença dos formadores de opinião e se dissemina cristalizando-se nos corações e mentes dos brasileiros. Se a superioridade reside na "brancura", em contraparte, o fato de ser negro traz consigo uma carga de inferioridade. Os negros estão longe de tudo o que se pode pensar de humano e muito próximos dos animais:

> Sabem todos o que é o amor entre os escravos: a condição desnaturada desses exilados da sociedade, desses homens reduzidos a coisas, [...] materializa neles sempre o amor. Sem o socorro da poesia dos sentimentos que alimenta o coração e o transporta a regiões dos sonhos que se banham nas esperanças de santos e suaves laços, os escravos só se deixam arrebatar pelo instinto animal, que por isso mesmo, os impele mais violento.[11]

Os esforços para embranquecer o Brasil via imigração foram muitos. Thomas Skidmore[12] assinala que, até o início do século 20, os republicanos continuavam a campanha para atrair imigrantes.

10 Pietra Diwan, *Raça pura:* uma história da eugenia no Brasil e no mundo, 2007.
11 Joaquim M. Macedo, *As vítimas algozes:* quadros da escravidão, 1991, p. 42.
12 Thomas E. Skidmore, *op. cit.*

MESTIÇAGEM

Kabengele Munanga, em *Rediscutindo a Mestiçagem no Brasil: identidade nacional versus identidade negra* afirma que "a mestiçagem do ponto de vista populacionista é um fenômeno universal, concebida como uma troca de genes de intensidade mais ou menos contrastada biologicamente".[13]

Entretanto, nas Américas, quando da colonização europeia, o fenômeno biológico da mestiçagem adquire uma conotação raciológica capaz de transformar o simples fenômeno biológico numa ideologia fundada na hierarquização social, pois, conforme Kabengele Munanga, a abordagem raciológica irá ter como centro de interesse, sobretudo, a mestiçagem das consideradas *grandes raças*,[14] *a priori*.

MISCIGENAÇÃO NO BRASIL

A literatura especializada dá conta de que a mestiçagem, do ponto de vista biológico, acompanha a colonização nas Américas desde o início e no Brasil não foi diferente. Num primeiro momento, é a mulher indígena a ser utilizada para satisfazer as necessidades sexuais dos colonos portugueses. Tal fato, inclusive, faz parte do senso comum que o naturalizou, considerando-o como inevitável, posto que não houvesse a presença de mulheres europeias.

Embora não seja este o propósito deste ensaio, importa dizer, para concluir esta breve digressão, que a proposta de identidade nacional, subjacente no período romântico, traz o indígena idealizado para a cena e deixa os negros fora dela. Retomando a questão da mestiçagem com relação aos africanos escravizados, devo dizer que, da mesma maneira que o colono português utilizou sexual-

13 Kabengele Munanga, *Rediscutindo a mestiçagem no Brasil*: identidade nacional versus identidade negra, 1999, p. 17.
14 *Ibidem*, p. 17.

mente das mulheres nativas, também "usou e abusou" sexualmente das mulheres africanas escravizadas.

Abdias Nascimento fala da mestiçagem como uma estratégia do Estado brasileiro que se configura na prática do genocídio negro, pois a mestiçagem acompanhada por uma aculturação profunda leva à desagregação da população de origem africana. Por esse motivo, ele afirma: "a miscigenação, em vez de ser consequência natural do encontro de dois indivíduos, torna-se uma relação etnocida, um ato de barbárie".[15]

Nessa perspectiva, Giralda Seyferth[16] assinala que, quando do debate sobre a colonização imigrantista, no império, para preencher os "vazios demográficos", especialmente no Sul, e também por causa das disputas territoriais com o Uruguai e a Argentina, o debate é centrado sobre qual europeu escolher. A escolha acaba recaindo nos alemães, tomados como exemplos de "colonos disciplinados", em virtude das primeiras experiências bem-sucedidas no Rio Grande do Sul e Santa Catarina. Emília Vioti, no mesmo rastro, demonstra que, em São Paulo, "*à época da transição do trabalho escravo para o trabalho livre, no mercado de trabalho, os responsáveis pela dinamização produtiva em diversos níveis eram os negros e mestiços escravizados ou livres que exerciam os mais diversos ofícios*".[17] Não é necessário dizer que esses ofícios, mais tarde, serão exercidos pelos imigrantes.

Com efeito, retomando a linha do embranquecimento, importa ressaltar que as portas brasileiras não se encontravam abertas para todo e qualquer imigrante. Apenas imigrantes europeus,

15 Abdias Nascimento, *O genocídio do negro:* processo de um racismo mascarado, 1978, p. 198.

16 Giralda Seyferth, Os paradoxos da miscigenação: observações sobre o tema imigração e raça no Brasil. *Estudos Afro-Asiáticos*, n. 20, 1991.

17 Emília Vioti, *Da senzala à colônia*, 1989, p. 45.

brancos superiores. Desse modo, qualquer grupo de outra "raça", seria recusado.

Nessa linha de raciocínio, o desejo de embranquecer permaneceu em cena, apenas modificaram-se as estratégias, que vão desde as mais explícitas até as implícitas, consideradas sutis e, porque não dizer, "cordiais" — adjetivo de preferência do brasileiro branco para se referir ao racismo brasileiro. Dentre as manifestações mais explícitas se tem como exemplo a obra *O Presidente Negro - O choque das raças*, de Monteiro Lobato, publicada em 1926. Nessa obra, que tem como subtítulo *Romance americano do ano 2228*, Monteiro Lobato chega ao extremo de prever o futuro destino funesto da população negra. Por outro lado, não dá para minimizar o papel importante que a literatura exerce como instrumento de formação da nacionalidade e Monteiro Lobato o faz com exímia maestria.

Thomas Skidmore[18] chama atenção para o fato de o Brasil ter sido o único país da América Latina a declarar guerra às potências centrais da Tríplice Aliança, durante a Primeira Guerra Mundial. O resultado desse feito é o estabelecimento de uma estreita amizade com os Estados Unidos. E mais, o governo brasileiro foi convidado a enviar uma delegação à Conferência da Paz de Paris.

Do ponto de vista literário, a fermentação desembocará na mudança de foco de uma produção artística ainda muito presa a cânones artísticos anacrônicos e obsoletos. Calcadas em modelos europeus, a produção artístico-cultural não correspondia ao que deveria ser a produção de um país que se queria moderno e inserido na condição de líder econômico, no contexto político latino-americano.

Nessa perspectiva, a visão estética do modernismo romperá com cânones tradicionais, engessados pelo rigor gramatical. Os modernistas abraçarão o "movimento futurista" que acreditavam

18 Thomas E. Skidmore, *op. cit.*

estar mais de acordo com o ritmo dinâmico da vida moderna. A nova estética, fundada no impulso e na simultaneidade, decerto responderá melhor ao dinamismo imposto pela modernidade.

No que diz respeito ao povo, a reabilitação do mestiço passa a ser a meta. Entretanto, esse mestiço deverá passar por um processo de cura dos males do corpo e dos males do espírito; deverá ser higienizado e devidamente educado; deverá, por mimetização, se aproximar do branco.

Do processo de higienização por que terá que passar o mestiço, Monteiro Lobato será o grande ideólogo. Aqui a referência pode ser identificada no personagem, conhecido por muitos brasileiros, *Jeca Tatu*.

O cenário, então, está pronto para receber Gilberto Freyre, o mais refinado intérprete do "mito da democracia racial".

CONSOLIDAÇÃO DO MITO DA DEMOCRACIA RACIAL

Com Gilberto Freyre, em *Casa Grande & Senzala*, obra publicada em 1933, acontecerá o estratégico deslocamento de raça para cultura. Essa obra foi construída para explicar a questão racial brasileira, reduzindo toda e qualquer possibilidade de conflito.

Sem perder de vista o foco principal de sua tese — A Casa Grande e o patriarcado brasileiro —, Gilberto Freyre elabora sua trama, não apenas sua, mas de toda uma geração das elites brasileiras incomodadas com os entraves que raça e clima representavam ao desenvolvimento do país.

A branquidade brasileira tem uma história. Não se trata de algo novo. A história da branquidade no Brasil se explica muito mais pelo silêncio. Silêncio que, na maioria das vezes, só se rompe em situações-limite. É a branquidade que justifica o bordão "aqui ninguém é branco!", dito e repetido sem a menor cerimônia.

Desde a tese do branqueamento, ao "pé na cozinha" ou na "senzala" ao nosso "jeito tropical de ser", passando pela metáfora do antropofagismo do modernismo brasileiro, ao devorar os padrões culturais da Europa, a matriz e nutriz do *ethos* de um projeto de nação, que, embora quase nunca pronuncie abertamente, sempre se quis, e ainda se quer, branca.

O discurso assume várias formas!

Encerro este pequeno ensaio afirmando que a meta do Estado brasileiro sempre foi a de fazer a população negra sumir, não apenas fisicamente, mas também simbolicamente, com todas as suas histórias e memórias, o que justifica o dizer da escritora afro-brasileira Conceição Evaristo: *Eles combinaram de nos matar, mas nós combinamos de não morrer.*[19] E, assim, continuamos resistindo e, embora nossos jovens Negros sejam mortos ou encarcerados com frequência, nossa incessante luta há de criar o tempo negro. Um tempo livre do racismo e da discriminação racial.

19 Rangel F. F. Nascimento, *Eles combinaram de nos matar e nós combinamos de não morrer: possibilidades insurgentes das diásporas* [Anais]. In: Grupo de Pesquisa em Sexualidade, Cultura e Entretenimento (Sexent) da UFMG. VI Seminário Discente da UFMG - PPGS, FAFICH, UFMG, 2021, s/p.

UM NOVO ACORDO PARA A EQUIDADE RACIAL NO BRASIL

HELIO SANTOS

Professor, ativista e doutor em administração pela FEA-USP. Foi o presidente-fundador do Conselho da Comunidade Negra de São Paulo em 1984. Coordenou o Grupo Interministerial de Valorização da População Negra no âmbito federal (1996/2001). Foi presidente do Conselho do Fundo Baobá e atualmente preside o Conselho Deliberativo da Oxfam Brasil e do CEDRA — Centro de Estudos e Dados sobre Desigualdades Raciais.

ACERVO PESSOAL

A celebração dos duzentos anos da Independência do Brasil não deve ocorrer sem uma honesta autocrítica das injustiças acumuladas contra a maioria de sua população, bem como não deve prescindir de um consistente posicionamento de ajuste de conduta para o futuro, no sentido de impulsionar o nosso país para um novo patamar civilizatório, ante o nosso ethos de baixa intensidade no campo da cidadania.

A EXCLUSÃO DA POPULAÇÃO NEGRA COMO ESTRATÉGIA DE DESENVOLVIMENTO

Após o fim do escravismo, teve-se reparação — esta, sim — às avessas, com o aumento e a disseminação das brigadas (as atuais polícias militares estaduais) que se instalaram como estratégia ostensiva às hordas de pessoas desempregadas e soltas pelas ruas, resultantes daquela Abolição covarde e com intenções genocidas.[1] Em paralelo, o Decreto 528 de 1890, editado sete meses após a Proclamação da República e cerca de dois anos após o fim da escravidão, dispunha "sobre o serviço de introdução e localização dos imigrantes", instrumento em que o estado brasileiro escancarava o olímpico desprezo pelos recém-libertos. Aquela decisão política evidenciava que destino a jovem república projetava para a população negra e reiterava o papel excludente já cumprido quando da proclamação da Independência.

Assim, Deodoro da Fonseca, como chefe do ainda governo provisório da República, propunha na introdução do citado decreto quatro *considerandos*, dos quais destaco os dois primeiros, a seguir:

> Considerando a conveniencia de regularisar o serviço da immigração na Republica, **de modo que os imigrantes tenham segura garantia da effectividade dos auxílios que lhes forem promettidos** para o seu estabelecimento;
> Considerando que da adopção de medidas adequadas e tendentes a demonstrar **o empenho e as intenções do Governo**, relativamente á immigração, depende o desenvolvimento da corrente immigratoria e a segura applicação dos subsídios destinados áquelle serviço, ao qual se acha **intimamente ligado o progresso da Nação**; ... (Grifos nossos)

1 Helio Santos, *A busca de um caminho para o Brasil*: a trilha do círculo vicioso, 2001.

Ao contrário da enxuta lei da Abolição, o Decreto 528/1890 exibia — em seus quatro *considerandos*, oito capítulos e 43 detalhados e bem redigidos artigos (diversos deles citando cifras monetárias) —, um desenho estratégico para potencializar as etnias europeias que aportaram ao Brasil no início da República. Definia-se ali para quem se destinava o progresso, como bem acentuado nos *considerandos* de Deodoro da Fonseca. Para explicitar melhor a essência daquela decisão importante para o projeto de País que se arquitetava, vale a pena transcrever os artigos 16 e 18, que seguem nessa ordem:

> As companhias de navegação, que houverem transportado durante o anno 10.000 immigrantes pelo menos, sem que tenha **havido reclamação alguma** a respeito das bagagens e **do tratamento dado aos mesmos immigrantes**, terão direito a um premio de 100.000 francos.
>
> Os governadores tomarão as medidas necessárias no **intuito de proteger os immigrantes morigerados e laboriosos**, contra qualquer especulação nos respectivos Estados. (Grifos nossos)

O registro desse esforço para bem receber os recém-chegados imigrantes europeus é uma "pérola", que revela a diferença entre o tratamento dispensado a esse grupo e àquele dado aos sequestrados, trazidos nos navios negreiros. Aliás, tais navios eram apelidados de *tumbeiros* (de tumba) e se estima que ocorria uma perda de pelo menos 10% da "carga humana", visto que as pessoas não resistiam aos maus-tratos, restando-lhes, assim, o mar como sepultura. Fato que, reiterado ao longo de séculos do tráfico, terminou por alterar o comportamento dos cardumes de tubarões no oceano Atlântico.[2]

2 Laurentino Gomes, *Escravidão*, v. 1, 2019.

BENESSES PARA OS RECÉM-CHEGADOS EUROPEUS, TACANHO PENAL PARA OS NEGROS

Exatos quatro meses após editar o decreto que projetava a estratégia de fortalecimento das etnias europeias recém-chegadas, e ante o absoluto silêncio do Estado sobre o destino da população negra, o mesmo Deodoro da Fonseca propõe desta feita o novo Código Penal, pelo Decreto 847 de 1890. O capítulo 13 daquele instrumento legal é um primor de estupidez, racismo e desprezo, evidenciando a vocação de um projeto perpetrado para excluir a população negra. O dispositivo tem como título *Dos vadios e capoeiras*. Na contramão daquilo que deveria ser feito, a República Brasileira em seu nascedouro punia a população negra, tida como "vadia". Era "vadia" porque não tinha emprego, uma massa de ex-excravizados "liberta", sem direitos, sem identidade, sem endereço, sem nada. Às etnias europeias prometia-se a certeza de ocupação, proteção e acolhimento; quanto aos negros, revelava-se a vontade férrea do Estado em se eximir de qualquer responsabilidade. Não foi apresentada uma proposta sequer que pudesse inclui-los na promessa de nação que a República pretendia cumprir. Basicamente, se exigia o seguinte: aquele ou aquela que não tivesse uma ocupação que lhe possibilitasse "meios de subsistência e domicílio certo" cumpriria uma pena de prisão por 15 a 30 dias. A pena continha ainda a obrigação do "vadio ou vagabundo" assinar um termo em que se comprometia a obter uma ocupação/emprego em até 15 dias após sair da cadeia. Não conseguindo o emprego, a reclusão seria de um a três anos.

No pós-Abolição, a presença do negro, estigmatizada por três séculos e meio de escravismo, prostituía as relações de trabalho livre[3] e por isso era muito difícil para os homens negros conseguirem em-

3 Helio Santos, *op. cit.*

prego.[4] No fim do século 19, a capoeira era tenazmente perseguida e estigmatizada por um incrível arsenal contra a população negra, massacrada em todos os aspectos em que a vida fluía, inclusive no lazer. Praticar a "capoeiragem" resultava em pena "de prisão cellular por dous a seis mezes". A situação era agravada se a atividade fosse em grupo, ali denominado "malta". Os líderes das rodas de capoeira recebiam pena em dobro. Para que não restasse dúvida sobre as intenções de extinguir a capoeira, havendo reincidência a pena seria de um a três anos de prisão. Tudo isso evidenciava o interesse do Estado em desmantelar vestígios da negritude, tentativa que, como somos testemunhas, resultou num retumbante fracasso. A capoeira é hoje reconhecida como um orgulho nacional, sendo praticada em mais de 150 países do mundo. Trata-se de uma relevante marca da capacidade afro-brasileira de mesclar a prática de exercício físico com a arte — algo que encanta e seduz a povos de todo o mundo.

A COVARDIA COMO PEÇA-CHAVE DO PROJETO DE NAÇÃO

Vinte e um anos depois, o Estado brasileiro, pouco satisfeito com os efeitos produzidos pelo Decreto 528/1890 em manter os imigrantes no país, foi um pouco além. Desta feita com a instituição do Decreto 9081, de 1911, que regulamentou o "Serviço de Povoamento", como era chamada a estratégia de instalação das diversas etnias europeias que aqui aportaram — Hermes da Fonseca era o presidente.

Precisei de um fôlego que não costumo ter para visitar os 26 capítulos em que se distribuem 277 bem articulados artigos; alguns

4 Esse quadro era diferente para as mulheres a quem se ofertava os trabalhos domésticos, que por terem essa marca original foram os últimos no Brasil a serem reconhecidos pela legislação trabalhista como dignos dos mesmos direitos que as demais ocupações; o que só veio a ocorrer muito recentemente, em pleno século 21.

deles com diversos incisos e parágrafos. Para se ter um parâmetro comparativo, a Constituição Federal de 1988 tem 250 artigos. Aquele decreto é uma legítima obra-prima como modelo de política de integração e desenvolvimento de populações, naquele caso específico para os imigrantes europeus no mundo do Atlântico Sul. Vejamos: dentre vários aspectos, os artigos cuidavam da fundação de núcleos de imigrantes com toda a infraestrutura necessária — tudo por conta do Estado. Focavam com zelo e cuidado na saúde dos colonos, no atendimento das famílias com serviços médicos adequados e nas condições sanitárias, buscando um ambiente saudável. Prometia-se ainda — pasmem — prêmios de viagem ao país de origem dos imigrantes com passagens pagas de ida e volta para aqueles que já estivessem estabelecidos como proprietários rurais. Ao final daquele texto legal, impressiona a extensa tabela de vencimentos dos inúmeros servidores públicos a serem contratados para cuidar e gerir aquela potente estratégia do Estado brasileiro. São engenheiros, cartógrafos, intérpretes, almoxarifes, escreventes, guardas, farmacêuticos, enfermeiros, médicos e professores de educação agrícola, sendo que, neste caso, cabia a assistência de um professor-adjunto em grupos de 50 alunos ou fração, o que revela um cuidado pedagógico com a formação da juventude. Num giro contrário de 180º, nos dias de hoje, mais de um século depois, vê-se a dificuldade em apoiar o desenvolvimento e a titulação das terras das populações quilombolas. Quanto à saúde, à educação e às demais políticas sociais, a população empobrecida enfrenta o teto de gastos.

Me parece necessário frisar que, uma vez escolhido esse caminho, os investimentos feitos com o imigrante europeu se mostravam — sim — necessários. Os colonos que para cá aportaram não eram apenas pobres; pertenciam, de fato, aos grupos dos europeus despossuídos, que haviam sido rejeitados por suas elites de origem. Muitos não sabiam ler nem escrever. As fotografias desses grupos, que podem ser vistas hoje em alguns museus, retratam mulheres com olhares tristes, homens descalços e alguns desdentados, juntos com crianças pálidas. Caso tivessem a mínima possibilidade de vivência digna em seus países natais, essas pessoas não se aventurariam nesses trópicos. Todavia, o escândalo, a imoralidade, a suma injustiça é que medidas semelhantes não tenham sido estendidas aos negros e seus descendentes que aqui estavam desde 1534[5] construindo o Brasil. O mesmo deve-se dizer dos indígenas que aqui estavam desde sempre. A jovem República Brasileira deveria ter decidido de forma a integrar os recém-chegados aos que aqui já estavam, propiciando aos diversos grupos igualdade de condições. Fez-se o contrário, e nosso eficaz apartheid se consolida a partir daí.

O RACISMO SISTÊMICO-INERCIAL COMO CIMENTO DA CONSTRUÇÃO DO BRASIL

O fenômeno das "fake news", tão propalado atualmente, é vício antigo desses trópicos. No final de século 19, alegava-se a inexistência de mão de obra,[6] quando cerca de 700 mil pessoas haviam sido alforriadas pela Abolição. Mesmo antes de 1888, já havia uma multidão de pessoas negras libertas trabalhando na informalidade. Além disso, alegava-se, como ainda se faz hoje, a inabilitação das pessoas negras que até então haviam construído o país e, ao contrário dos recém-chegados imigrantes, atuavam nas mais diferentes funções e não apenas na agricultura. Como se pode observar, a colossal e histórica reserva de mão de obra que avassala o Brasil hoje se inicia a partir desse momento. Os europeus que vieram estimulados e

5 Osório Duque-Estrada, *A Abolição*, 2005.

6 Mário Theodoro, *A sociedade Desigual*: racismo e branquitude na formação do Brasil, 2022.

esperançados eram, muitos deles, analfabetos e não falavam o português. A antiga população escravizada estava de fato mais apta, dentre vários motivos, pelo tempo de permanência no país que, praticamente, coincidia com o do colonizador, mas ainda assim foi olimpicamente descartada. O racismo nu e cru é o cimento que cola com firmeza os tijolos dessa construção denominada Brasil. Ele é o que demarca o país desde sempre. Essa saga permanece nas mais diferentes instâncias por onde a vida flui: nas oportunidades do mundo do trabalho, nas escolas, na mídia, na segurança pública e privada, no cotidiano em que as pessoas se relacionam, nos serviços públicos ofertados, na estigmatização e na violência difusas ocorridas nos territórios majoritariamente negros; enfim, na forma de o país funcionar.

Temos aqui o racismo sistêmico-inercial. Sistêmico não apenas porque é recorrente, mas por perpassar toda a sociedade e suas instituições. O vetor sistêmico desencadeia vários efeitos que retroalimentam as causas, que são múltiplas. Essa movimentação de causas e efeitos gera complexidades. A visão da sociedade, que tem o negro como inferior, funciona como uma grande artéria que abastece as veias menores do ambiente brasileiro e acaba por influenciar os meios de comunicação, a violência difusa e os próprios negros, quando estes sofrem crise de identidade (processo que está em reversão em nossos dias). Essa visão adversa introjetada na sociedade retroalimenta as históricas dificuldades educacionais e econômicas dos negros. Tais dificuldades operam como vetores que fortalecem essa mesma miopia instalada no cerne do ambiente nacional.[7] Esse racismo é ainda inercial porque, como ensina a primeira lei de Newton, trafega numa direção de maneira uniforme ante a inação para contê-lo. Avassala; segue impune e resoluto.

7 Helio Santos, *op. cit.*, p. 176.

UM NOVO ACORDO PARA A EQUIDADE RACIAL

O grito de "Independência ou Morte" teria consistência moral se de pronto extinguisse a escravidão e também cuidasse da inclusão cidadã dos alforriados, mediante medidas semelhantes às que seriam tomadas mais tarde em favor dos imigrantes europeus. Seria um ato de justiça — ainda que tardio e bem inferior ao tamanho do dano causado. Tal atitude não foi tomada em 1822, muito menos em 1888 e 1889. Portanto, o grito-indagação de Dom Pedro I, ecoado em 7 de setembro de 1822, teve para boa parte da população a segunda opção; pois vida é o que não se tinha nas senzalas, apesar da glamourização feita por alguns cronistas sobre aqueles campos de concentração. Alguma vida tinha-se nos quilombos. Fugia-se das senzalas para se ter alguma independência de fato.

A celebração do Bicentenário da Independência precisa se impregnar de uma vontade-ação que seja disruptiva, algo que mude a forma de o país funcionar. Um vetor que inicie uma ampla regeneração modernizadora que nos cure a todos. Esta Coletânea sonha inspirar um Novo Acordo para a Equidade Racial[8]; me refiro a um *New Deal* customizado para o Brasil, país de maioria negra. Trata-se de construir não o Estado do bem-estar social padrão, mas o Estado do bem-estar sociorracial que, devido às características históricas já citadas, é o caminho adequado para nos levar a um patamar civilizatório condizente com o de um País rico de dimensões continentais e que abriga a quinta maior população do mundo — tem ainda uma vasta parcela de jovens ávida por oportunidades. A Constituinte de 1988, ao prometer o estado do bem-estar social, tomou em conta o imenso potencial do Brasil. Portanto, não se comprometeu com algo que não fosse plausível. Todavia, o País se autoatribuiu

8 Nos anos 1930 o liberalismo norte-americano precisou quebrar sua ortodoxia criando o New Deal (Novo Acordo), no sentido de propiciar o estado do bem-estar social em virtude da grave crise socioeconômica que os EUA experimentavam.

limites, desconsiderando amplas parcelas de seu povo. Um Novo Acordo para a Equidade Racial (NAPER) tem ampla cobertura pelos artigos 3º e 5º da Constituição Federal. Uma proposta desse porte foge da isonomia cega, posto que nada é mais desigual do que tratar a todos igualmente — especialmente num país que historicamente privilegiou alguns e perseguiu muitos outros.

Não pretendemos dirigir nosso carro olhando apenas o retrovisor histórico. A roda do racismo girou. Há, atualmente, uma percepção maior dele como causa de inúmeros fatores que solapam toda sociedade e as populações negra e indígena em particular. Notam-se também, porém, como reação àquela percepção, frestas do supremacismo branco mostrando a sua cara sem vergonha e sem medo de se revelar. A visibilidade do racismo vem provocando ações diversas. Inicialmente, pelo setor público, em seguida pelo privado, e também pela mídia. Algumas dessas políticas já impactam positivamente. É o caso das ações afirmativas para estudantes negros nas universidades públicas, conhecidas como "cotas raciais". Nenhuma política pública em nosso país reduziu as desigualdades como as cotas raciais. Em contrapartida, nenhuma outra iniciativa pública foi também tão questionada. Não se trata de uma política para mitigar a pobreza — especialidade nacional no campo social. Num grande número de casos, tivemos cotistas que vieram a ser a primeira pessoa da família a conquistar a conclusão do curso superior. Ao mesmo tempo, ultimamente, grandes organizações empresariais têm se posicionado positivamente na valorização do talento de pessoas negras; indo na contramão do que tínhamos nos anos 1980, quando Cida Bento inicia uma caminhada pioneira no campo das relações do trabalho. Muita coisa mudou — sim; e tudo que mudou advém da batalha travada pelo movimento social negro. Os partidos — todos eles — não dão à questão étnico-racial a centralidade que ela precisa ter num país de maioria feminina e negra, onde a escravidão, como previu Joaquim Nabuco,[9] impactaria o Brasil por séculos.

Para efetivar esse novo momento, é importante reconhecer que a intersecção de raça e gênero não é uma circunstância banal no âmbito das relações raciais. E também não se trata de algo aritmético representado por uma dupla condição de fatores que inferiorizam.[10] Essa intersecção gera idiossincrasias que estão coladas aos estigmas seculares lançados às mulheres negras no Brasil, país de colonização ibérica. Vivemos numa sociedade profundamente sexista e racista. Portanto, em todas as instâncias voltadas à questão racial ou de gênero há que se considerar a relevância dessa intersecção. No Brasil, o maior segmento populacional é o de mulheres negras, cerca de 28%, sendo que estas revelam uma escolaridade superior à dos homens negros. Apesar dessa magnitude quantitativa e qualitativa, trata-se do grupo mais desfavorecido em termos de renda e oportunidades, o que revela em que medida a democracia brasileira ainda é deficitária de cidadania. No Brasil atual, o ativismo negro é, em larga medida, dinamizado e ancorado pelo Feminismo Negro — percebe-se a olho nu esse protagonismo.

Para reverter a anomia racial na qual o Brasil sempre esteve imerso, requer-se políticas públicas específicas. Portanto, a esperança dessa coletânea é a de inspirar algo que funde um novo momento, uma inflexão na trajetória inercial que sempre marcou o país a despeito de algumas iniciativas pontuais. O estado brasileiro tem sido tímido no que diz respeito ao estabelecimento de políticas para potenciar a população negra.

9 Joaquim Nabuco, *O Abolicionismo*, 2003.

10 Giselle A. Santos, Os estudos feministas e o racismo epistêmico, *Revista Gênero*, v.16, n. 2, pp. 7-32, 1 sem. 2016.

AÇÕES AFIRMATIVAS SISTÊMICAS

O racismo sistêmico deve ser enfrentado com ações afirmativas, igualmente sistêmicas; o que exige operar simultaneamente em diversos setores de maneira célere — como no campo da Educação, Saúde, Trabalho e Geração de Renda, Cultura e Segurança —, a fim de efetivamente reduzir as desigualdades raciais. O racismo de cunho pessoal é ofensivo, gera disfunções na autoestima e machuca o que já está ferido por um estigma secular. Ninguém nasce racista e para isso há todo um caminho pedagógico a ser percorrido no campo da Educação. Para combater esse tipo de racismo utiliza-se também do Código Penal. Todavia, para o racismo sistêmico-inercial requer-se um conjunto de ações cuidadosamente desenhadas, como se fez em 1911 por meio do Decreto 9081, que garantiu aos imigrantes europeus condições de efetivar a sua cidadania.

De lá para cá, temos 111 anos, período longo em que se amplificou a defasagem socioeconômica entre os grupos étnico-raciais que constituem o país. Nota-se que, mediante decisões políticas, o Estado fortaleceu a determinados grupos escolhidos enquanto negou direitos e perseguiu a outros. Trata-se disso: um jogo de cunho algébrico em que se negativou muitos e positivou a alguns outros. Isso ocorreu no passado, mas tem efeitos lancinantes no presente. Portanto, impõe-se um ajuste tardio e que por isso não pode ser cosmético. Não aceitaremos mais *band-aid* para curar fraturas expostas. As ações afirmativas precisam operar onde a fragilização ocorre. O ambiente de absoluto desprovimento em que se encontra a juventude negra requer uma estratégia multidisciplinar. Cabe uma ação inédita e ousada em que, além dos três níveis da federação, participe o setor judiciário, que tem sido reiteradamente omisso. Portanto, o Ministério Público Nacional também não tem cumprido sua função. Reivindicamos um *Plano Nacional da Juventude Negra Viva*. Refiro-me a um potente contraponto à necropolítica brasileira, que ceifa no nascedouro nossa juventude. Basta!

O ensino médio público precisa ser apoiado por bolsas de estudo e ter a excelência como foco para reverter a evasão predatória que hoje acontece. Os egressos desses cursos serão estimulados a continuar seus estudos nas universidades públicas ou em cursos técnicos de alta especialização, sempre com auxílio financeiro e apoio pedagógico adequados. As cotas raciais nas universidades públicas carecem de políticas de monitoramento efetivas, acompanhadas de bolsas de estudos, a fim de que os estudantes possam se desempenhar a contento. Na sequência, requer-se uma política pública em parceria com o setor privado no sentido de oferecer igualdade de oportunidade no trabalho aos profissionais oriundos daquelas instituições.

O que procuramos dizer aqui é o seguinte: como o racismo é sistêmico e não dá folga, as políticas requeridas devem ser igualmente sistêmicas — encadeadas, pois operam em sequência apoiando de forma consistente os efeitos que acontecem no cotidiano, que é onde a vida se desenrola. Por outro lado, a maior participação de cotistas raciais e sociais nas universidades públicas não pode ensejar mais uma vez a tradição nacional de sucatear os serviços públicos ofertados ao andar de baixo da sociedade. O Novo Acordo aponta a necessidade de ampliação do apoio financeiro, pedagógico e tecnológico àquelas instituições. Num sentido contrário ao sucateamento: vamos radicalizar na excelência delas. Nos próximos quatro anos — 2023/2026 o ensino infantil precisa estar universalizado no Brasil. Trata-se de uma política de cunho amplo, mas que alcança, sobretudo, as crianças negras que, em sua maioria, estão fora desse necessário guarda-chuva, que fortalece o indivíduo ao longo de toda a sua vida. Ao adentrar o ensino fundamental, todas as crianças devem estar alfabetizadas e aptas às práticas aritméticas simples, bem como devidamente socializadas.

As políticas encadeadas, que denomino aqui sistêmicas, têm caráter específico, posto que atingem também territórios fragilizados e que foram abandonados pelo estado, os quais em sua larga maioria são ocupados por pessoas negras. Refiro-me às Políticas Afirmativas Localizadas — (PAL).[11] São iniciativas de base territorial em que, além da regeneração urbanística e sanitária das regiões, são implementadas consistentes políticas de habilitação profissional com ajuste na defasagem escolar, de geração de renda e também de cunho esportivo e cultural. Estas duas últimas com foco especial na infância e na juventude. É comovente a avidez dos jovens dessas comunidades por atividades culturais e esportivas, numa linha diametralmente oposta à ação do estado-algoz que recorrentemente as invadem com armas e muita truculência, ocasião em que por diversas vezes inocentes têm pago com a vida. Basta de tanta estupidez!

Assim como as pessoas não são iguais e requerem políticas específicas, o mesmo ocorre com as regiões. Daí a importância estratégica das PAL. Os moradores de Moema, bairro da classe média alta da zona sul de São Paulo, têm expectativa de vida de 80 anos, enquanto os que residem em Cidade Tiradentes — bairro localizado no extremo da zona leste da mesma cidade —, têm sua expectativa reduzida em 22 anos, para 58 anos.[12] Desnecessário dizer que a segunda região é de maioria negra, enquanto Moema é majoritariamente branca. Fica fácil para o nosso leitor entender por que apontamos nosso país como *inconcluso*. Trata-se disso: da distribuição desigual de oportunidades que propicia vida saudável para alguns e morte precoce como algo natural para outros. Essa saga tem quase meio milênio. De novo: Basta! Reduzir esses *gaps* escandalosos em

11 Helio Santos; Marcilene G. de Souza, *Perfil Social, racial e de gênero dos 200 principais fornecedores da prefeitura de São Paulo*, 2016.
12 Rede Nossa São Paulo, *Mapa da Desigualdade*, 2018.

pleno século 21 é o que propõe o Novo Acordo que essa coletânea inspira, mediante esses caminhos sugeridos.

O Brasil deve às famílias empobrecidas um programa de renda básica emancipador e não um artifício que mitiga carências. Vê-se a cada eleição como essa política voltada para as famílias em situação de pobreza e de extrema pobreza, a qual já atendeu cerca de 50 milhões de pessoas (quase a quarta parte da população do país), é usada para manter tudo como sempre esteve. Manipula-se sem-cerimônia para que esse grupo se mantenha refém dessa tragédia articulada pelos governantes. É decisão política. Ajusta-se os valores pagos para uma base sempre inferior ao que uma família necessita para viver — tudo para obter votos desses eleitores exauridos de cidadania. São votos que funcionam como petardos desferidos contra os próprios eleitores. Vota-se no inimigo; naquele que veta a sua emancipação social, psicológica e moral, como se dá presentemente com o "Auxílio Brasil" que substitui o Bolsa Família.

Evidentemente que algo precisa ser feito diante da pobreza de tantas famílias. Todavia, falta-nos estadistas que queiram pôr fim a essa fábrica de "enxugar gelos". O país nos deve um Programa de Apoio Integral à Família de Risco (PAIFAR) em que ao mesmo tempo em que se nutre as pessoas com alimentos adequados, estas são preparadas para a sua emancipação social, econômica, profissional e psicológica. Nesses lares ocorre com celeridade a gravidez precoce e a mortandade dos jovens negros — na faixa de 15 a 29 anos. Pesquisa revelou que no Brasil cerca de 49%[13] das famílias são lideradas por mulheres, país sexista e racista. Em face dessa dupla vulnerabilidade pode-se depreender as dificuldades da maioria dessas líderes, especialmente as negras. Apoio integral

13 Grupo Globo, Ana Vaz e Clarissa Batistela, G1 SC e NSC TV, 23/01/2022.

significa zelo, algo que esses grupos jamais tiveram por parte do Estado. Me refiro a um construto multidisciplinar com metas e gestão competente que não mitigue pobreza, mas que emancipe amplas parcelas da população.

Ainda nessa linha de proposição, passou-se da hora da adoção das Políticas Afirmativas Financeiras (PAF). São iniciativas que se inspiram no que se ofereceu aos europeus no passado. Ali não se teve receio algum em oferecer recursos maciços para consolidar a integração dos então recém-chegados ao país. As PAF se destinam a um amplo leque de possibilidades, pois o dinheiro tem a singularidade de possibilitar diversas oportunidades: como o financiamento da casa própria; o estabelecimento de um negócio ou mesmo a ampliação de uma iniciativa já existente; o financiamento de um curso de especialização ou ainda a reforma da moradia. Ainda nessa política de amplo alcance, deve-se pensar em dar cobertura à avassaladora população trabalhadora informalizada que teve sua origem no abandono aos ex-escravizados no 14 de maio de 1888. Cabe, mediante ampla negociação, planejar trazê-los para o mundo formal da Previdência Social ao mesmo tempo que devem ser engendradas medidas para fortalecê-los em suas atividades. Evidente que a retomada de um consistente crescimento econômico, em que a reindustrialização e o fortalecimento do setor de serviços compareçam fortemente, tem condições de absorver boa parte desses trabalhadores. Falta um plano com a envergadura requerida para operar um programa que envolva tantas pessoas. Até a chegada da covid-19 esses incríveis 40 milhões de trabalhadores estiveram invisíveis — quase uma Argentina. Para tanto, requer-se o Banco Nacional de Desenvolvimento Econômico e Social (BNDES), que tem sido ao longo do tempo uma grande caixa de ações afirmativas para homens brancos bem-sucedidos o qual, finalmente, precisa fazer jus à letra "S" de sua sigla. Dentre as ações necessárias para a implementação das PAF deverá constar a reserva de uma parcela do orçamento de investimento do BNDES para financiar iniciativas voltadas para a equidade racial — cota sócio-financeira. Medida semelhante deve também ser endereçada à Fundação Cultural Palmares, cujo orçamento deverá ser definido por um percentual (cota) do valor destinado ao Ministério da Cultura (o que inclui os incentivos fiscais), que precisa ser reativado.

Concluindo, a política de "cotas raciais" das universidades públicas federais, programada para passar por revisão no presente ano, deve ser prolongada para 2042 e não para 2032 como vem sendo proposto. Do mesmo modo, a política de cotas para os concursos públicos federais, que vale até 2024, precisa ser ampliada para 2044. A razão é simples: ações tão tardias somente causarão impacto numa sociedade tão apartada racialmente, como a nossa, se perdurarem por um tempo adequado, para que possam consolidar uma mudança efetiva. Trinta anos é o prazo que sempre considerei adequado para as cotas raciais (Santos, 2001). Por outro lado, o percentual de vagas reservadas para as pessoas negras, conforme é previsto nas respectivas legislações, é irrisório, visto que somos atualmente 56% da população do país. É, portanto, ridículo a prefeitura de Salvador, cidade com população superior a 80% de negros, adotar nos concursos públicos um percentual de exíguos 30% como política de inclusão racial. Assim como é inadequado a cidade de São Paulo, com uma população negra de 37%, utilizar cotas de apenas 20% em seus processos seletivos. Em paralelo, deve-se estimular as 27 unidades federativas, os principais municípios e o Poder Judiciário a adotarem políticas de cota racial em seus processos seletivos.

No quadro 1 a seguir apresentamos uma síntese das 10 ideias-sugestões para o NAPER:

QUADRO 1 — Novo Acordo para a Equidade Racial (NAPER)

ORDEM	TIPO DE AÇÃO AFIRMATIVA	OBSERVAÇÕES
1	Plano Nacional da Juventude Negra Viva	Eliminar a barbárie consentida
2	Programa de apoio ao Ensino Médio Público	Inclui bolsa, qualifica o aprendizado e evita evasão
3	Fortalecimento integral às Universidades Públicas	Excelência; investir nas políticas de cotas e monitorá-las
4	Universalização Qualificada do Ensino Infantil	Aptidão para a vida
5	Políticas Afirmativas Localizadas (PAL)	Foco no território
6	Programa de Apoio Integral à Família de Risco (PAIFAR)	Dar autonomia
7	Políticas Afirmativas Financeiras (PAF)	Com base na experiência dos imigrantes
8	Programa de Apoio à Economia Informal	Via BNDES, customizando experiências passadas
9	Cota Orçamentária à Fundação Cultural Palmares	Via MinC
10	Ampliação das Cotas Raciais (tempo de duração, abrangência e percentual)	Consolidar impacto positivo

O objetivo central das políticas de igualdade racial é corrigir dívidas históricas, mediante ações no presente. Sendo assim, exige-se do último país a terminar com a escravidão um posicionamento corajoso — sistemático, eficaz e mais justo. Para tanto, ao Novo Ministério para a Promoção da Igualdade Racial (MIPIR), que precisa ser reabilitado, caberá a gestão do NAPER; cuidará ainda da gestão transversal com os setores da Educação, Saúde, Justiça, Judiciário, Trabalho e Renda, Cultura, Esportes, Cidades, Turismo e outros — o que exigirá recursos humanos e financeiros adequados para uma tarefa desse porte. Assim, o MIPIR se tornará peça-chave para a regeneração modernizadora que propiciará ao Brasil um desenvolvimento com sustentabilidade moral. Não é pouca coisa para um País tão tardio.

REFERÊNCIAS BIBLIOGRÁFICAS

ACEMOGLU, Daren; ROBINSON, James. *Por que as Nações fracassam:* as origens do poder, da prosperidade e da pobreza. Rio de Janeiro: Intrínseca, 2022.

AKOTIRENE, Carla. *Ó paí, prezada!*: racismo e sexismo institucionais tomando bonde nas penitenciárias femininas. São Paulo: Pólen, 2020.

ALBERTO, Paulina. When Rio was black: soul music, national culture, and the politics of racial comparison in 1970s Brazil. *Hispanic American Historical Review*, n. 89, pp. 3-39, 2009.

ALELUIA, Mateus. *Afrocanto das Nações 1*. Gravadora Sanzala, 2021. 1 CD (109 min.).

ANAIS DO XXXVIII CONGRESSO BRASILEIRO DE CIÊNCIAS DA COMUNICAÇÃO – Rio de Janeiro.

ANCINE. Estudo sobre diversidade de gênero e raça no mercado audiovisual. 25/01/2018. Disponível em: https://www.ancine.gov.br/pt-br/sala-imprensa/noticias/ancine-apresenta-estudo-sobre-diversidade-de-g-nero-e-ra-no-mercado. Acesso em 1 set. 2022.

ANDREWS, George Reid. Brazilian racial democracy, 1900-90: an American counterpoint. *Journal of Contemporary History*, v. 31, n. 3, jul. 1996, pp. 483-507.

ANDREWS, George Reid. *Negros brancos em São Paulo (1888 - 1988)*. Bauru: EDUSC, 1998.

ARAÚJO, Joel Zito Almeida de. *A Negação do Brasil*: o negro na telenovela brasileira. São Paulo: Editora Senac. 2004.

ARQUIVO EDGARD LEUENROTH. Turma OK. Unicamp [*online*], 1995. Disponível em: https://web.archive.org/web/20071107114956/http://www.ifch.unicamp.br/ael/website-ael_tok/website-ael_tok_planilhaisad.htm. Acesso em 1 set. 2022.

ARQUIVO HISTÓRICO DA CÂMARA DOS DEPUTADOS. *Documento BR DFCD AC-1823-F-488-1703. Requerimento de Maria Joaquina (escrava)*. Fundo Assembleia Geral Constituinte e Legislativa do Império do Brasil 1823.

AZEVEDO, Célia Marinho de. *Onda negra, medo branco:* o negro no imaginário das elites do século XIX. São Paulo: Annablume, 2004.

AZEVEDO, Cyntia Freitas.; FASOLO, Angelo Marsiglia. *Alíquotas Efetivas dos Impostos sobre o Consumo e a Renda dos Fatores:* uma estimação em frequência trimestral para o Brasil. XX Prêmio do Tesouro Nacional - 2015. Tema 1: Política Fiscal: 3º lugar.

BAKHTIN, Mikhail. *A cultura popular na Idade Média e no Renascimento*. Trad.: Yara Frateschi Vieira. São Paulo: Hucitec/annablume 2002.

BARBOSA, Silvia Maria Silva. *O Poder de Zeferina no Quilombo do Urubu*: uma reconstrução histórica político-social. Dissertação de Mestrado, Programa de Pós-Graduação em Ciências da Religião, Universidade Metodista de São Paulo, 2003.

BAUMAN, Zygmunt. *Europa*: uma aventura inacabada. Rio de Janeiro: Jorge Zahar Editor, 2006.

__________. *Identidade*. Rio de Janeiro: Jorge Zahar Editor, 2005.

BEAH, Ishmael. *Muito longe de casa:* memórias de um menino-soldado. São Paulo, Companhia de Bolso, 2015.

BELCHIOR, Douglas. Como foi que perdemos tudo? *Carta Capital*, 23/03/2017.

BERND, Zilá. *Negritude e literatura na América Latina*. Porto Alegre: Mercado Aberto, 1987.

BENTO, Aparecida. *Psicologia social do racismo:* estudos sobre a branquidade e branqueamento no Brasil. Petrópolis: Vozes, 2002.

BERTÚLIO, Dora Lúcia de Lima. *Direito e relações raciais*: uma introdução crítica ao racismo. Rio de Janeiro: Lumen Juris, 2019.

BIEHI, João Guilherme. A guerra dos imigrantes: o espírito alemão e o estranho Mucker do sul do Brasil. In: SOUSA. E. L. A. (org.). *Psicanálise e colonização*: leituras do sintoma social no Brasil. Porto Alegre: Artes e Ofícios, pp. 148-168. 1999. Disponível em: http://joaobiehl.net/wp-content/uploads/2009/07/A_Guerra_dos_Imigrantes.pdf. Acesso em 2 jan. 2020.

BLANC, Aldir; BOSCO, João. *Mestre sala dos mares*. 1974. Disponível em: https://www.youtube.com/watch?v=I7PW8L_ezlQ. Acesso em 20 julho 2022.

BOAL, Augusto. *Técnicas latino-americanas de teatro popular:* uma revolução copernicana ao contrário. São Paulo: Hucitec, 1984.

BOSCHE, Theodor. In PORTO, Aurélio. *O trabalho Alemão no Rio Grande do Sul*. Porto Alegre: Estabelecimento gráfico Santa Terezinha, 1934.

BOURGUIGNON, François; FERREIRA, Francisco H.G.; MENÉNDEZ, Marta. Inequality of opportunity in Brazil. *Review of income and Wealth*, v. 53, n. 4, 2007, pp. 585-618.

BOWEN, William G.; BOK, Derek. *O Curso do Rio* – Um Estudo Sobre a Ação Afirmativa no Acesso À Universidade. Rio de Janeiro: Garamond, 2004.

BRASIL / Câmara dos Deputados (1874). *Annaes do Parlamento Brazileiro – Assembléa Constituinte*, 1823, v. 5, Rio de Janeiro.

BRASIL. *Constituição Política do Império do Brazil*. Rio de Janeiro: Imprensa Nacional, 1886.

BRASIL. Decreto 528, de 28 de junho de 1890.

BRASIL. Decreto 847, de 11 de outubro de 1890.

BRASIL. Decreto 9081, de 3 de novembro de 1911.

BRASIL. Decreto Estadual nº 7.970, de 5 de junho de 2001. Disponível em: http://www.gestaopublica.salvador.ba.gov.br/cadastro_organizacional/documentos/sedham_savam.pdf. Acesso em 13 set. 2022.

BRITO, Luciana. Retornados Africanos. In: SCHWARCZ, Lilia Moritz; GOMES, Flávio (org.). *Dicionário da escravidão e liberdade*. São Paulo: Companhia das Letras, 2018.

BRITO, Luciana da Cruz. *Temores da África*: segurança, legislação e população africana na Bahia oitocentista. Salvador: Edufba, 2016.

CAMARERO, Alberto; OLIVEIRA, Alberto de. *Divina Valéria*. São Paulo: Campos, 2021.

CAMPOS, DMC de. *Grupo Palmares (1971-1978)*: um movimento negro de subversão e resistência pela construção de um novo espaço social e simbólico. Dissertação (Mestrado em História) – Programa de Pós-graduação em História da Pontifícia Universidade Católica do Rio Grande do Sul, Porto Alegre, 2006.

CARDOSO, Fernando Henrique. *Capitalismo e escravidão no Brasil meridional*: o negro na sociedade escravocrata do Rio Grande do Sul. São Paulo: Difel, 1962.

__________. *Capitalismo e escravidão no Brasil meridional*: o negro na sociedade escravocrata do Rio Grande do Sul. São Paulo: Paz e Terra, 1997.

__________; IANNI, Octavio. *Cor e mobilidade social em Florianópolis*: aspectos das relações entre negros e brancos numa comunidade do Brasil meridional. São Paulo: Companhia Editora Nacional, 1960.

CARNEIRO, Edson. *O quilombo dos Palmares*. São Paulo: Companhia Editora Nacional, 1958.

CARNEIRO, Maria Luiza Tucci; TAKEUCHI Márcia Yumi (org.). *Imigrantes japoneses no Brasil. Trajetória, imaginário e memória*. São Paulo: Edusp, 2010.

CARNEIRO, Sueli. *A construção do outro como não-ser como fundamento do ser*. Tese de Doutorado, Programa de Pós-graduação em Educação, Universidade de São Paulo, 2005.

__________. *Mulheres em movimento*. Estudos Avançados, São Paulo, n. 17, pp. 117-132, 2004.

CARRASCOSA, Denise. *Técnicas e Políticas de si*: literatura e prisão no Brasil pós-carandiru. Curitiba: Appris, 2015.

CASTILHO, Suely Dulce de. *Quilombo contemporâneo*: educação, família e culturas. Cuiabá: EdUFMT, 2011.

CÉSAR, Chico. *Deus me proteja*. Álbum: Frencisco, forró y frevo. 2008. Disponível em: https://www.youtube.com/watch?v=E79ZV7rLeeA Acesso em 20 jul. 2020.

CHALHOUB, Sidney. *A Força da Escravidão: ilegalidade e costume no Brasil oitocentista*. São Paulo: Companhia das Letras, 2012.

CHAUÍ, Marilena. *Brasil*: mito fundador e sociedade autoritária. São Paulo: Perseu Abramo, 2000.

CHEN, Yan; XIN Lim Sherry. Group identity and social preferences. *American Economic Review*, v. 99, n. 1, 2009, pp. 431-457.

CHIAVENATO, Júlio José. *O negro no Brasil:* da senzala à guerra do Paraguai. São Paulo: Brasiliense, 1986.

CIDADE DE SÃO PAULO. *Coronavírus - Documentos técnicos*, 2022. Disponível em: https://www.prefeitura.sp.gov.br/cidade/secretarias/saude/vigilancia_em_saude/doencas_e_agravos/coronavirus/index.php?p=291766. Acesso em 30 ago. 2022.

COALIZÃO NEGRA POR DIREITOS. *Carta Proposta*, 2019. Disponível em: https://coalizaonegrapordireitos.org.br/sobre/. Acesso em 29 ago. 2022.

COALIZÃO NEGRA POR DIREITOS. *Enquanto houver racismo não haverá democracia*, 2020. Disponível em: https://comracismonaohademocracia.org.br/. Acesso em 29 ago. 2022.

COALIZÃO NEGRA POR DIREITOS. *Tem gente com fome*, 2021. Disponível em: https://www.temgentecomfome.com.br/. Acesso em 29 ago. 2022.

COALIZÃO NEGRA POR DIREITOS. *ADPF pelas vidas negras*, 2022. Disponível em: https://adpfvidasnegras.org/. Acesso em 29 ago. 2022.

COALIZÃO NEGRA POR DIREITOS. *Quilombo nos parlamentos*, 2022. Disponível em: https://quilombonosparlamentos.com.br/. Acesso em 29 ago. 2022.

CONE, James H. *The cross and the lynching tree*. Maryknoll, NY, 2013.

CONFERENCIA MUNDIAL CONTRA EL RACISMO, la Discriminación Racial, la Xenofobia y las Formas Conexas de Intolerancia, Declaración y Programa de Acción, Departamento de Información Pública, NY, 2002

CONSELHO FEDERAL DE PSICOLOGIA. Em defesa da Resolução 01/99, CFP aciona STF [*online*], 2018. Disponível em: https://site.cfp.org.br/tag/cura-gay/. Acesso em 09 set. 2022.

CONTINS, Márcia. *Lideranças negras*. Rio de Janeiro: Aeroplano, 2005.

CORREIA, Mariama. Erika Hilton e a resistência transvestigênere no poder. *Agência Pública*. 28 de janeiro de 2022. Recuperado de https://apublica.org/2022/01/erika-hilton-e-a-resistencia-transvestigenere-no-poder/?utm_source=twitter&utm_medium=post&utm_campaign=hilton. Acesso em 1 set. 2022.

COSTA, Alexandre Araújo. *Sobre Crise Ecológica, Violência e Capitalismo no Século XXI*. Texto apresentado no Colóquio Internacional Os Mil Nomes de Gaia: Do Antropoceno à Idade da Terra, 2014. Disponível em: https://osmilnomesdegaia.files.wordpress.com/2014/11/alexandre-nodari.pdf. Acesso em 17 mar. 2022.

CUNHA, Manuela Carneiro da. *Negros, estrangeiros:* ou os escravos libertos e sua volta à África. São Paulo: Brasiliense, 1985.

__________. *Negros, estrangeiros:* os escravos libertos e sua volta à África. 2.ed. São Paulo: Companhia das Letras, 2012.

DAS, Veena. Violence, Gender and Subjectivity. *Annual Review of Anthropology*, v. 37, 2008, pp. 283-99.

__________. Fronteiras, violência e o trabalho do tempo: alguns temas wittgensteinianos. *Revista Brasileira de Ciências Sociais*, 1999, v.14, n. 40, pp.31-42.

_________. *Crime de Genocídio*. Brasília, disponível em: http://www.stf.jus.br/arquivo/cms/sobreStfCooperacaoInternacional/anexo/Respostas_Venice_Forum/3Port.pdf. Acesso em 1 set. 2022.

DAVIS, Angela. *As prisões estão obsoletas?* Rio de Janeiro: Difel, 2020.

DEBS, Sylvie. *Cinéma et litterature au Brésil*. Les Mythes du Sertão: Émergence d'Une Identité Nationale. Paris, L'Harmattan, 2002.

DE PAULA, Marilene. *Políticas de ação afirmativa para negros no governo Fernando Cardoso (1995-2002)*. Dissertação (Mestrado Profissional em Bens Culturais e Projetos Sociais) – Fundação Getúlio Vargas, Rio de Janeiro, 2010.

DIWAN, Pietra. *Raça pura:* uma história da eugenia no Brasil e no mundo. São Paulo: Contexto, 2007.

DOUGLAS, Kelly Brown. *The Black Christ*. Maryknoll, NY: Orbis Books, 1994.

DOUGLAS, Kelly Brown. *Stand your ground:* Black body and the justice of God. Maryknoll, NY: Orbis Books, 2015.

DUQUE-ESTRADA, Osório. *A Abolição*. Brasília: Editora Senado Federal, 2005.

EGHRARI, Iradj. *O recorte de raça no plano plurianual 2004/2007 com transversalidade de gênero e geração*. Paper, 2006.

ENNES, Ernesto. *As guerras nos Palmares*. São Paulo: Companhia Editora Nacional, 1938.

EVARISTO, Conceição. *Becos da Memória*. 3. ed. Rio de Janeiro: Pallas, 2017.

_________. *Ponciá Vicêncio*. Belo Horizonte, Mazza Edições, 2003.

FANON, Frantz. *Pele negra, máscaras brancas*. Rio de Janeiro: Fator, 1983.

FANON, Frantz. *Pele negra, máscaras brancas*. Salvador: Edufba, 1956/2008.

FAORO, Raymundo. *Existe um pensamento político brasileiro?* Disponível em: https://www.scielo.br/j/ea/a/q9NsXLTYy4RQhkyC8Xq6FdG/?lang=pt. Acesso em: 20 jul. 2022.

FERNANDES, Guilherme Vilela. Tributação e escravidão: o imposto da meia siza sobre o comércio de escravos na província de São Paulo (1809-1850). *Almanack Braziliense*, n. 2, nov. 2005. Disponível em: https://www.revistas.usp.br/alb/article/view/11622/13391. Acesso em: 20 jul. 2022.

FERREIRA, Helder R.S; NATALINO, Marco A.C.; SANTOS, Maria P. Produção e reprodução de desigualdades pela política criminal. In: Pires, Roberto Rocha C. (org.). *Implementando desigualdades*: Reprodução de desigualdades na implementação de políticas públicas. Rio de Janeiro: Ipea, 2019.

FERREIRA, Ricardo Alexino. Etnomidialogia: diversidade e sua interseção com a difusão científica. In: *Intercom – Sociedade Brasileira de Estudos Interdisciplinares da Comunicação*, XXXVIII Congresso Brasileiro de Ciências da Comunicação – Rio de Janeiro, – 4 a 7/9/2015. Disponível em: https://portalintercom.org.br/anais/nacional2015/resumos/R10-3762-1.pdf. Acesso em 15 jul. 2022.

FLAUZINA, Ana Luiza. *Corpo Negro Caído no Chão*: O Sistema Penal e o Projeto Genocida do Estado Brasileiro. Dissertação de Mestrado. Coordenação de Pós-graduação em Direito da Universidade de Brasília, 2006.

FLÉCHET, Anaïs. Um mito exótico? A recepção crítica de Orfeu Negro de Marcel Camus (1959-2008). *Significação: Revista de Cultura Audiovisual*, n. 32, 2009.

FOUCAULT, Michel. *História da Loucura*. São Paulo: Perspectiva, 2005.

FRANCO, Marielle. *UPP: a redução da favela a três letras*: uma análise da política de segurança pública do Estado do Rio de Janeiro. São Paulo: n-1 Edições, 2018.

FRANCO, Vitor Hugo Monteiro. *Escravo da religião família e comunidade na fazenda do Iguassú*. Recôncavo do Rio de Janeiro no Século XIX. Curitiba: Appris, 2021.

FREYRE, Gilberto. *Casa-grande & senzala:* formação da família brasileira sob o regime de economia patriarcal. Lisboa: Edição Livros do Brasil, 1933/1983.

_________. *Casa grande e senzala.* São Paulo: Editora Global, 2006.

_________. *Novo mundo nos trópicos*. Lisboa: Edição Livros do Brasil, 1972.

FRIAS, Lena. Black Rio: o orgulho (importado) de ser negro no Brasil. Caderno B, *Jornal do Brasil*, 17 jul. 1976.

GALEANO, Eduardo. *As veias abertas da América Latina*. Trad.: Sérgio Faraco. Montevideo: L & PM. 2010.

GARCIA, Alexandre. Negro no Sul não quer mais abolição como data da raça. *Jornal do Brasil*, 13 mai. 1973.

_________. Manifesto reafirma a busca da integração. *Jornal do Brasil*, 20 nov. 1974.

GASPAR, Osmar Teixeira. *Mídias:* concessões e exclusão. São Paulo: Com-Arte, 2020.

GASPERI, Eduardo. O colonizador português nas obras de Gilberto Freyre, Raymundo Faoro e Sérgio Buarque de Holanda. In: *VI Seminário de Jovens Pesquisadores em Economia e Desenvolvimento, Anais do SJPE&D.* Santa Maria: Editora UFSM. v. 5. pp. 1-20, 2018.

GASPODINI, Icaro Bonamigo; JESUS, Jaqueline Gomes de. Heterocentrismo e ciscentrismo: crenças de superioridade sobre orientação sexual, sexo e gênero. *Revista Universo Psi*, v. 1, n. 2, pp. 33-51, 2020. Disponível em: https://cursosextensao.usp.br/pluginfile.php/858237/mod_resource/content/2/000ARTIGOPUBLICADO.pdf. Acesso em 1 set. 2022.

GASSEN, Valcir; D'ARAÚJO, Pedro Júlio Sales; PAULINO, Sandra Regina de F. Tributação sobre Consumo: o esforço em onerar mais quem ganha menos. *Sequência*, Florianópolis, n. 66, 2013, pp. 213-234. Disponível em: http://dx.doi.org/10.5007/2177-7055.2013v34n66p213. Acesso em 1 set. 2022.

GIL, Gilberto. *Ensaio geral*. 1967. Disponível em: https://www.letras.mus.br/gilberto-gil/522831/. Acesso em 20 jul. 2022.

GOBETTI, Sergio Wulff; ORAIR, Rodrigo Octávio. Progressividade Tributária: a agenda esquecida. XX Prêmio do Tesouro Nacional - 2015. Tema 3: Tópicos Especiais: 1º lugar, 2016.

_________. Progressividade tributária: uma alternativa para o ajuste fiscal. Brasília: IPEA - Boletim regional, urbano e ambiental, v. 13, 2016.

_________. Progressividade tributária: a agenda negligenciada. Texto para Discussão no 2190. Rio de Janeiro, Ipea, 2016.

GOBINEAU, Monserrat. *Nacionalismo:* o estado nacional e o nacionalismo no século XX. Rio de Janeiro: Jorge Zahar, 1997.

GOMES, Flávio dos Santos. *Histórias de quilombolas*: mocambos e comunidades de senzalas no Rio de Janeiro – século XIX. Brasília: Arquivo Nacional, 1995.

_________; CUNHA, Olivia Gomes da. *Quase cidadão*: histórias e antropologias do pós-emancipação no Brasil. Rio de Janeiro: FGV, 2007.

GOMES, Joaquim B. Barbosa. *A Recepção do Instituto da Ação Afirmativa pelo Direito Constitucional Brasileiro*. In: SANTOS, Renato Emerson; LOBATO, Fátima (org.). *Ações Afirmativas:* políticas públicas contra as desigualdades raciais. Rio de Janeiro: DP&A, 2003.

GOMES, Laurentino. *Escravidão:* do primeiro leilão de cativos em Portugal à morte de Zumbi dos Palmares, volume 1. Rio de Janeiro: Globo Livros, 2019.

GONÇALVES, Ana Maria. *Um defeito de cor*. Rio de Janeiro, Record, 2007.

_________. *Um defeito de cor.* Rio de Janeiro, São Paulo: Record, 2006.

GONZALEZ, Lélia. A categoria político-cultural de amefricanidade. *Revista Tempo Brasileiro*, Rio de Janeiro, n. 92/93, pp. 69-82, 1988. Disponível em: https://periodicos.unb.br/index.php/repam/article/view/40454. Acesso em 1 set. 2022.

_________. Por um feminismo afrolatinoamericano. *Revista Isis Internacional,* Santiago, v. 9, pp. 133-141, 1988.

_________. *Por um feminismo afro-latino-americano:* ensaios, intervenções e diálogos. Org.: Flavia Rios, Márcia Lima. 1a ed. Rio de Janeiro: Zahar, 2020.

GORENDER, Jacob. *A escravidão reabilitada*. São Paulo: Ática, 1990.

_________. *O escravismo colonial*. São Paulo: Ática, 1990.

GORGULHO, Gilberto da Silva; STORNIOLO, Ivo; ANDERSON, Ana Flora (coord.). *Bíblia de Jerusalém*. Nova edição, revista e ampliada 10ª reimpressão, São Paulo: Paulus, 2015.

GREEN, James Naylor. *Além do Carnaval*. A homossexualidade masculina no Brasil do século XX. São Paulo: Editora UNESP, 2000.

_________. O Pasquim e Madame Satã, a "rainha" negra da boemia brasileira. *Topoi*, v. 4, n. 7, pp. 201-221, 2003. Disponível em: https://doi.org/10.1590/2237-101X004007001. Acesso em 1 set. 2022.

_________; QUINALHA, Renan; CAETANO, Marcio; FERNANDES, Marisa. *História do Movimento LGBT no Brasil*. São Paulo: Alameda, 2018.

GT - BRASIL2022|BAHIA2023. *Democracia, igualdade racial e desenvolvimento*. Documento do Projeto de Pesquisa elaborado pela GT - BRASIL2022|BAHIA2023 (2020).

GURGEL, Helen C. et al. Unidades de conservação e o falso dilema entre conservação e desenvolvimento. *Repositório IPEA*, 2009. Disponível em: http://repositorio.ipea.gov.br/bitstream/11058/5490/1/BRU_n3_unidades_conservacao.pdf. Acesso em 1 set. 2022.

HALL, Stuart. *A identidade cultural na pós-modernidade*. 2. ed. Rio de Janeiro: Dp&a, 1998.

HASENBALG, Carlos: Discurso sobre a raça: pequena crônica de 1988. *Estudos Afro-Asiáticos*, nº 20, pp. 187-195.

HECKMAN, James J.; MOSSO, Stefano. The economics of human development and social mobility. *Annual Review of Economics*, vol. 6, pp. 689-733, 2014.

HOFBAUER, Andreas. *Uma história de branqueamento ou o negro em questão*. Tese de Doutorado em Antropologia, Faculdade de Filosofia, Letras e Ciências Humanas, Universidade de São Paulo, 1999.

HOLLANDA, Sérgio B. *Raízes do Brasil*. São Paulo: Companhia das Letras, 1995/1997.

HOLT, Thomas. *The problem of freedom*: race, labor, and politics in Jamaica and Britain, 1832-1938. Baltimore e Londres: The Johns Hopkins University Press, 1992.

INSTITUTO NACIONAL DE ESTUDOS E PESQUISAS EDUCACIONAIS ANÍSIO TEIXEIRA. *Panorama da Educação: destaques do Education at a Glance 2019* [recurso eletrônico], 2019. Disponível em: https://download.inep.gov.br/acoes_internacionais/eag/documentos/2019/Panorama_da_Educacao_2019.pdf. Acesso em 30 ago. 2022.

IPEA. *Política fiscal e justiça social no Brasil*: o caso do IPTU. Comunicado da Presidência nº 28, 2009. Disponível: http://repositorio.ipea.gov.br/bitstream/11058/5314/1/Comunicado_n28_Pol%C3%ADtica.pdf. Acesso em 9 ago. 2022.

IRINEI, Bruna Andrade. *Nas tramas da política pública LGBT*: um estudo crítico acerca da experiência brasileira (2003-2015). Cuiabá: EdUFMT, 2019.

JESUS, Carolina Maria. *O Quarto de Despejo:* diário de uma favelada. São Paulo: Ática, 2014.

JESUS, Jaqueline Gomes de. *Transfeminismo*: Teorias e Práticas. Rio de Janeiro: Metanoia, 2014.

_________. Xica Manicongo: a transgeneridade toma a palavra. *Revista Docência e Cibercultura*, v. 3, n. 1, pp. 250-260, 2019. Disponível em https://www.e-publicacoes.uerj.br/index.php/re-doc/article/view/41817/29703. Acesso em: 1 set. 22.

_________; BUENO, Julia Pereira; CARNEIRO, Fredson Oliveira; COUTINHO NETO, Nelson Soutero. Participação política da população LGBTI+ e processo eleitoral. In: FACHIN, Luiz Edson et al. *Sistematização das normas eleitorais*: eixo temático VII: participação política dos grupos minorizados, 2022. Brasília: Tribunal Superior Eleitoral. Disponível em: https://www.tse.jus.br/++theme++justica_eleitoral/pdfjs/web/viewer.html?file=https://www.tse.jus.br/legislacao/sne/arquivos/colecao-sne-2-volume-8/@@download/file/colecao-sne-2-volume-8.pdf. Acesso em 30 ago. 2022.

JOLY, Fábio Duarte. *A escravidão na Roma antiga:* política, economia e cultura. São Paulo. Alameda, 2005.

JORNAL DA USP. *Falta de investimento barra melhoria da qualidade do ensino brasileiro*, 2019. Disponível em: https://jornal.usp.br/atualidades/falta-de-investimento-barra-melhora-da-qualidade-de-ensino-brasileiro/. Acesso em: 30 ago. 2022.

JOSÉ, Fausto. *Beco Afro*: ficção quilombola urbana. [*S.l.*]: [*S.n.*], 2020.

KANT, Immanuel. *O que é esclarecimento*. Petrópolis: Vozes, 1985.

KERSTENETZKY, Celia Lessa. Redistribuição no Brasil no século XXI. In: ARRETCHE, Marta; MARQUES. Eduardo; DE FARIA, Carlos Aurelio Pimenta. *As políticas da política: desigualdades e inclusão nos governos do PSDB e do PT*, 2019.

KORPELA, Jukka. *Medieval slave trade routes in Eastern Europe extended from Finland and the Baltic Countries to Central Asia*. University of Eastern Filand, 2014. Disponível em: https://web.archive.org/web/20141210083057/http://www.uef.fi/en/-/ita-euroopan-orja-kaupan-reitit-ulottuivat-keskiajalla-suomesta-ja-baltiasta-keski-aasiaan. Acesso em 30 jul. 2022.

LAZZARI. Eduardo Alves; LEAL, Jefferson Lécio. A política tributária brasileira sob o olhar da desigualdade: regressividade estável, persistente e duradoura. In: ARRETCHE, Marta; MARQUES. Eduardo; DE FARIA, Carlos Aurelio Pimenta. *As políticas da política*: desigualdades e inclusão nos governos do PSDB e do PT, 2019.

LEÃO, Celina G.; FRIAS, Lincoln. As deficiências do Imposto Territorial Rural (ITR) *Revista Debate Econômico*, v. 4, n. 2, 2016. Disponível em: https://www.escolhas.org/wp-content/uploads/2019/03/ITR_dadosmundo.pdf. Acesso em 9 ago. 2022.

LEAL, Dodi Tavares Borges. Pesquisa de campo em artes do corpo em cena: o desenho da transcestralidade indígena e as fissuras poéticas na árvore cisgênero-lógica de matriz europeia. *Cadernos do GIPE\CIT*, n. 42, pp. 228-244, 2019. Disponível em: https://periodicos.ufba.br/index.php/gipe-cit/article/view/35379. Acesso em 30 ago. 2022.

LEITE, Letieres; RUMPILEZZ, Orkestra. Álbum *Vermelho* (2009); Álbum *A Saga da Travessia*. 2016.

LEMEP; PEREGUM. *Candidaturas negras para cargos proporcionais no Brasil*, 2022 (no prelo).

LION, Antonio Ricardo Calori de. Ivaná: a grande dúvida no teatro de revista dos anos 1950. *Albuquerque – Revista de História*, v. 7, n. 14, pp. 102-120, 2015. Disponível em: https://periodicos.ufba.br/index.php/gipe-cit/article/view/35379. Acesso em 30 ago. 2022.

LOPES, Fábio Henrique. Subjetividades travestis no Rio de Janeiro, início da década de 1960. Aloma Divina. *Revista TransVersos*, n. 14, pp. 52-69, 2019. Disponível em: https://www.e-publicacoes.uerj.br/index.php/transversos/article/view/39328. Acesso em 30 ago. 2002.

LÓPEZ, Maricel Mena. *Hermenêutica Bíblica Negra Feminista* em http://centroafrobogota.com/attachments/article/8/Hermeneutica%20Biblica%20negra%20feminista_MARICEL%20MENA.pdf . Acesso em 30 ago. 2022.

MACEDO, Joaquim Manuel. *As vítimas algozes:* quadros da escravidão. Rio de Janeiro: Scipione, 1991.

MAMIGONIAN, Beatriz. Os direitos dos libertos africanos no Brasil oitocentista: entre razões de direito e considerações políticas oferece interessante informações sobre as disputas empreendidas ao longo do século XIX. *História*, v. 34, n. 2, pp. 181-205, jul.–dez 2015. Disponível em: https://doi.org/10.1590/1980-436920150002000064. Acesso em 30 ago. 2022.

_________; GRINBERG, Keila. O crime de redução de pessoa livre à escravidão no Brasil oitocentista. *Revista Mundos do Trabalho*, v. 13, pp. 1-21, 2021. Disponível em: https://doi.org/10.5007/1984-9222.2021.e79922. Acesso em 30 ago. 2022.

MANGUEIRA. *Histórias para ninar gente grande*: samba enredo, 2019.

MARIELLE, o documentário. Direção de Caio Cavechini. Globoplay, 2020 (50 min.).

MARTINS, Leda Maria. *Performances do tempo espiralar, poéticas do corpo-tela.* Rio de Janeiro: 2021.

MAUES, Angelica Motta. *Negro sobre negro:* a questão racial no pensamento das elites negras brasileiras (1930-1988). Rio de Janeiro: IUPERJ, 1997.

MAUSS, Marcel. Ensaio sobre a dádiva: Forma e razão da troca nas sociedades arcaicas. In: MAUSS, Marcel. *Sociologia e Antropologia.* São Paulo: Cosac Naify, 2003, pp. 183-314.

MBEMBE, Achille. *Necropolítica*: biopoder, soberania, estado de exceção, política da morte. São Paulo: n-1, 2018.

MELO, Patrícia. Índios e africanos livres nas obras públicas, Manaus, século XIX. *Mundos do Trabalho*, v. 13, pp. 1-12, 2021. Disponível em: https://doi.org/10.5007/1984-9222.2021.e79516. Acesso em 30 ago. 2022.

MILANEZ, Felipe, VIDA, Samuel. Pandemia, racismo e genocídio indígena e negro no Brasil: coronavírus e a política da morte. In: PELBART, Peter Pál; FERNANDES, Ricardo Muniz (org.). *Pandemia crítica.* São Paulo: edições SESC; n-1 edições, 2021.

MOURA, Clóvis. *As injustiças de clio.* Belo Horizonte: Oficina de Livros, 1990.

__________. *Brasil: raízes do protesto negro.* São Paulo: Global, 1983.

__________. *Sociologia do negro brasileiro.* São Paulo: Ática, 1988.

MORANDO, Luiz. *Enverga, mas não quebra*: Cintura Fina em Belo Horizonte. Uberlândia: O Sexo da Palavra, 2020.

MORATELLI, Gabriela; CÂNDIDO, Márcia Rangel. *A cara do cinema nacional (2002-2014)*: o perfil de gênero e cor dos atores, diretores e roteiristas dos filmes brasileiros. Coordenação de Verônica Toste e João Feres Junior. GEMAA-IESP-UERJ. Rio de Janeiro, 2016. Disponível em: http://gemaa.iesp.uerj.br/infografico/infografico1/. Acesso em 30 ago. 2022.

MOSCOVICI, Serge. *Psicologia de las minorias activas.* Madrid: Ediciones Morata, 1981.

MOTT, Luiz Roberto de Barros. *Homossexuais da Bahia*: dicionário biográfico (séculos XVI--XIX). Salvador: Editora Grupo Gay da Bahia, 1999.

__________. *O lesbianismo no Brasil.* Porto Alegre: Mercado Aberto, 1987. Disponível em: https://edisciplinas.usp.br/pluginfile.php/4250444/mod_resource/content/1/lesbianismo.pdf. Acesso em 30 ago. 2022.

__________. Raízes históricas da homossexualidade no Atlântico lusófono negro. *Revista Afro-Ásia*, Salvador, n. 33, pp. 9-33, 2005. Disponível em: http://www.afroasia.ufba.br/pdf/afroasia33_pp9_33_Mott.pdf. Acesso em 30 ago. 2022.

__________; VAINFAS, Ronaldo. Francisca (Xica) Maniconco. In: GOMES, Flávio dos Santos; LAURIANO, Jaime; SCHWARCZ, Lilia Moritz. *Enciclopédia Negra.* São Paulo: Companhia das Letras, 2021.

MOTTA, José Flávio. A escravidão brasileira à época da independência. *Revista USP*, São Paulo, n. 132, pp. 37-58. Disponível em: https://jornal.usp.br/wp-content/uploads/2022/03/2-Flavio-Mota.pdf. Acesso em 1 set. 2022.

MOURA, Clóvis. *O negro, de bom escravo a mau cidadão.* Rio de Janeiro: Conquista, 1977.

__________. *Rebeliões na senzala.* [*S.l.*]: Zumbi, 1959.

MUNANGA, Kabenguele. Algumas considerações sobre "raça", ação afirmativa e identidade negra no Brasil: fundamentos antropológicos. *Revista USP*, São Paulo, n. 68, pp. 46-57, dezembro/fevereiro 2005-2006.

__________. *Rediscutindo a mestiçagem no Brasil*: identidade nacional versus identidade negra. Petrópolis: Vozes, 1999.

MURPHY, Liam; NAGEL, Thomas. *O mito da propriedade privada*: os impostos e justiça. São Paulo: Martins Fontes, 2005.

MYRDAL, Gunnar. *An American Dilemma:* The Negro Problem and Modern Democracy. Twentieth Anniversary Edition. Nova York/Evaston/Londres: Harper & Row Publisher, 1944.

NABUCO, Joaquim. *O abolicionismo*. Rio de Janeiro: Nova Fronteira, 1999.

_________. *O Abolicionismo*. Brasília: Editora Senado Federal, 2003.

NASCIMENTO, Abdias. *O genocídio do negro brasileiro*: processo de um racismo mascarado. Rio de Janeiro: Paz e Terra, 1978.

_________. *O genocídio do negro brasileiro*: processo de racismo mascarado. São Paulo: Perspectiva, 2016.

NASCIMENTO, Elisa Larkin do. *O sortilégio da cor*: identidade raça e gênero no Brasil. São Paulo: Summus, 2003.

NASCIMENTO, Rangel Fidelis Ferreira. *Eles combinaram de nos matar e nós combinamos de não morrer: possibilidades insurgentes das diásporas* [Anais]. Grupo de Pesquisa em Sexualidade, Cultura e Entretenimento (Sexent) da UFMG. VI Seminário Discente da UFMG - PPGS, FAFICH, UFMG, 2001. Disponível em: https://www.sexent.ufscar.br/grupo-de--trabalho-eles-combinaram-de-nos-matar-e-nos-combinamos-de-nao-morrer-possibilidades-insurgentes-das-diasporas-por-rangel-fideles-ferreira-nascimento/. Acesso em 30 ago. 2022.

NASCIMENTO, Uã Flor do. Da Necropolítica à Ikupolítica, *Revista Cult*, fev. 2020.

O Cascalho – Jornal Joco-Sério, n. 4, 30 de março de 1849.

OLIVEIRA, Dennis de. *Racismo estrutural:* uma perspectiva histórico-crítica. São Paulo: Dandara, 2021.

OLIVEIRA, Eduardo de Oliveira e. *O mulato:* um obstáculo epistemológico. Mimeo, 1974.

OLIVEIRA, Megg Rayara Gomes de. Por que você não me abraça? Reflexões a respeito da invisibilização de travestis e mulheres transexuais no movimento social de negras e negros. *Sur*, v. 15, n. 28, pp. 167-179, 2018. Disponível em: https://sur.conectas.org/wp-content/uploads/2019/05/sur-28-portugues-megg-rayara-gomes-de-oliveira.pdf. Acesso em 30 ago. 2022.

_________. Transexistências negras: o lugar de travestis e mulheres transexuais negras no Brasil e em África até o século XIX. In: RIBEIRO, Paula Regina Costa Ribeiro e cols. *Corpo, gênero e sexualidade: resistência e ocupa(ações) nos espaços de educação*. Rio Grande: Ed. da FURG, 2018.

OXFAM Brasil. *A distância que nos une: um retrato das desigualdades brasileiras. Relatório redigido por Rafael Georges e coordenado por Katia Maia*, 2017. Disponível em: https://www.oxfam.org.br/um-retrato-das-desigualdades-brasileiras/a-distancia-que-nos-une/. Acesso em 12 jul. 22.

OXÓSSI, Mãe Stella de. *Owè: provérbios.* Salvador: África, 2017.

PARAÍSO, Maria Hilda Baqueiro. De como se obter mão-de-obra indígena na Bahia entre os séculos XVI e XVIII. *Revista de História*, São Paulo, n. 129-131, 1994.

PEREIRA, André L. Para além do pensamento social hegemônico: Abdias do Nascimento e a condição afro-brasileira. Rio Grande do Sul. *Revista Thema*, v. 8, 2011.

PEREIRA, Cleyton Feitosa. Diversidade sexual e partidos políticos: uma análise da cidadania LGBT nos estatutos partidários. In*:* ASSOCIAÇÃO BRASILEIRA DE CIÊNCIA POLÍTICA (org.). *Anais do 11º Encontro da Associação Brasileira de Ciência Política.* Rio de Janeiro, Associação Brasileira de Ciência Política, 2018, pp. 1-22. Disponível em: https://bibliotecadigital.tse.jus.br/xmlui/handle/bdtse/5913. Acesso em 30 ago. 2022.

PEREIRA, Edimilson de Almeida. *Um corpo à deriva*: *dança.* Juiz de Fora: Macondo, 2020.

PEREIRA, Verenilde Santos. *Violência e singularidade jornalística*: o "massacre da expedição Calleri". Tese de Doutorado, Programa de Pós-Graduação em Comunicação, Universidade de Brasília, Brasília, 2013.

PERES, Ursula Dias; SANTOS, Fábio Pereira dos. Gasto público e desigualdade social: o orçamento do governo federal brasileiro entre 1995 e 2016. *Revista Brasileira de Ciência Sociais*, v. 35, n. 103, 2020.

PIKETTY, Thomas. *Capital e ideologia*. 1. ed. Rio de Janeiro: Intrínseca, 2020.

PINTO, Ana Flávia Magalhães. *Imprensa negra no Brasil do século XIX*. São Paulo: Selo Negro, 2010.

PINTO, João Alberto C. Gilberto Freyre e a intelligentsia salazarista em defesa do Império Colonial Português (1951-1974). *História*, São Paulo, v. 28, n. 1, pp. 445-482, 2009. Disponível em: https://doi.org/10.1590/S0101-90742009000100016. Acesso em 29 ago. 2022.

PNAD-C. *Distribuição da população por cor e raça*. Disponível em: https://agenciadenoticias.ibge.gov.br/agencia-noticias/2012-agencia-de-noticias/noticias/34438-populacao-cresce-mas-numero-de-pessoas-com-menos-de-30-anos-cai-5-4-de-2012-a-2021. Acesso em 30 ago. 2022.

PRUDENTE, Celso Luiz. A fragmentação do mito da democracia racial e a dimensão pedagógica do cinema negro. *Revista Internacional em Língua Portuguesa*, n. 38, pp. 157-171, 6 ago. 2020. Disponível em: https://doi.org/10.31492/2184-2043.RILP2020.38/pp.157-171. Acesso em 210 jan. 2021.

_________. As lutas de imagens das minorias versus a política da educação monocultural: as relações étnico-raciais postas em questão. In: TAUCHEN, Gionara; BUZA, Alfredo Gabriel (org.). *Políticas e gestão da educação superior*. 1. ed. Curitiba: CRV. 2019a

_________. A Dimensão Pedagógica do Cinema Negro: aspectos de uma arte para a afirmação ontológica do negro brasileiro: o olhar de Celso Prudente. Org.: Celso Luiz Prudente e Dacirlene Célia Silva. 2. ed. São Paulo: Anita Garibaldi. 2019b

_________. *A dimensão pedagógica do cinema negro, como arte de afirmação da imagem positiva do ibero-ásio-afro-ameríndio na construção da lusofonia de horizontalidade democrática.* Patrimônio histórico do espaço lusófono: ciência, arte e cultura. ANAIS do XXVIII Encontro da AULP, Lubango, Angola. Universidade Mandume Ya Ndemufayo. Lubango Angola. Patrimônio histórico do espaço lusófono: ciência, arte e cultura. Lisboa Portugal: Europress, pp. 499-512. 2018.

_________. A dimensão pedagógica do cinema negro e a construção da imagem de afirmação positiva do ibero-ásio-afro-ameríndio: pontos à compreensão da identidade de pessoa em condição de rua. In: FÁVERO, Altair Alberto; TAUCHEN, Gionara (org.). *Políticas de educação superior e docência universitária: diálogos sul-sul.* 1. ed.Curitiba: CRV, pp. 429-445, 2016.

_________. A dimensão pedagógica da alegoria carnavalesca no Cinema Negro enquanto arte de afirmação ontológica da africanidade: pontos para um diálogo com Merleau-Ponty. *Revista de Educação Pública*, v. 23, pp. 403-424, 2014. Disponível em: https://periodicoscientificos.ufmt.br/ojs/index.php/educacaopublica/article/view/1624 Acesso em 26 jan. 2020.

_________; OLIVEIRA, Flávio Ribeiro de. A lusofonia de horizontalidade da imagem do ibero-ásio-afro-ameríndio versus a verticalidade da imagética do euro-hétero-macho-autoritário: a dimensão pedagógica do cinema negro posto em questão. Confluências de Culturas no mundo lusófono. XXVII Encontro da Associação das Universidades de Língua Portuguesa. Campinas, 1. ed. Portugal, *AULP*, 2017, v. 1, p. 107-116. Disponível em: http://aulp.org/wp-content/uploads/2019/01/Atas_Campinas_ISBN_eletronico.pdf> Acesso em 18 dez. 2020.

_________; COSTA, H. Escolas de samba: comunicação e pedagogia para a resistência do quilombismo. *Revista Extraprensa*, v. 14, pp. 272-292, 2020. Disponível em: https://doi.org/10.11606/extraprensa2020.174392. Acesso em 15 abr. 2021.

_________; MARTINHO, Neudson Johnson; SILVA, Dacirlene Célia. Maracatu: uma marca cultural ibero-ásio-afro-ameríndia no carnaval do nordeste. *Revista Extraprensa*, v. 14, n. 1, pp. 313-327, 2020. Disponível em: https://doi.org/10.11606/extraprensa2020.174628. Acesso em 24 maio 2021.

PRUDENTE, Eunice de Jesus. *Preconceito racial e igualdade jurídica no Brasil*. São Paulo: Ed. Julex, 1989.

PRUDENTE, Wilson Roberto. *A verdadeira História do Direito Constitucional no Brasil*. Desconstruindo o direito do opressor. Construindo um direito do oprimido. 1. ed. Niterói: Impetus, 2009. v. 1. 514p.

QUIJANO, Aníbal. Colonialidade do poder, eurocentrismo e América Latina. In: LANDER, Edgardo (org.). *A colonialidade do saber: eurocentrismo e ciências sociais*: perspectivas latino-americanas. Ciudad Autónoma de Buenos Aires: Clacso, 2005. Disponível em: http://biblioteca.clacso.edu.ar/clacso/sur-sur/20100624103322/12_Quijano.pdf. Acesso em 14 jul. 2022.

QUIMBANDA DUDU. *Boletim do Quimbanda Dudu* – Grupo Gay Negro da Bahia: Direitos Humanos, Diversidade Sexual e Cidadania dos Afro-Brasileiros, 2005, n. 6. Salvador: Grupo Gay Negro da Bahia.

QUINALHA, Renan. *Contra a moral e os bons costumes*: a ditadura e a repressão à comunidade LGBT. São Paulo: Companhia das Letras, 2021.

RAMOS, Guerreiro. *A patologia do branco brasileiro*. Mimeo, 1957.

REIS, João José. "Por sua liberdade me oferece uma escrava": alforrias por substituição na Bahia, 1800-1850. *Afro-Ásia*, n. 63, pp. 232-290, 2021. Disponível em: https://doi.org/10.9771/aa.v0i63.43392. Acesso em 30 ago. 2022.

REIS, João José. Quilombos e revoltas escravas no Brasil "Nos achamos em campo a tratar da liberdade". *Revista USP*, v. 28, pp. 14-39, 1995/1996.

__________; SILVA, Eduardo. *Negociação e Conflito*: a resistência negra no Brasil escravista. Rio de Janeiro: Companhia das Letras, 1989.

REIS, Maria Firmina dos. *A escrava*. Belo Horizonte: PUC-Minas, 2017.

REITER, Berns.; SIMMONS, K.E. (org.). *Afro-descendants, identity, and the struggle for development in the Americas*. East Lansing: Michigan State University Press, 2012.

RELATÓRIO E DOCUMENTO INSTRUTIVO PRODUZIDO PELO INSTITUTO OYÁ. Org. Roseli Oliveira. Ano 2022.

RODRIGUES, Rita de Cassia Colaço. Artes de acontecer: viados e travestis da cidade do Rio de Janeiro do século XIX a 1980. *Revista Esboços*, Florianópolis, v. 23, n. 35, pp. 90-116, 2016. Disponível em: https://periodicos.ufsc.br/index.php/esbocos/article/view/2175-7976.2016v23n35p90/32472. Acesso em 30 ago. 2022.

RODRIGUES, Rita de Cássia Colaço; VERAS, Elias Ferreira; SCHMIDT, Benito Bisso. *Clio sai do armário*: historiografia LGBTQIA+. São Paulo: Letra e Voz, 2021.

ROLAND, Edna M.S. *The Condition of Persons of African Descent in the Americas*: Marginalization on the Basis of Race and Poverty – Attitudes towards Cultural Identity. UNITED TO COMBAT RACISM, Unesco, 2001.

ROLNIK, Raquel. Exclusão territorial e violência. *São Paulo em Perspectiva*, v. 13, n. 4, 1999.

ROSSI, Amanda. Como escravos entravam na Justiça e faziam poupança para lutar pela liberdade. *BBC News Brasil*, 2018. Disponível em: https://www.bbc.com/portuguese/geral-43078878. Acesso em 20 jul. 2022.

RUFINO, Luiz. *Pedagogia das Encruzilhadas*. Rio de Janeiro: Mórula Editorial, 2019.

SABINO, Marlla. Câmara aprova criação de fundo para expandir gasodutos. *Poder 360*, 2019. Disponível em: https://www.poder360.com.br/congresso/camara-aprova-criacao-de-fundo-para-expandir-gasodutos/. Acesso em 30 ago. 2022.

SALLES, Vicente. *O Negro no Pará, sob o regime da escravidão*. Rio de Janeiro: Fundação Getúlio Vargas, 1971.

SAMPAIO, Elias de Oliveira. *Dialogando com Celso Furtado*: ensaios sobre a questão da mão de obra, o subdesenvolvimento e as desigualdades raciais da formação econômica do Brasil. São Paulo; Salvador: Editora HUCITEC, 2019.

_________. *Fios do Tempo*. Por uma problematização sobre desigualdades duradouras, políticas públicas de desenvolvimento e desigualdades raciais no Brasil. Disponível em: https://ateliedehumanidades.com/2021/11/30/fios-do-tempo-por-uma-problematizacao-sobre-desigualdades-duradouras/. Acesso em 29 ago. 2022.

SANTANA, Bianca. *A escrita de si de mulheres negras*: memória e resistência ao racismo. Tese (Doutorado em Ciências) – Programa de Pós-Graduação em Ciência da Informação da Escola de Comunicações e Artes da Universidade de São Paulo, São Paulo, 2020.

_________. *Arruda e guiné*: resistência negra no Brasil contemporâneo. São Paulo: Fósforo, 2022.

SANTIROCCHI, Ítalo Domingos. Religião e política no século XIX: o Brasil pós-proclamação da Independência. Entrevistadora: Anna Karolina Vilela Siqueira. *Temporalidades*: Revista de História da UFMG, Belo Horizonte, v. 13, n. 2, pp. 999-1007, 2021.

SANTOS, Alê. Escrevi um quadrinho sobre racismo e Rui Barbosa e o mundo caiu na minha cabeça. *The Intercept*, 2018. Disponível em: https://theintercept.com/2018/12/16/rui-barbosa-quadrinho/. Acesso em 15 jul. 2022.

SANTOS, Eduardo Gomor. O outro lado do orçamento público: sistema tributário e racismo estrutural. In: XAVIER, Elaine de Melo (org.). *Gênero e raça no orçamento público brasileiro.* 1.ed. Brasília: Assecor, 204p., 2020.

SANTOS, Giselle dos Anjos. Os estudos feministas e o racismo epistêmico. *Revista Gênero*, Niterói, v. 16, n. 2, pp. 7-32, 1. sem. 2016.

SANTOS, Helio. *A busca de um caminho para o Brasil*: a trilha do círculo vicioso. São Paulo: Editora Senac, 2003.

_________. Cotas Raciais: o acinte das fraudes. *Blog Brasil de Carne e Osso*. Artigo 40, 7 ago. 2015.

_________; SOUZA, Marcilene Garcia; SASAKI, Karen. O Subproduto social advindo das cotas raciais na educação superior do Brasil. *Revista Brasileira. Estudos Pedagógicos,* Brasília, n. 94, pp. 542-563, 2013.

_________; SOUZA, Marcilene Garcia de. *Perfil Social, racial e de gênero dos 200 principais fornecedores da prefeitura de São Paulo*. São Paulo: Instituto Ethos, 2016.

SANTOS, Jocélio Teles dos. "Incorrigíveis, afeminados, desenfreiados": indumentária e travestismo na Bahia do século XIX. *Revista de Antropologia*, v. 40, n. 2, pp. 145-182, 1997. Disponível em: doi.org/10.1590/S0034-77011997000200005. Acesso em 2022.

SANTOS, Joel Rufino dos. *Épuras do social*: como podem os intelectuais trabalhar para os pobres?. São Paulo: Global editora, 2014.

SANTOS, Juana Elbein dos. *Os nagô e a morte*: Asèsè e o culto Égun na Bahia. Petrópolis: Vozes, 2012.

SANTOS, Luciana Souza dos. Parque São Bartolomeu, Subúrbio Ferroviário de Salvador: uma análise da relação entre cultura e meio ambiente. *Repositório da UFBA,* 2016. Disponível em: https://repositorio.ufba.br/bitstream/ri/26971/1/Luciana%20Souza%20dos%20Santos%20-%20PDF.pdf. Acesso em 13 set. 2022.

SANTOS, Milton. *A cidade nos países subdesenvolvidos*. Rio de Janeiro: Civilização Brasileira, 1965.

SANTOS, Natália Neris da Silva. *A voz e a palavra do movimento negro na assembleia nacional constituinte (1987/1988):* um estudo das demandas por direitos. apresenta as intervenções do movimento negro e suas repercussões junto à assembleia nacional constituinte. Dissertação de Mestrado, Programa de Pós-graduação em Direito, Fundação Getúlio Vargas, São Paulo, 2015.

SARR, Felwine. *Afrotopia*. São Paulo: n-1, 2019.

SCHWARCZ, Lilia. *O espetáculo das raças*. São Paulo: Companhia das Letras, 2011.

SCHWARTZ, Roberto. *Um mestre na periferia do capitalismo*: Machado de Assis. São Paulo: Livraria Duas Cidades, 2000.

SERPA, Ângelo. Ponto convergente de utopias e culturas: o Parque São Bartolomeu. In: FOMIGLI, Ana Lucia Menezes (org.). *Parque metropolitano de Pirajá:* história, natureza e cultura, 1998. Salvador: Editora do Parque.

SEYFERTH, Giralda. Os paradoxos da miscigenação: observações sobre o tema imigração e raça no Brasil. *Estudos Afro-Asiáticos*, n. 20, pp. 165-185, 1991.

SILVA, Camila Ainda estamos nos tempos do imperador: sobre o racismo contra os atores e atrizes da novela. *Carta Capital*, 17 de fevereiro de 2022. Disponível em: https://www.cartacapital.com.br/opiniao/ainda-estamos-nos-tempos-do-imperador-sobre-o-racismo-contra-os-atores-e-atrizes-da-novela/. Acesso em 1 ago. 2022.

__________. Após 30 anos em alta, matrículas em universidades federais caem pela primeira vez. *Carta Capital*, 2022. Disponível em: https://www.cartacapital.com.br/educacao/apos-30-anos-em-alta-matriculas-em-universidades-federais-caem-pela-primeira-vez/. Acesso em 1 ago. 2022.

SILVA, Emanuel Isaque Cordeiro da. *O Conceito do Trabalho:* da antiguidade ao século XVI. 2019. Disponível em: https://philarchive.org/rec/DASOCD. Acesso em 3 ago. 2022.

SILVA, Júlia Dias da. Escritos afrodiaspóricos: uma leitura de "Um defeito de cor", de Ana Maria Gonçalves. *REVELL: Revista de Estudos Literários da UEMS*, v. 1, n. 24, pp. 124-143, 2020.

SILVA JÚNIOR, Hédio. *Direito Constitucional:* aspectos constitucionais, civis e penais. Doutrina e Jurisprudência. São Paulo: Editora Juarez de Oliveira, 2002.

SILVA, Martiniano José. *Racismo à brasileira:* raízes históricas. São Paulo: Anita Garibaldi, 1995.

SILVA, Naira Juliana da. *Preconceito racial e igualdade jurídica no Brasil*. Dissertação de Mestrado em Direito, Universidade de São Paulo, 1980. Disponível em: https://www.teses.usp.br/teses/disponiveis/2/2134/tde-03032008-103152/publico/Eunice_Aparecida_de_Jesus.pdf. Acesso em 21 abr. 2022.

SINGER, André. *Os sentidos do lulismo*: reforma gradual e pacto conservador. São Paulo: Companhia das Letras, 2012.

SHARPE, Jenny. *Ghosts of Slavery*: A Literary Archaeology of Black Women's Lives. Minneapolis: University of Minnesota Press, 2003.

SKIDMORE, Thomas E. *Preto no branco:* raça e nacionalidade no pensamento brasileiro. Rio de Janeiro: Paz e Terra, 1976.

SODRÉ, Muniz. *Claros e escuros:* identidade, povo e mídia no Brasil. Petrópolis: Vozes, 1999.

__________. *Pensar Nagô*. Petrópolis: Vozes, 2017.

__________. *Verdades Seduzidas*: Por um conceito de cultura no Brasil. Rio de Janeiro: Codecri, 1983.

SOUZA, Marcilene Garcia de. *Ações afirmativas e inclusão de negros por "cotas raciais" nos serviços públicos do Paraná*. Tese de Doutorado. Pós-Graduação em Sociologia, Universidade Estadual Paulista, Araraquara, 2010.

__________. *Ações afirmativas e cotas raciais nos concursos públicos do município de São Paulo*: dois anos. São Paulo: SMPIR, 2016.

__________. *Avaliação do formato da banca presencial de aferição de pessoa negra do concurso público para servidor técnico da Universidade Federal da Bahia-UFBA*. Edital 02/2016. Relatório de Pesquisa. Salvador: PRODEP; UFBA, 2018.

__________. Bancas de aferição, fraudes e seus desafios na educação superior e nos concursos públicos. *Revista Educação em Debate*, Fortaleza: UFC, v. 42, n. 83, 2020.

SOUZA, Neusa Santos. *Tornar-se negro*: as vicissitudes da identidade do negro brasileiro em ascensão social. Rio de Janeiro: Zahar, 2021.

STARLING, Heloisa Murgel; SCHWARCZ, Lilia. *Brasil*: uma biografia. São Paulo: Companhia das Letras, 2015.

TAVARES, Henrique Dias. *História da Bahia*. São Paulo: UNESP, 2020.

_________. *Independência do Brasil na Bahia.* Salvador: EDUFBA, 2005. 248 p.

THE INTERCEPT BRASIL. Entrevista de Marcos Queiroz em março/2022 da Revista Serrote, do Instituto Moreira Salles.

THEODORO, Mario. *A Sociedade Desigual*: racismo e branquitude na formação do Brasil. Rio de Janeiro: Zahar, 2022.

_________. *Jornal Irohin*. Brasília, ano IX, n. 6, ago./set. 2004, pp. 15-16.

TILLY, Charles. *Durable Inequality*. California: University of California Press, 1999.

TREVISAN, João Silvério. *Devassos no Paraíso*: A Homossexualidade no Brasil, da Colônia à Atualidade. Rio de Janeiro: Record, 2007.

TRINDADE, Luiz Valério. *Discurso de ódio nas redes sociais.* São Paulo: Jandaíra, 2022.

UNESCO. *Man and the Biosphere (MaB) Programme*, s/d. Disponível em: https://en.unesco.org/mab. Acesso em 13 set. 2022.

VAINFAS, Ronaldo. *Dicionário do Brasil colonial*, 1500-1808. Rio de Janeiro: Objetiva, 2000.

_________. *Trópico dos pecados*: moral, sexualidade e Inquisição no Brasil. Rio de Janeiro: Civilização Brasileira, 1989.

VICENTE, Gil. *Obras completas de Gil Vicente: Reimpressão "fac-similada" da edição de 1562*. Lisboa, Portugal: Biblioteca Nacional de Portugal. Farsa dos Almocreves, 1928 Universidade Federal de Santa Catarina – UFSC. Disponível em: https://www.literaturabrasileira.ufsc.br/documentos/?id=222878. Acesso em 20 jan. 2021.

VIDA, Samuel Santana. *"Sei que nada será como antes":* cotas raciais e o amanhã na universidade. Salvador: Programa Direito e Relações Raciais, 2006.

_________. As faces da racistocracia brasileira e a transracialização eleitoral. *Carta Capital*, 2020. Disponível em: https://www.cartacapital.com.br/justica/as-faces-da-racistocracia-brasileira-e-a-transracializacao-eleitoral/. Acesso em 30 ago. 2022.

_________. *Democracia não combina com racismo. Estadão*, 27 dez. 2020. Disponível em: https://politica.estadao.com.br/blogs/fausto-macedo/democracia-nao-combina-com-racismo/. Acesso em 09 set. 2022.

VIOTI, Emília. *Da senzala à colônia*. São Paulo: Editora Brasiliense, 1989.

Este livro foi composto na fonte Abril Text e
impresso no verão de 2023 pela Gráfica BMF
em papel Pólen Natural 70g no miolo e
Supremo 250g na capa.